AF581516

Ilustración de portada: Mural “Liberación o La humanidad se libera de la miseria”, 1963, Palacio de Bellas Artes, Ciudad de México, Acrílico, 4.495 x 9.93 metros
(c) De Halweb12 - Trabajo propio, CC BY-SA 3.0, <https://commons.wikimedia.org/w/index.php?curid=21544543>

Edición: Primera. Diciembre 2024

ISBN: 978-84-19830-89-0
e-ISBN: 978-84-19830-90-6
Depósito legal: M-20972-2024

Categoría Thema: JNAM [Moral & social purpose of education]
JPA [Poliical science & theory]

Categoría BISAC: EDU003000 [Aims & Objectives]
EDU040000 [Philosophy, Theory & Social Aspects]
POL007000 [Political Ideologies / Democracy]1

WGS: 574 / Humanities, art, music / School education, theory of teaching and methodology
732 / Social sciences, law economy / Political science and political education]

Diseño: Gerardo Miño
Composición: Eduardo Rosende

dirección postal: Tacuarí 540 (C1071AAL)
Ciudad de Buenos Aires, Argentina
tel-fax: (54 11) 4767-0421
e-mail: minoydavila@gmail.com
web: www.minoydavila.com
redes sociales: @minoydavila, www.facebook.com/MinoyDavila

Transformación sociocultural y educación ético-crítica

TOMO 2

El Mundo Sociocultural moderno y contemporáneo

JOSÉ DOMÍNGUEZ RODRÍGUEZ

Índice

— Tercera parte —
¿Es posible un modo de producción y consumo alternativo al Modo Capitalista de Producción y Consumo?

Nota editorial

José Domínguez Rodríguez, muere el 4 de marzo de 2022. De entre su ingente y valioso legado, que conjuga pedagogía, filosofía e historia, pero que también aterriza en lo didáctico y en el compromiso social, presentamos estos dos libros.

Fueron sus últimas obras y, como manifestó varias veces, estaba muy interesado en verlos publicados. Los hemos recogido un equipo de cinco personas que estuvimos trabajando con él los temas que iba investigando y que forman parte de estos libros. Este equipo ha estado formado por Charo Hernández Moreno, Julio Rogero Anaya, Teresa Hernández Colmenarejo, José Carlos Tobalina Blasco y Adrián Aguayo Llanos. Nos comprometimos a prepararlos para su publicación y eso hemos hecho, procurando respetar al máximo la última redacción del texto que él dejó. Solo hemos eliminado algunas repeticiones, corregido erratas y suprimido citas demasiado extensas que, en nuestra opinión, no enriquecían el texto.

Es una obra póstuma que podría haber sido publicada en vida. Pero Pepe, como familiarmente le llamábamos, era insaciable en sus lecturas e incansable en sus reflexiones y le costaba mucho cerrar los temas. Siempre aparecían nuevas ideas que completaban el texto que estábamos trabajando.

El primer libro titulado "Génesis del Mundo Sociocultural Moderno y Contemporáneo y su transformación ética" presenta la evolución de la formación del sistema mundo que hoy tenemos. Se completa con este segundo libro titulado "El Mundo Sociocultural moderno y contemporáneo". Cada uno de los nueve capítulos que lo componen pueden ser leídos de forma independiente según las preferencias del lector, ya que tienen sentido en sí mismos. Pero es verdad que la lectura de todos, junto con el primer libro, nos ofrece una completísima visión de conjunto de la obra de José Domínguez.

Introducción. La investigación del Mundo Sociocultural

El Mundo Sociocultural en el que vivimos debe ser objeto central de investigación, conocimiento y comprensión para todos los educandos, en todas las etapas de la Educación Básica –Infantil, Primaria y Secundaria– para que los educandos puedan ir elaborando personalmente su proyecto de compromiso ético, ecológico y político como personas, como seres naturales procedentes de la Biosfera y dependientes de la Ecosfera abiótica, como profesionales responsables y como ciudadanos del mundo libres, iguales y fraternos.

También deben ser objeto de investigación, no exhaustiva, pero sí suficiente, el origen y la evolución del Mundo Sociocultural desde finales del Paleolítico y comienzos del Neolítico hasta nuestros días, porque son relevantes para la comprensión del presente y la orientación del futuro.

¿Qué entendemos por Mundo Sociocultural?

Llamamos Mundo Sociocultural a la totalidad de la humanidad tal y como se manifestó social y culturalmente en el pasado y tal como se manifiesta social y culturalmente en el presente:

a) En sus múltiples formas de agrupación: grupos primarios y secundarios; grupos pequeños o grandes; grupos de pertenencia inevitable por consanguinidad, parentesco u otras causas, como familias, linajes o tribus; grupos de pertenencia por decisiones libres y voluntarias, como grupos musicales, clubes deportivos, ONG, sindicatos, partidos, comunidades religiosas, etc.

b) En sus múltiples instituciones básicas, como la familia, la escuela, el municipio, la empresa o el Estado, en instituciones con diversos fines (religiosos, políticos, económicos o científicos): locales, intermedias, estatales, interestatales, geopolíticas, mundiales e internacionales, como la Unión Europea, las multinacionales, la OCDE, la ONU y sus distintos organismos y organizaciones especializadas.
c) En sus múltiples formas de relaciones convivenciales: jerárquicas e igualitarias, verticales o asamblearias, autoritarias o democráticas.
d) En sus múltiples actividades individuales y colectivas: actividades comunes y oficios profesionales especializados; agrícolas e industriales; técnico-productivas, estético-artísticas, convivenciales, culturales, religiosas, científicas, educativas...
e) La metamorfosis evolutiva del Mundo Sociocultural estuvo impulsada por dos procesos de interacción dialógica: El proceso de interacción dialógica entre hominización biológica y humanización cultural durante toda la génesis evolutiva de la especie humana. El proceso simultáneo de interacción dialógica de los seres humanos con el mundo físico-biológico o ecosistema terrestre, como individuos, como grupos, como sociedades organizadas y como especie humana.

El Mundo Sociocultural actual, aunque hunda sus raíces en el pasado lejano de la humanidad, es fruto de la evolución reciente de la humanidad iniciada con el Renacimiento occidental, que generó procesos de occidentalización /mundialización.

Estos han desembocado en la situación actual que designamos con el término "globalización" y que representa a la humanidad como una "comunidad global", extendida por todo el globo. La comunidad humana global está caracterizada por nuevas modalidades de interdependencia de las sociedades humanas, de las economías y de las culturas.

El desarrollo progresivo, desde el Renacimiento hasta nuestros días, del Modo Capitalista de Producción y Consumo (MCdPC) y el establecimiento del orden jurídico-político, que exige el capitalismo mundial integrado, han barrido el sueño emancipador del proyecto de la Modernidad, basado en el deseo de acabar con las desigualdades y las injusticias y en la convicción de que era posible promover un progreso sostenido hacia una sociedad mundial de ciudadanos libres, iguales, fraternos y felices.

La investigación del Mundo Sociocultural desde el Neolítico a nuestros días

Los aspectos más relevantes del Mundo Sociocultural que deben investigar los educandos, teniendo en cuenta sus relaciones estructurales y sus interacciones recíprocas como sistema dinámico y evolutivo son las siguientes:

a) *El tránsito del Paleolítico al Neolítico.* La lenta y progresiva transformación de los grupos nómadas de cazadores y recolectores en pastores y agricultores, especialmente en el Oriente próximo y Egipto: desde el Éufrates y el Tigris al Nilo. Pero también es relevante tener en cuenta los vestigios de esa transformación en China, India, Japón y demás áreas orientales y, por supuesto, en los primitivos pobladores de América del Norte y de América del Sur.

b) *Los modos de organización y convivencia y su legitimación mitológica, religiosa, filosófica o científica:*
   - La multiplicación de las aldeas de agricultores y ganaderos (8.000 a 5.000 años a.C.) según las investigaciones arqueológicas.
   - El surgimiento del urbanismo: las Ciudades-Templo, las Ciudades-Estado y los Estados Nacionales (Reinos primitivos) de Mesopotamia a Egipto (5.000 a 3.000 años a.C.).
   - Estados nacionales e Imperios organizados como sociedades tripartitas o trifuncionales: *dirigentes políticos supremos* (Reyes o Emperadores con su corte de altos funcionarios, y consejeros), *escribas y clero nobleza guerrera* (fuerzas defensivas y conquistadoras), *clases trabajadoras* (agricultores, ganaderos, multitud de artesanos especializados, siervos y esclavos) (3.000 a 1.000 años a.C.). Se consideran *sociedades esclavistas,* cuando la mayoría de los trabajadores eran esclavos.
   - Ciudades-Estado, Estados Nacionales (Reinos) e Imperios (Grecia, Roma, Edad Media (1.000 años a.C. a 1500 después d.C).
   - Desde el Renacimiento a nuestros días: monarquías absolutas trifuncionales e Imperios coloniales y esclavistas (España, Inglaterra, Francia y Holanda) (siglos XVI a XVIII); sociedades capitalistas o *propietaristas* (según Thomas Piketty) organizadas como monarquías o repúblicas constitucionales (siglos XIX a XXI).

c) *Los modos de producción y consumo y la división del trabajo.* En cada formación social concreta predomina un determinado modo de producción. Pero pueden coexistir *vestigios* de varios modos de producción anteriores y *anticipos* de posibles modos de producción futuros. Se suelen distinguir hasta seis modos de producción y consumo que determinan las relaciones de producción y la división social y técnica del trabajo:
   - *Modo de producción y consumo primitivo.*
   - *Modo esclavista de producción: relaciones sociales de producción: amos y esclavos.*
   - *Modo feudal de producción: relaciones sociales de producción: Señores y siervos.*
   - *Modo mercantil simple de producción: relaciones sociales de producción: artesanos, comerciantes y mercaderes.*
   - *Modo Capitalista de Producción: relaciones sociales de producción: capitalistas y proletarios o asalariados.*
   - *Modo socialista de producción y consumo: relaciones sociales de producción: que cada uno aporte según sus capacidades y reciba según sus necesidades para llevar una vida digna.*

d) *Las divisiones del trabajo que han generado más desigualdades en las distintas sociedades:*
   - *La división injusta del trabajo entre hombres y mujeres.*
   - *La división técnica del trabajo.*
   - *La división entre trabajos manuales y trabajos intelectuales.*
   - *La división entre altos ejecutivos, gestores intermedios, técnicos y productores directos.*

e) *Dar preferencia al análisis crítico de las condiciones y modos de vida de los grupos sociales.* Con especial atención a la igualdad y las desigualdades, a la libertad, a la justicia, a la solidaridad y a las relaciones de dominación, de explotación, de opresión y marginación: amos y esclavos, señores y siervos, empresarios y trabajadores, grupos marginados por razones ideológicas, por su origen, por su raza, por su orientación sexual, por su religión, por sus enfermedades o discapacidades (etnocentrismo, xenofobia, racismo, supremacismo).

f) *El patriarcado, el machismo y las mujeres.*

g) *Las interacciones recíprocas y las correspondencias entre diferentes actividades.* Técnico-productivas, científicas, filosóficas, convivenciales, políticas religiosas y educativas.

h) *Análisis crítico de los componentes esenciales de los imaginarios colectivos hegemónicos en las sociedades investigadas: utopías e ideologías.*

Cuatro constantes históricas en la construcción del Mundo Sociocultural desde el Neolítico a nuestros días

Desde nuestro conocimiento de la historia de las múltiples configuraciones del Mundo Sociocultural en distintas zonas geográficas y en distintas épocas, desde el Neolítico hasta hoy, nos atrevemos a proponer la siguiente hipótesis de trabajo:

Los resultados de la investigación de los aspectos más relevantes que hemos mencionado en el Apartado 2 como objetos preferentes de investigación y estudio en cada zona geográfica, en cada sociedad y en cada época se pueden sintetizar en cuatro constantes históricas que podemos formular del siguiente modo:

a) *Religión y política.* Función de la religión en la estructura de la sociedad, en la cultura y la política de las distintas sociedades humanas y su relación con las tres constantes siguientes.
b) *Clases dominantes y clases dominadas.* Configuración de un bloque de clases dominantes y de un bloque de clases dominadas.
c) *Pueblos-Estados dominantes y pueblos dominados: el imperialismo.* La aparición constante de pueblos-Estado dominantes, invasores, conquistadores y colonizadores y de pueblos dominados, invadidos, conquistados y colonizados, que originaron los distintos imperios.
d) *Impacto de las actividades humanas sobre la Biosfera y la Ecosfera abiótica.* El impacto de las actividades agrícolas, ganaderas, tecnológicas, mercantiles, productivas e industriales de los seres humanos sobre la Biosfera y Ecosfera abiótica.

Estas cuatro constantes históricas, si tenemos en cuenta la variedad de zonas geográficas, la diversidad de pueblos y culturas y el pluralismo de formas productivas, convivenciales y orgnizativas, no se deben considerar como un proceso evolutivo homogéneo, aunque en algunos casos lo parezcan y lo sean. Por hipótesis, debemos presumir lo contrario: que son radicalmente diferentes. Lo importante es describir lo más objetivamente posible cómo se configuraron en cada zona, en cada sociedad y en cada época.

Las tres crisis que determinaron la configuración de nuestro Mundo Sociocultural desde siglo XIII al XXI

Podemos distinguir tres crisis distintas o considerarlas como tres etapas evolutivas de una crisis continuada desde el siglo XIII al XXI, que sería la crisis del Mundo Sociocultural construido desde el *Neolítico* hasta el *Renacimiento occidental* y del Mundo Sociocultural reconfigurado desde el Renacimiento hasta el siglo XXI.

a) ***La crisis de la Cristiandad Medieval.*** La primera crisis fue la *crisis de la Cristiandad Medieval*, que estalló a finales del siglo XIII y comienzos del XIV. La reacción frente a ella se materializó en el *Absolutismo Real* o *Antiguo Régimen,* que alcanzó su apogeo con la paz de Westfalia (1648).
b) ***La crisis del Antiguo Régimen.*** La segunda fue la *crisis del Absolutismo Real o Antiguo Régimen* que se inició con la revolución burguesa de Cromwell (1642 -1648) y la decapitación de Carlos I (1649) y culminó en la Revolución francesa (1789-1795). La reacción fue la sustitución del Absolutismo Real o Antiguo Régimen por monarquías o repúblicas liberales, democráticas y constitucionales. El conflicto entre los defensores del Antiguo Régimen (reaccionarios y conservadores) y los defensores de las monarquías y repúblicas constitucionales (liberales radicales y moderados, socialistas, comunistas y anarquistas) provocó la I Guerra Mundial y la Revolución Rusa (1914-1917), la II Guerra Mundial (1939-1945) y desembocó en la creación de dos bloques de Estados: las monarquías y repúblicas liberales y democráticas del Oeste y las repúblicas comunistas del Este.
c) ***La crisis del Mundo Sociocultural Contemporáneo.*** La *tercera* crisis estalló en la década de 1960, cuestionando los dos bloques de Estados y se ha transformado en el conflicto actual entre *neoliberalismo económico y político* y *ecosocialismo* o *ecohumanismo.*

La reinterpretación del Mundo Moderno y Contemporáneo desde la perspectiva de las crisis que determinaron su configuración actual, puede ayudarnos a evitar los errores cometidos en el pasado y a elaborar soluciones más eficaces para superar la crisis actual y salir del complejo laberinto en el que nos encontramos perdidos, desorientados y desesperanzados. Por eso, *el análisis de las tres crisis debe ser el objetivo fundamental para la investigación y comprensión del Mundo Moderno y Contemporáneo que deben llevar a cabo los educandos y los educadores a lo largo de la educación básica.*

Hay que tener en cuenta que en los procesos históricos no hay cortes absolutos ni comienzos absolutos. Hay continuidad, eliminación, cambio o mutación, innovación. Hay *evolución o metamorfosis* (transformación). Siempre hay continuación de algo, que las comunidades humanas consideran valioso, útil y conveniente, necesario e imprescindible, o de algo que es imposible eliminar o sustituir por otra cosa equivalente o mejor; siempre hay eliminación de algo que las sociedades consideran nocivo, perjudicial, inútil, costoso, poco rentable o superfluo y que puede ser eliminado o sustituido; igualmente, siempre hay algo nuevo que consideran valioso, deseable, útil y eficaz para salir de una crisis y mejorar la situación y que puede ser realizado, si se lo proponen comunitariamente.

Las crisis tampoco representan cortes absolutos, ni comienzos absolutos, ni cambios definitivos, ni soluciones definitivas, pero promueven la *evolución* o la *metamorfosis*, cambiando el rumbo.

En su momento oportuno ofreceremos una visión panorámica y concisa de las causas y consecuencias de cada una de las tres crisis mencionadas.

— PRIMERA PARTE —

CRISIS DE LA CRISTIANDAD, RENACIMIENTO Y MUNDO MODERNO

La crisis de la cristiandad medieval y el nacimiento del absolutismo real o Antiguo Régimen (siglos XIII y XVII)

Las contradicciones generadoras de la crisis de la cristiandad

Las causas de la crisis de la Cristiandad Medieval fueron la convergencia e interacción recíproca de cinco fuentes de contradicciones, que se habían incubado en su seno desde el siglo IV (Constantino y Teodosio) hasta el siglo XIII: **a**) la tensión entre el poder político y el poder religioso; **b**) el declive del modo feudal de producción y el ascenso del modo mercantil simple de producción; **c**) la división de la cristiandad en dos bloques antagónicos; **d**) el humanismo renacentista y la afirmación del individuo; **e**) la degradación del cristianismo y la necesidad de una reforma evangélica de la Iglesia.

La tensión entre el poder político y el poder religioso

La Cristiandad fue el resultado de una mezcla explosiva de la Teocracia católica (agustinismo político) con el ideal del Imperio Romano del "Dominium mundi" (constantinismo), que dio origen a la tensión entre dos poderes de origen divino que debían gobernar la cristiandad: el poder político o temporal (cesarismo político) y el poder religioso o espiritual (cesarismo religioso o cesaropapismo). El desenlace final de esta tensión fue la desintegración del Imperio en Naciones-Estado gobernadas por reyes absolutos y la desintegración de la teocracia católica en diversas confesiones e iglesias cristianas. Esta tensión dio origen a cuatro opciones ideológicas, que siguen presentes en varios países europeos: la primacía del poder político sobre el religioso (galicanismo); la primacía del poder religioso sobre el poder político (césaropapismo); la separación y autonomía de los dos poderes (Concordatos); la reducción de la religión al ámbito de la conciencia individual y del poder religioso a un poder privado (laicismo).

El declive del modo feudal de producción y el ascenso del modo mercantil simple de producción

El modo feudal de producción se basaba en las relaciones sociales de producción entre señores feudales y siervos campesinos y domésticos. Los señores feudales (nobleza, obispos, abades) tenían la propiedad jurídica de los medios de producción –tierras, ganados, aperos, casas– ideológica y religiosamente legitimada; también tenían derechos jurídicos para retener siervos ligados a sus tierras (siervos de la gleba) a cambio de algunos productos del campo necesarios para la subsistencia y siervos ligados a sus mansiones (siervos domésticos) a cambio de la manutención por los servicios domésticos.

El declive del modo feudal de producción se inicia en los siglos XII y XIII con las rebeliones y revueltas de los movimientos de pobres, de los siervos domésticos y campesinos y contra las jerarquías políticas y religiosas, que eran aplastados por la alianza de los reyes, los nobles, los jerarcas religiosos y la inquisición que los consideraba herejes. Las rebeliones y revueltas se multiplicaron en distintos países hasta el siglo XVI, que coinciden con la Reforma Protestante en Inglaterra, Alemania y Centro-Europa. Los objetivos de las revueltas eran la libertad individual, el acceso a la propiedad de la tierra, la igualdad como personas y como ciudadanos. La estrategia de lucha se basaba en una fraternidad y una solidaridad inquebrantables de todos los marginados por el sistema feudal.

El ascenso del modo mercantil simple estuvo ligado al crecimiento acelerado de los barrios de artesanos, comerciantes, mercaderes y prestamistas, llamados burgos exteriores o *faubourg* (de *foris bourg*) de las ciudades señoriales y episcopales y a la creación de burgos o ciudades autónomas de artesanos, comerciantes, mercaderes y prestamistas. Los ideales de esta burguesía ascendente eran: lograr la máxima libertad y autonomía individual y corporativa para sus actividades; competir con la nobleza por conseguir derechos, privilegios, propiedades, cargos administrativos y títulos nobiliarios. Para lograr estos objetivos se aliaban con los reyes en sus luchas contra los nobles y en su resistencia contra el Imperio contribuyendo con sus préstamos, sus saberes técnicos y sus productos.

La división de la cristiandad en dos bloques antagónicos y el surgimiento de movimientos sociales reivindicativos

La tercera fuente de contradicciones más relevante de la cristiandad como sociedad homogeneizada religiosa y políticamente por la fusión de la Teocracia católica y el ideal de Imperio era su división en dos bloques antagónicos: un bloque minoritario de ricos y poderosos explotadores, opresores y represores y una masa ingente de marginados, excluidos, condenados a la miseria y la mendicidad, explotados, oprimidos y represaliados arbitrariamente por el bloque minoritario dominante, que acaparaba el poder económico, el poder político y el poder religioso.

El bloque dominante estaba constituido por los reyes, los príncipes, los señores feudales, el papa, los obispos, los cardenales, los abades y la alta burguesía de mercaderes, comerciantes y prestamistas. *El bloque de dominados, marginados y excluidos en diversos grados* estaba compuesto por los mendigos, los mutilados de guerra, los arruinados que habían perdido sus posesiones, su vivienda, su familia, los siervos domésticos, los siervos de la gleba, los jornaleros del campo, los pequeños terratenientes, agricultores y ganaderos, los diversos grupos de artesanos de las ciudades y de las aldeas.

Los miembros del *bloque dominante* llevaban una vida opulenta, lujosa y despilfarradora. Los miembros del *bloque dominado* llevaban una vida miserable, de mendicidad, de enfermedades y sufrimientos, de trabajo extenuante con jornadas de sol a sol, de explotación mediante jornadas laborales gratuitas para los señores feudales y alto clero, multitud de impuestos, diezmos y primicias, pagos de rentas en especie, etc.

Ante el enriquecimiento de la Iglesia en latifundios, palacios, iglesias, catedrales, monasterios, universidades, obras de arte, etc. y la asimilación del alto clero a las jerarquías económicas y políticas –el papa a los reyes, los cardenales a los príncipes, los obispos y abades a los nobles y señores feudales– la gran Escolástica elaboró una teoría de la propiedad privada para justificar y legitimar teológicamente esta situación que chocaba frontalmente con el *comunitarismo* bíblico.[1] Con la tradición de los Padres de la Iglesia más destacados hasta el siglo IV (Barnabás de Chipre, Justino el Mártir,

---

1 *Levítico*: 19, 9 y ss; 23, 22 ss; Éxodo: 21, 2; *Deuteronomio:* 24, 10-15; *Amós*: 5, 14-15; *Oseas:* 4, 2-3 y 12, 8; *Miqueas*: 5, 9 y ss; *Isaías:* 5, 8; 1, 16-17; 61, 1-2; *Mateo:* 10, 34; 6, 24; *Lucas*: 6, 20-23; *Hechos de los Apóstoles*: 2, 45; *Carta de Santiago*: 2, 14, 5, 1-4.

Clemente de Alejandría, Orígenes, Tertuliano, San Juan Crisóstomo, San Ambrosio, San Jerónimo) y con el ideal del monaquismo primitivo.

La base de esa nueva teoría de la propiedad fue la crítica de Aristóteles en su *Política* al comunitarismo de Platón (*República y Leyes*) y la reinterpretación del *Derecho natural* a la propiedad privada es desde la perspectiva del *Derecho Romano* sobre la propiedad, especialmente del *paterfamilias*. Entre los creadores de esa nueva teoría de la propiedad sobresale Santo Tomás de Aquino, miembro destacado de la Orden Mendicante de los dominicos, que pronto se enriqueció y se convirtió a través de sus celosos inquisidores en el azote de los movimientos de los pobres que defendían el *comunitarismo bíblico* y querían vivir de acuerdo con él. La burguesía ascendente se apropió este concepto de propiedad privada hasta convertirlo, a partir del siglo XVIII, en el eje central del Modo Capitalista de Producción y Consumo: producir para aumentar el capital privado.

El antagonismo entre el bloque dominante y el bloque dominado de los miembros de la misma Iglesia y la contradicción del ideal cristiano del *comunitarismo bíblico* con el modo de vida del bloque dominante, especialmente del alto clero y con su teoría de la propiedad privada provocaron, desde el siglo XI al XVI, la proliferación de movimientos sociales reivindicativos, que fundaban sus críticas y reivindicaciones en la contradicción mencionada.

Mientras se iba construyendo el Mundo Sociocultural *renacido* de la crisis de Cristiandad Medieval, esos movimientos sociales reivindicativos iban siendo aplastados y arrasados sistemáticamente por las jerarquías religiosas y políticas, mediante las torturas y las condenas a la hoguera de la Santa Inquisición y las cruzadas bélicas de exterminio dirigidas contra ellos por los obispos y los señores feudales. La exterminación fue tan brutal que, desde mediados del siglo XVI hasta la segunda mitad del siglo XVIII, no lograron recomponerse.

Aunque es imposible establecer una línea divisoria rígida entre ellos y un criterio riguroso de clasificación, podemos distinguir tres tipos sociales de movimientos reivindicativos: *Los movimientos de pobres de carácter religioso herético; los movimientos de artesanos de carácter predominantemente económico; los movimientos de aldeanos de carácter político-económico,* que se rebelan contra los señores feudales que les expropian y les echan de sus tierras y el alto clero latifundista que les expolia con sus impuestos. Estos tres tipos de movimientos mezclan y combinan en su discurso los motivos económicos, religiosos y políticos para justificar sus reivindicaciones concretas. La referencia al *comunitarismo bíblico*, especialmente al *comunitarismo* de la Iglesia primitiva, es una constante en sus discursos reivindicativos.

Los movimientos de pobres de carácter religioso-herético son conocidos genéricamente como *cátaros* (del griego *Katharós*=puro). Ellos se consideraban también a sí mismos como *"puros"* por defender el retorno de la Iglesia al *comunitarismo* de las primitivas comunidades cristianas y organizar su vida de acuerdo con él. En general inspirados en la *Carta de Santiago* (2, 14-17), afirmaban que la esencia de la religión es la práctica de las buenas obras, el trabajo manual, el amor fraterno y la *vida comunitaria* o comunión de bienes, de vida y de acción. Rechazaban la pena de muerte, las matanzas, las guerras, la cacería como entretenimiento y deporte y el exterminio de especies de animales. El carácter herético de los *movimientos de pobres*, se manifestaba en algunas convicciones como las siguientes: los que viven de acuerdo con los principios de comunitarismo no necesitan sacramentos (ceremonias y ritos). Algunos defendían la poligamia en los términos del Antiguo Testamento, como el caso típico de Abrahán, Saray, Hagar e Ismael (*Génesis:* 16, 1-16). Otros rechazaban el matrimonio y defendían el amor libre.

Estos movimientos de pobres de carácter religioso-herético se dividían en dos tendencias: los inspirados en el *dualismo gnóstico-maniqueo* o antagonismo radical entre el Bien y el Mal y los partidarios del *panteísmo místico* de Scoto Erígenes y Amalrico de Bene y del *comunismo* de Joaquín de Flora (1130-1202). Entre ellos podemos nombrar las siguientes sectas: *pífilos, tejedores, patarenos, pobres de Lombardía, paulinos, pobres de Lyon, Valdenses, albigenses, logomilos, búlgaros, arnoldistas, begardos, beguinas, lolardos* y un largo etc. Los nombres de las sectas se derivaban unas veces de la localidad donde tenían su sede principal, como *patarenos* del barrio milanés llamado *Pataria,* otras del nombre del fundador, como *logomilos* de *Logomil* y *valdenses* de Pedro Valdés, otras de su carácter, como *begardos* y *beguinas* que significan "*rezadores/as mendicantes*".

Los *movimientos sociales reivindicativos de artesanos* eran de carácter predominantemente económico, aunque en sus discursos reivindicativos alegaran motivos religiosos como las referencias al *comunismo bíblico* o a las críticas de los profetas a los ricos y poderosos explotadores y acumuladores de campos, casas y riquezas de todo tipo; defendían mejores condiciones de trabajo y mejores salarios (canteros, albañiles, mineros, productores de materiales de construcción y demás trabajadores de la construcción); defendían mejores precios para sus productos elaborados (herreros, fabricantes de armaduras, de arneses para los caballos, de aperos para el campo, orfebres y fabricantes de alimentos, etc.); reclamaban menos impuestos, aranceles, aduanas y peajes para importar materias primas y exportar productos; reivindicaban mayores libertades para realizar sus actividades y autonomía para autoorganizarse en gremios y cofradías para evitar la competencia desleal, garantizar las mismas posibilidades a todos los miembros de gremio y defender sus derechos y sus intereses.

Los *movimientos reivindicativos de artesanos*, desde el siglo XI al siglo XVI, fueron creciendo en las ciudades paralelamente al crecimiento de los *movimientos de aldeanos* en las zonas rurales. Por eso, era frecuente que estos dos tipos de movimientos se apoyaran mutuamente. Las rebeliones más importantes estallaron en Erfurten 1509, en Ulm y en Schwabisch-Hall en 1511 y en 1512, en Brunswick y Colonia en 1513. A veces los artesanos se unían a los campesinos o viceversa. Casi todos los agitadores de los artesanos pertenecían al bajo clero mal pagado, que procedía de las capas populares más pobres de la ciudad y del campo. Buscaban un remedio para los males sociales en la Biblia, en la legislación social atribuida a Moisés (*Pentateuco*), en las críticas de los profetas a los ricos y poderosos de su tiempo, en la esperanza del *Reino de Dios y de su justicia* y en el estilo de vida de las comunidades cristianas primitivas. Los miembros del bajo clero que impulsaban las rebeliones de los artesanos con sus sermones bíblicos eran llamados despectivamente "*predicantes*". De hecho, eran los intermediarios entre los grandes reformadores religiosos y sociales *comunitaristas* y las clases laboriosas de las ciudades y de los campos, atacando a los burgueses ricos (grandes comerciantes, mercaderes y prestamistas), a los príncipes y nobles y a los reformadores religiosos aliados con ellos, como Lutero y Melanchton.

Los *movimientos reivindicativos de aldeanos* reclamaban derechos y libertades frente a los reyes, los príncipes, los señores feudales y frente al alto clero –papa, cardenales, obispos y abades– frente a la alta burguesía terrateniente. El programa más explícito fue el de los campesinos alemanes (1524-1525), que expresaban sus reivindicaciones en doce artículos. Lutero publicó en abril de 1525 su *Exhortación a la paz acerca de los doce artículos de los campesinos de Suabia* con el propósito de calmar los ánimos, en la que mantenía una postura ambigua y equidistante, recomendando a los sublevados la docilidad y la resignación. Sus recomendaciones cayeron en el vacío y Lutero era objeto de burlas y escarnios por parte de las turbas sublevadas. Temiendo por su vida y por el futuro de la reforma, Lutero se decide a tomar partido en la contienda publicando el violentísimo texto *Contra las hordas de campesinos, asesinos y ladrones,* plagado de expresiones de inusitada ferocidad.

Las rebeliones aldeanas más importantes fueron: La *rebelión inglesa* (1381) capitaneada por John Wyclef (1322-1384) y John Ball; la rebelión de los *campesinos bohemios*, que originaron las llamadas "*guerras hussitas* (1419-1436), inspiradas en las doctrinas de John Uss similares a las de Wyclef; estas guerras terminaron con la derrota de los *taboritas,* que vivían atrincherados en una aldea situada en una colina al sudeste de Praga a la que dieron el nombre bíblico de *Tabor;* la *rebelión de los campesinos alemanes* (1524-1526) capitaneada por Thomas Münzer y Enrique Pfeiffer; a esta rebelión se unió el movimiento de los *anabaptistas* (*rebautizadores*), que defendían un comunitarismo bíblico revolucionario, inspirado en Sebastián Frank (1500-1542) y Juan de Leyde, que se había extendido por Austria, Suiza, el Sur de Alemania y Holanda.

La rebelión de los campesinos alemanes fue aplastada por la represión brutal de los príncipes alemanes con la aprobación de Lutero; se calcula que los campesinos muertos podrían ser unos 130.000; Thomas Münzer y otros líderes que no pudieron huir fueron ajusticiados y ejecutados después de recibir crueles suplicios.

Muchos *anabaptistas* se dirigieron hacia Münster, se apoderaron de la ciudad, expulsaron a los enemigos y organizaron la resistencia armada desde 1531 a 1536; pero el arzobispo Colonia reclutó un ejército y los asedió hasta destruirlos. La revolución fue vencida, el orden restaurado tanto en la zona luterana como en la católica y las masas de campesinos continuaron soportando la servidumbre hasta la Revolución francesa. Por su parte, los artesanos lograron subsistir gracias a la consolidación de sus gremios y cofradías.

El Mundo Sociocultural *renacido* de la crisis de la Cristiandad se liberó de las revueltas de los artesanos y campesinos durante los dos siglos siguientes. Muchos revolucionarios emigraron o fueron desterrados a las colonias de los respectivos imperios coloniales. Eso no quiere decir que se hubiera eliminado la pobreza, la miseria, la explotación y la opresión. El *Testamento* de Jean Messlier (1664-1729), cura de Etrepigny es un buen testimonio sobre la situación en la Francia esplendorosa de Luis XIV.

El humanismo renacentista y la afirmación del individuo

Los humanistas renacentistas no eran anticristianos ni ateos. Pero eran muy críticos con el *R*égimen de Cristiandad y sus legitimaciones ideológicas de carácter filosófico, científico, religioso, político y jurídico. El humanismo renacentista no era un sistema monolítico de ideas, sino un conjunto plural de concepciones antropológicas, filosóficas, científicas, religiosas y políticas. Podemos describirlo indicando lo que asumían, lo que criticaban y lo que proponían.

Los *humanistas asumían* los ideales de la burguesía ascendente, las reivindicaciones de los movimientos de pobres, de siervos campesinos y domésticos y simpatizaban con las propuestas de reforma evangélica de la Iglesia; intentaban asimilar íntegramente la cultura clásica grecolatina: el griego y el latín y todas sus producciones literarias, filosóficas, científicas y artísticas; además de Platón, Aristóteles y los estoicos, asumían todo lo que se había conservado de otras corrientes filosóficas, como el escepticismo, el epicureísmo, el atomismo; igualmente, asumían y exploraban corrientes científicas marginadas como el heliocentrismo de Aristarco de Samos; intentaban traducir e interpretar los textos bíblicos restaurando críticamente los textos originales en hebreo, griego y arameo.

Desde este amplísimo bagaje cultural, *critican el* caos social y político, fruto de las luchas y guerras por el poder político y de la represión brutal de los movimientos de pobres y de las revueltas campesinas capitaneadas entre otros por Wicleff, Huss y Münzer que protestaban contra la explotación y opresión salvaje de los reyes, príncipes y nobles; critican la degradación del cristianismo, la crisis moral del papado, la ignorancia y la corrupción del clero generada por el sistema simoníaco de compraventa de cargos y prebendas, de reliquias, de sacramentos y supuestos privilegios espirituales; insisten clamorosamente en la necesidad de una reforma evangélica de la Iglesia.

Desde la concepción de los seres humanos como individuos psicofísicos singulares y autónomos *proponen*: el reconocimiento de la autonomía de la razón individual para establecer la verdad o certeza de las proposiciones científicas, filosóficas y religiosas de acuerdo con criterios evidentes y aceptables para todos; el debate sobre los criterios desembocó en el escepticismo y el relativismo; el reconocimiento de la autonomía moral de los individuos para elegir, guiados por su razón individual, los principios y normas para regular su propia conducta;el reconocimiento de la autonomía de los individuos para decidir y realizar su proyecto personal de vida,que implicaba el rechazo y la emancipación de la servidumbre feudal y del gregarismo político-religioso, propio del rebaño de súbditos políticos y del rebaño de fieles de una confesión religiosa. Estas propuestas culminaron en el liberalismo político y económico y en las declaraciones de los derechos y libertades fundamentales.

Por último, conviene destacar entre las propuestas de los humanistas la UTOPÍA (1516) de Tomás Moro (1478-1535) para configurar las Naciones-Estado y la *Utopía planetaria* de Erasmo de Rotterdam (1466-1536) para lograr la paz entre todas las Naciones de modo que todos los seres humanos puedan ser "Ciudadanos del Mundo".

La degradación del cristianismo y la necesidad de una reforma evangélica de la Iglesia

A finales del siglo XV y comienzos del XVI, la cristiandad ofrecía un espectáculo lamentable con tres aspectos fundamentales: el olvido del evangelio y la consiguiente degradación del Cristianismo; el descrédito moral del papado; la simonía generalizada y la corrupción del Clero. La unión de la Iglesia con el Imperio desde el siglo IV, la proclamación del cristianismo como religión oficial y excluyente del Imperio Romano a partir de Teodosio (391) y el intento persistente de fusionar la Teocracia católica con el ideal imperial del *"Dominium Mundi"*, produjeron el progresivo alejamiento de la Iglesia del evangelio y, consecuentemente, la degradación del cristianismo. En la Roma de finales del siglo XV y comienzos del XVI era imposible reconocer a los cristianos como seguidores de Jesús de Nazaret. La Roma cristiana con el Papa y la Curia Romana al frente se parecía más a la Jerusalén y el Templo que crucificaron a Jesús de Nazaret.

Las dimensiones de la crisis de la Cristiandad

Desde la segunda mitad del siglo XII siendo emperador Federico I Barbarroja, se agudiza la crisis de la cristiandad, que era, al mismo tiempo una crisis del Imperio, una crisis de la Iglesia y una crisis de sus mutuas relaciones. Las dimensiones más relevantes de esta crisis eran las siguientes:

a) La revitalización del poder monárquico por encima de los señores feudales con la colaboración de la alta burguesía de comerciantes, mercaderes y prestamistas y de las ciudades autónomas donde estos ejercían sus actividades. El rey feudal pasa de ser *"primus inter pares"* a ser un monarca absoluto.

b) La resistencia de los monarcas feudales a reconocer al emperador como autoridad suprema, aceptando el papel de reyes locales subordinados al emperador, que los considera reyezuelos o *"Régulos"*, con la colaboración de la alta burguesía y de los príncipes que aspiran a ser reyes.
c) El enfrentamiento cada vez más intenso entre los emperadores y los papas. Los emperadores defendían la primacía del poder político sobre el poder religioso o espiritual (*cesarismo político*). Los papas, por su parte, defendían la primacía del poder religioso o espiritual sobre el poder político (*cesarismo religioso o cesaro-papismo*).
d) El fracaso rotundo de la fusión de la Teocracia Católica (*Teocracia universal*) con el ideal imperial del "*Dominium Mundi*" *universal.* Esa fusión implicaba una contradicción irresoluble: construir la unidad del mundo y la paz universal entre las naciones mediante el amor cristiano universal y la fraternidad cristiana universal o dominar el mundo mediante la guerra y la conquista. Basta recodar las *Cruzadas* y las órdenes militares.
e) La división de la cristiandad en dos bloques antagónicos: un bloque minoritario dominante de ricos y poderosos y un bloque dominado constituido por una masa de pobres, marginados, explotados y oprimidos.
f) El antagonismo de los movimientos reivindicativos de pobres, artesanos y campesinos frente al bloque dominante.
g) El enfrentamiento entre los defensores de una reforma evangélica radical de la Iglesia y de un retorno al modo de vida de las primitivas comunidades cristianas y los defensores de conservar los desarrollos y tradiciones posteriores que culminó en la *Reforma Protestante* y la *Contrarreforma católica* en el siglo XVI.
h) Las críticas de los humanistas al caos social, político y religioso y sus propuestas de reformas y cambios.

El desenlace final de la crisis de la Cristiandad en el siglo XVI fue la sustitución del Imperio por un conjunto de monarquías nacionales, absolutas, autónomas y soberanas y la fragmentación de la Iglesia en un conjunto de confesiones cristianas enfrentadas, que dio origen a las llamadas guerras de religión.

En este proceso de crisis, los papas también se convirtieron en reyes absolutos de los Estados Pontificios, prolongando el enfrentamiento entre el poder del papa como líder espiritual y monarca absoluto con el poder político de los monarcas católicos. Después de Carlos V el Imperio se dividió en dos, que también se configuraron como monarquías absolutas. La idea imperial siguió vigente dando origen a los imperios coloniales (español, inglés, holandés, francés, etc.), a los imperios napoleónicos y otros imperios.

El Mundo surgido de la crisis: Absolutismo Real o Antiguo Régimen

El Mundo Sociocultural Moderno conocido como *Absolutismo Real* o *Antiguo Régimen* no surgió de golpe. Su progresiva configuración se inició en el siglo XII con la revitalización del poder monárquico por encima de los señores feudales con la colaboración de la burguesía ascendente. Se desarrolló lentamente desde el siglo XIII al XVI, superando numerosos conflictos. Se consolidó durante el siglo XVI y la primera mitad del siglo XVII como un conjunto de Naciones-Estado regidas por Reyes absolutos, que concentraban en su persona todos los poderes del Estado: el poder legislativo, el poder judicial, el poder ejecutivo y el poder federativo o poder de hacer alianzas con otros Estados, y de romperlas, declarar la guerra o firmar la paz. El *Absolutismo Real* se define como la concentración de todos los poderes del Estado en la persona del Rey.

Entre los defensores del *Absolutismo Real* destacan Nicolás Maquiavelo (1469-1527) y Thomas Hobbes (1588-1679). Pero entre ellos hay una diferencia sustancial. Maquiavelo en *El Príncipe* (1513) concibe el poder absoluto del príncipe como un poder personal arbitrario para imponer su criterio y su voluntad. Hobbes en su *Leviatán* (1651) defiende que el poder absoluto no es un poder personal arbitrario, sino un poder absoluto transferido por los miembros de la sociedad para defender el *Contrato Social.* Sir Robert Filmer con su obra *Patriarcha and Other Works* (1640) inició la concepción paternalista del Absolutismo Real, que desembocó en el *Despotismo Ilustrado,* que consiste básicamente en hacer cosas que se consideran beneficiosas para el pueblo sin contar con el pueblo.

El Mundo Sociocultural *renacido* de la crisis de la crisis de la cristiandad se califica, al mismo tiempo, como *Mundo moderno* por las novedades que asume y las novedades que aporta y *Antiguo Régimen* por las tradiciones que conserva de la Cristiandad Medieval. En realidad, ese *mundo sociocultural renacido* es un *sincretismo integrador* de elementos tradicionales y de elementos nuevos, de instituciones antiguas y de instituciones creadas de nuevo.

A partir de la Ilustración y de la Revolución francesa, la expresión *"Antiguo Régimen"* designa, además del Absolutismo Real, todo lo relacionado con él, criticado y rechazado por la Ilustración y la Revolución francesa, especialmente las tradiciones conservadas de la Cristiandad Medieval: la sociedad estamental; el modo de producción feudal; los privilegios de la nobleza y del clero; las relaciones Iglesia-Estado; la ciencia, la filosofía y la teología escolástica; la educación como indoctrinación autoritaria para modelar a los educandos como fieles *sumisos* de una confesión religiosa y como *súbditos* de una monarquía absoluta.

La consolidación definitiva del Antiguo Régimen durante los siglos XVI y XVII no fue una evolución pacífica. Fue una etapa histórica convulsa y un proceso trágico de conflictos y guerras en las que se mezclaban las motivaciones políticas y religiosas. Aparte del aplastamiento de los movimientos sociales reivindicativos, especialmente de la brutal represión de las rebeliones campesinas alemanas capitaneadas por Thomas Münzer, llevadas a cabo por los príncipes alemanes con la aprobación de Lutero y de las escaramuzas bélicas de Carlos V (entre 1519 y 1555), destacan las masacres de las llamadas *guerras de religión* dirigidas por Felipe II en los Países Bajos y en Francia (entre 1558 y 1598), y, sobre todo, destaca la conocida como *Guerra de los 30 años* (1618-1648) con los siguientes períodos: Período Checo (1618-1621), Palatino (1622-1623); Período Danés (1623-1629); Período Sueco (1630-1635) y Período Francés (1636-1648). La *Guerra de los 30 años* terminó con la paz de Westfalia entre el Imperio, Francia y Suecia. A los episodios de guerra hay que añadir las crueles actuaciones de la Inquisición con sus métodos y procesos de tortura y la quema de herejes en las plazas públicas.

El Mundo Sociocultural *renacido* de la crisis de la Cristiandad Medieval, sin dejar de merecer el calificativo de Antiguo Régimen por los privilegios, tradiciones y estructuras que lograron conservar las élites hegemónicas –Reyes, Príncipes, Nobles, Jerarquías Religiosas– es un *Mundo Moderno* (*moderno* viene de la fusión de "*mundus hodiernus*" en el neologismo "*modernus*": actualizado, nuevo), porque integra las novedades que defienden y proponen los críticos más radicales de la Cristiandad Medieval.

Entre las novedades que asumen y defienden estos críticos, destacan las siguientes: los ideales de la burguesía ascendente basados en la afirmación de los individuos autónomos, frente al gregarismo socio-político y socio-religioso vigente, considerados como sujetos de derechos y libertades inalienables; las reivindicaciones de los movimientos de pobres y de las rebeliones campesinas; la crítica del caos socio-político; la propuesta de una reforma evangélica radical de la Iglesia; la recuperación del legado íntegro de la cultura clásica grecolatina olvidado en gran parte por la Cristiandad Medieval y, especialmente, de las corrientes filosóficas y científicas marginadas, como el escepticismo, el epicureísmo , el atomismo, el heliocentrismo de Aristarco de Samos, etc.; la revalorización de la cultura clásica como un marco de referencia para iniciar una renovación filosófica, científica, artística, socio-política y socio-religiosa.

Entre las novedades propuestas por los críticos de la Cristiandad destacan las siguientes: una nueva filosofía del conocimiento basada en la autonomía de la razón individual;una nueva filosofía ético-política basada en la autonomía moral de los individuos; una nueva ciencia del movimiento que tuvo su punto de partida en el heliocentrismo y dio origen a la mecánica celeste y a la mecánica terrestre; una propuesta para la reforma de las *Naciones-Estado* que alcanza su máxima expresión en la *UTOPIA* de tomas Moro (1516) y una propuesta de *irenismo* (*pacifismo*) internacional, que explicita Erasmo en su *Utopía planetaria* basada en el amor y la fraternidad (1517).

La nueva filosofía del conocimiento, iniciada en el siglo XVI, basada en la autonomía de la razón individual para establecer la verdad y certeza de las proposiciones filosóficas, científicas y religiosas generó un debate sobre los criterios válidos de verdad y certeza que desembocó en el escepticismo de Michel Montaigne (1533-1592), de Pierre Charron (1541-1603) y Francisco Sánchez (1551-1630). El escepticismo generó dos corrientes filosóficas que interactuaban entre ellas: el *escepticismo cognitivo* y el *relativismo ético.*

El *Escepticismo cognitivo* originó la respuesta del cartesianismo racionalista, que fue cuestionado por el empirismo inglés de Locke y Hume, que influyó en los ilustrados y culminó en la *Crítica de la Razón Pura de Kant* (1781). El cartesianismo racionalista se puede sintetizar en dos axiomas que fueron asumidos, reinterpretados y aplicados por la inmensa mayoría de los pensadores de los siglos XVII y XVIII, tanto si eran defensores o críticos de las doctrinas cartesianas: **1**) el axioma de la autonomía y la primacía de la razón individual frente a la autoridad de las jerarquías religiosas y políticas y frente a las autoridades teológicas, filosóficas y científicas; **2**) el axioma de la inmutabilidad de las leyes naturales, que eliminaba la posibilidad de los milagros, la doctrina de la actividad de Dios en el mundo y la doctrina de la intervención de la Providencia en la historia y los asuntos humanos.

El *relativismo ético* basado en la autonomía moral de los individuos e inspirado en el Epicureísmo dio origen a la siguiente secuencia: escepticismo – libertinos teóricos franceses – librepensadores ingleses – liberalismo ético-político de Locke – *Principios de la moral* (1751) de Hume – ilustrados – *Crítica de la razón práctica de Kant* (1788).

La *nueva ciencia* iniciada por Copérnico(1473-1543) con su heliocentrismo, desarrollada por Tycho Brahe (1546-1601), Johannes Kepler (1571-1630) y Galileo Galilei (1564-1642), tuvo como continuadores en la segunda mitad del siglo XVII a Robert Boyle (1627-1691) fundador de la nueva química, a Christian Huygens (1629-1695) que formuló la teoría ondulatoria de la luz, a Robert Hooke (1635-1703) descubridor de la célula y, sobre todo a Isaac Newton (1643-1727), cuyo paradigma científico fue dominante hasta el siglo XX.

La reflexión sobre la República de la Isla Utopía descrita por Tomás Moro y sobre el *irenismo internacional de Erasmo* dio lugar a una proliferación de *utopías* e ideologías sociopolíticas que transformaron los imaginarios colectivos.

La estructura del Absolutismo Real o Antiguo Régimen

La estructura social del Antiguo Régimen era una estructura fuertemente jerarquizada, cuyos componentes fundamentales eran los siguientes:

a) Las *Naciones-Estado* soberanas, autónomas e independientes con fronteras definidas, gobernadas por Reyes absolutos con su Corte de consejeros, ministros y altos funcionarios.
b) Una organización tripartita o trifuncional de la sociedad: la *nobleza, el clero* y el *pueblo llano.*
c) El *clero* es la clase religiosa e intelectual encargada de la dirección espiritual de la comunidad y de su educación; la *nobleza* era la clase guerrera y militar que maneja las armas y aporta seguridad, protección y estabilidad; el *pueblo llano* es la clase trabajadora y plebeya que agrupa al resto de la sociedad: campesinos, artesanos y comerciantes que permiten al resto de la comunidad alimentarse, vestirse y cobijarse en casas.
d) La coexistencia del modo feudal de producción en recesión y del modo mercantil simple de producción en ascenso introducen alteraciones y novedades en la composición de los estamentos; la alta burguesía mercantil y financiera se emparentaba con la nobleza y la gran aristocracia; la pequeña y mediana burguesía de artesanos y comerciantes y los profesionales liberales alteraban la composición del pueblo llano.

La crisis del absolutismo real o Antiguo Régimen

El Mundo Sociocultural *renacido* de la crisis de la Cristiandad Medieval era un mundo dual y contradictorio, porque era un sincretismo integrador de elementos tradicionales heredados de la Cristiandad y de elementos innovadores aportados por los críticos radicales de la Cristiandad, que se oponían y se excluían mutuamente. Por eso, podía ser calificado, al mismo tiempo, como Antiguo Régimen y Mundo Moderno. Esta estructura contradictoria fue el germen de su crisis y de su autodestrucción.

El proceso de crisis del Antiguo Régimen (AR), en realidad, fue una continuación de la crisis de la Cristiandad: del cesarismo político-religioso, del cesarismo religioso-político o césaro-papismo, del teocentrismo, de la sociedad estamental, del modo feudal de producción y de todas las legitimaciones filosóficas, científicas, religiosas, políticas y jurídicas en las que se fundamentaba.

Las tres etapas de la crisis del Antiguo Régimen

En el proceso de crisis del Antiguo Régimen podemos distinguir tres etapas: **a**) Primera etapa: de la revolución de Cromwell a la Ilustración francesa (1642-1700); **b**) Segunda etapa: primera mitad del siglo XVIII (1700-1750); **c**) Tercera etapa: Segunda mitad del siglo XVIII: de la *Enciclopedia* a la Revolución francesa (1789-1795).

Primera etapa: de la revolución de Cromwell a la Ilustración francesa (1642-1700)

Las manifestaciones más relevantes de la crisis del Antiguo Régimen en su primera etapa se pueden sintetizar así: el éxito de las dos revoluciones inglesas contra el Absolutismo Real: la revolución de Cromwell (1648) y la *Revolución gloriosa* (1688); la herencia ideológica de los "libertinos teóricos" franceses; la herencia ideológica de los "librepensadores" ingleses; el liberalismo político de Locke que cuestionó todas las formas de Absolutismo Real y teorizó las reivindicaciones de las dos revoluciones inglesas en sus *Dos tratados sobre el gobierno civil* y en la *Carta sobre la tolerancia* (1689).

Las revoluciones inglesas

En 1341 el Parlamento Inglés se dividió en dos cámaras: los Nobles y el Clero formaron la Cámara de los Lores; la nobleza rural y la burguesía constituyeron la *Cámara de los Comunes.*

Las relaciones de los monarcas con las dos Cámaras de representantes eran una fuente permanente de tensiones. El poder real solía predominar sobre la soberanía del Parlamento, que acataba las órdenes del rey. En el siglo XVII, el conflicto se recrudeció por las tendencias absolutistas de la dinastía de los Estuardo y desembocó en la guerra civil entre parlamentaristas y realistas (partidarios del Rey). Oliver Cromwell (1599-1658), diputado puritano, organizó el bando antimonárquico y capitaneó la revolución (1642-1648) hasta vencer al Rey Carlos I en 1648 que fue decapitado en 1649. Se instaló la República inglesa que gobernó Cromwell hasta su muerte (1658). En 1660 fue restaurada la monarquía de los Estuardo con Carlos II, que murió sin descendencia y le sucedió su hermano Jacobo II en 1685. En 1688 tuvo lugar la *Revolución Gloriosa*, que culminó con la coronación de Guillermo III de Orange. Este reconoció al parlamento bicameral como un ente político con mayor independencia de los mandatos del Rey. La *Declaración de Derechos* de 1689 y el *Acta de Establecimiento* de 1701 delimitaron el poder del monarca y reforzaron la soberanía parlamentaria.

A partir de ese momento, los críticos del Absolutismo Real y la burguesía ascendente aspiraban a sustituir el Antiguo Régimen por una república o por una monarquía constitucional y parlamentaria.

La herencia ideológica de los "libertinos eruditos" franceses

Este grupo de pensadores e intelectuales eran herederos y continuadores del escepticismo de Michel Montaigne (1533-1592) y de Pierre Charron. Entre ellos sobresalen Pierre Gassendi (1592-1655) y Pierre Bayle (1647-1706) con su famoso *Dictionaire historique et critique* (1695-1697). Se designan como "libertinos eruditos" o "teóricos", como "libertins d'esprit" o como "philosophes" en el siglo XVIII, para distinguirlos de los llamados "libertinos morales" o "disolutos", cuya moral es excesivamente laxa. Su libertinaje no era moral. Era intelectual. En realidad, eran librepensadores.

Todos compartían los dos axiomas básicos del cartesianismo racionalista, aunque rechazaran las doctrinas cartesianas: 1) el axioma de la autonomía y la primacía de la razón individual frente a la autoridad de las jerarquías religiosas y políticas y frente a las autoridades teológicas, filosóficas y científicas; 2) el axioma de la inmutabilidad de las leyes naturales, que eliminaba la posibilidad de los milagros, la doctrina de la actividad de Dios en el mundo y la doctrina de la intervención de la Providencia en la historia y los asuntos humanos.

Partiendo de su escepticismo, su libertinaje era una actitud intelectual hostil a toda coacción religiosa y moral y una defensa radical de la libertad individual frente a los dogmatismos filosóficos, religiosos, éticos, políticos y científicos y un rechazo de todas las imposiciones autoritarias eclesiásticas y políticas. Esta actitud culminará en la defensa de un amplio catálogo de derechos y libertades individuales fundamentales.[2]

La herencia ideológica de los "librepensadores" ingleses

Aunque los "libertinos" franceses también eran "librepensadores", se suele reservar el término *Freethinkers* (librepensadores) para designar un grupo de intelectuales ingleses de finales del siglo XVII y comienzos del siglo XVIII que defendían la tolerancia religiosa; practicaban un racionalismo crítico radical; rechazaban los dogmas y misterios de las religiones reveladas; defendían el *deísmo* como religión natural y racional; oponían a las iglesias cristianas oficiales el "cristianismo primitivo" de las primeras comunidades cristianas; negaban el origen divino del poder político, que derivaban exclusivamente del único soberano: el pueblo; defendían un laicismo radical para facilitar la tolerancia.[3]

El liberalismo político de Locke

Locke había tenido experiencia directa, desde su infancia, de las dos rebeliones parlamentarias de la Cámara de los Comunes contra el Absolu-

2 Ferrater Mora, *Diccionario de Filosofía,* art. *Libertinos,* Vol. 3, pp. 1979-1980.

3 Ferrater Mora, *Diccionario de Filosofía,* artículo "Librepensadores", Vol. 3, pp. 1980-1981.

tismo Real y conocía a fondo todos los debates de los "libertinos" franceses y de los "librepensadores" ingleses.

Criticó y rechazó todas las formas del Absolutismo Real: el Absolutismo puro y duro de Maquiavelo concebido como el ejercicio de un poder absoluto personal y arbitrario para imponer su propia voluntad; el Absolutismo de Hobbes concebido como un poder absoluto delegado por los individuos que componen el pueblo soberano, para garantizar la seguridad y la convivencia pacífica de los ´súbditos; el Absolutismo paternalista o Despotismo Ilustrado de Robert Filmer. Sólo reconoció al monarca un poder limitado, regulado y sometido al imperio de la ley para garantizar a los ciudadanos sus derechos, sus libertades y sus posesiones legítimas, fruto del trabajo.

Locke niega rotundamente el origen divino del poder político. Defiende que el poder político procede exclusivamente del pueblo soberano. Aunque admite que el *Contrato Social* es el origen del poder político, defiende que es un poder limitado para las finalidades concretas consensuadas: defender los derechos, las libertades y las posesiones legítimas de los ciudadanos; el poder político debe ser un poder distribuido entre diferentes agentes y un poder revocable.

Locke asestó un duro golpe al Antiguo Régimen con su doctrina sobre las relaciones entre el Estado y las Confesiones religiosas y sobre la tolerancia de aquellas confesiones religiosas que no perjudiquen a la Sociedad ni al Estado, manteniendo siempre al Estado por encima de la religión como garante de las libertades de los individuos, incluida la libertad de religión. El Estado no debe ocuparse de salvar el alma de los gobernados. Eso es una cuestión privada. La función del Estado consiste en garantizar los derechos, las libertades y las posesiones legítimas de los ciudadanos. Pero las Iglesias no deben intervenir en los asuntos públicos. La autoridad de los líderes religiosos no es un poder político ni un poder coercitivo, que son exclusivos del Estado. Es un poder carismático y persuasivo que sólo pueden ejercer dentro de su comunidad religiosa. Los clérigos deben difundir un mensaje de paz y tolerancia que ayude a crear un clima de entendimiento y concordia entre las religiones.

Locke suprimió con sus doctrinas los privilegios de la corona y los privilegios del clero. Con su teoría del poder político distribuido entre varios agentes, limitado y controlado por ley, despojó a los reyes absolutos de sus privilegios. Con su doctrina de la separación del Estado y de la religión, también suprimió los privilegios del clero, despojándolos del poder político y relegando las confesiones religiosas a la esfera privada. Eliminados los privilegios de la corona y del clero, todos nos convertimos en ciudadanos iguales ante la ley, al menos en teoría. Pero estamos muy lejos de lograr la igualdad real y la democracia real de una república de ciudadanos libres, iguales y fraternos.

Locke, a pesar de que repite constantemente, que "todos somos iguales ante la ley", no es un *igualitarista.* Es un *clasista,* ya que admite que las leyes pueden conservar desigualdades sociales y económicas, que implican desigualdades políticas. Así lo muestra en los pasajes en que defiende un sufragio restrictivo, cuando deja fuera de su propuesta pedagógica a las mujeres y a las clases más bajas, o cuando propone leyes que garanticen la propiedad de bienes materiales y la desigualdad que se deriva de ella.

La pedagogía que propone tiene como objetivo formar al "*gentleman*" inglés como ciudadano libre y culto capaz de controlar los poderes del Estado. Es una pedagogía dirigida básicamente a la burguesía ascendente y la nobleza rural que componen la *Cámara de los Comunes.* Es una pedagogía antiautoritaria y liberal que rechaza las características fundamentales de la pedagogía autoritaria del Antiguo Régimen, cuyo objetivo era la formación de *súbditos sumisos* al Absolutismo real y *fieles sumisos* a las jerarquías religiosas. Consecuentemente, rechaza la indoctrinación en valores religiosos y políticos, la socialización disciplinante y el sistema de sanciones y castigos.

Segunda etapa: Primera mitad del siglo XVIII (1700-1750)

Las corrientes de pensamiento, que se iniciaron en el Renacimiento y se desarrollaron a lo largo del siglo XVII, principalmente en Francia y en Inglaterra, desembocaron en la *Ilustración* del siglo XVIII. *Les Philosophes* franceses fueron los más destacados continuadores de esas corrientes: individualismo, libertad individual, racionalismo, escepticismo, relativismo, cientificismo y liberalismo político, generaron el clima ideológico de la primera mitad del siglo de "las Luces", que podemos sintetizar en la siguiente descripción.

El clima ideológico del primer período ilustrado

Las corrientes de pensamiento mencionadas, combinadas de diferentes maneras por los primeros ilustrados franceses llamados "*les philosophes*", transformaron el humanismo renacentista en un antropocentrismo radical, que tuvo enormes consecuencias para la crisis del Antiguo Régimen: desbancó al *teocentrismo*, rechazando las religiones reveladas, pasando del *teísmo* al *deísmo* o religión natural y racional, al *Agnosticismo* y al *ateísmo*; negó la posibilidad de los milagros; eliminó la intervención de la Providencia divina en la historia humana; puso la evolución histórica en manos de los seres humanos; negó el origen divino del poder político; arrebató la soberanía de los reyes absolutos y se la atribuyó exclusivamente al pueblo; rechazó la condición de súbditos de los seres humanos y reivindicó su condición de ciudadanos como personas y como individuos libres, iguales, fraternos y soberanos; además del liberalismo político y económico que seducía a la burguesía y a la nobleza, inició otras corrientes sociales de pensamiento más radicales como el comunismo, el socialismo, el anarquismo, que desarrollará el Movimiento Obrero del siglo XIX.

Voltaire y Montesquieu

En la segunda etapa de la crisis del Antiguo Régimen que coincide con el primer período de la Ilustración francesa (1700-1750), Voltaire y Montesquieu destacan como máximos representantes del clima ideológico ilustrado y como críticos del Antiguo Régimen.

François Marie Arouet Le Jeune (1694-1778), conocido por el seudónimo de *Voltaire*, es el más representativo de los ilustrados franceses de la primera generación. Nació en París. Estudió en el Colegio Louis Le Grand de los jesuitas. En 1717, fue encarcelado en la Bastilla a causa de una sátira contra el regente. De 1726 a 1729, estuvo exiliado en Inglaterra donde conoció las doctrinas de Locke y de Newton y tuvo contacto con los "librepensadores" ingleses. A su regreso a Francia, se convirtió en el mayor propagandista y divulgador de la filosofía de Locke, de su empirismo y de su liberalismo político, de la ciencia de Newton, del *deísmo* de los librepensadores ingleses y de las doctrinas de los "libertinos teóricos" franceses. Durante toda su vida mantuvo una estrecha relación con las figuras europeas más representativas de la ciencia, de la filosofía, de la literatura y de la política.

Charles de Secondat, Barón de Montesquieu (1689-1775) nació en Brède, cerca de Burdeos. Viajó por Italia, Países Bajos e Inglaterra, interesándose por la historia de las realidades jurídico-políticas. Desarrolló sus concepciones jurídico-políticas fundamentalmente en dos obras: las *Cartas*

Persas, compuestas entre 1717 y 1721 y *El espíritu de las leyes,* compuesta entre 1734 y 1748 y publicada en 1748, justo cuando arrancaba el *Proyecto de la Enciclopedia.*

Montesquieu aborda el problema de la ley en sus aspectos natural e histórico, demostrando que la ley natural y la legislación positiva no son contradictorias, sino correlativas y complementarias. Cada pueblo ha desarrollado el conjunto de leyes que conviene a su naturaleza y a su situación histórica. Toda ley brota de las circunstancias en que se desarrolla la vida de un pueblo. Esas circunstancias no están determinadas por una necesidad natural o determinismo rígido. Son predominantemente producto de las decisiones humanas libres.

El ideal consiste en alcanzar la libertad máxima dentro de las posibilidades que permiten las circunstancias naturales e históricas. Para lograr este ideal, es necesaria *una separación real de los poderes legislativo, ejecutivo, judicial.* Montesquieu encontró en la *Constitución inglesa* surgida de la *Revolución gloriosa* de 1688, teorizada por Locke, el ideal político deseable para Francia. Sólo la división de poderes fundamenta una libertad suficiente. Esa libertad queda destruida tan pronto como se unifiquen los poderes, ya sea en las manos de un solo individuo o bien en las de todo un pueblo.

Entre las tres posibles formas de gobierno –despótico, democrático y monárquico– Montesquieu se inclina por la tercera: *La monarquía constitucional.* Viendo que no era posible una democracia de tipo antiguo –la democracia de las *Ciudades-Estado* griegas– por la complejidad de las *Naciones-Estado* modernas, piensa que la monarquía constitucional puede ser un ideal viable para su época. Pero esa monarquía debe despojarse de todo absolutismo y de todo despotismo. Debe alejarse lo más posible de las formas orientales y de las formas adoptadas por la monarquía francesa con los Borbones.

Tercera etapa de la crisis del AR: de la *Enciclopedia* a la Revolución francesa (1750-1789)

Podemos caracterizar la tercera etapa de la crisis del AR como un período prerrevolucionario que presagia el estallido inminente de la Revolución. En ese período llega a su apogeo la transformación del *humanismo renacentista* en un *antropocentrismo radical* que tiene su máxima expresión en la enciclopedia y en el clima ideológico que se respira en los círculos ilustrados.

Se agudiza la crisis de la teocracia tradicional: los sectores críticos pasan del teísmo al *deísmo* o religión natural o racional, al *agnosticismo* y al *ateísmo militante*. En la sociedad francesa la coexistencia pacífica de varias confesiones cristianas y de otras confesiones religiosas junto con los librepensadores, los deístas, los agnósticos y los ateos era la tónica dominante, fruto de la tolerancia fomentada por el liberalismo político. Los ilustrados franceses y, especialmente, los enciclopedistas llevaron a cabo una crítica sistemática de la situación religiosa del AR, defendiendo un *laicismo radical*: plena separación del Estado y la religión; autonomía absoluta del poder político frente al Papa y la jerarquía católica; rechazo de la injerencia de la jerarquía católica en el poder legislativo; reducción de todas las confesiones religiosas al ámbito estrictamente privado.

El liberalismo individualista llega al paroxismo y las críticas a las instituciones jurídico-políticas del AR, se radicalizaron al máximo. Las clases dominantes –nobleza, clero y alta burguesía y sus portavoces– rechazan la utopía judeocristiana formulada por Tomás Moro y Erasmo, mientras que los portavoces de las clases dominadas la reelaboran como una utopía secular, que dio origen a las ideologías que desarrollaría el Movimiento Obrero durante los siglos XIX y XX: comunismo, socialismo, anarquismo.

La Enciclopedia

En 1750 aparece el *Prospectus* que anuncia la publicación inminente de los dos primeros volúmenes de la *Enciclopedia*. En esta obra monumental (35 volúmenes en la impresión facsímil de 1964) colaboraron 150 autores coordinados por Diderot y D'Alembert. Entre ellos había matemáticos, historiadores, economistas, científicos, revolucionarios, políticos, pedagogos, etc. En ella participaron la mayoría de los ilustrados franceses de la segunda generación, que no eran constructores de sistemas filosóficos, sino intelectuales que tenían una amplia cultura y una formación y 'profesión liberal y que estaban al día de los debates filosóficos, científicos, religiosos, éticos y políticos de su época.

La *Enciclopedia* profundamente liberal, anticlerical y laica fue en el siglo XVIII el equivalente al *Google* en el siglo XXI. Tuvo un gran impacto subversivo para el AR, acelerando su crisis definitiva. La difusión del enciclopedismo contribuyó a la definición de una plataforma revolucionaria en toda Europa.

El movimiento enciclopedista estuvo dividido desde el principio en dos corrientes que podemos calificar como *Volteriana* y *Rousseauniana* por ser Voltaire y Rousseau los más representativos de cada una de ellas.

Las características más relevantes de la corriente *Volteriana* son las siguientes: **a)** su ascendencia racionalista; se puede considerar la culminación del racionalismo renacentista sintetizado en los dos axiomas del cartesianismo racionalista repetidamente mencionados: el axioma de la autonomía y de la supremacía de la razón individual y el axioma de la inmutabilidad de las leyes de la naturaleza; **b)** el materialismo mecanicista de los deístas y ateos; **c)** el carácter elitista y clasista de sus defensores: aristócratas, nobles y burgueses cultos y estudiosos, defensores del liberalismo individualista económico y político; **d)** una concepción maniquea del ser humano como ser pasional y racional, basada en la antinomia del "ser natural" y el "ser artificial".

La *corriente rousseauniana* tiene rasgos opuestos a la volteriana. Rousseau y sus seguidores parten de que el hombre es naturalmente bueno, aunque experimente en sí mismo la tensión entre el amor propio y el amor a los demás, entre el egoísmo y el altruismo, entre la libertad natural y la libertad moral. En su *Discurso sobre la desigualdad* (1775) sostuvo que el civilizado había corrompido al salvaje y el urbanita al campesino. El hombre es naturalmente libre. Aunque no lo afirma con las mismas palabras que Sartre, coincide con él en que "el ser humano está condenado a la libertad". El ejercicio de la libertad natural que le condena a elegir y decidir constantemente genera la razón como razón instrumental. Valora positivamente las emociones, las pasiones y los sentimientos.

Rousseau defiende el liberalismo democrático y propone como ideal la creación de una república de ciudadanos libres, iguales y fraternos, que se rigen por la voluntad general expresada en las libertades y derechos mutuamente reconocidos y recíprocamente otorgados. Frente al elitismo volteriano, Rousseau mostraba su empatía y sintonía con las clases medias y bajas de la sociedad. Incluso proponía la creación de unas clases medias, subiendo el estatus económico, educativo y político de las clases más bajas y recortando los privilegios, las propiedades excesivas y el poder político de las élites. Consecuentemente rechazaba tanto la educación autoritaria del AR como la educación liberal individualista propuesta por Locke y defendía una educación democrática de todas las dimensiones de la personalidad humana, dando origen a la educación integral y holística que desarrollaron sus seguidores y continuadores.

En el período crítico de la Revolución francesa, Robespierre, Saint-Just, Paul Marat, Danton, Desmoulins, Hebert, Jacques Roux, Babeuf, Darthé, Buonarroti Barée y otros *jacobinos* radicales combinaron las ideas de Rousseau con las doctrinas de otros ilustrados contemporáneos que defendían el comunismo, el socialismo y el anarquismo, entre los que destacan los siguientes: Jean Messlier (1664-1729) con su *Testamento;* Morelly con *El Naufragio de las islas flotantes* (1753) y el *Código de la Naturaleza* (1755); Gabriel B. Mably (1709-1785) con su obra *Dudas propuestas a los filósofos economistas;* Vairasse D'Allais con su *Historia de los Sevarambos* (1765 en inglés y 1777 en francés); Roberto Wallace (1679-1836) con su obra *Perspectivas varias*; William Godwin (1756-1836) con su *Investigación relativa a la justicia política,* que se puede considerar como el inicio del anarquismo.

Cuatro pensadores representativos de la tercera etapa de la crisis del Antiguo Régimen

A continuación, presentamos cuatro ilustrados franceses representativos del espíritu enciclopedista, que destacaron por sus aportaciones: D'Alembert y Diderot, coordinadores de la *Enciclopedia,* el Barón D'Holbach, asiduo colaborador de la misma, y Helvetius, simpatizante, aunque no colaboró directamente.

Jean Le Rond D'Alembert (1717-1783) nació en París. Estudió leyes, medicina, matemáticas y física. Se dedicó a estas dos últimas. Entre sus numerosos trabajos científicos destacan los siguientes: *Memoire sur le calcul integral* (1739), *Traitè de dynamique* (1743) y *Discours préliminaire de l'Enciclopedie* (1751), que la presentaba como un compendio de los conocimientos humanos, incluyendo las "artes mecánicas" y las "artes liberales". Considera a Locke como un modelo de filósofo y a Newton como un modelo de científico. Divulgó la idea de una unidad del saber y consideraba la filosofía como unificadora de los saberes, una concepción que parece una anticipación de la idea actual de *transdisciplinariedad.*

Denis Diderot (1713-1784) nació en Langres (Champaña). Estudió en Langres y París. Viajó por Europa y pasó temporadas en el extranjero, especialmente en San Petersburgo (1772-1774), donde se relacionó con Catalina la Grande, que se interesaba por las ideas de los enciclopedistas. Fue materialista, escéptico y crítico de la moral vigente y, al mismo tiempo, moralizador, idealista, ético y profundamente humano. Estableció los principios de una ética laica y humanista que ha llegado hasta nuestros días. Dedicó gran parte de su extensa obra a cuestiones estéticas y a la crítica literaria y pictórica. Entre sus obras destacan los *Salons* publicados cada dos años entre 1759 y 1771, que constituyen una reflexión crítica sobre los temas debatidos por "*les philosophes*" en los distintos "Salones" de las damas de alta alcurnia.

Paul Henri, Barón D'Holbach (1725-1781) fue un defensor acérrimo del materialismo, del antropocentrismo y del pueblo como único soberano frente al Absolutismo Real del AR.

La filosofía de D'Holbach es absolutamente naturalista, materialista y, a veces, hilozoista. Sólo hay una realidad: la materia organizada como Naturaleza, que posee por sí misma, y sin ninguna causa extramaterial, el movimiento. En la Naturaleza todos los acontecimientos están absolutamente determinados. No existe la Providencia divina ni tampoco hay azar. Sólo hay Naturaleza y en ésta sólo hay materia y movimiento y una sucesión rigurosa de causas y efectos. D'Holbach niega la existencia de toda causa primera y combate por igual el *teísmo* y el *deísmo* y se adhiere, sin vacilar, al *ateísmo materialista*. En su obra *Del hombre* defendió que el único soberano es el pueblo y que era necesario establecer una forma de gobierno contrario a la violencia y que garantizara la libertad de pensamiento y de prensa.

Claude Adrien Helvetius (1715-1771) no escribió para la *Enciclopedia* por tener otros compromisos personales. Pero compartía el espíritu enciclopedista y era amigo de muchos enciclopedistas. Era un entusiasta del empirismo y del liberalismo político de Locke. Su obra fundamental *De l'Esprit* (1758) despertó gran entusiasmo y numerosas críticas. El libro fue condenado y la condena aumentó su fama. El "*espíritu*" es una creación de la percepción, pero puede ser remodelado por la educación. Mediante la educación y el entrenamiento se pueden encauzar los intereses y las pasiones individuales para conseguir el ideal ético: que los intereses individuales –la eliminación del dolor y la obtención del placer– coincidan con los intereses colectivos.

La crisis económica del Antiguo Régimen francés

Llama la atención que en las dos primeras etapas del Antiguo Régimen francés la denuncia de la crisis económica sea prácticamente inexistente. Sin embargo, sabemos que, desde el siglo XVI al XVIII, la pobreza y la miseria siguieron golpeando duramente a las capas más bajas del tercer estado de la sociedad estamental que seguía vigente en el AR francés. El *Testamento* que escribió a lo largo de su vida Jean Messlier (1664-1729) es un testimonio fehaciente de aquella situación. La crisis económica del AR francés se fue gestando lentamente durante los reinados de Luis XIV y Luis XV. Por eso, resulta pertinente la siguiente pregunta: *¿por qué la crisis económica no fue uno de los temas centrales de las críticas al AR francés hasta la segunda mitad del siglo XVIII?* Podemos encontrar algunos argumentos para darle una respuesta razonable a la pregunta.

Al Rey, a la aristocracia, a la nobleza y al alto clero la situación de los pobres, de los artesanos y los campesinos no les preocupaba si estos pagaban religiosamente los impuestos estipulados en dinero, en especie o en jornadas laborales gratuitas, si se mantenían sumisos y resignados, si no se rebelaban como al final de la Edad Media.

La brutal represión de los movimientos sociales reivindicativos y las guerras de religión que azotaron a Europa hasta el final de *La Guerra de los 30 años* (1648), en las que las capas más bajas del tercer estado habían sufrido las peores consecuencias, los había dejado debilitados, desmoralizados y atemorizados de modo que tenían pánico a provocar nuevas represalias con sus reivindicaciones. Esto impedía que la crisis se manifestara. Por otra parte, los imperios coloniales, desarrollados desde el siglo XVI al XVIII, se convirtieron en aliviaderos de las tensiones sociales, económicas y políticas. Muchos pobres descontentos con su situación decidieron probar fortuna y emigraron a las colonias con la esperanza de iniciar una vida mejor. Las metrópolis de los imperios desterraban y confinaban en las colonias a los más inquietos y rebeldes que podían convertirse en cabecillas y generar conflictos.

La burguesía ascendente media y alta de comerciantes, mercaderes y prestamistas se dedicaron intensamente a los negocios que posibilitaba el comercio internacional entre las colonias y las metrópolis. Esas oportunidades mejoraban continuamente con los nuevos instrumentos y métodos de navegación marítima que permitían servicios regulares y con el aumento de la capacidad de transporte de los barcos. Los que se establecían en las colonias se apropiaban las mejores tierras, los bosques y las minas, que explotaban con mano de obra barata de esclavos y siervos. El sistema colonial de producción consistía en una combinación de elementos del modo esclavista de producción y del modo feudal de producción. Los esclavos y los siervos abarataban los costes de producción.

La crisis económica no afectaba demasiado a la pequeña burguesía de artesanos. A medida que los reyes, la aristocracia, la nobleza, el alto clero y la burguesía media y alta mantenían y aumentaban sus riquezas con lo que sacaban de sus latifundios y de su participación en los negocios de la alta burguesía, ellos tenían asegurada la demanda de mano de obra y de productos y la oferta de materias primas –madera, marfil y minerales– procedentes de las colonias. Por otra parte, fueron blindando sus negocios con los reglamentos detallados de sus gremios y cofradías.

La situación descrita explica suficientemente por qué la crisis económica del AR francés no fue objeto central de denuncia en las dos primeras etapas. Sólo afectaba a los que carecían de capacidad para denunciar y hacer reivindicaciones: a las clases populares más bajas del tercer estado.

La inmensa mayoría de los protagonistas de las críticas al AR, que hemos mencionado en la descripción de las dos primeras etapas de la crisis, procedían de los distintos estratos de la burguesía ascendente, que como clase no tenían problemas económicos acuciantes. Lo que necesitaba y reivindicaba la burguesía ascendente frente a la monarquía, la aristocracia, la nobleza y el clero era: más derechos y libertades individuales, menos trabas y obstáculos para ejercer sus actividades y desarrollar sus negocios, más participación en el gobierno de las ciudades y en el gobierno del Estado; libertad de pensamiento, libertad de religión, libertad de expresión, libertad de asociación, autonomía moral como individuos, rechazo de la condición de súbditos sumisos y defensa de los derechos de ciudadanos libres. Eso explica que todas las críticas al AR se centraran en los aspectos políticos, filosóficos, científicos y educativos. En general, podemos considerar a todos los pensadores críticos del AR, filósofos y científicos como representantes, intérpretes y portavoces de los intereses, aspiraciones y propuestas socioculturales de la burguesía ascendente: libertinos teóricos franceses, librepensadores ingleses, los filósofos racionalistas y empiristas de Descartes a Kant, especialmente Locke y sus seguidores con su empirismo, su liberalismo político y su propuesta de pedagogía liberal para educar al "gentleman".

A lo largo del siglo XVIII la crisis económica del AR francés fue aumentando vertiginosamente. El sistema económico feudal dirigido por Luis XIV y Luis XV y sus respectivos consejeros y ministros, a pesar de los enormes recursos que importaban de su imperio colonial, habían arruinado completamente el país, el erario público estaba en bancarrota y el déficit anual aumentaba a un ritmo galopante por el despilfarro y los gastos suntuosos de la Corte.

La crisis económica del AR afectaba a las clases populares en forma de hambrunas, por la escasez de alimentos, especialmente de trigo, harinas y pan. La burguesía media alta, reivindicaban la eliminación del sistema económico feudal dirigido y regulado por la monarquía y, sobre todo, rechazaban su intervencionismo en todos los asuntos económicos y defendían la libertad del mercado, cuyo lema era *"laissez faire, laisser passer"* igualmente, rechazaban el modo feudal de producción basado en la relación *amos y siervos,* y, por supuesto todas las fronteras interiores que establecían los señores de los feudos, y las aduanas, peajes, aranceles e impuestos que cobraban; además de pedir la libertad de los "siervos de la gleba" para tener mano de obra abundante y barata, pedían la eliminación de los reglamentos de los gremios y cofradías que obstaculizaban el desarrollo industrial.

La crisis afectaba a la monarquía, a la aristocracia, a la nobleza y al clero, tanto si se mantenía el sistema económico feudal como si se suprimía; en el primer caso, era necesario recortar sustancialmente todos los gastos de la monarquía y rescatar a escote el endeudamiento del erario púbico mediante impuestos sustanciales y proporcionales a las posesiones y riquezas de cada uno; la aristocracia, los nobles y el alto clero se resistían a pagar y la situación se agravaba cada día más; en el segundo caso, sólo procedía la supresión del sistema económico feudal y eso implicaba, entre otras cosas, la expropiación de algunos bienes y la supresión de todos los privilegios económicos feudales, especialmente la exención de impuestos. La situación se hacía cada vez más insoportable desde el ascenso al trono de Luis XVI hasta el estallido de la Revolución francesa (1789).

Más arriba indicamos que la crisis económica del AR francés se gestó lentamente durante los reinados de Luis XIV y Luis XV. Este hecho merece un breve recordatorio para que ayude a comprender esta afirmación rotunda.

De las tres actividades económicas fundamentales del Modo Capitalista de Producción, la actividad mercantil y la actividad financiera estaban plenamente desarrolladas y consolidadas en el siglo XVIII; pero la actividad industrial estaba estancada por varias causas. Una de las principales era el sistema económico estatal implantado por Enrique IV y desarrollado por Luis XIV y Luis XV.

Desde comienzos del siglo XVII, se habían hecho varios intentos para desarrollar la industria. Pero todos fracasaron por el sistema económico estatal fuertemente centralizado, intervencionista y burocrático, que sometía la actividad a una rígida reglamentación. Al mismo tiempo, mantenía el modo feudal de producción que, con su régimen jurídico-político de dominación sobre los siervos de la gleba y los siervos domésticos, provocaba escasez de mano de obra para la producción industrial de manufacturas y para la construcción de obras públicas. También mantenía el sistema feudal de fronteras interiores, aduanas, peajes, aranceles e impuestos que impedían la libre circulación de mercancías, de materias primas y de productos manufacturados. Esto implica las reivindicaciones de la alta burguesía liberal a la que se habían unido bastantes nobles.

Bajo el reinado de Enrique IV (1589-1610), su ministro Sully logró mejorar la Hacienda pública, cuya deuda ascendía casi a 300 millones de libras, una enormidad en aquel tiempo, a causa de las guerras de religión entre España y Francia. Al mismo tiempo, Carlos IV y su ministro Sully se propusieron fomentar la industria, creando numerosas manufacturas (sedas, tapices, encajes, tejidos de lana), desarrollando los oficios artesanos, impulsando el comercio interior y creando colonias, especialmente en Canadá. También protegieron a los terratenientes aldeanos frente a los abusos de la alta nobleza. Pero las guerras de Luis XIII (1610-1643) dirigidas por el cardenal Richelieu (1622-1643) y el cardenal Mazarino (1643-1661) durante la regencia de Ana de Austria, frenaron el desarrollo de la economía y aumentaron de nuevo el endeudamiento de la Hacienda pública y quebraron industrias manufactureras creadas por Carlos IV y su ministro Sully.

En el último cuarto del siglo XVII, Jean Baptiste Colbert, de origen plebeyo, hijo de un mercader de la alta burguesía, llegó a ser ministro de Luis XIV, ascendiendo grado por grado hasta alcanzar la alta posición de intendente de la Hacienda pública, que estaba sumida en un embrollo de deudas, garantías, pagarés y bonos entregados a los prestamistas. Sin llegar nunca a sanearla por completo, Colbert logró satisfacer las grandes necesidades de la costosísima corte de Luis XIV y de sus costosos ejércitos y guerras.

El proyecto de Colbert se planteaba un objetivo ambicioso: transformar Francia de un país agrícola en un país esencialmente industrial, convirtiéndola en el centro de la economía europea. Favoreció toda clase de industrias: desde las fábricas de tapices hasta las plantaciones de moreras para la cría de gusanos de seda; dio instrucciones a los fabricantes de tejidos sobre los colores y la calidad de los tejidos para competir en los mercados con otros fabricantes; nombró inspectores autorizados para castigar a quienes fabricaran mercancías de inferior calidad.

Colbert hizo esfuerzos desesperados por suprimir las fronteras interiores, las aduanas regionales y todas las trabas y gabelas que dificultaban extraordinariamente el mercado interior; trazó una red de caminos que llegaban a todas las ciudades importantes; habilitó canales y puertos que durante años abarataron el transporte en Francia; construyó el canal de Languedoc, inaugurado en 1681, que comunicaba el Atlántico con el Mediterráneo, con 250 km de longitud y 75 exclusas que en su punto más alto alcanzaba una altura de 300 metros sobre el nivel del mar.

Colbert fomentó el comercio con los territorios ultramarinos, animando a los mercaderes a importar mercancías tropicales; impulsó la creación de *Compañías y Sociedades anónimas* para el comercio con las Antillas, el Extremo Oriente y el Levante mediterráneo; creó empresas locales como la explotación de los bosques del Pirineo y las pesquerías del Mar del Norte; creó la Academia de Bellas Artes en Roma y en París, la Academia de Ciencias y de Música.

Las guerras de Luis XIV contra Holanda, Inglaterra, España y Austria durante el primer período de su reinado arruinaron los avances de las industrias promovidas por Enrique IV, su ministro Sully y su sucesor Luis XIII. La guerra de Sucesión de España (1701-1713) arruinó el avance de la economía impulsada por Colbert.

A partir de 1750, durante el reinado de Luis XV, hay un nuevo resurgir de la industria. Se multiplican los centros industriales de manufacturas. Muchos barrios de las ciudades industriales se transforman profundamente. Hacia 1760, la producción industrial francesa se evaluaba en 960 millones de francos de la época.

A finales del reinado de Luis XV y comienzos del reinado de Luis XVI se acelera el tránsito del modo de producción mercantil simple al Modo Capitalista de Producción y Consumo con el inicio de la revolución industrial basada en el maquinismo. Un conjunto de factores entre los que destacan la invención de máquinas, la aplicación de las máquinas a la producción en serie de objetos, al transporte marítimo y fluvial (barcos), al transporte terrestre (ferrocarriles) dieron lugar al maquinismo que promovió la revolución industrial y consolidó el despegue definitivo del Modo Capitalista de Producción y Consumo.

Los naturalistas, los físicos, los químicos y los escritores empezaron a interesarse por la industria. El espíritu inventivo se reavivó. Los *Enciclopedistas* elogiaban con entusiasmo en los artículos que escribían para la Enciclopedia a los artesanos del pasado y a los de su época, a los inventores de técnicas, de métodos de trabajo, de herramientas y de máquinas, a los emprendedores, a los obreros inteligentes y laboriosos. Aunque éste no es el lugar adecuado para describir el origen histórico del maquinismo, conviene recordar que tuvo lugar entre 1730 y 1785.

Los cambios más relevantes en el sistema de producción consistieron en el traslado de las industrias extractivas y algunas transformadoras fuera de las ciudades y lejos de los núcleos urbanos para aprovechar los yacimientos de materias primas, los cursos de agua y la mano de obra abundante y barata de los campesinos, que vivían de la explotación de pequeñas parcelas y completaban sus ingresos con un salario mínimo adicional. Este era el caso de las canteras, de las minas, de los molinos de grano, del lavado y tinte de las lanas, de la industria maderera, de la producción de hierro, acero y plomo.

Durante el reinado de Luis XV, la crisis económica del Antiguo Régimen francés se agravaba todos los años. La burguesía y los miembros de las profesiones liberales empezaron a rebelarse contra el *absolutismo económico* de la monarquía y el *intervencionismo* del Estado. Las ciudades reclamaban más poder político. Los aldeanos exigían la supresión de las cargas feudales y el reparto de los bienes del alto clero y de los nobles, ausentes del campo y concentrados en la Corte. En el clima ideológico que se había ido gestando y ante la crisis del Absolutismo económico de la monarquía y la bancarrota del erario público, estalló la crítica al sistema económico del AR desde el punto de vista de la burguesía ascendente y de los aldeanos explotados y empobrecidos.

Inglaterra siguió un proceso de industrialización sostenido similar al de Francia desde Cromwell (1648-1658), pero sin estancamientos y retrocesos tan pronunciados y sin la bancarrota del erario público. El único revés fue la independencia de Norteamérica. Entre 1750 y 1821, Inglaterra se transformó de un país agrario en un país industrial y su población pasó de 6,5 millones a 12 millones. Las comunidades aldeanas cedieron el puesto a las fábricas y los centros industriales. Para satisfacer las necesidades mercantiles de productos manufacturados pusieron manos a la obra científicos, ingenieros e inventores, sobre todo artesanos. Crearon bancos y compañías de navegación y de manufacturas. Expropiaron a una gran cantidad de modestos aldeanos y los transformaron en proletarios, empleándolos en la construcción de carreteras y de canales y en las fábricas. El humo que salía de las chimeneas de las fábricas anunciaba que había empezado la *era del carbón y del hierro*, del maquinismo y de la carbonización del planeta.

Resulta lógico que las críticas al Absolutismo económico de los reyes y al sistema feudal de producción, todavía hegemónico en esa época, surjan al mismo tiempo en Francia y en Inglaterra, desde el punto de vista de la burguesía, de los aldeanos expropiados y del proletariado naciente.

El liberalismo económico

En la segunda mitad del siglo XVIII, explota la crisis del *Absolutismo económico* del AR francés, que se había configurado como un Estado intervencionista, acaparador y reglamentista de la economía vinculada al modo feudal de producción y consumo.

Ante la crisis económica y la bancarrota del erario público se multiplican las críticas y las propuestas de alternativas que podemos agrupar en *dos grandes corrientes*: **a)** la corriente que representa los intereses de la burguesía media y alta conocida como *liberalismo económico* o *economía política,* que defiende la autonomía y la libertad de la actividad económica frente a la *política económica* del Absolutismo Real (a la sazón *despotismo ilustrado*) y frente al Estado intervencionista y regulador; defiende, además de la autonomía, la primacía de la economía libre sobre la política intervencionista del Absolutismo Real; **b)** la corriente que defiende los intereses de las clases dominadas, explotadas y marginadas. Las alternativas que proponen son las siguientes: comunismo, socialismo, anarquismo, reforma agraria.

En el último cuarto del siglo XVIII, se inició simultáneamente en Francia e Inglaterra el liberalismo económico. En Francia destacan los llamados *fisiócratas:* François Quesnay (1696-1774), fundador de la escuela fisiocrática, Honoré Gabriel, Conde de Mirabeau (1749-1791), Anne Robert Jacques Turgot (1727-1781), Mercier de la Rivière y otros, llamados *filósofos economistas* o simplemente *economistas.*

En Inglaterra destacan: Adam Smith (1728-1790), David Ricardo (1772-1823), Arthur Young (1741-1822), Jeremy Bentham (1748-1832), James Mill (1773-1836), Robert Thomas Malthus (1765-1834); Smith y Ricardo son considerados como los creadores se la *economía política científica* en la que se inspiró Carlos Marx; el resto son considerados como los creadores de la *economía política vulgar* conocida como *utilitarismo económico.*

La denominación de *fisiócratas* designa a los defensores del poder (*kratos* en griego) de la naturaleza material (*physis* en griego) para crear riqueza y del orden económico y natural (*physikós* en griego). Las dos ideas fundamentales de los *fisiócratas* son: **a)** el origen de la riqueza social está exclusivamente en la esfera de la producción material y no en la circulación de mercancías y capitales monetarios, como defiende el mercantilismo, que identifica la riqueza con el capital monetario acumulado en un país; **b)** existe un orden social natural que rige con sus leyes la actividad económica; la intervención del Estado es superflua y contraproducente.

Los *fisiócratas*, que representan los intereses de la burguesía terrateniente y de la nobleza rural que cultivan sus tierras, defienden que sólo el trabajo agrícola es realmente productivo de riqueza; consideraban trabajadores improductivos a los contratistas (empresarios) y obreros industriales, a los comerciantes, a los profesionales liberales, a los trabajadores domésticos. Por eso, dividían la sociedad en tres clases: **a)** la clase productora: los agricultores; **b)** la clase dominante: los propietarios terratenientes, absentistas y los altos funcionarios del Estado; **c)** la clase estéril: todos los trabajadores improductivos mencionados. Smith y Ricardo consideraron productivo también el trabajo de las industrias extractivas y transformadoras.

Según los *fisiócratas*, el orden natural que rige la actividad económica se basa en los siguientes principios: **a)** derecho ilimitado a la propiedad privada, a la acumulación y posesión de bienes materiales de todo tipo, de medios de producción y de capitales monetarios; **b)** derecho a la libertad absoluta: libertades individuales, libertad productiva, libertad comercial; **c)** derecho a la garantía estatal de la seguridad personal y de la seguridad jurídica de las posesiones; consecuentemente, rechazan la propiedad comunal y la propiedad pública.

Este orden natural no tiene nada que ver con el llamado derecho natural de los antiguos. La propiedad privada unida a la libertad económica producirá la riqueza y el bienestar de los pueblos. La ley básica de la libertad económica o principio supremo del liberalismo económico es: *laissez faire, laissez passer*. Las leyes naturales reguladoras de mercado son: la *oferta* y la *demanda* y la *libre competencia*. Así surge la *Economía política* como una inversión de la *política económica* intervencionista del *Despotismo Ilustrado* de los monarcas, otorgando a la economía libre no sólo la autonomía de la política sino la primacía de la economía sobre la política.

Los *fisiócratas* ejercieron una influencia relevante sobre Adam Smith, que publicó su obra fundamental en 1776 con el título *Investigaciones sobre la naturaleza y causas de la riqueza de las naciones.*

El valor de una mercancía está determinado por la cantidad de trabajo invertido en su fabricación. Consideró el *salario* y la *ganancia* como las *dos partes del valor* creado por el trabajo y llegó a la conclusión de que la subida del salario disminuye la ganancia, porque el salario y la ganancia son inversamente proporcionales: si aumenta el salario, disminuye la ganancia; si disminuye el salario, aumenta la ganancia.

La introducción de las máquinas en la producción rompe la proporcionalidad del salario y la ganancia, perjudicando a los obreros. Los progresos de la técnica disminuyen constantemente la cantidad de trabajo necesaria para la fabricación de un objeto determinado, lo que permite rebajar el número de obreros necesario. La tecnología y el desempleo son directamente proporcionales: más tecnología, más desempleo.

Ricardo distingue tres clases fundamentales: **a)** los capitalistas; **b)** los obreros; **c)** los propietarios terratenientes. Los *capitalistas* son la clase más importante, porque dirigen la producción y constituyen la fuerza motora de la vida económica. Su fuente de ingresos son los *beneficios.* Los *obreros* no son sino medios de producción comprados por los capitalistas como fuerza de trabajo por el contrato laboral. Su posición y su función es similar a la de las herramientas, las máquinas y los animales de carga, Su fuente de ingresos es el *salario.* Los propietarios terratenientes constituyen la clase parásita de la sociedad. Su fuente de ingresos son las *rentas territoriales* que les producen sus campos cultivados por otros: arrendatarios, aparceros, jornaleros.

Comunismo, socialismo y anarquismo

La *corriente crítica*, que defiende los intereses de las clases dominadas, explotadas y marginadas contra el sistema económico desarrollado por el Absolutismo Real con su política económica intervencionista, integra dos grupos de autores: **a)** los críticos sociales más o menos afines al comunismo, al socialismo o al anarquismo; **b)** los que proponen alternativas en forma de utopías. En general, estos autores, aunque algunos de ellos habían estudiado teología, no utilizan como argumento para sus doctrinas la referencia al *comunismo bíblico*, que era un elemento central en el discurso de los líderes de los movimientos reivindicativos de pobres, artesanos y campesinos entre el siglo XII y el siglo XVI. Esto es un síntoma de la plena secularización de la utopía judeocristiana iniciada con la *UTOPÍA* de Tomás Moro. Algunos mencionan el *comunitarismo bíblico* para criticar a las confesiones cristianas, que se han alejado del espíritu comunitario de la Iglesia primitiva, como es el caso del librepensador Thomas Chubb (1679-1747) autor de *El verdadero evangelio de Jesucristo* o el caso de Jean Meslier (1664-1729) en su *Testamento.*

Entre los críticos franceses destacan los siguientes: Jean Meslier (1664-1729), Morelly, cuyos datos biográficos son desconocidos, Gabriel B. Mably (1709-1785) y Dionisio Vairasse d'Allais. Entre los críticos ingleses destacan: Robert Wallace (1679-1771), Thomas Spence (1750-1841), William Godwin (1756-1836) y Carlos Hall (1740-1820).

El abate Jean Meslier nació en la Champaña en 1664 y ejerció de cura en Etrepigny, donde murió entre 1729 y 1733. Dejó escrita una obra titulada *Mi testamento,* que se publicó un siglo después de su muerte con el título *El testamento de Jean Meslier* (1864) en tres volúmenes. Voltaire en 1762 y D'Holbach en 1772 publicaron sendos extractos del *Testamento.*

En esta obra Jean Meslier defiende el *comunismo.* Con una virulencia insólita canta las verdades a la realeza, a la nobleza, al clero, al militarismo, a los funcionarios, a los recaudadores de impuestos y a los usureros. Sus ataques iban dirigidos contra la monarquía, la religión y el absolutismo. Jamás ha superado ningún librepensador o demócrata la acritud de Jean Meslier contra las instituciones de su época.

Sobre el comunismo destacan las siguientes ideas de Jean Meslier:

> "Otro abuso que existe, y se mantiene casi por doquiera, es el que consiste en apropiarse individualmente de los bienes de la tierra, en vez de poseerlos y disfrutarlos en común. Los habitantes de cada comunidad debieran considerarse miembros de una misma familia y actuar de suerte que todos trabajaran y produjeran cosas útiles para proporcionar a todos los medios de subsistencia necesarios. Las comunidades no deben ser dirigidas por hombres animados de espíritu dominador, sino por los mejores y más cuerdos. Debieran unirse unas a otras para mantener la paz y ayudarse mutuamente... La división de los bienes de la tierra y la propiedad privada originan los antagonismos entre ricos y pobres, entre hartos y hambrientos, entre grandes y pequeños". (Citado en Beer, 1966, pp. 192-193)

Morelly, cuya biografía es prácticamente desconocida, publicó en 1753 un poema épico en catorce cantos titulado *El naufragio de las islas flotantes,* donde describe una sociedad fundamentada en el *comunismo* y *el amor libre*. Dos años más tarde se publicó *El código de la naturaleza* (1755), cuya paternidad se atribuyó falsamente a Diderot durante mucho tiempo. Esta obra es una fundamentación del *comunismo*, basada en las leyes de la Naturaleza que Morelly formula así:

- Nada ha de pertenecer en propiedad y exclusivamente a los individuos, con excepción de las cosas que necesite cada uno para su uso cotidiano.
- Cada ciudadano es, al mismo tiempo, un funcionario de la sociedad que debe sostenerle con fondos públicos.
- Cada ciudadano ha de contribuir en la medida de sus fuerzas y capacidades al bien general. Este principio regula sus deberes en la sociedad, de acuerdo con las siguientes normas socioeconómicas: **a)** cada pueblo debe repartirse en familias, tribus, comunidades y, si es posible, en provincias; **b)** cada tribu abarca un número igual de familias; **c)** todos los productos fabricados por ella deberán acopiarse en almacenes públicos, para distribuirlos en determinadas fechas entre todos los ciudadanos; **d)** los que no puedan conservarse almacenados deberán llevarse a las plazas públicas para distribuirlos; **e)** las cantidades excedentes de productos que puedan conservarse deberán reservarse para los períodos de escasez.

Esta organización comunista se apoya en la siguiente crítica ético-social de las sociedades humanas vigentes: la miseria social proviene del hecho de que ni los filósofos, ni los legisladores, ni los estadistas han comprendido las leyes de la Naturaleza o han sacado de ellas conclusiones falsas. La Naturaleza ha infundido a los seres humanos necesidades y fuerzas, situándolos en un medio que, de comprenderse y tenerse en cuenta las leyes naturales, los habría hecho dichosos y virtuosos de modo infalible.

El ser humano no nace ni bueno ni malo. No tiene ideas ni disposiciones innatas. Viene al mundo como un ser indiferente por completo. Sus necesidades naturales son siempre mayores que sus fuerzas personales. Es un ser desvalido. Por eso, aislado no puede satisfacerlas. Este antagonismo entre necesidades y fuerzas tiene efectos beneficiosos para los seres humanos: les obliga a trabajar, a pensar, a unirse a sus semejantes, *"a socializarse"*.

Para permitir a los seres humanos satisfacer sus necesidades, la Naturaleza les ha dado la tierra con todas sus riquezas. Si los filósofos, los legisladores y los estadistas hubieran seguido las leyes de la Naturaleza, la sociedad se habría configurado como una armonía justa y perfecta de intereses. Por desgracia, no lo han hecho. Al contrario, han convertido la tierra en propiedad privada y han provocado repartos, divisiones y antagonismos, que han hecho fracasar a la Naturaleza.

Gabriel Mably (1709-1785) nació en Grenoble. Recibió una educación esmerada y estudió teología. Pero pronto se inclinó por la política y se hizo redactor del Ministerio de Asuntos Exteriores. Publicó varios trabajos sobre historia antigua, historia de Francia y cuestiones diplomáticas. Antes de adoptar una actitud crítica, defendió el orden existente. En 1768 publicó una obra de polémica titulada *Dudas propuestas a los filósofos economistas*, dirigida contra los *fisiócratas* y, especialmente, contra Mercier de la Rivière. Mably opuso a las doctrinas de los *fisiócratas* el derecho natural comunista, la legislación de Licurgo y la República de Platón, mostrando sus ventajas frente a los males causados por la propiedad privada y la desigualdad social.

Mably influenciado por Morelly escribe en una de sus obras: "Cuando oigo hablar de alguna isla salvaje, con clima suave y salubre, me entran ganas de ir fundar en ella una república, donde todos fueran iguales y donde se viviera libre y fraternalmente. Sería nuestra primera ley: nadie debe poseer propiedad privada" (citado en Beer, 1966, p. 195).

Los hombres educados en la sociedad actual resultan egoístas con exceso para poder hacer del interés general la razón primordial de su actividad. Por eso, Mably propone reformas progresivas que tiendan a restringir los derechos de propiedad, a refrenar el egoísmo y a no favorecer otra propiedad que la adquirida por el trabajo personal. Propone, además: restringir el derecho de herencia; aumentar los impuestos a los propietarios del suelo y del capital monetario, reduciendo los que pesan sobre los trabajadores; suprimir las diferencias de sueldo de los funcionarios, aumentando la igualdad. Según Mably, la desigualdad natural de capacidades y tareas casi desaparece por completo en un trabajo cooperativo.

Dionisio Vairasse d'Allais es el autor de la primera descripción francesa de una sociedad comunista en su libro titulado *Historia de los Sevarambos*, publicada en inglés en 1765 y en francés 1777 y 1778. Sus datos biográficos son inciertos. Sabemos que tuvo una juventud turbulenta. Sirvió en el ejército francés y después en la Armada Inglesa. Vivió en Londres y luego se estableció en París como profesor de idiomas.

En su *Historia de los Sevarambos* describe la vida de los habitantes de una isla de Australia organizados en sociedad por un sabio parsi llamado *Sevaris*, de donde viene el nombre de *Sevarambos*.

Sevaris organizó la sociedad sobre los siguientes principios éticos: moderar el *orgullo,* la *codicia* y la *ociosidad,* que son la fuente de todas las desventuras de las sociedades humanas. El *orgullo* engendra la desigualdad de rango: nobles y plebeyos, amos y siervos. La *codicia* divide a la sociedad en ricos y pobres. La *ociosidad* conduce a los excesos y conspiraciones arruinando los tesoros de la naturaleza y del espíritu humano. Con su legislación Sevaris suprimió todas las diferencias de casta y de clase, salvo las que proceden de las cualidades morales de los individuos, para eliminar el orgullo; para eliminar la división de ricos y pobres, suprimió la propiedad privada, declarando propiedad del Estado todas las tierras y recursos naturales; así acabó con la codicia, los procesos civiles, los impuestos, las aduanas, la carestía de la vida y la pobreza.

Puesto que la comunidad de bienes exige el trabajo obligatorio para todos, Sevaris decidió que trabajara todo el mundo y dividió la jornada en tres partes: ocho horas de trabajo, ocho horas de reposo y ocio y ocho horas de sueño. Sólo quedaban exentos de cualquier trabajo los ancianos, las mujeres encinta, los enfermos y los niños.

Sevaris dio mucha importancia a la educación e instrucción de los niños y de los jóvenes; de siete a once años la educación elemental para desarrollar equilibradamente cuerpo y espíritu; a partir de los doce años, asistencia a las escuelas agronómicas y profesionales, durante cuatro horas diarias.

Robert Wallace (1679-1771) era teólogo y fue uno de los primeros en plantear los problemas de la organización de la sociedad comunista. En su obra *Perspectivas varias* (1761) planteó la siguiente cuestión: ¿por qué todavía se encuentra el ser humano en un nivel cultural tan bajo con todos los dones y todos los tesoros de la naturaleza de los que dispone? Los resultados obtenidos no son satisfactorios en ningún ámbito: ni en la ética, ni en la filosofía, ni en las ciencias naturales, ni en la vida social. Wallace se pregunta: ¿podría el comunismo remediar esta situación?

Wallace responde afirmativamente a esta cuestión, argumentando su respuesta del siguiente modo: el comunismo no es contrario a la naturaleza en modo alguno, puesto que, durante el período primitivo de la humanidad, reinaba la igualdad absoluta y la comunidad de bienes. Hoy mismo resultaría posible implantarlas, a pesar de la oposición de los poderosos y de los ricos, a quienes tantas ventajas ofrece el régimen actual. El comunismo produciría el efecto de suprimir la miseria, el exceso de trabajo, la ignorancia y la inmoralidad.

Pero Wallace reconoce un obstáculo que hace inviable el comunismo. Se dispararía el crecimiento rápido de la población con la implantación del comunismo y finalmente, provocaría una lucha de todos contra todos: jamás el aumento de los medios de subsistencia podría igualar el crecimiento de la población.

Thomas Spence (1750-1841) fue el primer teórico de la reforma agraria. En 1775 pronunció ante la Sociedad filosófica de Newcastle una conferencia sobre *la ilegitimidad de la propiedad del suelo.* Imprimió el texto de esta conferencia y lo vendió él mismo por algunos céntimos. Esto provocó su expulsión de la Sociedad Filosófica. En adelante publicó sucesivas ediciones del folleto con títulos diferentes cada vez: *Los verdaderos derechos del hombre* (1793), *El Meridiano de la libertad* (1796), *La nacionalización del suelo* (1822). Su contribución fue decisiva para el desarrollo del Movimiento de la reforma agraria, cuyos representantes principales fueron: Ogilvie, Paine, Dove, Henry George y sus sucesores belgas, franceses y alemanes. Todos ellos compartían una posición intermedia entre el comunismo radical y el liberalismo. Se podrían calificar como *socialistas liberales,* aunque más socialistas que liberales.

Las ideas fundamentales de Thomas Spence son las siguientes: en el estado primitivo de la humanidad, el suelo era propiedad común de modo que cada uno tenía desde su nacimiento un derecho inalienable a una parte del suelo. En aquella época todos los hombres eran libres y vivían sin restricciones de ningún género, sin leyes, etc. Son, por tanto, *derechos innatos la igualdad económica y la libertad.* Estas ideas proceden de la antigua teoría del derecho natural.

Poco a poco llegó al fin el estado primitivo de la humanidad, bien a causa del crecimiento de la población, bien a causa del espíritu de codicia y la violencia de determinados individuos que acapararon para su uso exclusivo grandes extensiones del suelo. De modo que la codicia y la violencia terminaron poco a poco con el estado de naturaleza primitivo y crearon la propiedad privada del suelo, mientras que el trabajo personal creó la propiedad privada de los bienes muebles. Ya no podía mantenerse el viejo orden natural. Por *contrato tácito o expreso* se instauró un orden nuevo, sobre el que se asentaron la propiedad privada y el Estado con el objetivo de eliminar las dificultades y trastornos y refrenar la violencia y la maldad de los individuos.

El régimen actual ha incrementado notablemente la riqueza, el desarrollo de la agricultura, de la industria, del comercio, del arte y de la ciencia; pero también ha dividido a la humanidad en ricos y pobres, ha creado el antagonismo de clases y ha engendrado el egoísmo, el espíritu dominador, la codicia, el engaño, la explotación del hombre por el hombre, los crímenes y, en resumen, la miseria social. Por eso, es necesaria una reforma que permita agregar las ventajas del estado de naturaleza –igualdad y libertad– a las del régimen actual.[4]

William Godwin (1756-1836). Estudió teología. En el seminario leía las obras de los enciclopedistas franceses. Por influencia de esas lecturas, abandonó su cargo de predicador y se convirtió en un crítico social que inició el *comunismo anarquista*. En 1793 publicó su obra en *La justicia social* en dos volúmenes. En ella se esforzó por demostrar la inmoralidad del orden social existente. La tesis central de su obra afirmaba que no se puede alcanzar el bienestar general, si no se transforma el orden social vigente de acuerdo con los principios de la justicia. La obra produjo un gran impacto social. Las ideas fundamentales que desarrolla en ella se presentan a continuación.

La primera facultad del espíritu humano es la razón. Ella dirige nuestra actividad. De ella depende la moral. La política como actividad social de los individuos, de los grupos sociales, del gobierno y del Estado puede ser una actividad moral o una actividad inmoral. *La política como doctrina se identifica con la Ética*. El objetivo de la actividad humana es la felicidad. Pero ésta sólo puede obtenerse por medio de la virtud, la justicia y la actividad moral. De ahí la importancia de la educación ética del ser humano.

El ser humano es un ser progresivo, perfectible y educable por medio de su razón. Por eso es necesario suprimir todo lo que impide a la razón tener una conciencia clara de la verdadera justicia y hacer de ella la fuerza motriz de la actividad humana. Pero como la razón extrae sus conocimientos de las impresiones que recibe del mundo exterior, sólo puede recibir buenas impresiones para transformarlas en conocimientos y motivos justos y morales, si el mundo exterior y la vida social son por sí mismos buenos y justos. El problema, por tanto, estriba en la necesidad de transformar la vida social de acuerdo con los principios de la justicia.

4 En esta exposición del pensamiento de Thomas Spence, hemos seguido casi literalmente la síntesis de Max Beer (1966, pp. 203-204). No lleva comillas porque hemos cambiado el orden, hemos suprimido frases y párrafos y hemos sustituido algunas palabras por sus sinónimos.

Los obstáculos más serios que se oponen a la organización de una vida social basada en los principios de la justicia son la *propiedad privada* y el *Estado*. Resulta que el sistema actual de la riqueza es malo y el modo de pagar el trabajo es injusto. Lujo y miseria, arbitrariedad y opresión, arrogancia y servilismo constituyen las características más relevantes de la enfermedad que padece nuestra actual organización social. El reinado de la propiedad privada ha hecho del *egoísmo* la principal fuerza motriz de la actividad humana. De él provienen el vicio, la inmoralidad, la ignorancia, las matanzas y las guerras, el odio entre los hombres y los pueblos, de modo que el ser humano se encuentra actualmente incapacitado para alcanzar el objetivo del bienestar social.

No se puede remediar el estado actual de cosas si no se instaura la igualdad económica y esto sólo es posible suprimiendo la propiedad privada, no por la violencia y la opresión, sino por la educación y el progreso de las "luces". Con una propaganda metódica se debe y se puede inculcar a las masas populares la convicción de que *es posible una sociedad sin propiedad privada y sin Estado*. Cuando haya triunfado esta convicción, la razón de los individuos encontrará ante sí el camino libre y conducirá a la humanidad hasta un grado elevado de civilización y virtud. Dejará a los hombres en entera libertad de acción y cada cual realizará su tarea en el sentido de la justicia social.

Charles Hall (1740-1820), médico de profesión, es el crítico social más notable de la primera fase de la revolución industrial inglesa. En su libro titulado *Los efectos de la civilización* (1805) se esforzó por explicar científicamente el antagonismo entre el capital y el trabajo que originó la lucha de clases entre capitalistas y obreros que se ha prolongado desde el siglo XVIII hasta nuestros días.

Hall partía también de la idea de que la sociedad primitiva no conocía la propiedad privada ni el Estado. Con la civilización se han desarrollado ambas instituciones, dividiendo la sociedad en ricos y pobres, explotadores y explotados, amos y esclavos, señores y siervos, capitalistas y obreros. La riqueza da a quienes la poseen el poder sobre el Estado y obliga a los pobres a trabajar en los campos, en los mares, en las minas y en las fábricas, condenándolos a las faenas más repugnantes. Los obreros crean valores, pero no reciben más que un salario. La diferencia entre el salario y el valor crea el *beneficio*, que se reparten los propietarios rurales, los contratistas (=*empresarios*) y los comerciantes. El capital monetario y el conjunto de medios de producción es el instrumento que utilizan los capitalistas para legitimar su apropiación de la mayor parte del valor que producen los obreros. Pero los bienes que constituyen el capital y los demás medios de producción también son producto del trabajo de los obreros. *La miseria de los pobres hace la fortuna de los ricos.* (Comparar con los razonamientos de Voltaire, de Arthur Young y Turgot en las pp. 60-61 de la primera versión del *Mundo Sociocultural).* Cuanto más se extiende la civilización más se acumula la riqueza en manos de los propietarios. El incremento de la riqueza se manifiesta por el aumento de la renta territorial, el crecimiento de las deudas del Estado, que lo sitúan en una dependencia cada vez más acentuada de los financieros y por la multiplicación de las empresas industriales y comerciales. El incremento de la riqueza es proporcional al incremento de la miseria. A más riqueza acumulada más miseria.

La guerra civil entre ricos y pobres tiene como consecuencia la militarización del Estado. Los ricos conocen bien la utilidad de la guerra. Por eso, desde la escuela procuran inculcar el espíritu militarista a los niños. Los manuales de historia que les ponen entre las manos están llenos de relatos guerreros. Presentan la guerra bajo un aspecto admirable y heroico. Alaban a los héroes y sus acciones bélicas brillantes, es decir, a los verdugos, sus batallas y sus matanzas. Pero evitan con cuidado mostrar los horrores del combate: los cuerpos despedazados, los lamentos de los moribundos, los montones de cadáveres, los hospitales llenos de heridos y mutilados. El poder que desencadena la guerra se llama riqueza, capital. La guerra tiene como objetivo la conquista del lujo, de cosas inútiles y superfluas, que sólo sirven para agravar la opresión y la explotación de los pobres.

La Revolución francesa (1789-1824)

La tercera etapa de la crisis del Antiguo Régimen se convirtió en Francia en un período prerrevolucionario (1750-1789). El Antiguo Régimen, surgido de la crisis de la Cristiandad Medieval, caracterizado por el Absolutismo Real, parecía sólido, pero, en realidad, era frágil. Se había configurado como un sincretismo de elementos tradicionales y nuevos. Por eso fue calificado, al mismo tiempo, como mundo moderno y como Antiguo Régimen. Era un Régimen Antiguo por las tradiciones que conservaba de la Cristiandad Medieval. Era un mundo Sociocultural Moderno por las novedades que asumía, especialmente las aportadas por la burguesía ascendente y los humanistas.

El Antiguo Régimen fue cuestionado durante su desarrollo (siglos XII al XVI) por los movimientos reivindicativos de pobres, artesanos y campesinos. También fue cuestionado duramente su consolidación (1500-1648) por las tensiones entre las confesiones cristianas, las guerras de Religión y las reivindicaciones de la burguesía ascendente y de los humanistas. Durante su hegemonía (1648-1789), en una primera etapa fue cuestionado por las reivindicaciones y revoluciones burguesas, la nueva filosofía –escepticismo, racionalismo, empirismo, relativismo, libertinos teóricos, librepensadores– y las nuevas ciencias; en una segunda etapa, por los ilustrados y su liberalismo político; y en una tercera etapa, por los enciclopedistas, los defensores del liberalismo económico y los defensores de las doctrinas comunistas, socialistas, anarquistas y de la reforma agraria.

Todo este proceso culminó con el estallido de la Revolución Francesa el 5 de mayo de 1789. En su período más álgido la Revolución Francesa tuvo tres fases: **a)** *Asamblea Constituyente* y *Constitución de* 1791 (1789-1792); **b)** Destitución y ejecución de Luis XVI, *Convención Nacional* para elaborar una *Constitución republicana* y *Gobierno revolucionario* (10 de agosto de 1792 a 26 de octubre de 1795); **c)** *Directorio* (26 de octubre de 1795 hasta el golpe de Estado de Napoleón en noviembre de 1799).

Detonante de la Revolución

Se puede afirmar categóricamente que el detonante de la Revolución Francesa fue la crisis económica, el colapso del sistema económico del Absolutismo Real, la bancarrota del erario público y el fracaso de las reformas económicas propuestas por los ministros de Luis XVI: Turgot (1774-1776), Necker (1776-1781) y Calonne (1781-1788).

En la Revolución francesa explota el Antiguo Régimen francés y el Absolutismo Real político y económico, que los Borbones habían configurado políticamente como un *despotismo ilustrado* y económicamente como un Estado intervencionista, acaparador y reglamentista de la actividad económica, vinculado al modo feudal de producción y consumo.

Luis XIV y Luis XV dejaron a Luis XVI un país completamente arruinado, con un enorme déficit del erario público, que aumentaba a un ritmo galopante por el despilfarro y los gastos suntuosos de la Corte.

Tras la dimisión de *Calonne*, el fracaso de la asamblea de Notables y el fracaso del arzobispo de Brienne que la disolvió, Luis XVI no tuvo más remedio e 8 de agosto de 1788 que convocar los Estados Generales, que no se habían reunido desde hacía casi 200 años. La sesión inaugural tuvo lugar el 5 de mayo de 1789. Los acontecimientos se precipitaron y estalló la Revolución.

Cronología de algunos acontecimientos relevantes

Aunque el período más álgido de la Revolución francesa se apaciguó con el comienzo del *Directorio* (26/x/1795), el clima revolucionario continuó hasta 1824, en que murió Luis XVIII y su hermano se hizo coronar en Reims como monarca absoluto a la antigua usanza con el nombre de Carlos X. Durante este largo período, Francia se convirtió en un laboratorio de experimentos políticos, que ejercieron un impacto contradictorio en todos los países europeos. A continuación, enumeramos algunos acontecimientos relevantes.

1789

- **27 de junio**: el Rey autoriza la conversión de los Estados Generales en *Asamblea Nacional* con idéntica composición.
- **6 de julio**: la Asamblea Nacional nombra una comisión para que redacte un proyecto de Constitución.
- **9 de julio**: la Asamblea Nacional decide llamarse *Asamblea Constituyente.*
- **14 de julio**: las turbas de París saquean el Hospital de Inválidos de Guerra y con las armas encontradas en aquel *refugio- cuartel- museo*, asaltan la *Bastilla,* que era un viejo "castillo-prisión" odiado por varias generaciones del pueblo. El motín iniciado en París se contagió en las provincias. Se multiplicaron los motines, incendios, degollinas y saqueos. Unos cuatro mil aristócratas y miembros de la nobleza, entre los que estaban los hermanos y los parientes más próximos del Rey, se autoexiliaron para organizar la resistencia desde el exterior.
- **4 de agosto**: para apaciguar al pueblo, la Asamblea Constituyente declara la igualdad de impuestos, la suspensión de los privilegios feudales, la liberación de los siervos, la abolición de la gabela, la nacionalización de los bienes del clero. La Asamblea acordó acuñar una medalla y otorgar a Luis XVI el título de *Restaurador de la Libertad.*
- **26 de agosto**: La Asamblea Constituyente aprueba la Declaración de los Derechos del Hombre y del Ciudadano, que sería el preámbulo de la Constitución.

1790

- **Continúa la elaboración de la Constitución.**
- **12 de julio: constitución civil del clero.**

1791

- **13 de abril**: el Papa condena la constitución civil del clero
- **Entre abril y septiembre**: la Asamblea Constituyente termina y aprueba la Constitución conocida como la *Constitución de 1791*.
- **14 de septiembre**: el Rey con toda su familia jura la *Constitución* rodeada del pueblo y de la Guardia nacional en una gran fiesta celebrada en el Campo de Marte.
- La asamblea Constituyente tenía que dejar paso a la Asamblea Legislativa Ordinaria que debía desarrollarla. Pero se cometió el error de excluir por Decreto a los miembros de la Constituyente que habían redactado la Constitución. Entre los excluidos estaban Georges Jacques Danton y Maximilien Robespierre.
- **1 de octubre:** Sesión inaugural de la nueva Asamblea legislativa. Los nuevos diputados elegidos eran en su mayoría jóvenes, saturados de "filosofía" y de mentalidad republicana que no estaban satisfechos con la Constitución elaborada, porque querían algo más radical. Se plantean las tensiones entre los *Girondinos* y los *Jacobinos.*
- La Asamblea legislativa aprobó dos leyes por las que se castigaba con la pérdida de los bienes y otras medidas a los *nobles autoexiliados* y a parte del clero que no había querido jurar la Constitución. El Rey podía firmar aquellas leyes, pero las vetó. Los periódicos de los *girondinos* y los panfletos de los *jacobinos* asociaban al Rey con los reaccionarios y calificaban a la Reina de *"Madame Veto"*, porque consideraban que había aconsejado los vetos al Rey.
- **Danton y Robespierre**, excluidos de la Asamblea legislativa entraron en el Consejo Administrativo de *La comuna* de París, que se transformó en un foco revolucionario imbatible.

1792

- **20 de abril**: declaración de Guerra a Austria por ayudar a los contra-revolucionarios.
- **20 de junio:** el pueblo de París invade el palacio de las Tullerías, donde habitaba el Rey y se reunía la Asamblea Legislativa. Danton y sus seguidores habían preparado un levantamiento popular para protestar

por los vetos a las dos leyes. Con el pretexto de plantar el árbol de la libertad delante del palacio de las Tullerías, se reunió una multitud. Después de plantarlo, alguien descubrió una puerta que daba acceso a los jardines y la multitud se precipitó dentro del palacio. El Rey y la Reina confraternizaron con los invitados inesperados.

- **10 de agosto: destitución del Rey**. Las turbas invadieron el palacio de las Tullerías. La Corte y la Asamblea Legislativa conocían los propósitos de la *Comuna* de París y habían concentrado tropas, entre las que destacaba la Guardia Suiza del monarca. Pero el tumulto desmoralizó al Rey que decidió no luchar y refugiarse con la Reina y los príncipes en el local donde se reunía la Asamblea Legislativa.

  Los jacobinos de la *Comuna* de París enviaban mensajes a la Asamblea Legislativa para que votaran la deposición del Rey. La asamblea se contentó con declarar al Rey suspenso de su oficio y establecía buscar un preceptor para el delfín Luis, un niño de ocho años. La situación creada obligaba a elegir una nueva CONVENCIÓN. Mientras se elegían los nuevos legisladores, continuó la degollina de enemigos de la Revolución. Ganaron los *Girondinos.* Pero en algunos departamentos los *Jacobinos* lograron mayoría. En París fueron 24, entre los que estaban *Robespierre, Danton, Marat, Des-Moulins, Collot d'Herbois, Billaud-Varennes*.
- **21 de septiembre**: sesión inaugural de la nueva CONVENCIÓN NACIONAL, que aprueba por unanimidad la abolición de la monarquía.
- **22 de septiembre**: definieron las funciones de la nueva CONVENCIÓN: **a)** elaborar una Constitución acorde con la opción por la República; **b)** gobernar mientras se elabora esa Constitución; **c)** atender las necesidades de la Nación en plena anarquía. Enseguida se manifestaron las tensiones entre *girondinos* y *jacobinos.* Pero la lucha entre ellos se aplazó, cuando se planteó procesar al Rey.
- La CONVENCIÓN se arrogó derechos de Tribunal y acusó a Luis XVI de traidor a la nación por haber mantenido correspondencia secreta con los monarcas europeos que se interesaban por su salvación como rey legítimo. La CONVENCIÓN declaró por unanimidad que el monarca "era culpable de conspirar contra la seguridad general del Estado". La pena capital sólo obtuvo una mayoría simple.

1793

- **21 de enero**: el Rey fue guillotinado en la *Plaza de la Revolución,* actualmente *Plaza de la Concordia.* El proceso de la Reina se realizó un año después. No la juzgó la CONVENCIÓN, sino un tribunal. Fue ejecutada el 16 de octubre de 1793.

- **Enero-octubre de 1793**: se agudiza la lucha entre los *Girondinos* y los *jacobinos.* En los primeros meses los *girondinos* caen en desgracia y los *jacobinos* suben al poder con el apoyo del pueblo. Los *Jacobinos* insistían en fortalecer el gobierno ante la amenaza exterior y las constantes derrotas de los ejércitos en las guerras con Prusia, con las Provincias Unidas –Países Bajos–, con España y Cerdeña. Los *girondinos* se limitaban a rechazar sistemáticamente sus propuestas. Suspenden la *Constitución* de 1791 y la CONVENCIÓN declara: "*El gobierno de Francia será revolucionario hasta la paz*".
- **10 de marzo de 1793:** El gobierno revolucionario se organiza en tres fases: **a)** 10 de marzo: bajo la dirección de Georges-Jacques Danton se crea el *Tribunal Revolucionario de París*, que aplicará con dureza la *Ley de sospechosos*; **b)** bajo la dirección del mismo Danton se crea en abril de 1793 el *Comité de Salvación Pública*: se le encarga el poder ejecutivo, excepto las finanzas y la policía; gobernará como una dictadura y tomará medidas excepcionales; **c)** en septiembre de 1793, se crea el *Comité de Seguridad Pública.*
- **2 de junio de 1793**: proscripción de los *Girondinos.*
- **13 de julio**: asesinato de Marat.
- **23 de agosto**: leva masiva.
- **17 de septiembre**: "Ley de sospechosos".
- **16 de octubre**: ejecución de María Antonieta.
- **31 de octubre**: ejecución de los jefes *Girondinos.*

1794

- **24 de marzo**: ejecución de los hebertistas.
- **5 de abril**: ejecución de los dantonistas.
- **26-27 de julio**: cae Robespierre.
- **28 de julio**: ejecución de Robespierre y sus seguidores.
- **septiembre**: disolución de la *Comuna* de parís.
- **19 de noviembre**: cierre del club de los *jacobinos.*

1795

- **6 de abril**: paz de Basilea entre Francia y Prusia.
- **27 de julio**: Tratado de Basilea entre Francia y España.
- **26 de octubre**: comienza el DIRECTORIO.

1796

- **Abril**: Napoleón inicia sus campañas.
- **10 de mayo**: detención de Babeuf y sus seguidores y ejecución de los mismos.

1799

- **Nueve de noviembre**: golpe de Estado de Napoleón y comienzo del consulado como Emperador que durará hasta 1814.

1814

- El Senado acuerda destituir a Napoleón, que abdicó y se fue a la Isla de Elba. Charles Maurice Talleyrand convence al *Senado* para que se restaure la monarquía y hacen venir de Inglaterra al hermano de Luis XVI, que asume el nombre de Luis XVIII, mediante una *Carta Constitucional Otorgada.* Pero, el 26 de febrero de 1815, Napoleón se escapa de la Isla de Elba y se presenta en París para restaurar la *República.* Luis XVIII escapa a toda prisa. Napoleón redacta una nueva *Constitución Republicana* que duró 100 días. Napoleón derrotado en Waterloo en 1815 es desterrado por segunda vez. Ese mismo año regresó de nuevo Luis XVIII, que reinó hasta su muerte en 1824. Le sucedió su hermano coronado en Reims como Rey absoluto a la antigua usanza.

Consideraciones finales sobre la Revolución Francesa

La crisis del Antiguo Régimen iniciada en Inglaterra con la Revolución burguesa de 1648, capitaneada por Cromwell contra Carlos I, culminó en el estallido de la Revolución Francesa en 1789. El desarrollo de la crisis pasó por las tres etapas descritas en el apartado 1 de este capítulo. Fue progresando lenta y simultáneamente en Inglaterra y Francia. La Revolución Francesa fue un punto de llegada. Pero, sobre todo, fue un punto de partida que inició la configuración del Mundo Sociocultural Contemporáneo, que nos ha tocado vivir.

Durante el período revolucionario, Francia se convirtió en un laboratorio de experimentos políticos, que ejercieron un impacto contradictorio muy profundo en todos los países europeos, cuyos ecos han llegado hasta nuestros días. Provocó una reacción defensiva de los monarcas absolutos y los aristócratas que se aliaron para defender el Antiguo Régimen y para restaurar la monarquía absoluta en Francia y España. Provocó el nacimiento de partidos políticos reaccionarios y conservadores, defensores del Antiguo Régimen, de partidos políticos liberales moderados y radicales y defensores de monarquías y repúblicas parlamentarias clasistas y de grupos revolucionarios defensores de repúblicas igualitarias económica y políticamente democráticas.

Este impacto fue decisivo para el nacimiento y desarrollo del Mundo Social Contemporáneo. La Revolución Francesa con sus causas y consecuencias ha sido una fuente permanente de inspiración para los líderes que han protagonizado los cambios económicos y políticos en Europa y en el resto del mundo. Los proyectos y aspiraciones de los líderes, representantes de los intereses de las clases más bajas del *tercer estado*, fueron descartados en el desenlace final de la Revolución, que sólo benefició a la burguesía y a la nobleza que se alió con ella. Pero fueron una fuente de inspiración para todos los líderes revolucionarios del Movimiento Obrero.

El lema revolucionario *Libertad, Igualdad y Fraternidad* era el credo o imaginario colectivo de todos los actores individuales y de todos los agentes sociales que participaron activamente en la Revolución. Pero este credo era diversamente interpretado por cada uno. La *Libertad,* la *Igualdad* y la *fraternidad* no significaban lo mismo para los nobles y el clero que participaron en la Revolución, para la burguesía media y alta, para la pequeña burguesía de artesanos, comerciantes, miembros de las profesiones liberales y agricultores y para los proletarios asalariados que estaban configurándose como una nueva clase dominada y explotada, que reemplazaba a los esclavos y a los siervos. Para comprobar el pluralismo de interpretaciones diversas del credo común, basta analizar las reivindicaciones y actuaciones de los distintos grupos y de sus líderes que surgieron durante el período revolucionario más álgido (1789-1795) y las tensiones entre ellos que terminaron con la ejecución recíproca de sus líderes, como se ha indicado en la Cronología de acontecimientos relevantes.

En la primera versión de este Documento-Base (pp. 78-79) se describen sintéticamente los intereses, reivindicaciones y comportamientos de los siguientes agentes sociales de la Revolución Francesa: Los *emigrados* o *autoexiliados* de la aristocracia y alta nobleza, que se calcula que fueron unos 4.000, para organizar la defensa del Antiguo Régimen desde el exterior; los *fuldenses* moderados que defendían una monarquía constitucional-parlamentaria; los *girondinos, nobles y burgueses radicales,* que se inclinaban unos por la monarquía parlamentaria y otros por la república; las diversas tendencias de los *jacobinos* así llamados porque celebraban sus reuniones en el antiguo Convento de los dominicos *Sanctus-Jacobus*; al comienzo de la Revolución, los líderes de los *jacobinos* estaban unidos, pero en el proceso revolucionario se fueron dividiendo en varios grupos; entre esos líderes destacaban: Maximilien Roberpierre y su lugarteniente Louis Antoine Saint-Just, Jean Paul Marat, Georges Jacques Danton, Camille Desmoulins y Jacques René Hebert; eran portavoces de la pequeña burguesía radical y de los medios populares; representaron las *actitudes* más enérgicas y violentas; después de triunfar sobre los *Girondinos,* en la primavera de 1793, organizaron el *Gobierno del Terror* para defender la Revolución. El ala más extremista de los *jacobinos* estaba constituida por dos grupos: los *cordeleros* y los *enragés* llamados también los "*Sans culottes*" dirigidos por el antiguo sacerdote Jacques Roux. Durante la primera etapa del DIRECTORIO (1795-1799), surgió la organización clandestina conocida como *La Conjuración de los iguales* organizada por Babeuf, Darthé, Buonarroti, Barée y otros.

La Revolución Francesa activó una serie de *antagonismos* que transformaron profundamente el Mundo surgido de la crisis de la Cristiandad Medieval. Entre ellos destacan los siguientes: el *antagonismo* entre el *Absolutismo* político de los Reyes y el *liberalismo* político-democrático de la burguesía de carácter individualista y clasista y entre éstos y el *igualitarismo* político democrático-asambleario; el *antagonismo* entre la *política económica* intervencionista de los monarcas absolutos y la *economía política* liberal de la burguesía y la ética económica igualitaria del proletariado; el *antagonismo* entre la nobleza y el clero y la burguesía liberal radical; el *antagonismo* entre la burguesía industrial, mercantil y financiera y las correspondientes fracciones de empleados asalariados: el *antagonismo* entre el Modo Capitalista de Producción y Consumo (capitalismo) y un modo de producción y consumo alternativo (comunismo, socialismo, anarquismo); entre todos los antagonismos destaca el *antagonismo* entre capitalistas (compradores de fuerza de trabajo) y los obreros (vendedores de fuerza de trabajo).

La Revolución Francesa es el punto de partida de una serie de procesos de cambio que, a lo largo de los siglos XIX y XX, fueron eliminando el Antiguo Régimen y generando el Mundo Sociocultural Contemporáneo en el que vivimos. Podemos categorizar las transformaciones iniciadas como *transiciones* de una situación dada a otra situación completamente nueva o incluso antagónica. Las transiciones más relevantes son las siguientes:

- *La transición definitiva* del modo mercantil simple de producción y consumo al Modo Capitalista de Producción y Consumo, mediante la revolución industrial basada en el maquinismo, que hicieron posible las ciencias físicas, mecánicas y químicas aplicadas a la tecnología. El Modo Capitalista de Producción y Consumo fue legitimado y apoyado desde el principio por la *Economía Política Liberal*, que subordina la política, las ciencias, la tecnología, la educación y la Ética a la *Economía*. La *Economía Política Liberal* exigió desde su nacimiento, la liberación de los siervos de la gleba, es decir, la eliminación del modo feudal de producción, y la eliminación de los gremios y cofradías de artesanos para abastecer el mercado laboral con mano de obra abundante y barata, sin trabas legales ni reglamentarias.
- La *transición* del Absolutismo político de los Reyes apoyado por la nobleza y el clero, al liberalismo político individualista y clasista de la burguesía, que se concretó en las monarquías y repúblicas constitucionales y democráticas.
- La *transición del Absolutismo Real económico* basado en la *política económica* intervencionista y reglamentarista al *liberalismo económico* de la burguesía basado en la *economía política liberal*, que subordina la política, las ciencias, las tecnologías, la educación y la Ética a la economía y que ha desembocado en el Absolutismo económico de la oligarquía plutocrática mundial.
- La *transición* del Absolutismo Real económico intervencionista y del liberalismo económico individualista y clasista de la burguesía, es decir, de la *Política Económica* y de la *Economía Política* a la Ética económica igualitaria, comunitaria y democrática, que defendían los líderes de los grupos revolucionarios radicales, quedó bloqueada y así continúa, esperando una oportunidad para su desarrollo democrático.

— SEGUNDA PARTE —

Construcción y crisis del Mundo Sociocultural contemporáneo

La construcción del Mundo Sociocultural Contemporáneo

El Mundo Sociocultural Contemporáneo no surgió de la Revolución Francesa como un edificio terminado. Sólo surgió el proyecto y la voluntad decidida de sustituir el Antiguo Régimen jurídico-político y económico por un nuevo régimen. El nuevo mundo sociocultural deseado se fue construyendo lentamente, durante los siglos XIX y XX, con avances, retrocesos, estancamientos, tensiones y conflictos, entre los que destacan los dos mayores conflictos bélicos de la humanidad: las dos Guerras Mundiales.

El Mundo Sociocultural contemporáneo se fue remodelando y reformando constantemente por la interacción dialógica entre los defensores del Antiguo Régimen (reaccionarios y conservadores), los defensores del liberalismo individualista y clasista político y económico (liberales moderados y radicales) y los defensores del liberalismo comunitario e igualitario político y económico (los líderes del Movimiento obrero y sus organizaciones sindicales, políticas y culturales).

Durante el período álgido de la Revolución Francesa (1789-1795), los actores individuales y los agentes sociales de la Revolución no compartían una visión unánime sobre la eliminación del mundo sociocultural vigente que criticaban y rechazaban. Tampoco contaban con un proyecto arquitectónico definido y compartido para construir el nuevo mundo que deseaban. Vivían inmersos en el clima cultural pletórico de ideas innovadoras, pero absolutamente caótico, que había creado la Ilustración. Un ejemplo paradigmático es el famoso lema revolucionario elegido, síntesis lacónica y lapidaria, de todas las utopías éticas y sociales anteriores de la humanidad, que expresaba contundentemente las aspiraciones compartidas: *Libertad, Igualdad, Fraternidad*. Pero las interpretaciones de este *credo común* y de cada uno de sus tres artículos, desde la experiencia de clase vivida por cada uno de los actores y por los distintos agentes sociales, eran múltiples y sesgadas. Esto impedía no solo la unanimidad, sino también cualquier consenso mayoritario y firme sobre la construcción del nuevo mundo deseado.

Del caos de ideas innovadoras emergían dos grandes conjuntos de ideas afines o dos corrientes ideológicas: **a)** *El liberalismo individualista y clasista político y económico*; **b)** *el liberalismo comunitario e igualitario político y económico.* Cada uno de estos dos conjuntos aglutinaba numerosas ideas innovadoras. El desarrollo constante y la concreción operativa de estas dos grandes corrientes ideológicas constituyeron los imaginarios colectivos de los agentes sociales y de sus líderes políticos, que orientaban como ideas reguladoras sus actividades de construcción del Mundo Sociocultural Contemporáneo.

Los dos procesos históricos fundamentales, simultáneos e interactivos, que generaron el Mundo Sociocultural Contemporáneo durante los siglos XIX y XX son: **a)** el *Proceso político* como transición problemática y conflictiva del Absolutismo Real de los países europeos y sus colonias a las monarquías y repúblicas constitucionales y parlamentarias; **b)** el *Proceso económico* como la transición definitiva del modo mercantil simple de producción y consumo al Modo Capitalista de Producción y Consumo (MCdPC) y su implantación en todo el mundo, que implicó la eliminación del modo feudal de producción y la abolición de los reglamentos proteccionistas de los Gremios y Cofradías de artesanos. La consolidación progresiva y eficiente de los dos procesos fundamentales implicó el desarrollo de varios procesos complementarios.

Del mercantilismo financiero al Capitalismo industrial

A finales del siglo XVIII, triunfa la burguesía industrial y el capitalismo industrial se incorpora a la hegemonía del capitalismo mercantil y financiero ya consolidado. Así se transforma definitivamente el modo de producción mercantil y financiero en el Modo Capitalista de Producción y Consumo, imponiendo su hegemonía durante los siglos XIX y XX.

Desde finales del siglo X hasta el siglo XVI, la burguesía había seguido un proceso ascendente. La alianza de las capas altas de la burguesía mercantil y financiera con los reyes absolutos y con los príncipes de las dinastías reales contra los señores feudales había consolidado la hegemonía mercantil y financiera de la alta burguesía a comienzos del siglo XVI. Esa hegemonía experimentó, desde el siglo XVI al XVIII, un auge vertiginoso mediante el comercio internacional promovido por los imperios coloniales de los países europeos en América, África y Asia oriental. Ya hemos aludido anteriormente a este fenómeno.

A pesar de la hegemonía mercantil y financiera de la alta burguesía, la actividad industrial permanecía estancada por varias razones entre las que destacan dos:

- **Primera:** la producción estaba en manos de la pequeña burguesía, que realizaba su actividad productiva en una multitud de pequeños talleres rígidamente reglamentados por los Gremios y Cofradías de artesanos para garantizar la igualdad de oportunidades de todos los talleres y evitar la competencia desleal entre ellos.
- **Segunda:** era la escasez de mano de obra, porque el modo feudal de producción, con su régimen jurídico-político de dominación, explotación y represión, tenía sometidos a los trabajadores del campo como siervos, como aparceros y como arrendatarios, que no podían abandonar sus puestos de trabajo. Cuando se fugaban en busca de una vida mejor, eran buscados por la policía de los señores feudales y, cuando los encontraban, eran castigados y sometidos a condiciones más duras.

En el último cuarto del siglo XVIII, triunfa, por fin, la burguesía industrial gracias a la iniciación cuatro procesos convergentes y complementarios: **a)** la iniciación del maquinismo, facilitado por el desarrollo de las ciencias físicas y mecánicas, cuyo símbolo fue durante mucho tiempo la máquina de vapor incorporada a la industria textil, a los barcos, a los ferrocarriles y a otras ramas industriales; el maquinismo aplicado a la industria fue un proceso incesante de crecimiento, que va desde la máquina de vapor a la robótica actual, pasando por el perfeccionamiento continuo de las máquinas ya inventadas y por la invención de nuevas máquinas, cada vez más completas y más complejas, aplicadas a la extracción de materias primas, a la transformación de materias primas en productos, al transporte terrestre, marítimo y aéreo y al desarrollo de las comunicaciones desde la telegrafía y la telefonía con hilos a los actuales sistemas de comunicación –radio, TV, Internet, telefonía móvil– vía satélites; **b)** la progresiva derogación y eliminación de los reglamentos jurídicos de los Gremios y Cofradías de artesanos; **c)** la progresiva derogación y eliminación del régimen jurídico-político que afectaba a los trabajadores del campo y pequeños agricultores; **d)** la reorganización del territorio y la progresiva supresión de fronteras, aduanas, aranceles e impuestos feudales, que impedían la libre circulación de materias primas y mercancías manufacturadas.

Al desarrollo del capitalismo industrial contribuyeron, a lo largo de los siglos XIX y XX, otros muchos procesos de carácter económico y político, que no podemos exponer aquí, porque nuestro objetivo no es narrar una historia detallada del industrialismo, sino presentarlo sintéticamente. Entre los procesos de carácter predominantemente económico destacamos los siguientes:

- Los avances en las ciencias físicas y mecánicas y sus aplicaciones tecnológicas.
- Los grandes inventos y el sistema de patentes.
- La explotación salvaje del planeta: el despilfarro de recursos, la generación masiva de residuos contaminantes de todo tipo: sólidos, líquidos, gaseosos, químicos, radiactivos, metálicos, plásticos; la carbonización de la atmósfera.
- La explotación salvaje de los proletarios, incluidos los niños.
- La concentración de trabajadores en las cuencas mineras y en zonas industriales en pésimas condiciones habitacionales e higiénicas.
- Las luchas económicas y sociales entre burguesía y proletariado.
- El movimiento obrero organizado: la creación de sindicatos y partidos obreros.
- La revolución bancaria en la segunda mitad del siglo XIX.
- La estructura básica de las empresas industriales.
- La industrialización de los países europeos.
- Economía y sociedad en los imperios coloniales.
- El *management* científico de la producción: taylorismo, fordismo, toyotismo.
- El negocio del petróleo.
- La industria militar: las dos guerras mundiales y el complejo militar industrial.
- La Gran Depresión de 1929.
- El desarrollo del mecanismo de la deuda externa.
- Del estado de bienestar a la globalización económica y a la crisis sistémica, global y planetaria, ecológica, económica y humanitaria.
- El desarrollo industrial y el urbanismo.
- Tecnópolis y Telépolis.

Del Absolutismo real a las monarquías y repúblicas parlamentarias

El segundo proceso fundamental que interactuó, durante los siglos XIX y XX, con el proceso económico descrito en la configuración de nuestro Mundo Sociocultural, fue el proceso jurídico-político iniciado en la Revolución francesa. Desde el 5 de mayo de 1789 en que empezó la Revolución francesa hasta 1824 en que el hermano de Luis XVI se hizo coronar como Rey Absoluto en la catedral de Reims a la antigua usanza, Francia fue un gran laboratorio político. En él se realizaron numerosos experimentos para eliminar el Antiguo Régimen absolutista y teocrático. Esos experimentos ejercieron un enorme *impacto contradictorio* en todos los países europeos y en sus respectivas colonias.

Los experimentos políticos para sustituir el Antiguo Régimen por un nuevo orden jurídico-político fueron los siguientes: la creación de una monarquía parlamentaria con la *Constitución* de 1791, que juró Luis XVI; deposición de Luis XVI en 1792 por traición a la *Constitución* jurada y creación de una *Convención* para elaborar una *Constitución republicana* y consolidar la república; enero de 1793, ejecución de Luis XVI y 16 de octubre de 1793 ejecución de María Antonieta; ese mismo año se inicia el proceso de depuración de los opositores a la revolución y a la república: girondinos y hebertistas, dando lugar a la resistencia contra los republicanos radicales, Robespierre y sus seguidores, que son ejecutados en julio de 1794; sigue un período de incertidumbre y conflictos hasta que el 26 de octubre de 1795 se sustituye el gobierno republicano por el *Directorio;* gestación clandestina de la *"Conjuración de los Iguales"* capitaneada por Babeuf y sus seguidores (Darthé, Buonarroti, Barère y otros) detenidos el 10 de mayo de 1796, siendo guillotinados Babeuf y Darthé; noviembre de 1799 golpe de Estado de Napoleón y comienzo del Consulado como emperador; En 1814 el Senado acuerda destituir a Napoleón, que abdicó y se fue a la Isla de Elba; persuadido por el político y diplomático Charles Maurice Talleyrand, el Senado restaura la monarquía haciendo venir de Inglaterra al hermano de Luis XVI, Conde de Provenza, que asume el nombre del Luis XVIII mediante una *Carta Constitucional* otorgada; pero el 26 de febrero de 1815, Napoleón se escapa de Elba y se presenta en Francia para restaurar la *República*; Luis XVIII escapa a toda prisa; Napoleón redactó una nueva *Constitución republicana* que duró 100 días, porque derrotado en Waterloo

(1815), fue desterrado por segunda vez; ese mismo año regresó de nuevo Luis XVIII, que reinó hasta su muerte en 1824, a quién sucedió su hermano coronado en Reims como monarca absoluto con el nombre de Carlos X.

Esta sucesión vertiginosa de experimentos políticos monárquicos y republicanos, innovadores o restauradores, reformistas o revolucionarios, radicales o moderados dieron lugar al surgimiento de grupos políticos más o menos cohesionados reaccionarios, conservadores, reformistas y revolucionarios con diversos grados de radicalismo o moderación en los planteamientos de cada grupo.

Los nobles, especialmente los miembros de la alta aristocracia, eran mayoritariamente monárquicos conservadores y reaccionarios y, minoritariamente, reformadores moderados; la burguesía media y alta y los nobles afines eran mayoritariamente liberales y reformadores, partidarios de una monarquía constitucional y parlamentaria o de una república igualmente constitucional y parlamentaria, pero moderada, como fueron los *girondinos*; la pequeña burguesía y las clases sociales más bajas eran revolucionarias y defendían una *república constitucional y parlamentaria*, pero radicalmente democrática e igualitaria, cuyo modelo preferido era Esparta; este era el modelo de los diferentes grupos de *jacobinos*.

El análisis de lo ocurrido en Francia durante este período de experimentación política provocó un *impacto contradictorio* en toda Europa; ese impacto fue decisivo para la configuración de los Estados europeos y sus respectivos imperios coloniales, para la crisis de estos imperios, la independencia de las colonias y su constitución como Estados soberanos a lo largo de los siglos XIX y XX.

El impacto fue contradictorio, porque en unos países provocó el refuerzo del Absolutismo real y la creación de alianzas para defenderlo o restaurarlo; en otros, estimuló el deseo de sustituirlo por monarquías o repúblicas constitucionales y parlamentarias. Al mismo tiempo, provocó en toda Europa la organización pública o clandestina de grupos políticos reaccionarios, conservadores, reformistas y revolucionarios similares a los grupos políticos mencionados. Así surgieron las luchas entre los defensores del Antiguo Régimen, los defensores de una monarquía constitucional y parlamentaria y los partidarios de sustituir la monarquía por una república democrática e igualitaria.

El acontecimiento más relevante provocado por los experimentos políticos de Francia fue el *Congreso Internacional* convocado por Gran Bretaña, Austria, Prusia y Rusia, celebrado en Viena desde octubre del 1814 al 8 de junio de 1815. Asistieron al Congreso 90 soberanos reinantes y 53 plenipotenciarios de príncipes o Estados desposeídos que reclamaban la restitución de sus dominios. Los tres grandes negociadores fueron: Klemens von Metternich por Austria, Talleyrand por Francia y el zar ruso Alejandro I. El Congreso restauró 38 de los 300 Estados minúsculos abolidos por Napoleón que quedaron asociados en una Confederación Germana, cuya *Dieta federal* se reunía en Frankfurt. Las asambleas eran más reuniones de embajadores que congresos de diputados federales. Bismarck redujo a 17 los Estados federales en la reunificación de Alemania que llevó a cabo entre 1861 y 1871.

El colofón del Congreso de Viena fue a creación de la *Santa e Indisoluble Alianza* formada por Rusia, Austria y Prusia con el objetivo de iniciar un nuevo régimen de paz y gobierno cristiano en toda la Tierra.

Francia y España fueron los dos países en los que el impacto de la Revolución francesa fue más decisivo por la intervención de Napoleón y por el parentesco de las monarquías borbónicas de ambos países. Durante los siglos XIX y XX, hay un cierto paralelismo y similitud en la evolución política: restauración del Absolutismo, implantación de la monarquía parlamentaria, sustitución de la monarquía por la república, y nueva restauración de la monarquía; guerras civiles, como las guerras carlistas y la última guerra civil; similitud de los grupos políticos: reaccionarios, conservadores, liberales moderados y radicales, monárquicos, republicanos liberales y socialistas, que se manifestaron como las dos Españas. En la obra *Historias de las dos Españas*, Santos Juliá (2005) ofrece numerosos testimonios de estas dos almas españolas encarnadas en distintos líderes políticos.

El proceso jurídico-político fundamental iniciado con la Revolución francesa, que interactuó con el proceso económico fundamental descrito más arriba durante los siglos XIX y XX, también estuvo acompañado por numerosos procesos políticos simultáneos y complementarios, entre los que mencionamos algunos de los más relevantes. En el siglo XIX merecen especial atención:

- La lucha entre los absolutismos y las ideas constitucionales.
- La consolidación del régimen republicano en Francia y su evolución hasta la V República.
- La consolidación de la dinastía borbónica en España como monarquía constitucional y parlamentaria, su interrupción por la II República y la Dictadura Franquista y su restauración con la *Constitución* de 1978.

- La formación de la moderna Alemania con Guillermo I y Bismarck: I Reich y II Reich.
- La unificación de Italia: *Risorgimento,* Revolución política e industrialización.
- La independencia de Méjico.
- La emancipación de las colonias de América del sur.
- Los grandes imperialismos y los pequeños nacionalismos.
- El segundo Imperio Napoleónico.
- El desarrollo del Imperio británico.
- Desarrollo y consolidación de los Estados Unidos: imperialismo y racismo.
- Expansión del Imperio Ruso.
- Desmembramiento del Imperio Otomano.
- África y los imperios coloniales.
- El Imperio Colonial Belga.
- Asia bajo el imperialismo occidental.
- Socialismo utópico y ciudad: urbanismo progresista.
- Socialismo utópico y Estado.
- Marxismo y socialismo científico.
- Las tres primeras Internacionales obreras.
- Los partidos socialistas.
- La socialdemocracia alemana.
- El Partido Socialista Obrero Español (PSOE).
- El partido laboralista inglés.
- Los partidos comunistas.

En el tránsito del siglo XIX al XX y durante el siglo XX, se desarrollaron numerosos procesos políticos de enorme trascendencia para la configuración de nuestro mundo sociocultural. Sin ánimo de ser exhaustivos, destacamos:

- Primera Guerra Mundial: causas y consecuencias.
- La Revolución Rusa.
- La Sociedad de Naciones.
- El fascismo italiano.
- El nazismo alemán y el III Reich (1933-1939).
- Reformismo político norteamericano de Roosvelt y el "New Deal".
- La Segunda Guerra Mundial: causas, desarrollo y consecuencias.
- Los campos de concentración.

- La capitulación de Alemania y Japón.
- La división de Alemania: el muro de Berlín.
- El telón de acero y la Guerra Fría.
- La Carta Constitucional de las Naciones Unidas: la ONU y sus organismos.
- La ONU y los organismos económicos mundiales: BM, FMI y otros.
- La Carta Constitucional de la UNESCO y La Declaración Universal de los derechos del hombre.
- El Plan Marshall para la reconstrucción de Europa.
- La Crisis del Imperio Chino y la creación de la República popular china: la Revolución del *Libro Rojo.*
- La carrera armamentista.
- La carrera espacial.
- Neoliberalismo y globalización económica.
- Movimiento antiglobalización.
- Ecologismo y Ecosocialismo.

Nuestro mundo sociocultural es el fruto de la interacción dialógica de todos los procesos económicos y políticos ligados respectivamente a los dos procesos fundamentales: el proceso económico del desarrollo del Modo Capitalista de Producción y Consumo y el proceso jurídico-político de sustitución del Absolutismo real por monarquías o repúblicas constitucionales y parlamentarias.

Los componentes básicos de los imaginarios colectivos de los seres humanos que se plantean reformar o transformar comunitariamente el mundo sociocultural recibido de sus predecesores son las *utopías* y las *ideologías.* Las *utopías* definen las metas o fines que se pretenden lograr. Las *ideologías* interpretan las *utopías* y definen los métodos o estrategias de actuación para lograrlas.

En la construcción del Mundo Sociocultural Contemporáneo han sido hegemónicas las tres utopías siguientes: **a)** la utopía de una democracia de ciudadanos libres, iguales y fraternos; **b)** la utopía planetaria de la fraternidad universal de todos los seres humanos y de la paz entre todos los pueblos y Naciones-Estado: **c)** la utopía de un progreso material ilimitado que garantice la abundancia de bienes materiales para todos los seres humanos y, consecuentemente, su felicidad.

Las ideologías hegemónicas que interactuaron dialógicamente con las tres utopías son las cuatro siguientes: **a)** la ideología del liberalismo económico y político; **b)** la ideología de la oligarquía financiera ligada a la creación de "*un gobierno económico mundial*"; **c)** la ideología de la construcción de una sociedad sin clases; **d)** la ideología del catolicismo interclasista, apologética y conservadora.

A comienzos del siglo XVI, Tomás Moro (1478-15-35) y Desiderio Erasmo de Rotterdam (1466-1536) propusieron sendas utopías, que son el origen de las dos primeras utopías. La tercera, aunque tiene antecedentes, se consolidó a partir de la Ilustración francesa.

Tomás Moro propone su UTOPÍA para configurar las Naciones-Estado, integrando las reivindicaciones de las luchas sociales de los movimientos de pobres, de artesanos y de campesinos. UTOPÍA es una república de ciudadanos libres, iguales y fraternos no localizada y desconocida porque se encuentra en una isla remota e ignota.

Desiderio Erasmo no cesaba de proclamar: "Yo quiero ser ciudadano del mundo, compatriota de todos"; "Nunca me he inclinado más por un país que por otro, sino que siempre he tenido el mundo entero por patria"; "Quiero ser ciudadano del Mundo, no de una sola sociedad". Consecuente con su proyecto personal ético-político, propone en distintas obras, pero básicamente en el díptico integrado por el *Elogio de la locura* (1511) y la *Querella de la paz perseguida* (1517) la utopía de la *"Ciudad Ecuménica"* o *"Sociedad planetaria"*, que garantice la paz en todas las Naciones-Estado de Europa y del mundo. En nombre del humanismo cristiano Erasmo "toma la defensa de la paz, ridiculizada como está en nombre de Cristo y de los textos sagrados por los "pontífices impíos", que "se arman de hierro y fuego y derraman a raudales la sangre cristiana" (Mattelart, 2000, p. 34).

Estas dos *utopías* dieron lugar a un nuevo género literario ético-político nacional e internacional, que tuvo continuidad en numerosos ensayos de escritores utopistas desde el siglo XVI hasta hoy. Armand Mattelart expone magistralmente el desarrollo de este género ético-político utopista en su ensayo *Historia de la Utopía planetaria. De la Ciudad profética a la sociedad global* (2000), que es un excelente best-seller.

John Bury expone magistralmente la génesis histórica de la tercera utopía y los obstáculos que tuvo que superar para ser aceptada de modo general en su obra *La idea de Progreso* (2009). Muchos concebían la idea de progreso indefinido como un ideal multidimensional y polifacético. Pero, a partir de la Ilustración francesa, "*la idea de progreso*" se fue reduciendo a "*la idea de un progreso material sin límites*" coincidente con la idea de un crecimiento económico constante, incluso exponencial, mediante el Modo Capitalista de Producción y Consumo apoyado en las tecnociencias. Lo más grave es que algunos convirtieron este mito en un dogma filosófico y científico y lo identificaron con *Una ley histórica que conduciría inexorablemente a la sociedad de la abundancia material para todos.* Actualmente, la idea del progreso material indefinido ha sido puesta en entredicho por el colapso del ecosistema planetario y son cada vez más los que defienden que es urgente sustituirla por la *idea de decrecimiento*, es decir, por la *idea de regreso*, si es posible, al equilibrio ecológico entre Antroposfera, Biosfera y Ecoesfera abiótica. Sin embargo, *la idea de progreso ético-político* indefinido sigue teniendo sentido como utopía posible, deseable y realizable, si se interpreta como aproximación asintótica a la sociedad ideal. Pero no se trata de una ley histórica, sino de un proceso de deliberaciones y decisiones humanas, autocríticas y autocorrectoras.

La ideología del catolicismo empezó a configurarse durante la crisis de la Cristiandad Medieval, especialmente durante el período álgido de la Reforma y de la Contrarreforma (1517-1563). El sesgo *interclasista* era inevitable pues los católicos eran muy numerosos en todas las clases sociales: reyes (incluido el papa), príncipes (incluidos los cardenales), nobles y miembros del alto clero; burguesía media y alta; pequeña burguesía de artesanos, de campesinos, de clérigos y profesiones liberales; siervos de la gleba y siervos domésticos. Igualmente, era inevitable el sesgo *conservador*, porque defendía numerosas tradiciones de la Cristiandad Medieval frente a los reformadores protestantes y los renovadores humanistas y se alió con el Antiguo Régimen. En consecuencia, necesariamente tenía que ser *apologética* de su postura equilibrista equidistante, pues se encontraba en el centro de todos los conflictos religiosos, políticos, culturales y económicos. Esta ideología culminó con Pio IX y el Vaticano I. A partir de León XIII, empezó a despojarse de alguno de esos sesgos con la Doctrina Social.

En el extremo opuesto se encontraba la ideología de la sociedad sin clases, cuyos antecedentes remotos son el mito de la *Edad de Oro* y la larga historia del pueblo hebreo desde que Abraham salió de Ur. En esa historia se forjó la *utopía del Reino de Dios y su justicia*, que dio origen a la utopía comunitarista judeocristiana. Con la obra UTOPÍA de Tomás Moro empezó la progresiva secularización de la misma, que recibió un fuerte impulso de los utopistas del siglo XVIII, convirtiéndose en el punto de partida de todas las corrientes ideológicas del Movimiento Obrero durante los siglos XIX y XX.

La ideología del liberalismo político, iniciada por Locke y sus continuadores, como los ilustrados franceses Voltaire y Montesquieu, numerosos enciclopedistas y los revolucionarios *girondinos,* se enriqueció con los debates sobre la sustitución del Antiguo Régimen por Monarquías o Repúblicas constitucionales y parlamentarias. El desarrollo del liberalismo político siempre fue de la mano del desarrollo del liberalismo económico y del Modo Capitalista de Producción y Consumo basado en la *Economía Política.*

La ideología de la oligarquía financiera relacionada con "*el gobierno económico mundial*" empezó a gestarse en el *Comité de los 300*, en 1729. Esta ideología asumía las líneas generales del liberalismo económico y político, pero, además pretendía instaurar un gobierno económico mundial independiente de las Naciones-Estado, cuyo mecanismo central sería la concentración del poder económico mediante el instrumento fundamental de la deuda. Esta ideología se desarrolló en el seno de una serie de clubes privados creados por la alta burguesía mercantil y financiera mundial (Cabal, 2016).

Las cuatro ideologías mencionadas, al interpretar las tres utopías descritas, introducen sesgos de clase prescindiendo de algunos elementos, sin rechazarlos frontalmente, acentuando otros o añadiendo elementos nuevos. Si comparamos la concepción que reflejan las cuatro ideologías de la primera utopía, tendremos la sensación de que están hablando de cuatro utopías diferentes. El liberalismo convierte la utopía de una democracia de ciudadanos libres, iguales y fraternos en una democracia individualista, clasista, censitaria y representativa. Las corrientes ideológicas del Movimiento Obrero en una democracia sin clases sociales, igualitaria, solidaria y de fuerte gestión directa, incluso asamblearia. La oligarquía financiera coloca por encima de las democracias políticas su gobierno económico centralizado, quitándoles gran parte de su autonomía y de su soberanía. El catolicismo se ve obligado a nadar en la ambigüedad.

Lo mismo ocurre con las otras dos utopías. Por eso, vivimos en un mundo contradictorio lleno de antagonismos. La posibilidad de salir del laberinto de contradicciones en el que nos encontramos inmersos consiste en dialogar para definir una antropoética que podamos compartir todos los seres humanos.

Las cuatro constantes históricas de la construcción del mundo sociocultural

Con el *Renacimiento* occidental se inició un profundo cuestionamiento de *las constantes históricas más relevantes* que caracterizaron la configuración del Mundo Sociocultural desde finales del *Neolítico* hasta el final de la Cristiandad Medieval. Ese cuestionamiento se ha sustanciado en tres grandes convulsiones sociales, que podemos interpretar como tres crisis sucesivas o como tres fases de una misma crisis que se apacigua durante un período y se reactiva de nuevo, como ocurre con los volcanes activos que tienen períodos de latencia y períodos de erupción. Las dos primeras fases fueron crisis occidentales. La tercera es una crisis mundial, sistémica, global y planetaria.

Las tres crisis o las tres fases de la misma son: **a)** la crisis de la Cristiandad Medieval como paradigma sociocultural hegemónico desde finales del Neolítico hasta el *Renacimiento* occidental; **b)** la crisis del Antiguo Régimen o Mundo sociocultural Moderno construido sobre las ruinas de la Cristiandad Medieval, que se derrumbó en la Revolución francesa; **c)** la crisis del Mundo Sociocultural Contemporáneo, construido durante los siglos XIX y XX, que estalló con fuerza en la década de los sesenta y que se va haciendo cada vez más profunda e intensa.

De las cuatro constantes históricas que caracterizaron la construcción del Mundo Sociocultural, tres de ellas generaron, durante la crisis de la Cristiandad, debates intensos y acalorados e incluso conflictos bélicos. Pero la cuarta pasó casi desapercibida hasta el siglo XIX, que empezó a pasar al primer plano con la crítica al industrialismo desaforado e incontrolado. Las cuatro constantes históricas del paradigma Sociocultural hegemónico desde el Neolítico más cuestionadas son las siguientes:

Primera: la alianza entre las jerarquías religiosas y políticas y la tensión entre ellas por la primacía del poder religioso sobre el poder político o viceversa; desde finales del Neolítico los gobernantes eran considerados dioses, hijos de los dioses o representantes de los dioses en la Tierra: un ejemplo paradigmático son los emperadores del Oriente próximo o de Egipto; el poder político y el poder religioso procedían directamente de la divinidad, según los imaginarios de aquellos pueblos. Con la crisis de las religiones tradicionales en la cultura clásica grecolatina y los primeros ensayos de la democracia política empezó a cuestionarse el origen divino del poder político de los gobernantes y empezó a desarrollarse la teoría de que el poder político procede exclusivamente del pueblo. Pero esta visión no se generalizó ni se consolidó hasta la Ilustración. En la actualidad el conflicto entre el poder político y el poder religioso continúa en el antagonismo *laicismo/teocracia.*

Segunda: la aparición constante en todas las formaciones sociales complejas de dos bloques antagónicos de clases: Un bloque de clases dominantes y un bloque de clases dominadas. Esta configuración se basa en dos imaginarios de clase antagónicos: los imaginarios de las clases dominantes defienden la prevalencia del individualismo frente al comunitarismo; los imaginarios de las clases dominadas defienden la prevalencia de la comunidad de personas libres, iguales y fraternas; los primeros defienden los privilegios de clase (*clasismo*), los segundos defienden la eliminación de los privilegios de clase (*igualitarismo*); los primeros defienden la prevalencia de la competición frente a la cooperación, los segundos la prevalencia de la cooperación; los primeros defienden un derecho individual absoluto a la acumulación ilimitada de riqueza y la abolición de la propiedad comunal y pública, los segundos la difusión justa y equitativa de una propiedad privada limitada, pero suficiente, junto a la propiedad comunal y pública.

Tercera: la aparición constante de pueblos-Estado dominantes, invasores, conquistadores y colonizadores y de pueblos-Estado dominados, invadidos, conquistados y colonizados; esta constante es fruto de un cultivo ideológico de imaginarios nacionalistas etnocéntricos, supremacistas, racistas imperialistas y colonialistas propensos a buscar pretextos para declarar la guerra, colonizar y expoliar tesoros y recursos de otros países. A pesar de los progresos en diversas alianzas geopolíticas como Europa y América Latina, de la creación de la Sociedad de Naciones después de la Primera Guerra Mundial y de la creación de la ONU después de la Segunda Guerra Mundial, todavía queda mucho camino para superar este antagonismo entre todos los pueblos-Estado y entre los Estados y las minorías étnicas.

Cuarta: la última constante histórica se inició en el origen mismo del Neolítico con el *impacto* de las actividades agrícolas y ganaderas, iniciadas por los seres humanos hace aproximadamente 12.000 años, sobre la Biosfera y la Ecosfera abiótica. Ese impacto fue aumentando durante los últimos doce mil años, pero no se percibía como una amenaza grave hasta el siglo XIX en que se inició el industrialismo salvaje. En la actualidad, se ha convertido en un conflicto más grave que los tres anteriores. Es el conflicto del Modo

Capitalista de Producción y Consumo con la Ecosfera abiótica, la Biosfera y la Antroposfera, que describiremos más adelante.

Religión o laicismo

A continuación, no comentamos la primera constante histórica de la que hemos hablado repetidamente en las páginas anteriores, al hablar de las tensiones entre el poder político y el poder religioso. En la Ilustración francesa ese debate se transformó en el debate sobre *religión o laicismo*. Pero parece conveniente profundizar un poco más en las tres restantes, que siguen en el primer plano de la crisis del Mundo Sociocultural Contemporáneo y, sobre todo, analizar el conflicto ecológico del Modo Capitalista de Producción y Consumo con la Antroposfera, la Biosfera y la Ecosfera.

Los dos bloques antagónicos de clases sociales en el Mundo Sociocultural Contemporáneo

Desde que existen documentos históricos que informan sobre las diversas sociedades humanas, se puede constatar en todas las formaciones sociales complejas –Ciudades-Estado, Naciones-Estado, Imperios– la existencia de dos bloques antagónicos de clases sociales: un bloque de clases dominantes y otro de clases dominadas, aglutinados en torno a las dos clases relevantes o hegemónicas de cada formación social: amos y esclavos en las formaciones sociales esclavistas; señores y siervos en las formaciones sociales feudales; capitalistas compradores de fuerza de trabajo y trabajadores vendedores de fuerza de trabajo en las formaciones sociales capitalistas. Estos dos bloques antagónicos pueden aparecer algo desdibujados en las formaciones sociales *triestamentales* y en las formaciones sociales de *castas.*

Desde la Revolución francesa a nuestros días, en todas las formaciones sociales complejas en las que se ha implantado el modo capitalista de producción, las dos clases hegemónicas son la burguesía industrial, mercantil y financiera y la clase obrera compuesta por el conjunto de trabajadores vendedores de fuerza de trabajo. En torno a estas dos clases se han aglutinado los restos de los estamentos del Antiguo Régimen y del modo feudal de producción de Europa, o los restos de clases sociales o de *castas* en los demás países del Mundo, para constituir el bloque de clases dominantes y el bloque de clases dominadas.

En las formaciones sociales capitalistas la lucha entre las dos clases hegemónicas y, consecuentemente, entre los dos bloques antagónicos, se han manifestado como la lucha entre el liberalismo económico y el liberalismo político y las diversas reivindicaciones del Movimiento obrero desde sus posiciones socialistas, comunistas y anarquistas.

En todas las formaciones complejas del pasado y del presente que conocemos las reivindicaciones de los bloques de clases dominadas *giran siempre en torno a la igualdad de libertades y derechos individuales, económicos y sociales*. Pero no se trata de una igualdad matemáticamente exacta, sino de una igualdad justa o equidad basada en el siguiente principio: "*que cada uno aporte al común según sus capacidades y posibilidades y reciba según sus necesidades para llevar una vida humana digna*". Esta igualdad no implica suprimir las diversidades, sino impedir que las diversidades se conviertan en desigualdades intolerables.

La propuesta *utópica* de Tomás Moro y de todos sus continuadores, desde el siglo XVI hasta hoy, pretendía afrontar definitivamente este problema. Desgraciadamente sigue sin solución, aunque se hayan mitigado algunas aristas.

El conflicto histórico y contemporáneo entre países dominantes y países dominados

Junto a la constante histórica de la aparición de dos bloques antagónicos de clases sociales en todas las formaciones sociales complejas que existieron y existen actualmente, también podemos descubrir y comprobar otra constante histórica relacionada con la anterior: la existencia de pueblos-Estado dominantes y conquistadores y de pueblos dominados y conquistados: vencedores y vencidos en las guerras; expoliadores de los tesoros y recursos de otros y expoliados de los propios tesoros y recursos; esclavizadores y esclavizados; Estados nacionales que someten a otros pueblos, privándolos de soberanía económica y política, convirtiéndolos en tributarios dependientes de un gobierno externo: Ciudades-Estado, Naciones-Estado,Imperios de diversos tipos: esclavistas, feudales, coloniales; creación de zonas geopolíticas dirigidas desde una metrópoli o desde un núcleo de Estados coordinados.

En la actualidad, ha triunfado el proyecto iniciado en 1729 en el seno del *Comité de los 300* de construir un gobierno económico mundial, dirigido por banqueros internacionales y las dinastías aristocráticas (Cabal, 2012, p. 26). Ese gobierno se ha configurado como una *plutocracia mundial* (eufemísticamente designada como "*globalización económica*") en manos de una oligarquía mundial financiera, industrial y mercantil. Las 196 Naciones-Estado que componen la ONU y la misma ONU dependen de la oligarquía mundial y de su dictadura económica, cuyo instrumento fundamental es el mecanismo de la deuda externa. Actualmente, los 7.800 millones de seres humanos somos deudores, en mayor o menor grado, de la plutocracia mundial, por la deuda externa de nuestros respectivos países. Los instrumentos del gobierno mundial para hacer operativo y funcional el instrumento de la deuda son fundamentalmente: la red mundial de Bancos interdependientes; las empresas multinacionales financieras, industriales y mercantiles; las multinacionales informáticas, tecnológicas y telemáticas, que configuran el planeta como Tecnópolis y Telépolis; la red de bolsas organizadas como un inmenso *Casino mundial*, que funcionan como un juego de azar a gran escala y constituyen un mecanismo de expropiación mutua y de acumulación de poder económico; los múltiples clubes privados, con derecho de admisión reservado, donde se discuten y se acuerdan las estrategias de actuación y donde se realizan los intercambios de información entre la oligarquía plutocrática, las metrópolis de las zonas geopolíticas y los gobiernos de las grandes potencias existentes o emergentes.

A modo de ilustración de la constante histórica de la aparición de pueblos-Estado dominantes y pueblos-Estado dominados enumeramos una serie de imperios desde el cuarto milenio antes de nuestra era (4.000 años a.C.) hasta hoy: Sumer (hacia 4000 a.C.); Akkad (3000 a.C.); Babilonia: de Hammurabi a Nabucononosor (1894 a.C.-1124 a.C.); Asiria: de Sargón I a la caída de Nínive (1875 a.C.-689 a.C.), Imperio egipcio Antiguo (hacia 4000 años a.C.), Medio (hacia 2050 a.C.), Nuevo (hacia 1551 a.C.-1151 a.C.); Imperio hitita Antiguo (hacia 1680 a.C.), Nuevo (hacia 1380 a.C.-1100 a.C.); los Persas y el antiguo Irán (hacia 2800 a.C.-640 d.C.), Medos y Persas (hacia 1000 a.C.-334 a.C.); Imperio Macedonio: Alejandro Magno (hacia 334 a.C.). Hacia 1994 a.C. surge en China la dinastía Hia y durante 4.000 años se ha desarrollado la cultura China con las dinastías Chang, Chou, Tsin, Han, Jin, Sui, Tang, Sung, Yuan y Ming; los mongoles conquistan China y sustituyen la dinastía Sung por la dinastía Yuan en China (1276-1368 d.C.); en 1368 d.C. se instaura la dinastía Ming, última de China; durante este tiempo, China ejerce una gran influencia en Vietnam, en Corea y en Japón.

En el continente americano los primeros vestigios culturales se sitúan hacia los 12.000 a.C. Pero los grandes imperios coinciden con la Edad Media europea; Mayas (259-900 d.C.), Incas (1100 d.C. a 1530 d.C.), aztecas (hacia 1300-1500 d.C.).

Al final de la segunda guerra púnica, con la victoria de Escipión sobre Aníbal, se consolida el Imperio Romano (202 a.C.) que dura en Occidente hasta el 476 d.C. y en Oriente se prolonga con el Imperio Bizantino desde Arcadio (391 d.C,) hasta la caída de Constantinopla en manos del Imperio otomano en 1453 d.C. El Imperio Otomano se inició en 1218 d.C y terminó en 1669 d.C.

Los grandes Califatos del Islam empiezan con la dinastía de los Omeya (661 d.C.), continúan con el Califato de Córdoba (969 d.C.) y terminan con el Reino Nazarí de Granada.

En la Europa cristiana medieval, surgen el Imperio Carolingio (800 d.C.) y el Sacro Imperio Romano Germánico iniciado por Otón I (962), que estuvo en manos de la casa de los Habsburgo, desde Rodolfo I (1273) hasta su desaparición en 1806.

A los imperios medievales siguieron los imperios coloniales español, portugués, británico, holandés, francés. A finales del siglo XIX, hay un reparto colonial del resto del mundo entre los países europeos, al mismo tiempo que el Continente Americano se independiza. En el siglo XX, se produce la descolonización progresiva y la independencia de los países colonizados por Europa. Pero continúa y se refuerza el llamado *Neocolonialismo económico* a través de las empresas multinacionales de las antiguas metrópolis.

Aunque en el siglo XX se creó la Sociedad de Naciones después de la Primera Guerra Mundial y, después de la Segunda Guerra Mundial, se creó la ONU con sus múltiples organismos, se inició la construcción de la Comunidad Europea y han surgido las diversas regiones geopolíticas, seguimos muy lejos de la Utopía planetaria de Erasmo. Vivimos en un mundo esquizofrénico repleto de antagonismos de todo tipo.

El conflicto ecológico de la Antroposfera con la Biosfera y la Ecosfera abiótica en el Mundo Sociocultural Contemporáneo

Durante el Neolítico, a medida que los grupos humanos abandonaban la vida nómada como recolectores y cazadores y se convertían en agricultores y ganaderos sedentarios, las actividades técnico-productivas de la Antroposfera empezaron a causar un *impacto* sobre la Biosfera y la Ecosfera abiótica, que siguió aumentando durante los últimos 12.000 años.

En el último cuarto del siglo XVIII, con el despegue definitivo del Modo Capitalista de Producción y Consumo, el *impacto* se fue convirtiendo en un *conflicto* cada vez mayor, que ha desembocado en la *crisis ecológica* actual. Cada vez son más los investigadores que consideran que el Modo Capitalista de Producción y Consumo es ***ecocida***, porque está destruyendo la Ecosfera abiótica, ***biocida***, porque está destruyendo la Biosfera y ***antropocida***, porque está destruyendo la Antroposfera.

Desde comienzos del siglo XIX, filósofos y científicos ecólogos, ante el espectáculo del industrialismo desaforado y descontrolado del Modo Capitalista de Producción y Consumo, advirtieron de las consecuencias nefastas de ese industrialismo. Pero sus voces fueron acalladas por los negacionistas. Recordemos sintéticamente lo que ocurrió en el siglo XIX.

A finales del siglo XVIII, despega definitivamente el Modo Capitalista de Producción y Consumo con sus tres actividades fundamentales a pleno rendimiento: industrial, mercantil y financiera. Las actividades mercantil y financiera se habían desarrollado extraordinariamente desde el siglo XVI mediante el comercio internacional entre los imperios coloniales y entre las colonias y las metrópolis de cada imperio. Pero la actividad industrial o técnico-productiva era todavía muy limitada por varias causas: **a)** la producción de mercancías era lenta y escasa, aunque generalmente eran de una excelente calidad, porque dependía de la producción manual en miles de pequeños talleres de artesanos especializados, rígidamente reglamentados por los Gremios y Cofradías para garantizar la igualdad de oportunidades para todos y evitar la competencia desleal entre ellos; **b)** fuera de los talleres no existía mano de obra cualificada; **c)** también había escasez de mano de obra no cualificada, porque el régimen jurídico-político del modo feudal de producción impedía a los campesinos abandonar sus actividades; **d)** y, sobre todo, no existían máquinas para producir mercancías a gran escala.

A finales del siglo XVIII y comienzas de XIX, se inician varios procesos convergentes y complementarios, que desembocaron en un industrialismo desaforado y descontrolado: **a)** la iniciación del maquinismo facilitado por el desarrollo progresivo de las ciencias físicas y mecánicas; la máquina de vapor incorporada a la industria textil, a los barcos, a los ferrocarriles y a otras ramas de la industria fue el símbolo del maquinismo durante el siglo XIX; pero el maquinismo es un proceso continuo y acelerado de invención de nuevas máquinas y motores y de perfeccionamiento constante de los ya inventados hasta la robótica actual: **b)** la siderurgia pesada del carbón y del acero presta un gran apoyo al desarrollo del maquinismo y su aplicación a la industria y a los transportes; **c)** comienza el desarrollo acelerado de las telecomunicaciones con la telegrafía, la telefonía hasta la telemática actual vía satélite: radio-televisión, Internet, ordenadores, telefonía móvil; **d)** el desarrollo exponencial de las industrias químicas; **e)** el fenómeno del urbanismo y el desarrollo de la construcción; **f)** la supresión de los reglamentos de los Gremios y Cofradías y la liberación de los siervos de la gleba.

Coincidiendo con el inicio eufórico del maquinismo y del industrialismo, surgen un movimiento filosófico y otro científico de carácter holístico, que critican el industrialismo y advierten de que puede tener consecuencias nefastas para el planeta Tierra. Siguiendo la estela de Rousseau y Kant, surgen, el llamado *Círculo de Weimar* y una concepción holística de la ciencia, que intentaban reconciliar el racionalismo y el empirismo y rechazar el materialismo mecanicista basado en el dualismo espíritu/materia.

El *Círculo de Weimar* estaba ubicado en la ciudad cortesana de Weimar y en la universidad de Jena. Entre sus componentes destacan: Goethe (1749-1832), Herder (1744-1803), Schiller (1759-1805), Fichte (1762-18-14). Schelling (1775-1854) y los hermanos Wilhem (1767-1835) y Alexander (1769-1859) von Humboldt. Conjuntamente desarrollaron la *Naturphilosophie* que intentaba reconciliar el racionalismo y el empirismo. La N*aturphilosophie* era un "*holismo naturalista*" que integraba naturaleza y humanidad. *Las Cartas sobre la educación estética de la humanidad* (1794) del filósofo/poeta Friedrich Schiller, que sintetizaban gran parte del pensamiento del grupo, tuvieron una influencia decisiva en el *holismo educativo* de Pestalozzi y Froebel, especialmente la *Carta decimotercera.*

Los filósofos de la *Naturphiosophie* estuvieron acompañados por un grupo de científicos que intentaban construir una *ciencia holística* sobre bases racionales y empíricas y pretendían ofrecer una visión orgánica de la relación Naturaleza-Humanidad. Entre sus promotores destacan: Joseph Priestley (1733-1804), descubridor del oxígeno, que intentó colocar la ciencia en un contexto de referencia holística, rechazando el dualismo espíritu/materia; William Whewel (1794-1866), profesor y dos veces vicecanciller en Cambridge, que publicó dos obras famosas y voluminosas: *Historia de las ciencias inductivas* (1837) y *Filosofía de las ciencias inductivas* (1840); Alexander von Humboldt (1769-1859) lleva a la cima la ciencia holística, especialmente con su obra *Kosmos,*que fue publicada como obra póstuma en 1862.

Alexander von Humboldt pensaba que las categorías kantianas como conceptos generales no son conceptos innatos o *"a priori"*, sino conceptos construidos a partir de la experiencia humana a lo largo de la historia. Consideraba al hombre, a la naturaleza y al conocimiento como un todo dinámicamente interrelacionado. Esta visión fue el *comienzo* del pensamiento holístico sobre el ecosistema planetario. A continuación transcribimos la valoración de James Bowen y de su esposa Margarita sobre la aportación de A. von Humboldt:

> "Lo esencial del enfoque de Humboldt es que el hombre y la sociedad deben ser vistos como parte integrante de la naturaleza; se oponía totalmente a la idea dualista de que el hombre está fuera de la naturaleza, y a la inferencia correlativa de que ésta está ahí para ser explotada. En una época anterior a las crisis ecológicas de frecuencia y magnitud crecientes, advertía de los problemas que nos esperaban. Es evidente que la teoría de la conciencia total de Humboldt y la implicación de la conciencia social en cuestiones de acción medioambiental estaban en diametral oposición con el enfoque explotador del incipiente industrialismo y con la embriagada excitación de los científicos, quienes consideraban que sus métodos eran capaces de hacer que la naturaleza cediese sus secretos a la conquista del hombre. Por desgracia, su pensamiento científico no recibió pleno reconocimiento, y sus traductores ingleses, por ejemplo, pasaron en general por alto el argumento esencial, e interpretaron Kosmos en unos términos empíricos tradicionales". (Bowen, 1992, p. 423)

El holismo científico era hegemónico a comienzos del siglo XIX, porque la ciencia todavía no estaba estrechamente relacionada con el desarrollo de la industria y la tecnología. Pero pronto cambió la situación. El crecimiento continuo de la industria manufacturera, a lo largo de la primera mitad del siglo XIX, estimuló la creciente interrelación entre la ciencia y la industria, promoviendo el desarrollo de la tecnología. La revolución industrial desencadenó unos procesos irreversibles que aceleraban la producción de mercancías para una economía que exigía el crecimiento y el abastecimiento continuo de los mercados.

La ciencia y la educación fueron puestas al servicio de los procesos industriales, no de una forma premeditada y planificada, sino aleatoriamente y por azar para satisfacer las nuevas necesidades que surgían. Estas necesidades impulsaron la creación de sociedades científicas de investigación y de institutos técnicos de formación para preparar jóvenes y adultos para las actividades industriales especializadas y para la tecnologización de las industrias primarias extractivas y la agricultura. A mediados del siglo XIX existían en Gran Bretaña más de 600 institutos y sociedades científicas con más de 100.000 miembros dedicados a los estudios tecnológicos relacionados con los procesos industriales de fabricación: química, geología, minas, ingeniería, construcción, topografía, metalurgia. Un proceso similar se repitió en Francia, Alemania, Estados Unidos y otros países de Europa. Entre 1850 y 1860 Alemania ocupaba el primer puesto en la fundación de sociedades científicas e institutos de investigación y en la publicación de revistas científicas.

A comienzos del siglo XIX, en las sociedades científicas alemanas era hegemónico el holismo científico que rechazaba el proceso de subordinación de la ciencia y de la educación a la industrialización. Pero la represión del holismo científico fue creciendo a partir de la segunda década. Lorenz Oken (1779-1855) publicó en 1810 el Lehrbuch der Naturphilosophie (Libro de texto de Filosofía de la naturaleza) y en 1917 inició la publicación de la revista científica *ISIS*, que rápidamente alcanzó fama internacional. Los decretos represivos del holismo de Carlsbard en 1819 le exigieron que sometiese la revista a la censura previa oficial. Oken se negó y renunció a su cátedra. James Bowen describe la situación a partir de 1848 así:

> "En la época de represión política, después de las revoluciones de 1848, ni las industrias ni los gobiernos querían una ciencia holística responsable; los industriales querían beneficios, los gobiernos conformismo; los científicos, mecánicos y tecnólogos aceptaron estas condiciones a cambio de empleo y facilidades para la investigación, y esto fue reforzado por un sistema de recompensas y honores: entrada en academias con círculos cerrados, títulos de noble y caballero para algunos, medallas otorgadas profusamente por sociedades científicas y numerosos premios, culminando en la institución por parte de Alfred Nobel (1833-1896), inventor de la dinamita, de los cinco premios anuales de la física, química, medicina, literatura y promoción de la paz. Los científicos rindieron sus conciencias a cambio de financiaciones y el espíritu de la postura de Oken contra la interferencia gubernamental desapareció. En la segunda mitad del siglo los científicos renegaron de los valores; la actividad estaba cada vez más fragmentada en instituciones especializadas, los trabajadores científicos y tecnológicos fueron separados unos de otros, y se rechazó una visión del mundo unificado.
>
> Dado este aislamiento y la creciente especialización, los científicos escapaban a toda obligación de responsabilidad social, aceptando la idea de una teoría exenta de valores, las consecuencias de la aplicación tenían que ser soportadas

por otros... El método científico es un método de objetividad inductiva: la ciencia maneja tan solo hechos neutrales en cuanto a valores... el positivismo prosperó... resultaba adecuado al capitalismo explotador". (Bowen, 1992, pp. 438-439)

A finales del siglo XIX, destaca el biólogo evolucionista alemán Ernst Häckel (1834 -1919) como defensor de la naturaleza frente al industrialismo salvaje. Sus dos obras fundamentales fueron *Historia de la creación natural* (1868) y *Los enigmas del mundo* (1899). Formuló la llamada *Ley biogenética fundamental*, según la cual existe un cierto paralelismo entre el desarrollo de un embrión cualquiera y el desarrollo a la especie a la que pertenece. La *Ontogénesis* o desarrollo del individuo humano es una repetición abreviada y veloz (*recapitulación*) de la *filogénesis* o desarrollo evolutivo de la especie humana. Esta concepción influyó en la *Paidología* y en las realizaciones de la Educación Nueva. De acuerdo con ella, se planteó la necesidad de acompasar el proceso *humanización* (*autoeducación*) al proceso de *hominización* o *proceso de maduración biológica*, facilitando la interacción entre ambas.

Ernst Häckel fue el creador del término ***Ecología***, (Ö*kologie* en alemán). El neologismo *ecología* está formado por dos palabras griegas: *oikos* que significa "casa", "morada", "hogar" y "*logos* que significa "discurso" o "ciencia". La *ecología* es "la ciencia del hogar". En este caso, "el hogar" es el planeta Tierra en su totalidad, con todo lo que alberga: el mundo mineral, la biosfera (bio-organismos microscópicos, plantas y animales) y dentro de la Biosfera la especie humana.

Häckel planteó la necesidad de ajustar la *economía* a la *ecología*. El término *economía,* derivado de *oikos* y *nómos,* significa etimológicamente "administración o gestión correcta del hogar", desde la Grecia clásica. Los promotores de la Educación Nueva y, especialmente, el pedagogo alemán Germann Lietz (1868-1919) con sus "hogares de educación en el campo" (*Landerziehungsheime*) querían garantizar a los educandos una experiencia de armonía entre *economía* (gestión correcta del hogar) y *ecología* (ciencia del hogar).

El botánico inglés Sir Arthur Tansley (1871-1955) fue uno de los fundadores de la primera sociedad ecológica del mundo la Britsh Ecological Society. Defendía que los animales dependen de las plantas y las plantas de los animales en muchos casos y que ambos están estrechamente relacionados entre sí y con el mundo no vivo (*abiótico*). En 1935, acuñó el término ***ecosistema*** para designar los componentes *bióticos* y *abióticos* considerados como un todo. El término *sistema* designa una "unidad múltiple", cuyos componentes están vinculados por una red de relaciones recíprocas, dependen unos de otros e interactúan recíprocamente unos sobre otros. El planeta Tierra es un sistema de elementos *bióticos* y *abióticos,* que constituyen una comunidad de seres vivos que comparten el mismo hogar (*oikos*). El término *ecosistema* evoca una unidad múltiple organizada como una cadena trófica circular que necesita el equilibrio para sobrevivir.

Alfred James Lotka (1880-1949), físico y químico, introdujo la *termodinámica* en la Ecología. Lotka, independiente y paralelamente a Tansley, llegó a la idea de un *sistema ecológico* como unidad funcional. El mundo orgánico y el inorgánico funcionan como un sistema único, de modo que sería imposible entender la parte sin comprender el todo. En 1925 publicó *Elements of Physical Biology,* en que expone su concepción desarrollada durante veinte años.

James Lovelock, a mediados de los sesenta, después de un período de trabajo con la NASA, se retiró del mundo industrial a una casa de campo en la campiña inglesa para emprender una segunda etapa profesional. En 1979 publicó un librito de fácil lectura titulado *Gaia, una nueva visión de la vida sobre la Tierra.* En él exponía la *hipótesis Gaia* que formulaba así: "la biosfera es una entidad autorregulada con capacidad para mantener a nuestro planeta sano mediante el control del ambiente físico-químico". La Tierra es un *superecosistema* (pero no un *superorganismo,* ya que su desarrollo no está controlado por un *genoma*) con numerosas funciones que interactúan y con bucles de retroalimentación que modera las temperaturas extremas y mantiene relativamente constante la composición química de la atmósfera y de los océanos. La polémica enfrentó inmediatamente a los científicos, que tendieron a marginarla. Pero, en menos de diez años, se convirtió en un tema prioritario entre científicos de distintas disciplinas.

En 1988 James Lovelok publicó *The Ages of Gaia*, traducida al castellano con el título *Las edades de Gaia. Una biografía de nuestro planeta vivo* (2000). En esta obra actualiza su teoría y adelanta hipótesis provocadoras: el efecto invernadero, la deforestación, las lluvias ácidas, los agujeros en la ozonosfera, la energía nuclear y la actividad del hombre en la biosfera son algunos de los *conflictos* con los que Lovelock se enfrenta.

En 1933, Aldo Leopold publicó un ensayo sobre la ética ambiental titulado *The Land Ethic* (*La Ética de la Tierra*) incluido en el libro *A Sand County Almanac* (1949). Leopod define la Ética, desde la perspectiva ecológica, como "*una limitación de la libertad de acción en la lucha por la existencia*" y, desde el punto de vista filosófico, como "*una distinción entre la conducta social y la conducta antisocial*". Según Aldo Leopold, a lo largo de la historia, hubo diversos enfoques: en la *primera* etapa, las religiones desarrollan una Ética-del-hombre-para-el-hombre; en la segunda etapa, cuando surge el ideal de la democracia, se desarrolla una Ética-del-hombre-para-la-sociedad; en la tercera etapa, se plantea una Ética-de-los-seres-humanos-individualmente considerados y de la humanidad-con el medio ambiente, que está por desarrollar.

Es muy importante abordar en la educación básica el análisis científico-crítico y el análisis ético-crítico del *conflicto* de la Antroposfera con la Biosfera y con la Ecosfera abiótica, desde los sesenta hasta nuestros días. Volveremos sobre ello. Pero antes, es conveniente mencionar dos informes relevantes, uno del *Club de Roma* y otro de la *Comisión Mundial para el Desarrollo y el Medio Ambiente.*

El *Club de Roma* es una organización no gubernamental que cuenta con más de 100 especialistas procedentes de 52 países: científicos, economistas, educadores, humanistas, industriales, funcionarios y líderes políticos. Fue creado en abril de 1968 por un grupo de científicos, industriales y políticos, que provenían de distintos países; se reunieron en Roma, invitados por el industrial italiano Dr. Arillio Pecceí y el escocés Alexander King, que estaban convencidos de la necesidad de publicar una serie de libros sobre el futuro incierto de la humanidad, dados los cambios que estaban generando en el planeta las actividades humanas. En 1972 publicaron el primer *Informe* titulado *Los límites del crecimiento.* Encargaron su elaboración al MIT. Lo coordinó la científica biofísica Donella Meadows. Colaboraron 17 profesionales. Con este *Informe* se inició la controversia mundial sobre el futuro del crecimiento económico y de la humanidad. A este *Informe* siguieron otros que describían detalladamente la situación presente, las tendencias futuras y sugerían actuaciones para evitar los catastróficos ciclos de abundancia-declive.

En 1987, la *Comisión Mundial para el desarrollo y el Medio Ambiente* promovió la elaboración del *Informe* titulado *Nuestro futuro común*, conocido como *Informe Brundtland,* primera Ministra noruega y Presidenta de la Comisión. El *Informe* concluye que las tendencias actuales del desarrollo económico acompañado por la degradación ambiental son insostenibles. El daño irreversible a los ecosistemas planetarios acabará por disminuir el estatus económico de la mayor parte de la población mundial. La supervivencia de la humanidad depende de "cambiar ahora". El primer paso para empezar los cambios es buscar las vías para mejorar la cooperación y el multilateralismo entre las naciones, de tal modo que puedan trabajar conjuntamente en el desarrollo económico mundial justo para todos los pueblos y sostenible.

Para una iniciación científico-crítica en la problemática ecológica descrita, el lector interesado puede recurrir al excelente ensayo de Eugene P. Odum *Ecología: Bases científicas para un nuevo paradigma* (1992).

Hipótesis sobre los efectos del Modo Capitalista de Producción y Consumo en la configuración del Mundo Sociocultural Contemporáneo

Hasta aquí hemos descrito el conflicto creciente de la Antroposfera con la Biosfera y la Ecosfera abiótica durante los dos últimos siglos, a consecuencia del industrialismo salvaje desarrollado por el Modo Capitalista de Producción y Consumo. Pero este modo de producción y consumo ha agravado extraordinariamente el antagonismo entre el bloque de clases dominantes y el bloque de clases dominadas en cada país y el antagonismo entre los países ricos dominantes y los países empobrecidos por el colonialismo tradicional y el neocolonialismo contemporáneo. Por eso, resulta pertinente proponer algunas hipótesis explicativas de esta situación de crisis en la que estamos inmersos.

Históricamente, desde finales del Neolítico, la economía como discurso o pensamiento pretendía ser una doctrina normativa sobre la administración o gestión éticamente correcta de cada hogar familiar y del hogar común, es decir, del territorio y del pueblo políticamente organizado. Así fue hasta el utilitarismo económico derivado de las dos obras fundamentales de Adam Smith, *La teoría de los sentimientos morales* (1759) y *la riqueza de las naciones* (1776), y desarrollado por Jeremy Bentham, James Mill y John Stuart Mill.

La *Política Económica,* intervencionista y acaparadora del Absolutismo Real era éticamente inmoral. La *Economía Política* capitalista como ciencia libre de valores, según el modelo de la Ciencia Física, sustituyó la economía normativa (ética) por la economía positiva (*matemáticamente descriptiva*). El Modo Capitalista de Producción y Consumo, basado en la *Economía política* como ciencia libre de valores, se convirtió en un proceso productivo autónomo al servicio del crecimiento ilimitado del capital. Así la actividad económica deja de ser una actividad ética al servicio de la "*Vida*" (Antroposfera y Biosfera) y se convierte en una actividad antiética: *antropocida, biocida* y *ecocida.*

La perversión de la naturaleza y de las funciones de la actividad económica es la causa más relevante de los problemas sociales, de los problemas humanitarios y de los problemas ecológicos, que padecen todas las naciones-Estado, incluidas las grandes potencias y continentes enteros, como África y América. La perversión de la actividad económica impide el progreso de la igualdad, de la fraternidad, de los derechos y libertades igualitarios, de la democracia económica y política, de la educación como actividad esencialmente ética y el uso de las tecnociencias exclusivamente para actividades éticas. De este modo, la crisis ética es cada vez más profunda (Domínguez, 2019; Wüldenmar, 2009).

El Modo Capitalista de Producción y Consumo es un proceso circular autónomo, que se ha independizado de la Antroposfera, de la Biosfera y de la Ecosfera abiótica, cuyo fin es el crecimiento ilimitado del capital de la oligarquía plutocrática y financiera mundial, que se repite constantemente, consumiendo cada vez más energía y más recursos naturales, expoliando la plusvalía de los trabajadores y contaminando el planeta con millones de toneladas de residuos. Es, además, un modo de producción despilfarrador de recursos, que selecciona los mejores para producir mercancías con obsolescencia programada, que terminan en los vertederos de residuos que no recicla.

El proceso circular autónomo de producción y consumo consiste en emplear parte del capital previamente acumulado para adquirir materias primas y bienes de equipo (maquinaria) y demás medios de producción (naves, herramientas de todo tipo, instrumentos auxiliares), producir mercancías a bajo coste, atractivas para los consumidores por la publicidad, con obsolescencia programada que permita integrar nuevas mejoras, competitivas en los mercados, para conseguir beneficios que aumenten el capital invertido, que se volverá a invertir para producir indefinidamente el proceso circular.

Para que el proceso circular capitalista funcione, parte del capital acumulado se invierte en crear una red de empresas extractivas, de empresas productoras de mercancías terminadas, de empresas de transporte, de grandes superficies comerciales de venta y de empresas financieras para gestionar la fluidez del movimiento circular del capital y garantizar la acumulación constante del mismo.

Este proceso circular se puede calificar como un *círculo vicioso* (éticamente inmoral) que viene funcionando desde hace siglos. Empezó con la primitiva apropiación privada éticamente incorrecta de los recursos naturales comunes, la explotación de esclavos, siervos, y asalariados y la expoliación de las plusvalías de su trabajo. Continuó con la herencia, el expolio de tesoros y recursos de otros pueblos, la apropiación de posesiones ajenas legítimas (tierras y campos) y de recursos comunes naturales, de mano de obra y medios de producción comprados con el capital acumulado.

La *Economía Política* que legitima y fundamenta el Modo Capitalista de Producción y Consumo como un proceso circular injusto se basa en tres mitos erróneos convertidos en axiomas científicos y en un conjunto de postulados normativos (*ideológicos*) éticamente muy discutibles.

Los tres mitos son: **1)** los seres humanos están por encima de la naturaleza, son sus dueños y señores absolutos; como tales tienen derecho a domesticarla y explotarla sin límites para arrebatarle todos sus recursos; **2)** es posible un progreso material ilimitado en un planeta finito; **3)** los mercados están gobernados por las leyes naturales de la oferta y la demanda, que son la manifestación de la *mano invisible* que regula la distribución equitativa de la riqueza.

Los postulados normativos (*ideológicos*) éticamente cuestionables y discutibles son los siguientes: la interpretación del derecho de propiedad privada como un derecho absoluto e incondicionado a la acumulación ilimitada de bienes y riquezas materiales, que no puede ser restringido por acuerdos mayoritarios ni por leyes parlamentarias, debe prevalecer sobre la interpretación del derecho de propiedad como el derecho de toda persona a poseer los bienes necesarios y suficientes para vivir con dignidad; el principio individualista meritocrático de que cada uno debe recibir según sus méritos debe prevalecer sobre el principio comunitario igualitario de que cada uno reciba según sus necesidades y aporte según sus capacidades; la propiedad comunal y la propiedad pública deben ser abolidas, porque sólo benefician a los gobernantes y a los funcionarios y generan una clase privilegiada, ociosa e improductiva; el egoísmo debe prevalecer sobre el altruismo; el individualismo debe prevalecer sobre el comunitarismo; el clasismo debe prevalecer sobre el igualitarismo; la competición debe prevalecer frente a la cooperación, etc.

La *Economía Política,* que pretende ser una ciencia libre de valores, ha florecido en un campo ideológico que es una combinación de los *tres mitos erróneos* mencionados, convertidos en *axiomas científicos,* y de un conjunto de postulados ideológicos, que constituyeron el *núcleo duro* de los imaginarios individuales y colectivos de todos los bloques de clases dominantes que han existido desde el Neolítico hasta nuestros días. Una lectura atenta y reflexiva de la obra de Tomás Sedlácek *Economía del bien y del mal. La búsqueda del significado económico desde Giegamesh a Wall Street* (2014) y las dos obras de Thomas Piketty *El capital en el siglo XXI (2014)* y *Capital e ideología* (2019) avalan esta hipótesis con abundantes datos.

Este combinado ideológico (Economía Política) ha colocado el Modo Capitalista de Producción y Consumo en el centro de la configuración del Mundo Sociocultural Contemporáneo y ha expulsado definitivamente la Ética de ese lugar. El Modo Capitalista de Producción y Consumo como praxis económica y la Economía Política actúan dialógicamente ente sí y se refuerzan mutuamente. Tomás Sedlácek lo expresa así:

> "La economía prevaleciente ha abandonado en años recientes los tópicos originales de la economía, tales como la ética o la moral y, por el contrario, se ha perdido un poco en el refugio del aparato técnico analítico. Hemos cambiado –desplazado en extremo– la atención de la ciencia justamente porque hemos empezado a usar un nuevo lenguaje. En breve, la economía ha puesto un énfasis excesivo en lo matemático y ha descuidado la humanidad no matemática en nosotros. **La normativa ha sido suprimida por la economía positiva (descriptiva)** [El resaltado es nuestro]. Si es que es en absoluto posible, la ciencia económica positiva y descriptiva solo puede ser muy peligrosa...puede por sí misma conducir a peligrosos callejones sin salida; lo que es peor, menosprecia partes importantes de la vida, las partes que no se prestan fácilmente a una investigación (solamente) matemática.
>
> (...) En este aspecto, **la economía es también una fe**... En un enfoque extremo, **la economía se convierte en una religión**... [los resaltados son nuestros]. La economía teórica es un conjunto de historias contadas de una manera científica (adulta) que difiere en muchos modos de los cuentos de hadas y de los mitos, pero también tiene muchas características en común. Sabemos que hay algo de verdad en ambos, pero también sabemos que son ficción". (2014, pp. 383 y 386. Los resaltados son nuestros)

La Ética debería ocupar el centro de la configuración del Mundo Sociocultural. La usurpación de ese lugar por el Modo Capitalista de Producción y Consumo como un proceso circular indefinidamente repetitivo, cuyo único objetivo es el aumento del capital en manos de los que ya lo poseen, es la fuente principal de la crisis sistémica,global, planetaria y multidimensional del Mundo Sociocultural: crisis económica, crisis social, crisis humanitaria,crisis ecológica, crisis política, crisis educativa, cuyo trasfondo y denominador común es la ausencia de ética o la crisis ética.

La remodelación del Mundo Sociocultural contemporáneo después de la Segunda Guerra Mundial

La euforia esperanzada surgida al final de la Segunda Guerra Mundial

Los años transcurridos desde la Revolución francesa hasta el final de la Segunda Guerra Mundial (1795-1945) han sido años de muchas y grandes luces, pero también de sombras espesas y alargadas. La *expansión del Modo Capitalista de Producción y Consumo* por todo el planeta y la *occidentalización* de todos los pueblos y culturas mediante la *colonización* económica, política y cultural ha sido un proceso muy doloroso para la mayoría de los seres humanos.

A pesar de los grandes avances científicos, tecnológicos, éticos, sociales, políticos, educativos, sanitarios y económicos, se puede afirmar que estos últimos 250 años han sido años de prosperidad para los bloques de clases dominantes de los países colonizadores y de los países colonizados; pero, para los bloques de clases dominadas, tanto de los países colonizadores como de los países colonizados, han sido años de incontables sufrimientos. Los países colonizadores se han enriquecido con el expolio de los recursos de los países colonizados. El hiperdesarrollo de los países ricos sigue cabalgando sobre el subdesarrollo provocado por los países colonizadores en los países empobrecidos. El neocolonianismo económico continúa con las empresas multinacionales de los antiguos colonizadores, que fabrican pobres en serie en los países neocolonizados, y cuando llaman a las puertas de sus colonizadores, les cierran las fronteras.

Los debates de 1919 sobre la suerte de las colonias de las potencias vencidas en la Primera Guerra Mundial (punto 5 de los 14 propuestos por el Presidente Wilson de Estados Unidos), es muy revelador de la situación.

El estatuto de las colonias se aprueba bajo el epígrafe: "*Garantías otorgadas a los pueblos de raza inferior o de una civilización insuficientemente desarrollada*". El 3 de octubre de 1919 Leon Bourgeois, durante la discusión para la aprobación del tratado de paz por el Senado francés, ofreció el siguiente informe que consta en acta:

> "Para impedir el dominio absoluto de los fuertes sobre los débiles, la Sociedad de Naciones asimila los pueblos llamados primitivos a los menores y los pone bajo su tutela, Esta tutela será confiada por ella a las naciones más desarrolladas que la ejercerán en calidad de mandatarios en nombre de la Sociedad. Esta tutela variará según el desarrollo de estos pueblos menores. Pero el mandatario es responsable ante la Sociedad del bienestar y del desarrollo de estos pueblos; debe comprometerse a prohibir cualesquiera actos, tales como la trata de esclavos, el tráfico de armas, el del alcohol; debe garantizar la libertad de conciencia". (Citado por Mattelart, 2000, p. 217)

Después de la Segunda Guerra Mundial, al consagrar el derecho de los pueblos dominados a conquistar su independencia, los 29 países africanos y asiáticos reunidos en 1955 en Bandung (Indonesia) empiezan a sentar las bases del movimiento de los no alineados, y su pliego de cargos contra el régimen colonial suscita la inmensa esperanza de una nueva humanidad, desembarazada de las relaciones entre amo y esclavo, en la que germinaría una solidaridad universal. Tres años antes, el demógrafo Alfred Sauvy y el antropólogo Georges Balandier habían contrarrestado la noción de "país subdesarrollado" y acuñado la noción de *"Tercer mundo"* calcada de la de "*tercer estado", en clara referencia al* "tercer orden", mayoritario y sin voz oficial de la Francia prerrevolucionaria (Mattelart, 2000, p. 350). A. Mattelart se refiere al artículo de Alfred Sauvy publicado el 14 de agosto de 1952 en el *L'Observateur* con el título "Tres mundos, un planeta". Los mundos eran: el Mundo Capitalista, el Mundo Socialista, equivalentes a los estamentos de la Nobleza y del Clero en el Antiguo Régimen y el "*Tercer Mundo*" equivalente al "*tercer estado*" o "*estamento*".

Este no es el momento ni el lugar para describir detalladamente el dolor y el sufrimiento de la inmensa mayoría de los seres humanos, tanto en los países enriquecidos como en los países empobrecidos, durante los últimos siglos. Pero en un Documento-Base que hace una propuesta para investigar el Mundo Sociocultural, es de obligado cumplimiento aludir a grandes rasgos a los sufrimientos soportados por esa mayoría de seres humanos. La primera causa de esos sufrimientos han sido las múltiples guerras, la mayoría de las cuales han sido provocadas por la nueva religión del "*Dios-Dinero*".

Después de la Segunda Guerra Mundial, surgió un clima general de euforia esperanzada en los sectores más críticos de la evolución histórica del Mundo Sociocultural durante los dos últimos siglos, que se fue apagando y transformando en un pesimismo frustrante, que estalló en la década de 1960 con las revueltas estudiantiles.

Los tres pilares básicos de la esperanza eufórica eran: la creación de la Organización de las Naciones Unidas (ONU); la creación de la Organización de las Naciones Unidas para la Educación, la Ciencia y la Cultura (UNESCO); La Declaración Universal de los Derechos del Hombre (DUDH). A estos pilares se unió la creación organismos vinculados a la ONU, entre los que destacamos los siguientes: el Fondo Internacional de las Naciones Unidas de Auxilio a la Infancia (UNICEF), que en 1953 se convirtió en Fondo de las Naciones Unidas para la Infancia, pero conservando la sigla original; la Organización de las Naciones Unidas para la Alimentación y la Agricultura (FAO); la Organización Mundial de la Salud (OMS); La Organización Internacional del Trabajo (OIT), creada en 1919; el Alto Comisionado de las Naciones Unidas para los refugiados (ACNUR).

Las Cartas Constitucionales de la ONU y de la UNESCO y la DUDH evocaban en la mente de los sectores más eruditos, más cultos, más sabios, más críticos y más comprometidos con la causa de la humanidad como especie (Antroposfera) *una síntesis de los ideales más justos e igualitarios y de los valores éticos más elevados, soñados y defendidos por numerosas generaciones de sabios y luchadores* desde Sumer, Akkad, Babilonia, Asiria y las civilizaciones de Anatolia y Egipto (3.500 años a.C.) hasta la década de 1940.

Los profetas bíblicos defensores de ANAWIM (los pobres), pueden ser considerados y continuadores de los ideales y de las luchas de los pueblos oprimidos por aquellos imperios desde que Abraham partió de UR (hacia 1900 años a.C.) con todos los suyos hasta establecerse en Palestina y de los avatares de sus descendientes explotados en Egipto, que regresaron a Palestina tras la larga travesía del desierto, para ser nuevamente deportados a Babilonia y devueltos a Jerusalén; el eje central de los ideales religiosos y de las luchas de los profetas, de los ANAWIM y de los reformadores israelitas, como Esdras y Nehemias, *fue el Reino de Dios y su justicia* en la Tierra.

Los mitos sobre la Edad de Oro evocados por la cultura clásica grecolatina tienen también su origen en esas culturas del Próximo Oriente y en el espacio geográfico que va desde la India y Asia Central hasta Europa. En ellos también se pueden reconocer vestigios de los ideales mencionados.

El Cristianismo heredó la tradición israelita y la difundió a través de las comunidades cristianas primitivas, del monaquismo primitivo, de los monjes reformistas y los movimientos de pobres, de artesanos y de campesinos mencionados más arriba.

Tomas Moro hizo una síntesis en su UTOPÍA como República de ciudadanos libres, iguales y fraternos, que continuaron otros muchos utopistas, entre ellos los utopistas ilustrados y sus herederos y continuadores: los utopistas y líderes del Movimiento Obrero.

Las diversas declaraciones sobre los derechos humanos, desde el siglo XVIII hasta la DUDH de 1948, recogen lo mejor de toda esta historia y todo ello se refleja en las Cartas Constituciones de la ONU y de la UNESCO, en La DUDH y en sus respectivos desarrollos.

La asunción universal de los valores éticos y de los ideales de justicia, libertad, igualdad y fraternidad, soñados y defendidos por numerosas generaciones de sabios, reformadores sociales y luchadores, formulados como libertades y derechos fundamentales de todos los seres humanos, mutuamente reconocidos y recíprocamente otorgados, fue un salto cualitativo en toda la historia de la humanidad. Es cierto que la mera Declaración Universal no implicaba su implantación inmediata y menos aún su cumplimiento inmediato. Aunque solo expresaba *"un pensar deseoso"* y una voluntad de construir un futuro mejor, motivaba una gran esperanza, reforzada por la creación de dos instituciones mundiales –la ONU y la UNESCO– para concretar las libertades y derechos y hacerlos operativos y funcionales, facilitando su incorporación en la legislación de cada Nación-Estado y la vigilancia de su cumplimiento.

La ONU y la UNESCO no fueron fruto de una ocurrencia de última hora o de una decisión improvisada, sino el resultado final de más de cuatro siglos (1500- 1945) de debates, de propuestas y de proyectos. Armand Mattelart narra este proceso en su obra *Historia de la utopía planetaria. De la ciudad profética a la Sociedad Global* que hemos citado repetidamente.

La ONU fue un punto de llegada de las aspiraciones milenarias a la unificación y pacificación de todos los pueblos y territorios conocidos y, al mismo tiempo, un punto de partida hacia un nuevo Mundo Sociocultural, que debía ser inventado. Esa aspiración a la unificación y pacificación de toda la *Ecumëne* o "Tierra habitada" (del griego *oikoumene gea*) fue el leitmotiv de todos los imperios que han existido a lo largo de la historia.

La Constitución de la ONU

Merece la pena partir de la transcripción del *Preámbulo* de la Carta Constitucional de la ONU:

> "Nosotros, los pueblos de las Naciones Unidas, resueltos a preservar a las generaciones venideras del flagelo de la Guerra que dos veces durante nuestra vida ha infligido a la humanidad sufrimientos indecibles, y a reafirmar la fe en los derechos fundamentales del hombre, en la dignidad y el valor de la persona humana, en la igualdad de los derechos de hombres y mujeres y de las naciones grandes y pequeñas, y a crear las condiciones bajo las cuales puedan mantenerse la justicia y el respeto a las obligaciones emanadas de los tratados y de otras fuentes del derecho internacional, y a promover el derecho social y a elevar el nivel de vida dentro de un concepto más amplio de la libertad, y con tales finalidades a practicar la tolerancia y convivir en paz como buenos vecinos y a unir nuestras fuerzas para el mantenimiento de la paz y de la seguridad internacionales, y a asegurar, mediante la aceptación de principios y la adopción de métodos, que no se usará la fuerza armada, sino en el servicio del interés común, y a emplear un mecanismo internacional para promover el progreso económico y social de todos los pueblos, hemos decidido aunar nuestros esfuerzos para realizar estos designios.
>
> Por tanto, nuestros respectivos gobiernos, por medio de representantes reunidos en la Ciudad de San Francisco, que han exhibido sus plenos poderes, encontrados en buena y debida forma, han convenido en la presente Carta de las Naciones Unidas, y por este acto establecen una organización internacional que se denominará Naciones Unidas".

Los fines asignados a la ONU en este *Preámbulo* son éticamente correctos. Sin embrago en el articulado se estableció una contradicción fundamental, que fue el origen de numerosos enfrentamientos y de la paralización de numerosas decisiones de la Asamblea General necesarias y urgentes.

Frente a "la igualdad de derechos de las naciones grandes y pequeñas" se estableció una desigualdad fundamental en el Consejo de Seguridad, otorgando dos privilegios excesivos a las cinco potencias más grandes (Estados Unidos, Reino Unido, Unión Soviética, Francia y China):

a) El derecho a ser miembros permanentes del Consejo de Seguridad, que acumula el poder ejecutivo de la ONU.
b) El "derecho a veto" dentro de un sistema que contempla el *principio de unanimidad* para todas las decisiones que no son meramente procedimentales.

El "derecho a veto" implica *de facto* que cualquiera de las cinco potencias puede paralizar las resoluciones más necesarias y urgentes para resolver determinados conflictos, si no respetan sus intereses particulares. El "derecho a veto" implica de hecho privar de poder ejecutivo a la Asamblea General de la ONU. Esto suena demasiado a los privilegios del absolutismo real y a las instituciones otorgadas por el Rey.

No obstante, la Asamblea General de la ONU tiene en su haber: la Declaración Universal de los Derechos del Hombre, el 10 de diciembre de 1948; el Pacto Internacional de los derechos Económicos, sociales y culturales del 16 de diciembre de 1966 y el Pacto de derechos civiles y políticos del 19 de diciembre del mismo año de 1966. La Asamblea General de la ONU mediante sus conferencias promovió la codificación de importantes sectores del Derecho Internacional: derecho marítimo, relaciones diplomáticas y consulares, derecho de los tratados en diversos campos.

La creación de la UNESCO

En noviembre de 1945, se celebró en Londres la Conferencia Fundacional de la *Organización de las Naciones Unidas para la Educación, la Ciencia y la Cultura* (UNESCO). La redacción de la Carta Constitucional corrió a cargo de un Comité formado por representantes de Francia, India, Méjico, Polonia, Reino Unido y Estados Unidos. La gran ausente fue la Unión Soviética, que optó deliberadamente por permanecer al margen de la institución. Se incorporó en 1954, un año después de la muerte de Stalin.

En la Conferencia Fundacional de 1945, el biólogo darwiniano Julian S. Huxley (1887-1975) fue elegido primer director general de la UNESCO. En noviembre de 1948, Jaime Torres Bodet, que encabezó la Delegación mejicana como ministro de educación en 1945 y fue miembro del Comité redactor de la Carta Fundacional, sucedió a Julian S. Huxley. En 1962 fue sustituido por el filósofo y humanista francés René Maheu (1905-1975), que estuvo al frente de la UNESCO hasta 1974.

La ONU creó la UNESCO como organismo encargado de desarrollar mediante el debate, el diálogo y la negociación entre los países y estados Miembros una ética universal basada en los derechos humanos, compartidos por todos, al menos en sus líneas generales, para impregnar todas las actividades educadoras, científicas y culturales. El programa de la Ética *Universal* de la ONU es la ética implicada en la *Declaración Universal de los Derechos del Hombre* (DUDH).

Las primeras palabras de la Carta Constitucional de la UNESCO son éstas: "*Puesto que las guerras nacen en la mente de los hombres, es en la mente de los hombres, donde deben erigirse los baluartes de la paz*". El artículo primero concreta esa finalidad de la nueva institución: *"contribuirá a la paz y seguridad estrechando los lazos entre las Naciones a partir de estos tres campos de actuación":* la actividad educadora, científica y cultural.

En definitiva, lo que se echa en falta es una É*tica* que rija un nuevo tipo de relaciones entre los pueblos y *esa Ética se construye mediante el diálogo, el debate y el acuerdo.*

La Declaración Universal de los Derechos del Hombre (DUDH)

El tercer pilar de la esperanza eufórica de la posguerra era la DUDH. Para iniciarse en el conocimiento de la elaboración de la DUDH, contamos con la obra fundamental de Albert Verdoot titulada *Naissance et signification de la Declaration Universelle de droits de l'Homme,* Societé d'Etudes Morales, Sociales et Jurídiques, Louvain, 1968. La traducción castellana de Javier Arzalluz invierte las dos partes del título: *Declaración Universal de los Derechos del Hombre. Nacimiento y significación.* Para conocer la situación de la DUDH en España, contamos con la obra de divulgación de Luis Acebal Monfort titulada *Derechos Humanos en España hoy. ¿Retórica futuro?*

Como he puesto de manifiesto en mi tesis doctoral:

> "Con la Declaración Universal de los Derehos del Hombre, los sistemas educativos nacionales cuentan con un nuevo y potente paradigma ético-crítico para analizar y transformar las mentalidades que frenan el desarrollo de la justicia y de la equidad; para analizar y transformar las sociedades, que toleran la explotación, la exclusión y la marginación de los seres humanos; para analizar y transformar los estados capitalistas que proclaman la igualdad de todos los ciudadanos ante las leyes, pero con sus leyes establecen numerosas desigualdades económicas, sociales, políticas y culturales entre los mismos ciudadanos; los códigos civiles y penales, con frecuencia, más que leyes igualitarias son

colecciones de privilegios clasistas; los privilegios son leyes privadas o disposiciones legales que eximen de una obligación o conceden una ventaja exclusiva o especial por su estatus social (cargo, autoridad, jefatura, función) o rango económico, político o cultural: los aforamientos, las SICAV, los privilegios de la nobleza, de las oligarquías financieras, de las profesiones liberales, etc.; el Presidente del Consejo del poder judicial lo expresaba gráficamente con la frase lapidaria: 'las leyes están hechas para el «roba-gallinas», no para el «roba-millones»'; en este caso, la tan cacareada 'igualdad ante las leyes', que consagran nuestras desigualdades económicas, sociales, políticas y culturales, suena a broma o sarcasmo. La Declaración Universal de los Derechos del Hombre, si éstos se interpretan como iguales y recíprocos, constituye un potente referente ético para analizar y transformar el sistema económico mundial, financiero, industrial y mercantil que explota a los seres humanos y a los pueblos, despilfarra los recursos naturales, contamina y destruye el ecosistema planetario o casa común de la Biosfera y de la humanidad (Antroposfera). Por último, también es un potente referente ético universal para analizar y transformar los sistemas jurídico-políticos que legitiman los desmanes mencionados con su actitud permisiva de 'laissez passer, laissez faire' con los privilegios". (Domínguez, 2016, p. 279)

Para que la Declaración Universal de los Derechos del Hombre se convierta en un paradigma ético-crítico universal, que impregne toda la educación básica desde el nacimiento hasta los 18 años, es necesario interpretar los derechos humanos y las libertades fundamentales como poderes simbólicos mutuamente reconocidos y otorgados y, por tanto, preñados de deberes y como proyectos intersubjetivos y mancomunados. Esto implica repensar toda la educación básica desde esta perspectiva ética y transformar todos los paradigmas educativos y didácticos sectoriales para ponerlos al servicio de una praxis ética universal. En este sentido, toda la educación básica debe convertirse en una educación ética para actuar como "ciudadanos del mundo".

Desgraciadamente, como veremos más adelante, los métodos seguidos para realizar los ideales propuestos en las *Cartas* fundacionales de la ONU y de la UNESCO y en la DUDH fueron una vez más contradictorios con esos ideales. A lo largo de las décadas de los cincuenta y de los sesenta, la euforia inicial se fue transformando en pesimismo y la esperanza en frustración. En la década de 1960 se van manifestando progresivamente los aspectos más relevantes de la crisis del Mundo Sociocultural Contemporáneo.

Una vez descritos los tres pilares básicos de la euforia esperanzada, vamos a destacar algunos factores que condujeron al pesimismo frustrante y desencadenaron las sucesivas manifestaciones de la profunda crisis del Mundo Sociocultural Contemporáneo.

Dos sistemas antagónicos: capitalismo individualista y capitalismo estatalista

Los aliados de ayer, al mismo tiempo que crean la ONU, desarrollan sus organismos fundamentales y proclaman la DUDH, se disponen a diabolizarse mutuamente, consolidando dos sistemas sociales que se disputan la hegemonía mundial: el *socialismo* del Este y el *capitalismo* del Oeste, que tal vez, a pesar de las estrategias enfrentadas y de los objetivos antagónicos, podrían clasificarse como *capitalismo estatalista* y *colectivista* y *capitalismo privado individualista*, ya que ambos asumen el modo capitalista de producción y acumulación de capital y tienen efectos similares para la antroposfera, la biosfera y la ecosfera abiótica. Esto explicaría la facilidad con la que el socialismo real ruso-soviético y el comunismo chino, se están trans-mutando en capitalismo. Conviene recordar que la matriz del socialismo científico económico de Marx y Engels fue la economía política de David Ricardo.

Las bases de ambos sistemas sociales antagónicos se ponen entre 1946 y 1949. Winston Churchill inicia la consolidación del bloque occidental en un discurso pronunciado en el Westminster College, el 5 de marzo de 1946, en presencia del presidente estadounidense Harry Truman. En ese discurso acuñó la expresión *"Iron Courtain"* para designar la frontera que el Kremlin planeaba establecer desde Stattin, en el Báltico, hasta Trieste, en el Adriático. Literalmente la expresión significa *"cortina de hierro"*, aunque en España ha prevalecido la traducción *"telón de acero"*. En nombre de la democracia anglosajona, invita a los norteamericanos y europeos a emprender una cruzada para "romper el comunismo mundial" y su proyecto de "dominación del mundo".

La carrera armamentista

Tras el monopolio atómico estadounidense, la Unión Soviética logró el equilibrio nuclear en 1949. Se trataba de un "equilibrio del terror", que paradójicamente garantizaba la paz mundial. Ya no era posible aniquilar al enemigo, sin poner en peligro la propia supervivencia.

No obstante, la carrera armamentista que se inició en vísperas de la Primera Guerra Mundial, se desarrolló en el período de entreguerras, prosiguió después de la Segunda Guerra Mundial, potenciando en ambos bloques el "Complejo industrial-militar" para fabricar armas atómicas, químicas y biológicas de destrucción masiva.

La carrera espacial

El lanzamiento en 1957 del Sputnik, primer satélite artificial de la URSS inauguró la carrera espacial. La URSS fotografía la cara oculta de la luna en 1959, envía al espacio a Yuri Gagarin en 1961, y a Valentina Tereshkova en 1963. Estados Unidos no dio una respuesta proporcional hasta el 28 de julio de 1969, cuando la nave Apolo I, tripulada por los astronautas Neil Amstrong, Edwin E. Aldrin y Michael Collins, permitió que estos fueran los primeros humanos en pisar la luna.

La guerra fría

En el marco de los dos bloques o sistemas sociales antagónicos, separados por el "telón de acero", que tiene su máxima expresión en la construcción del muro de Berlín a partir de 1961, se desarrolla la "guerra fría". En ambos lados del "telón de acero" se tiene el convencimiento de que el "combate de ideas" será decisivo para el desenlace del conflicto.

En 1945, la diplomacia norteamericana logra que se incorpore el principio de inspiración libertaria del "libre fluir de la información" en todos los tratados de paz firmados por las potencias del Eje. Con el transcurso del tiempo, este principio se transformará en una palanca de la *Realpolitik* para derribar todos los obstáculos, que se oponen a la creación de un mercado mundial, en el que se supone que cada uno puede beneficiarse de la libre competencia para vender sus mercancías al mejor postor. Lo que se discute hasta el umbral de la era de los satélites son los usos de la comunicación electrónica para la circulación de emisiones con fines de propaganda política. El temor a verse inundados por ese flujo motiva la feroz resistencia del Este. Pronto se convierte en una estrategia de libre circulación de emisiones radiofónicas y televisivas, sin limitación de fronteras, contra la que el Kremlin esgrime los principios de la soberanía de los Estados y de la no-injerencia en los asuntos internos.

En Washington denominan este tipo de información "Guerra psicológica", en la URSS, "lucha ideológica" de los responsables del *Agit-Prop.*, que promueve el Politburó. Ambas constituyen las dos caras de la "Guerra fría".

La "guerra psicológica" usa diversos sinónimos, entre los que destacan: guerra de ideas, lucha por las mentes y voluntades de los hombres, guerra del pensamiento, guerra política, guerra de nervios, campaña de la verdad, guerra de palabras, guerra indirecta.

La remodelación del capitalismo plutocrático mundial: el desarrollismo

En la década de 1950 algunos economistas identifican la "*idea de progreso*" con la "*idea de crecimiento económico*", dando lugar a la "*ideología del desarrollismo*", que llega a su apogeo en los años sesenta e inicia su declive en la década de los setenta.

En 1960 Walt Rostow publica en inglés su best-seller, que fue traducido al castellano en 1993 con el título *Las etapas del crecimiento económico: un manifiesto no comunista*. Paralelamente se desarrolla la "*ideología de la educación como inversión productiva a largo plazo*" como productora de "capital humano" para el desarrollo económico. También se vincula el desarrollo económico con el "estado de bienestar". Más adelante volveremos sobre estas vinculaciones o conexiones.

Con los procesos de descolonización e independencia, el nacionalismo del tercer mundo fue designado con el nombre de "*desarrollismo*". Los economistas desarrollistas afirmaban que sus países por fin podrían salir de la pobreza, sí llevaban una estrategia de industrialización orientada al interior en lugar de recurrir a la exportación de recursos naturales, cuyos precios cada vez eran más bajos, a Europa o a América del Norte. Defendían reglamentar e incluso nacionalizar la explotación del petróleo, minerales y otras industrias claves, de modo que buena parte de los beneficios obtenidos sirvieran para financiar un proceso de desarrollo planificado y realizado por el gobierno de cada país.

El "*desarrollismo*" fracasó por la presión de las empresas estadounidenses y europeas, del Departamento de Estado de USA, la colaboración activa de la Escuela de Chicago y de los "Chicago Boys" y de la CIA.

El neoliberalismo: Friedrich Von Hayek y Milton Friedman

La convergencia y la fusión del neoliberalismo de von Hayek y el monetarismo de Friedman configuraron el neoliberalismo actual. Ambos eran, a su vez dos versiones actualizadas de la economía política liberal capitalista, que otorgaba la primacía a la economía sobre la política y la ética comunitaria en nombre de un individualismo radical del "laisez faire".

El neoliberalismo actual tiene sus orígenes en la mítica Facultad de Economía de Chicago, apoyada, sobre todo, por Eisenhower en 1953 contra el auge del desarrollismo del tercer mundo y por Nixon en 1970 contra Allende.

Según Frank Knight, uno de los fundadores de la Escuela de Chicago, creía que los profesores debían "inculcar" a sus alumnos la creencia de que cada teoría económica es "una característica sagrada del sistema", no una hipótesis sometida a debate. Dicho en lenguaje tradicional: un dogma intocable.

El núcleo de la doctrina económica de Chicago afirmaba que las fuerzas económicas de la oferta y la demanda, de la inflación y el desempleo son, como las fuerzas de la naturaleza, fijas e inmutables. En el auténtico mercado libre imaginado en los textos y en las clases de la Escuela de Chicago, estas fuerzas coexistían en perfecto equilibrio: la oferta reaccionaba ante la demanda, de la misma manera las fuerzas de la Luna y la Tierra regulan las mareas.

Friedman y sus colegas no podían demostrar sus teorías en ningún país concreto, ni en los bancos centrales ni en los ministerios de comercio. Tuvieron que contentarse con elaborar ingeniosas ecuaciones matemáticas y modelos computerizados en los talleres de los sótanos del Edificio de Ciencias Sociales. No se puede olvidar que Friedman llegó a la economía seducido por su amor a los números y los sistemas.

Fue Nixon, elegido presidente de Estados Unidos quién dio a Friedman, a los profesores de Chicago y a los "Chicago Boys" lo que siempre habían soñado: una oportunidad para demostrar que su utopía capitalista era más que una teoría de un taller académico de un sótano, una oportunidad de rehacer un país desde cero. La democracia había sido poco hospitalaria con los "Chicago Boys" en Chile. La dictadura de Pinochet demostraría ser más acogedora con su programa económico de 500 páginas, conocido en Chile como el "ladrillo". Ocho de los diez principales autores del "ladrillo" habían estudiado economía en la Universidad de Chicago. Este programa sirvió de guía a la Junta Militar en su primera etapa.

Los economistas de la Escuela de Chicago no consideraban al marxismo ni al comunismo de la URSS como sus enemigos. La auténtica fuente de sus problemas estaba en las ideas de los Keynesianos estadounidenses que impregnaban el *New Deal* de Roosevelt, los socialdemócratas europeos y su "estado de bienestar" y los desarrollistas del "tercer mundo" que reclamaban su *New Deal.* Todos estos economistas no creían en la utopía comunista, sino en economías mixtas que a ojos de los de Chicago no eran más que horribles batiburrillos de capitalismo para la fabricación y distribución de productos de consumo, socialismo en educación, propiedad estatal de los servicios básicos y toda clase de leyes diseñadas para atemperar los extremos del capitalismo. Lo que buscaban los de Chicago no era una revolución, sino una reforma: *un retorno a un capitalismo puro no contaminado.*

Friedrich von Hayek (1899-1992), profesor de la *London School of economics* y futuro premio Nobel de Economía, fue el abanderado del neoliberalismo económico actual en Gran Bretaña y en Estados Unidos. En 1944, publicó *La ruta de la servidumbre* contra el colectivismo. La victoria del partido laborista en 1945 y el temor a que el intervencionismo estatal Keynesiano reapareciera en Gran Bretaña impulsan al economista a convertirse en un activista de la causa antiestatal. En 1947 lanza con un grupo de economistas de derechas el primer núcleo de reflexión neoliberal o *think tank,* llamado *Sociedad de Mont-Pelerin* (nombre del lugar de Suiza donde se creó) con la finalidad explícita de construir una alternativa política al reformismo socialista.

La *Sociedad de Mont-Pelerin* se convirtió en la vanguardia del pensamiento neoliberal. Von Hayek establece progresivamente una red en los países anglosajones y poco a poco también en los latinoamericanos, alcanzando una auténtica dimensión internacional en 1950, cuando se incorpora a la Facultad de Economía de Chicago y forma tándem con Milton Friedman, que había asistido a la reunión de Mont-Pelerin y era miembro de la sociedad allí creada.

Cuando Milton Friedman murió en 2006, uno de los comentaristas de su vida y obra escribió: "*El mantra relativo al libre mercado, libertad de precios, libertad de los consumidores y libertad económica es el responsable de la prosperidad global que disfrutamos hoy en día*". Estaba a punto de estallar la crisis económica que padecemos desde el 2008. Naomí Klein comenta:

> "Lo que es irrefutable es el hecho de que el manual de reglas del libre mercado de Friedman y sus astutas estrategias para imponerlo han hecho que algunas

personas prosperen extraordinariamente y les ha concedido algo muy cercano a la libertad completa: ignorar las fronteras nacionales, evitar leyes y tasación y amasar nueva riqueza". (2016, p. 82)

En 1962, Milton Friedman en su libro *Capitalismo y libertad* diseñó lo que se convertiría en el manual de libre mercado y constituiría el programa económico del movimiento neoconservador en Estados Unidos.

Para conocer el alcance del monetarismo de Milton Friedman, puede resultar útil la comparación que hace Naomí Klein de Friedman con Ewen Cameron apodado el "*doctor Shock*". En el libro titulado *La doctrina del shock. El auge del capitalismo del desastre* (Klein, 2012), el Capitulo I se titula: "El laboratorio de la tortura. Ewen Cameron, la CIA y la maníaca obsesión por erradicar y recrear la mente humana", y el título del Capítulo II reza: "El otro doctor Shock. Milton Friedman y la búsqueda de un laboratorio de *laissez-faire*".

El fin de las ideologías: el Congreso de Milán (1955)

En 1958, Murray Dyer, veterano de la Oficina de Información de Guerra y miembro de la Oficina de Investigación de operaciones creada en la Universidad de John Hopkins, con la misión de servir de punto de apoyo logístico a las operaciones psicológicas de la Guerra fría del Estado norteamericano en el extranjero, escribía: "*No podemos enfrentarnos a la ideología con otra ideología, por una sencilla razón: no tenemos ideología. Los soviéticos han demostrado ampliamente que querían imponer su doctrina y su ideología a toda la humanidad. Ser incapaz de actuar así es la esencia misma de la herencia occidental*". Este dogma compartido por numerosos sociólogos norteamericanos de primera fila fue el origen de la "*ideología más simplista entre las ideologías" bautizada como "el fin de la ideología*".

Los soviéticos distinguían la "ciencia burguesa" y la "ciencia proletaria", la "ideología burguesa" y la "ideología proletaria". Los sociólogos norteamericanos sostenían que ellos no tenían "*ideología*", sino sólo "*ciencia sociológica*". En este contexto el ideólogo era el otro, el enemigo al que había que batir. Sin embargo, el mayor monumento ideológico construido es el neoliberalismo actual, fruto de la fusión del neoliberalismo de Von Hayek y del monetarismo de Friedman.

El Congreso para la libertad de la cultura organizó en septiembre de 1955, en el Museo Nacional de técnica y ciencia de Milán, una reunión sobre "*El futuro de la libertad*". En ella participaron alrededor de 150 personas: escritores, investigadores universitarios y personalidades del mundo político. El programa estaba centrado en la emancipación del pensamiento liberal y socialista desde la perspectiva de una convergencia con vistas a la instauración de una "sociedad libre". Entre los intelectuales asistentes, destacan economistas como Colin Clark y Friedrich Von Hayek y sociólogos como Daniell Bell, Seymour Martín Lipset y Edward Shils.

En el Congreso de Milán el tema del fin de las ideologías era omnipresente. La ideología se sitúa en el campo del que previamente se ha definido como adversario o enemigo. El ideólogo es necesariamente el otro. El término "ideología" se identificaba sistemáticamente con los términos "fanatismo", "doctrinarismo", "fantasías obsesivas".

En 1960, se publican en Estados Unidos dos obras fundamentales que refuerzan la tesis del "fin de las ideologías": *Hombre político* de Seymour Martín Lipset (1960) y *El final de la ideología* de Daniel Bell –que el Ministerio de Trabajo y Seguridad Social tradujo en 1992 con el título *El fin de las ideologías: sobre el agotamiento de las ideas políticas en los años cincuenta*–.

Con la ayuda de indicadores socioeconómicos estas dos obras proclaman la victoria del "análisis sociológico" sobre la "ideología" y vaticinaron la desaparición definitiva en las grandes democracias occidentales de la "intensidad del conflicto político", de la "lucha de clases", de la "caducidad de los eslóganes", de las "manifestaciones callejeras" y de las "banderas rojas. La "profecía" empezó a ser desmentida en mayo del 68 y siguió siendo desmentida por numerosos acontecimientos desde entonces hasta hoy. La tesis del "fin de la ideología" más que ciencia sociológica es un puro "pensar deseoso", sin fundamento. Desde entonces hasta hoy el neoliberalismo victorioso no deja de ser calificado como una *ideología ética y políticamente perversa*, incluso por los críticos del marxismo.

La teoría del "*fin de las ideologías*" dio pie a que se teorizaran otros fines: el fin de la utopía, el fin de las clases sociales, el fin del Estado, el fin del nacionalismo, etc., hasta culminar en *El fin de la historia* (1989) de Francis Fukuyama, que profetizaba la desaparición de cualquier alternativa creíble a las democracias liberales occidentales. La victoria absoluta del sistema político democrático basado en los mecanismos del mercado mundial ha conseguido, por fin, que las sociedades humanas puedan "acceder" a la "humanidad" y evadirse de la historia, satisfaciendo todas las necesidades de los ciudadanos-consumidores, ascendidos a la categoría de "*coproductores*" =

(consumidores-productores) *o "prosumidores"*, que realizan plenamente el tipo humano analizado y criticado por Herbert Marcuse en *El hombre Unidimensional* (1964) traducido al castellano en 1964 y 1969.

La transformación de las "empresas internacionales en "empresas supranacionales" o "transnacionales", como la IBM

A finales del siglo XIX y comienzos del XX se desarrollaron las "empresas internacionales", que eran básicamente empresas exportadoras de productos nacionales a otras naciones. En la década de 1960 se desarrollan las "empresas multinacionales", que son aquellas que implantan filiales industriales y comerciales en varios países extranjeros, conservando la matriz en el país de origen. A finales de los sesenta se habla de "empresas globales" o de "empresas mundiales". "Lo global" y "lo mundial" solo se entiende por su oposición a "lo nacional". Según Peter Drucker en su libro *The Age of Discontinuity*, tiene estatuto global todo aquello que emancipa a la economía y a la sociedad de las cortapisas creadas por los Estados-Nación, ese "monstruo" (Peter Drucker) que engendra el nacionalismo e impide la plena racionalidad del mercado. Las empresas globales aspiran a conseguir en la práctica la total independencia de los Estados-Nación. Por eso deberían llamarse "transnacionales" o "supranacionales". Esta es la música de fondo que suena en todos los debates sobre los "Tratados de libre comercio".

El comportamiento de la ITT, de la Anaconda y de otras multinacionales norteamericanas en el acoso a la Unidad Popular Chilena y al Presidente Allende ilustra esta oposición radical a lo nacional. El mismo Allende en la Conferencia de la ONU para el Comercio y el Desarrollo lo describía así: "*Los mercaderes no tienen patria. El mero lugar donde estén no constituye un vínculo... Lo que les interesa es donde obtienen sus ganancias. Esta frase no es mía, pertenece a Jefferson*" (Mattelart, 2000, p. 376). Julio Cortázar publicó en 1975, en México, un relato breve sobre el derrocamiento de Allende ilustrado con una historieta titulada: *Fantomas contra los vampiros multinacionales.*

La IBM es el símbolo de la empresa sin fronteras, de la "empresa supranacional", que sintetiza a la vez las formas flexibles de poder, la amenaza a las libertades públicas y la agresión a la soberanía nacional. Peter Drucker veía en el "imperio IBM una prefiguración del "centro comercial global".

La IBM fue fundada en 1896, en la época de la invención de las primeras máquinas tabuladoras. En 1924 fue denominada *International Business*

Machines (IBM). En 1969, el norteamericano W. H. Rodgers publicó *Think. A Biography of the Watsons and IBM.* El traductor francés cambió el título por *L'Empire IBM.* Durante los "treinta años gloriosos" de la postguerra mundial, en los que predominó la creencia en un progreso económico exponencial e ilimitado, es decir, durante tres décadas consecutivas, el Pentágono y la NASA adjudicaron a IBM numerosos y suculentos contratos que permitieron el despegue definitivo de la informática. Entonces fue rebautizada como *IBM World Trade Corporation.* Desde entonces, no deja de proclamar como lema de sus actividades mercantiles: *La paz mundial a través del comercio mundial.*

En aquella época la IBM controlaba el 70% del mercado de los ordenadores y se jactaba de realizar la mitad de su cifra de negocios en el extranjero. Para los estrategas de las políticas industriales, IBM es el gigante que "teje su tela" y, al mismo tiempo, amenaza con "uniformizar" el Mundo.

Un exdirector de ventas escribió en octubre de 1975 en la revista *Les Temps Modernes* que se estaba asistiendo "*a la emergencia de una nueva dictadura*". Al no ser cada fábrica, cada laboratorio más que una pieza de un sistema que cubre el mundo, el aparato productivo-comercial de cada país escapa a cualquier intento de nacionalización. Sólo el cuartel general de Armonk, en Estados Unidos, posee las claves de la visión de conjunto. Un nuevo propietario de una fábrica o laboratorio nacional estaría condenado a encontrarse con el vacío.

La historia de la humanidad habitualmente suele describirse en términos de eras o edades cronológicas: la edad de piedra, la edad del bronce, la edad del hierro, la edad antigua, la edad media, la edad moderna, la edad contemporánea hasta desembocar en la "*era industrial*" que ha establecido los fundamentos de la sociedad actual. Algunos afirman que hemos entrado en una "era postindustrial" denominada frecuentemente "era de la información". La IBM se ha convertido en el mascarón de proa de la "era de la información".

En los años setenta y ochenta, la IBM se convirtió en un laboratorio y un banco de pruebas del *neocapitalismo organizativo.* Esta sociedad borra la concepción tradicional del control social. Cumple la sospecha *orwelliana* que puede leerse en su obra *1984*: "*la libertad es la esclavitud*". El que respeta "las reglas del juego" proyecta espontáneamente sobre sí mismo los condicionantes del sistema: "se convierte en el sujeto de su propia servidumbre". En 1979 un equipo de investigadores coordinados por Max Pagès desmonta en una obra titulada *La influencia de la organización* el "sistema socio-mental de ocultación de contradicciones sociales y psicológicas" que confiere cohesión a la empresa hipermoderna TLTX (denominación usada para referirse a IBM) y, a través de ella, a la sociedad neocapitalista) (Pagès *et al.*, 1979, p. 230). El poder se hace anónimo e invisible.

La ética queda fuera del "sistema" de reglas y técnicas. Se pasa de un sistema de órdenes, de mandatos y prohibiciones del jefe a un sistema de reglas, de procedimientos y de técnicas. "La identificación con la organización sustituye la identificación personal con los jefes de la empresa clásica". Se sustituye la adhesión al jefe por una lógica. El poder se cuela por todas partes en esta microtecnología de la servidumbre. Equivale a la "*vigilancia panóptica*" que Michel Foucault analizó en *Vigilar y castigar: nacimiento de la prisión* y al análisis de la *Microfísica del poder.*

Los folletos publicitarios, que ofrecen el sofisticado sistema informático *IBM 3750* a las grandes empresas e instituciones para racionalizar su organización, transmiten una representación impregnada por una ideología de seguridad. El *IBM 3750* aparece virtualmente como el "*policía omnipresente*" (Mattelart, 2000, p. 386). Todas las megaempresas mundiales o supranacionales cuentan con un sistema *IBM 3750* o sistemas similares, especialmente la organización de las Bolsas en un "*casino mundial*".

La élite plutocrática y el "gobierno mundial"

A partir de la Segunda Guerra Mundial, la utopía del "*gobierno económico mundial*" recibió un fuerte impulso. A comienzos del siglo XXI, prácticamente es una realidad que parece que ha venido para quedarse y consolidarse.

Nos alejaríamos demasiado de nuestro objetivo, si aquí quisiéramos relatar dónde y cuándo surgió la idea de un "gobierno económico mundial" y cómo se ha desarrollado desde entonces hasta hoy. Para los que quieran iniciarse en el tema, pueden encontrar bastante información en la obra del periodista Esteban Cabal titulada *El gobierno mundial* (2012). Es un libro documentado, de lectura fácil, que no agobia con el fárrago de citas y abre muchos campos de investigación y debate. Su lectura puede resultar muy inquietante para los conformistas con el sistema económico vigente por la subordinación del sistema político, del sistema educativo y del sistema de los medios de comunicación a ese sistema económico. Por nuestra parte, en este tema y en los siguientes combinaremos las aportaciones de Esteban Cabal con algunas aportaciones de otros autores.

La idea de "un gobierno económico mundial" se gestó en el seno del *Comité de los 300* creado en Londres, en 1729, por iniciativa de la *Compañía de las Indias Orientales* británica. Su formulación explícita y programática se debe a Mayer Amschel Rothschild, patriarca de la dinastía de banqueros más poderosa del mundo.

En 1773, Mayer Amschel Rothschild, con 30 años de edad, fue capaz de reunir en Frankfurt a doce miembros de la élite financiera internacional para exponerles su plan secreto de 25 puntos para saquear y dominar el mundo. Para Rothschild, que sin duda conocía a fondo los planteamientos amorales e inmorales de Maquiavelo, cualquier medio para alcanzar el éxito de su plan de dominación estaba justificado. En el punto nº 8 de su plan secreto se refería al "*uso de licores alcohólicos, drogas, corrupción moral y todo vicio para corromper sistemáticamente a la juventud en todas las naciones*". Algunas "malas lenguas" dicen que esta recomendación se cumplió en varios países occidentales, en la década de los sesenta, con la promoción de la droga para despolitizar a la juventud estudiantil y laboral. Entre las afirmaciones y recomendaciones que se le atribuyen destacamos las siguientes:

- *"Da lo mismo que los gobiernos establecidos sean derrocados por enemigos externos o internos, porque el vencedor tendrá siempre que pedir financiación a los banqueros, ya que el Capital está por completo en sus manos".*
- *"Permitidme fabricar y controlar el dinero de una nación y ya no me importará quien la gobierna, quien haga sus leyes".*
- *"El poder de nuestros recursos debe permanecer invisible hasta que haya ganado tal fuerza que ninguna destreza o poder puedan minarlo".*
- *"Los candidatos para las oficinas públicas deben ser serviles y obedientes a nuestras órdenes".*
- *"Nuestras riquezas combinadas controlarán todas las fuentes de información pública".*
- *"Los pánicos y las depresiones financieras alumbrarán finalmente el Gobierno del Mundo, un nuevo orden mundial".*
- *Defendía el derecho de la élite financiera a arrebatar las propiedades ajenas sin vacilación, "si ello contribuye a afianzar la sumisión de las masas y la autoridad de las clases dirigentes".*

Las ideas de Mayer Amschel Rothschild fueron adoptadas como propias por el *Comité de los 300.* Los Rothshild y los Rockefeller se asociaron en el siglo XVIII y han ocupado la cúspide del *gobierno mundial en la sombra* durante los siglos XIX y XX.

En realidad, hay dos oligarquías plutocráticas ancestralmente enfrentadas:

a) La oligarquía mundialista, globalista, anglófila (Reino Unido y Estados Unidos).
b) La oligarquía nacionalista, más germanófila que anglófila, derechista, religiosa y antisemita.

Tienen muchos rasgos comunes, pero son antagónicas. Los protagonistas del gobierno económico mundial han sido las dinastías más poderosas de banqueros internacionales: los Rothschid, los Rockefeller, los Morgan, los Barburg, que han operado desde los bancos centrales de Inglaterra, Estados Unidos, Alemania, Francia y otros. El más importante fue y sigue siendo el Banco de la Reserva Federal de Estados Unidos con sede en Wall Street, que es un banco privado refrendado por el parlamento el 22 de diciembre de 1913, con derecho al control absoluto de la circulación monetaria y con capacidad legal para acuñar moneda y emitir billetes.

> "Los enemigos naturales de la élite globalista son los nacionalistas (tanto las fuerzas reaccionarias de ultraderecha como los grupos independentistas de izquierda) y los integrismos religiosos (católicos, protestantes o fundamentalistas islámicos)". (Cabal, 2012, p. 128)

El perfil sociológico de la élite plutocrática, mundialista y globalista

Esteban Cabal (2012), aún a riesgo de caer en el simplismo, se atreve a describir con grandes pinceladas el perfil sociológico de los miembros de la élite plutocrática, mundialista y globalista. Por nuestra parte, sintetizamos brevemente su descripción, porque pensamos que puede ser útil para plantear interrogantes, debates e investigaciones sobre el mundo en el que vivimos. Los miembros de la élite plutocrática mundialista y globalista se caracterizan, según Cabal, por los siguientes rasgos más comunes:

Son dinásticos: no se trata de individuos aislados, sino de clanes familiares jerárquicos y disciplinados, en los que los patriarcas eligen a sus sucesores (*ibíd.*, p. 139).

Son mundialistas: su utopía y su meta es un gobierno económico mundial dirigido por ellos mismos, que esté por encima de los Estados-Nación, la

ONU y los organismos dependientes de ella, hasta subordinar el poder político y militar al poder económico (*ibíd.*, *id.*).

Son oligarcas y aristócratas: poseen grandes fortunas familiares, bienes raíces repartidos por diferentes países, enormes fincas y edificios emblemáticos en el corazón de las grandes ciudades; suelen ser propietarios de entidades financieras: bancos, aseguradoras, fondos de inversión, accionistas de grandes multinacionales industriales, siderurgias, petroleras, químicas, farmacéuticas, biotecnológicas y fábricas de armas. Algunos de ellos pertenecen a las familias reales o están emparentados con ellas. Pero no todos los oligarcas y aristócratas son miembros de la élite mundialista y globalista, aunque reúnan muchos requisitos para serlo (*ibíd.*, p. 140).

Son inversores: invierten en diamantes, oro, materias primas, arte; especulan en las bolsas, compran inmuebles y terrenos (*ibíd.*, *id.*).

Pertenecen a linajes muy antiguos y entrecruzados: practican la endogamia para concentrar patrimonios (*ibíd.*, p. 141).

Sus hijos se educan juntos: en Colegios y Universidades de élite, como Harward, Yale, Oxford, el Instituto Tecnológico de Massachussets (MTT) o la *London School of Economic* de orientación fabiana patrocinada por los Rothschid y los Rockefeller. Generalmente todos estos centros educativos reciben financiación de las Fundaciones de la élite globalista (*ibíd.*, *id.*).

El globalismo mundialista es una filosofía política que defiende un individualismo absoluto y hace una apología del capitalismo y del *egoísmo* y rechaza el *altruismo* que convierte al individuo en alimento para los caníbales (*ibíd.*, p. 142).

Salvo raras excepciones, como Cofi Annan, yerno del sueco Wallenberg, mecenas del club de Bilderberg, no hay negros, ni árabes, ni latinoamericanos o amarillos que pertenezcan a la élite globalista, porque generalmente los desprecian (*ibíd.*, *id.*).

Todos los plutócratas mundialistas y globalistas se reconocen, se aceptan y están confabulados. Pero rechazan a los advenedizos que quieren colarse (*ibíd.*, p. 143).

Pueden mostrarse simpáticos, amables, sociables, divertidos, ingeniosos, cultos, diplomáticos, accesibles, comunicativos, filántropos, poco arrogantes. Pero, en realidad, son usureros, amorales, cínicos, hipócritas y vanidosos (*ibíd.*).

Odian a los políticos y a los periodistas, pero se sirven de ellos para sus fines, aupándolos a puestos altos del Estado y dándoles trabajo en los grandes medios de comunicación que controlan desde hace cien años (*ibíd.*, p. 144) .

Sus métodos son maquiavélicos y se inspiran en el darwinismo social. Rechazan la democracia participativa. Pretenden controlar todos los poderes públicos y, sobre todo, los servicios secretos (*ibíd.*, p. 143).

Las organizaciones antiguas y nuevas de la élite plutocrática mundialista

Desde el siglo XVIII hasta nuestros días, la élite plutocrática y globalista ha creado tres tipos de organizaciones: *secretas* o clandestinas, *discretas* o semiclandestinas y *legales* con actividades públicas, aunque poco transparentes.

Entre las *secretas* o clandestinas destacan el *Comité de los 300* y *La Mesa Redonda* de Cecil Rodhes, que se entrelazaban con numerosas logias de carácter masónico.

Entre las *discretas* o semiclandestinas estacan el *Consejo de Relaciones Exteriores* (CFR) norteamericano, El *Real Instituto de Asuntos Internacionales* (RIIA) británico y otros similares de Francia, Alemania, Canadá, Australia, Holanda, Sudáfrica, la India y Rusia.

Entre las organizaciones legales con actividad pública, destacan el *Club de Bilderberg*, la *Comisión Trilateral* y el *Foro Económico Mundial* (WEF), que se reúne anualmente en Davos (Suiza). Pero, junto a ellas, existen numerosas Fundaciones con fines similares.

El Comité de los 300

En 1729, la Compañía Británica de las Indias Orientales fundó el *Comité de los 300* en Londres. Al principio, era un club privado dedicado a los negocios, al debate sobre temas comerciales y bancarios internacionales. Pero terminó convirtiéndose en una sociedad secreta, cuyo objetivo era imponer un gobierno mundial dirigido por los banqueros, los aristócratas y los empresarios. El *Comité de los 300* estaba integrado por una clase dirigente intocable a la que pertenecían las familias reales de Inglaterra, de los Países Bajos, de Dinamarca y otras familias reales Europeas. Los aristócratas llegaron a la conclusión de que la única manera de hacerse los amos del mundo era asociarse con los poderosísimos magnates de las finanzas y de las industrias internacionales que no pertenecían a sus linajes (Cabal, 2012).

La Mesa Redonda de Cecil Rodhes

Aunque es conocida como la *Mesa Redonda de Cecil Rodhes*, este no fue su fundador, sino el que la extendió por todo el Imperio Colonial Británico. Su fundador fue el polifacético John Ruskin, sociólogo, economista y profesor de Arte en Oxford. Ruskin estaba muy influenciado por la obra de Madame Blavatski, creadora de la Sociedad Teosófica y amigo de Robert Baden-Powell, fundador de los Boy Scouts y pionero del movimiento ambientalista, que denunció la contaminación atmosférica y criticó los perniciosos efectos de la Revolución Industrial. John Ruskin, inspirándose en la *República* de Platón, teorizó sobre la necesidad de un *gobierno plutocrático,* una sociedad perfecta dirigida por le élite mundial. El nombre de *Mesa Redonda* parece inspirado en la "*Tabla Redonda*" del Rey Arturo.

Cecil Rodhes (1853-1902) fue un discípulo aventajado de John Ruskin. Colonizó una zona de África que, después de su muerte, se llamó *Rodhesia* (ahora Zambia y Zimbabwe), anexionó Botswana al Imperio Británico y en 1890 fundó la Compañía Británica de África del Sur. En 1891, asumió la dirección de la *Mesa Redonda* y se dedicó a extenderla por todo el Imperio Británico, creando células secretas en Gran Bretaña, Estados Unidos, Canadá, Australia, Nueva Zelanda, Sudáfrica y la India (Cabal, 2012).

El Consejo de Relaciones Exteriores (CFR) de Estados Unidos

En 1921, el coronel Edward Mandell House fundó el *Council on Foreign Relations* (CFR) con la ayuda de Elihu Root, ex- Secretario de Estado del presidente Theodore Roosevelt. Desde el principio fue financiado por la Banca Morgan y el banquero Paul Warburg. Desde entonces los miembros del CFR son los directores de las grandes corporaciones norteamericanas. Actualmente recibe financiación de doscientas multinacionales y fundaciones filantrópicas. Mandell House de inspiración fabiana siempre estuvo conectado con los círculos de poder más elevados y con las sociedades secretas.

> "Del CFR han salido doce Secretarios de Estado (cuatro de ellos han sido presidentes de la Fundación Rockefeller), nueve Secretarios del Departamento de Defensa, siete Directores de la CIA, seis superintendentes de West Point, todos los comandantes de la OTAN en Europa, todos los embajadores de USA en la OTAN, 313 funcionarios de la Administración R. Reagan y 387 de la George Bush. En muchas elecciones presidenciales, tanto el candidato demócrata como el republicano eran miembros del CFR.

(...) El CFR es considerado como el auténtico gobierno de los Estados Unidos en la sombra. Su presidente honorario es David Rockefeller. Cuenta con 4.200 miembros. Edita la revista *Foreing Affaires* que cuenta con 125.000 suscriptores en todo el mundo y organiza cursos y conferencias a muy alto nivel". (Cabal, 2012, pp. 173-176)

El Real Instituto de Asuntos Internacionales (RIIA) británico

Fue creado en 1920. En 1926 recibió el título de "Real" en virtud de una Carta de la Corona británica que le encomendaba la tarea de promover y sufragar medios de información sobre cuestiones internacionales, pero de forma que los análisis no fuesen asumidos oficialmente por la institución.

Después de la Primera Guerra Mundial se crearon instituciones similares en Francia, Alemania, Canadá, Australia, Sudáfrica, India y Rusia (Cabal, 2012).

El Club de Bilderberg

En 1954, se fundó el conocido como *Club de Bilderberg* en un hotel holandés llamado precisamente Hotel Bilderberg. De ahí su nombre. Su primer presidente fue el Príncipe Bernardo de Holanda.

El Club está estructurado en círculos concéntricos: Consejo de sabios, el Consejo de Dirección formado por más de cuarenta personas y la Secretaría General. Su máximo dinamizador es David Rockefeller, que forma parte del Consejo de Sabios integrado únicamente por cuatro personas cuya identidad es una incógnita. Actualmente forman el Consejo de Dirección veinticuatro europeos y quince americanos.

Desde su fundación en 1954 hasta hoy, el Club de Bilderberg ha sido el cuartel general de la élite plutocrática globalista. La periodista Cristina Martín, en su libro *El Club de Bilderberg: los amos del mundo,* escribió: "El mundo, tal como está establecido hoy en día, es obra de Bilderberg". Formalmente, su finalidad consiste en "dinamizar las relaciones transatlánticas a través del fortalecimiento de las Naciones Unidas". En la práctica, este *lobby* trata de que América del Norte y Europa lleven la voz cantante en la escena internacional y que los acuerdos alcanzados en su seno sean asumidos inmediatamente por el grupo de los ocho países (G-8) del mundo más poderosos económicamente y su prolongación el (G-20), constituido en 2008, al comienzo de la crisis económica internacional.

En 2006 una de las mayores preocupaciones regionales del Club de Bilderberg era Venezuela. En 2006 analizaron la situación porque les inquietaba que "Chávez haya conseguido, sobre todo a través de los beneficios record del petróleo, romper el embargo contra Cuba, envalentonar al movimiento indígena de Bolivia con Evo Morales a la cabeza y Fortalecer el paso hacia Mercosur que se opone al libre comercio que el Club promueve. También le preocupa al Club Bilderberg que Chávez haya ayudado a Argentina y Brasil a reducir sus deudas externas con el FMI, el látigo del Imperio: "Si Mercosur rechaza unirse al TLC (Tratado de Libre Comercio) haría peligrar el objetivo principal del Club: la expansión del TLC a lo largo del hemisferio occidental". Las citas entrecomilladas están tomadas de Daniel Estulin investigador ruso-canadiense, autor de *"Los secretos del Club Bilderberg* y de *"La verdadera historia del Club de Bilderberg"*, reproducidas por E. Cabal (2012, p. 185).

Bilderberg es un *club privado* legal, pero semiclandestino por su opacidad o falta de transparencia. Sus objetivos actuales son: "la crisis de la deuda; la creación de una moneda mundial; la creación de grandes áreas de comercio o tratados de Libre Comercio Mundial (TLCM); fortalecer la ONU como una gran fuerza multinacional y provocar situaciones para sostener la tensión que mueve la economía de guerra" (*ibíd.*, p. 184).

A este *Club privado* pertenecen las más altas personalidades de la élite mundial económico-plutocrática, política, militar, académica y mediática. Tiene su oficina central en Leiden (Holanda). Sus resoluciones jamás se hacen públicas. La financiación del Club es un misterio. Uno de los principales mecenas es el sueco Wallenberg, accionista mayoritario Electrolux, Ericsson y ABB. Una de las hijas de Wallenberg está casada con Cofi Annan ex Secretario General de la ONU.

Entre los miembros de la élite plutocrática globalista, que han pertenecido al Consejo de Dirección, además de David Rockefeller y el omnipresente Kissinger, destacan: Giovanni Agnelli, presidente de FIAT, Denis Healey, Ministro de economía del Reino Unido, Joseph Ackerman del Deutsche Bank, Richard Perle, apodado el "príncipe de las tinieblas", consejero de Reagan y Bush hijo, Peter Sutherland, presidente de Goldman Sach, de British Petroleum y del *Comité de los 300*, Zbigniew Brzezinski, presidente de la Trilateral, Paul Volcker, ex-presidente de la Reserva Federal, Jaime Carvajal, banquero español y amigo del Rey Juan Carlos.

El coronel Curtis B. Dall, yerno de Franklin Delano Rosevelt definió el Club de Bilderberg como "la fase mundialista del Consejo de Relaciones norteamericano (CFR) y del Real Instituto de Asuntos Internacionales británico" (RIIA). Denis Healey, miembro del Comité directivo de Bilderberg durante treinta años afirma: "Decir que nos esforzamos por conseguir un gobierno mundial es exagerado, pero no totalmente equivocado".

Una vez al año, casi siempre en el mes de mayo, esta aristocrática "Cámara Alta" del Capitalismo mundial celebra una reunión en alguno de los hoteles más lujosos del mundo a la que son invitadas entre 120 y 140 personas: príncipes y reyes, presidentes y primeros ministros, Secretarios de Estado, magnates de los medios de comunicación, financieros vinculados a las grandes multinacionales, representantes del BM, del FMI, de la OMC, de la OCDE y del Foro Económico Mundial (WEF) de Davos.

Entre los personajes del mundo político asistentes a la reunión anual de Bilderberg destacan: Bill Clinton, Tony Blair, Gordon Brown, Romano Prodi, la Reina Beatriz de Holanda, Giscard d'Estaing, Rumsfeld, Richard Cheney, Madeleine Albright, Collin Powell. Desde 1954 casi todos los presidentes de Estados Unidos han asistido alguna vez.

Entre los banqueros asistentes a la reunión de Bilderberg destacan entre otros: Alan Greenspan, ex-gobernador de la Reserva Federal, ex-director de la banca Morgan y, desde 2007, consejero del Deutsche Bank, James Wolfenson, presidente del BM, Karl Otto ex-presidente del Bundesbank, Trichet gobernador del Banco de Francia y luego del Banco Central Europeo, Candessus ex-director del FMI, además de los archifinancieros elitistas de siempre: los Rothschild, Warburg, Morgan, Rockefeller.

También asisten a esa reunión representantes de las multinacionales: Ford, General Motors, Chrysler, Fiat, Coca-Cola, Pepsi, Heineken, Nokia Danone, BP, Repsol, etc., magnates de la Prensa y las Telecomunicaciones y directivos de los grandes diarios.

La representación española es muy reducida: cuatro o cinco invitados a cada reunión. Pero, después de tantos años de reuniones, la lista es bastante extensa. Entre los personajes asistentes destacan: el Rey Juan Carlos (una sola vez), la Reina Sofía (10 veces), los presidentes Felipe González y Zapatero asistieron como anfitriones cuando el Club vino a España.

Entre ministros y políticos españoles de alto rango destacan los siguientes: Javier Solana, Rodrigo Rato, Esperanza Aguirre, Pedro Solbes, Joaquín Almunia, Miguel Boyer, Federico Trillo, Loyola de Palacio, Miguel Sebastián, Dolores de Cospedal, Soraya Sáez de Santa María.

La Comisión Trilateral (1973)

En julio de 1973, en el contexto de una crisis creciente de confianza en el modelo de crecimiento de la economía mundial, David Rockefeller, Presidente de Chase Manhattan Bank, lanza la Comisión Trilateral para afrontar la crisis.

El gran movimiento de liberación del comercio mundial desde 1948, basado en el crecimiento económico continuo y general, se ve amenazado por la crisis del modelo de crecimiento y por la tentación de repliegue de las economías nacionales sobre sí mismas. Entre 1968 y 1972 se agudiza la conciencia de la crisis económica del planeta y el Club de Roma encarga al MIT la elaboración del informe sobre *Los límites del crecimiento* publicado en 1972. En 1971, Georgescu-Roegen publica *La entropía y el proceso económico* y Howard Odum *Environment, Power and Society,* que dividen a los economistas en dos corrientes antagónicas. En diciembre de 1971, Richard Nixon decide unilateralmente poner fin a la convertibilidad del dólar en oro; como consecuencia se derrumba el sistema monetario internacional y entran en crisis las instituciones financieras reguladoras creadas al final de la guerra en Bretton Voods: El Banco Mundial (BM) y el Fondo Monetario Internacional (FMI). En 1973-1974, la liberación generalizada de Capitales de Estados Unidos provoca la inestabilidad monetaria total y da origen al nacimiento de una economía financiera puramente especulativa disociada de la economía real. En 1973 el mismo Nixon que provoca la caída de Allende en Chile, apoya a Milton Friedman y a los "Chicago Boys" a iniciar el experimento del *monetarismo* en la Dictadura de Pinochet. Por su parte, los países integrados en la OPEP encarecen la importación de energías fósiles: gas y petróleo.

En 1974, en el diálogo Norte/Sur, la ONU aprueba la Declaración de un Nuevo Orden Económico Mundial. Pero 77 países del tercer mundo presionan para la transformación de la Declaración y de las reglas de juego internacional que les permita un desarrollo autónomo de acuerdo con sus necesidades, sus posibilidades y sus respectivas tradiciones. Entre 1974 y 1977 se produce un estancamiento de la producción industrial en las economías avanzadas del mundo.

Ante el cariz que iba tomando la crisis del modelo de crecimiento económico y sus posibles consecuencias, David Rockefeller se sentía "preocupado" por el deterioro de las relaciones de Norteamérica, Europa y Japón, que obstaculizaría el avance hacia el "gobierno económico mundial". Algunos investigadores opinan que David Rockefeller estaba "descontento" con los lentos progresos del Club de Bilderberg y decidió impulsar la Comisión Trilateral para imprimir un ritmo mayor al desarrollo de la agenda globalista hacia el Nuevo Orden Económico Mundial.

La arquitectura de la Trilateral se inspira en la hipótesis formulada por primera vez por James Burnham, profesor de filosofía en la Universidad de Nueva York en su libro *The Managerial Revolution*, redactado en 1940 y publicado en 1941. Se podría traducir como *La Revolución gerencial*. En francés se ha traducido como *L'Ere des organisateurs* y en español como *La Revolución de los directores*.

Esta obra se puede considerar como el inicio de la "ideología gerencial" como principio rector de las sociedades que van a cambiar la estructura política del globo. Según la perspectiva de Burnham, el globo terrestre probablemente se dividirá en tres "*superestados*" principales, apoyado cada uno de ellos en una de las tres zonas industriales avanzadas: Estados Unidos con Canadá y México; Alemania con los países del Norte, los Países Bajos, Bélgica, Francia e Inglaterra; Japón con una parte de China oriental y otros países como Singapur, Corea, Tailandia, Filipinas, Australia. La Unión Soviética podría escindirse en dos: la "fracción occidental" giraría en torno a Alemania y la "fracción oriental" se vincularía a la base asiática. La subsistencia de naciones soberanas es incompatible con la compleja división de la producción industrial y la evolución de las técnicas modernas implantadas por las multinacionales; los "tres super-estados" imaginados por Burnham son los únicos que concentrarían la "soberanía". De ahí la reacción nacionalista contra la concentración del poder económico y político.

La *Comisión Trilateral* se configura como el auténtico estado mayor o gabinete de la crisis que se avecina y se plantea un nuevo consenso entre las regiones geoeconómicas y geopolíticas de este nuevo "*triálogo*", que es el nombre elegido por la Comisión Trilateral como cabecera de su revista. Rockefeller pone a Zbigniew Brzezinski al frente de la Comisión Trilateral que está compuesta por más de trescientas personalidades pertenecientes a los círculos intelectuales y políticos y al mundo de los negocios de América del Norte, de Europa occidental y de Japón.

La Comisión Trilateral está compuesta por 150 europeos, pertenecientes a 21 países; 150 norteamericanos: 15 de Canadá, 10 de México y 85 de Estados Unidos, casi todos miembros del CFR; 117 asiáticos: 75 japoneses, 11 surcoreanos, 15 de países como Indonesia, Malasia, Filipinas, Singapur,

Tailandia, China, Hong Kong y Taiwan; 7 de Oceanía: Australia y Nueva Zelanda.

La Trilateral recibe financiación de Fundaciones como las siguientes: Rockefeller Brothers, Ford, Marshall (Alemania) Lilly Endowment; de editoriales como Time; de corporaciones como: Bechtel, Exxon, General Motors, Wells-Fargo y Texas Instruments.

En la década de los 70 ya se hablaba de un gobierno económico mundial en la sombra y a continuación siempre se miraba hacia la Comisión Trilateral, una organización de carácter privado con sede en Washington. El perfil de sus miembros es parecido al de los miembros de Bilderberg. De hecho, muchos miembros de la Trilateral eran también miembros del Bilderberg y del CFR.

La investigadora Lauri K. Strand definió la Comisión Trilateral como "una camarilla de hombres poderosos que buscan el control del mundo mediante la creación de una comunidad supranacional dominada por las multinacionales" (Cabal, 2012, p. 188).

Para Terse Marrs, presidente de los Living Truth Publishers de Austin-Texas, "la Comisión Trilateral es un grupo que tiene como objetivo precipitar la era de un gobierno Único Mundial y promover una economía internacional controlada entre bastidores por la Hermandad Secreta (los Illuminati)" (*ibíd.*, pp. 188-189).

Jimmy Carter, senador y candidato a la presidencia de Estados Unidos en 1978 llegó a decir: "lo que los trilateralistas pretenden en realidad es llevar a cabo la creación de un poder económico mundial superior al de las Naciones-Estado. Como directores y creadores de un sistema, ellos gobernarán el mundo" (*ibíd.*, p. 188).

Una vez elegido presidente, Carter nombra a Zbigniew Brzerzzinski consejero personal para asuntos de seguridad nacional. El analista Graig Harpel escribió en la revista *Penthouse*:

> "La presidencia de los Estados Unidos y los ministerios clave del gobierno federal han sido acaparados por una organización privada consagrada a la subordinación de los intereses intrínsecos de los Estados Unidos a los de los Bancos y empresas multinacionales. El dominio de los intereses privados sobre el poder público es el mayor escándalo político de la historia de América... Sería inexacto decir que la Comisión Trilateral manda en la Administración Carter. La Trilateral es la Administración Carter". (*Ibíd.*, p. 188)

Los miembros más conocidos de la cúpula de la Trilateral, además de David Rockefeller, Zbigniew Brzerzinski y el omnipresente Kissinger son los siguientes: Madeleine Albright, Paul Volcker, Richard B. Cheney, Condolezza Rice. Pero son muchos más. Entre las personalidades que pertenecen o han pertenecido a la Trilateral destacamos los siguientes: los presidentes de Estados Unidos como George Bush, Jimmy Carter, Bill Clinton; personajes conocidos como Tyssen, Bill Emmot (*The Economist*), Gustavo Cisneros y el escritor Vargas Llosa (candidato a la presidencia de Perú en 1990); académicos como Joseph S. Nye, Danil Yergin, María Amparo Casar del CIDE. En 1975, Miguel Herrero y Rodríguez de Miñón fue nombrado miembro del Comité ejecutivo. El vicepresidente de la Trilateral para Europa es Antonio Garrigues Walker. Otros españoles que han participado en la Trilateral son: Javier Solana, Rodrigo Rato, Josep Piqué, Jesús Aguirre, Abel Matutes, Joaquín Almunia, Emilio Ybarra, Ana Patricia Botín, Ramón Trias Fargas, Trinidad Jiménez, Luis María Ansón, Luis Solana, Julio Feo y Pedro Solbes (Cabal, 2012, p. 190).

Elegido Presidente Felipe González recibió a varios banqueros de alto rango e industriales de las multinacionales que le dieron su bendición. David Rockefeller vino a Moncloa acompañado por Miguel Boyer. Julio Feo se incorporó a la Trilateral en 1986 cuando era Secretario de la Presidencia del Gobierno y jefe de la seguridad de Moncloa. En su libro *Aquellos años* escribió: "Me consta que David se convirtió en un *fan* o *supporter* del gobierno de Felipe González. Lo he podido comprobar por haber coincidido con Rockefeller en las reuniones de la Trilateral de los últimos seis años" (*ibíd*., p. 190).

El Foro Económico Mundial (WEF) de Davos (Suiza) (1971 y 1991)

En 1971, el *Institut de Management International* lanzó el *Forum de Management Européen* (*Foro Europeo de Gestión*), a instancias del profesor Bodhan Hawrylyshyn, inmigrante ucraniano y de su ayudante Klaus Schwab.

En 1991, este foro fue sustituido por el *Wolrd Economic Forum* (WEF), conocido como *Foro Económico Mundial* de Davos. Este club fue inscrito en el registro mercantil suizo y funciona como una empresa privada. Para formar parte de este círculo selecto, el socio tiene que pagar una cuota de 20.000 francos suizos y, además, abonar 9.200 francos suizos para tener derecho a asistir a la reunión anual de Davos.

La cúpula directiva del Foro es un *Consejo* de 12 miembros pertenecientes al mundo de los negocios y de las finanzas mundiales. El Foro se jacta de agrupar en su seno a los representantes de las mil empresas supranacionales más importantes. Además de la reunión anual de Davos, la institución organiza foros regionales de contenido político económico y foros de carácter industrial dirigidos a profesionales.

El encuentro anual de Davos congrega cada año a los representantes de un millar de empresas mundiales o supranacionales, entre doscientos y trescientos expertos académicos –economistas, analistas, personalidades intelectuales–, un grupo de Premios Nobel, numerosos jefes de Estado y primeros ministros y una multitud de periodistas "acreditados", líderes mundiales de la información.

En Davos todo se conjuga en tiempo global: la economía, la juventud, la violencia, etc. y, por encima de todo, la misión que se ha autoencomendado el WEF: "una suerte de concienciación social global". Los promotores del Foro no dejan de recordar que su empresa tiene una finalidad "no lucrativa" y es "apolítica". El *"espíritu de Davos"* se define como la búsqueda de un mundo que sea pacífico gracias a los negocios: *"Donde la conquista ha fracasado, el negocio puede tener éxito"* proclama su eslogan" (Mattelart, 2000, p. 411).

Los debates y los pactos internacionales sobre los derechos humanos

Paralelamente al desarrollo de los procesos políticos y a los procesos económicos mencionados y en conexión con ellos en la ONU y en la UNESCO se mantuvieron complejos e intensos debates sobre los derechos humanos y los derechos de los pueblos, que algunas veces llegaron a buen puerto y cuajaron en pactos positivos para todos los seres humanos individualmente considerados, para las distintas etnias y pueblos de la Tierra y para la humanidad en su conjunto. Es cierto que el reconocimiento y la ratificación de esos derechos por los distintos países no implica su integración inmediata en todo el ordenamiento legislativo de cada país y menos aún el cumplimiento estricto de los mismos. Pero constituyen un punto de partida y una base sólida para seguir avanzando hacia un nuevo orden mundial más justo y equitativo.

Aquí no podemos describir esos debates y esos pactos y sacar consecuencias para el futuro. Nos tenemos que contentar con mencionar la existencia de los más importantes. Para facilitar la tarea de autoformación de los lectores recomendamos la lectura de tres libros de menor a mayor complejidad: Clara Barreiro Barreiro: *Derechos humanos. Declaraciones solemnes, continuas violaciones*; Jean Le Gal: *Los derechos del niño en la escuela. Una educación para la ciudadanía*; Albert Verdoot: *Declaración Universal de los Derechos del Hombre. Nacimiento y significado.*

- *Declaración Universal de los Derechos del Hombre* (DUDH), 10 de diciembre, 1948 (Barreiro, 1986, pp. 32-35).
- *De la Declaración a los pactos. De lo moral a lo normativo:* 1949 a diciembre de 1966 (*ibíd.*, pp. 36-37).
- *El Pacto sobre los derechos económicos, sociales y culturales,* 16 de diciembre de 1966 (*ibíd.*, pp. 42-43).
- *El Pacto internacional sobre los derechos civiles y políticos,* 16 de diciembre de 1966 (*ibíd.*, pp. 44-45).
- *Declaración de los Derechos de los Niños,* 20 de noviembre de 1959 (*ibíd.*, pp. 54-55).
- *La "Declaración sobre la eliminación de la discriminación de la mujer*, 7 de noviembre de 1967 (*ibíd.*, pp. 50-53).
- *Declaración sobre la independencia de los países y pueblos coloniales,* 14 de diciembre de 1960 (*ibíd.*, pp. 38-41 y p. 46).
- *La Convención de la* ONU *para los derechos del niño (infancia)* (aprobada por aclamación), 20 de noviembre de 1989 (Le Gal, 2005, pp. 39-67).

La manifestación explosiva de la crisis del Mundo Sociocultural contemporáneo en la década de los sesenta

En las décadas de 1960 y 1970 no se produjo la crisis del Mundo Sociocultural. La crisis como situación complicada estaba presente como una crisis sistémica y multidimensional del Mundo Sociocultural, que había sido construido como un monstruo devorador y destructor que amenazaba destruir la Antroposfera, la Biosfera y la Ecosfera, autodestruyéndose a sí mismo.

Lo que sucedió en las décadas de los sesenta y de los setenta es que amplios sectores de las clases dominadas y las clases dominantes percibieron la crisis como una situación injusta y complicada, como un callejón sin salida, como un laberinto. Tomaron conciencia de su existencia y de sus dimensiones, se preguntaron por sus causas y consecuencias, elaboraron diversas hipótesis explicativas, propusieron estrategias para afrontarla y diseñaron acciones concretas para concienciar a toda la humanidad y frenar la crisis. En esas décadas, se puso de manifiesto que las hipótesis explicativas, las estrategias y las actuaciones de las clases dominantes y de las clases dominadas eran antagónicas.

La configuración del Mundo Sociocultural como sistema, gestada durante milenios, siempre estuvo en crisis, es decir, en situaciones complicadas, porque las clases y los pueblos dominados la cuestionaban como una situación injusta. La configuración injusta no se corrigió con la destrucción de la Cristiandad, ni con la construcción del Antiguo Régimen, ni con la destrucción de éste en la Revolución francesa.

La configuración del Mundo Sociocultural Contemporáneo, iniciada en la Revolución francesa, no solo mantuvo las cuatro constantes históricas reseñadas en el capítulo anterior, sino que elaboró una versión más sofisticada de las mismas. Por eso, estuvo jalonada por numerosos conflictos sociales, económicos, políticos, culturales y bélicos más o menos intensos y duraderos. Entre ellos destacan las dos Guerras Mundiales y la depresión económica de 1929.

En las décadas de los sesenta y de los setenta, el Mundo Sociocultural Contemporáneo era cuestionado por dos razones fundamentales:

a) se percibía como un mundo radicalmente injusto;
b) se percibía como un mundo no sostenible, condenado a muerte a medio plazo por su Modo Capitalista de Producción y Consumo, que es *ecocida,* destructor del sistema planetario, *biocida*, destructor de la Biosfera y *antropocida,* destructor de la Antroposfera. Los acontecimientos de esas dos décadas van poniendo de manifiesto las diversas dimensiones de la crisis que se caracterizan como "crisis de la educación", "crisis social", "crisis humanitaria", "crisis económica", "crisis política", "crisis democrática", "crisis ecológica" y "crisis ética".

La "Crisis Mundial de la educación" y la Conferencia Internacional de Williamsburg (octubre de 1967)

Los debates educativos anteriores a los sesenta, entre pedagogos, psicólogos, sociólogos y economistas sobre la "identidad" y "función" de la educación, especialmente de la educación básica, en el sistema sociocultural vigente pusieron de manifiesto que la "*crisis mundial de la educación*" era una de las dimensiones más importantes de la Crisis del Mundo Sociocultural. Los debates de los estudiantes universitarios en la Universidad Libre de Berlín (Alemania), en la Universidad de Berkeley (Estados Unidos) y en la Universidad de Nanterre (París), anteriores a 1966, corroboraron la misma conclusión.

El Presidente de los Estados Unidos Lyndon Johnson, profundamente preocupado por la situación de la educación en el Mundo convocó una Conferencia Internacional de Williamsburg para estudiar el tema. El Dr. James A. Perkins, rector de la Universidad de Cornell fue nombrado Presidente. Perkins pidió al Instituto Internacional de Planeamiento de la Educación de la UNESCO con sede en París, un programa de trabajo que constituyera el documento-base de la Conferencia. Philiph H. Coombs, director del Instituto, aceptó la petición y con la colaboración de sus colegas asumió la responsabilidad de la redacción del documento-base titulado *La crisis mundial de la educación.*

En la Conferencia participaron a título personal unos ciento cincuenta dirigentes, sin "constreñimientos protocolarios", para expresar con libertad sus opiniones y pensamientos. Entre ellos había ministros de educación, rectores de universidad, profesores, investigadores, educadores de adultos y sociólogos procedentes de cincuenta naciones, que participaban a título privado.

Philiph Coombs parte de la siguiente constatación: a comienzos de los años cincuenta, la mayoría de los sistemas educativos de todo el mundo iniciaron un proceso expansivo, sin precedentes en la historia de la humanidad. A pesar de la expansión educativa, el crecimiento demográfico aumenta constantemente el número de adultos analfabetos. La crisis se está apoderando de todos los sistemas educativos. Philip Coombs (1971) afirma: "*es cierto que los sistemas nacionales de educación parecen estar condenados, desde siempre, a una existencia de crisis. Periódicamente cada uno de estos sistemas ha conocido la escasez de fondos, de profesores, de aulas, de material didáctico; escasez de todo, menos de estudiantes*" (p. 10).

La crisis actual es una "*crisis mundial de la educación*", que varía en forma y severidad de un país a otro. Pero su dinámica interna es casi idéntica en todas las naciones, viejas o nuevas, ricas o pobres. La naturaleza de la crisis se define mediante los términos "cambio", "adaptación", "disparidad". Desde 1945, todos los países han sufrido *cambios* en su medio ambiente a una velocidad vertiginosa como consecuencia de una serie de revoluciones mundiales de la ciencia y la tecnología, de la política y de la economía, de las estructuras demográficas y sociales. Aunque los sistemas educativos se han desarrollado más rápidamente que nunca, no lo han hecho con la debida celeridad para *adaptarse* a los ritmos acelerados de los procesos de cambio nacionales y mundiales. La *adaptación* ha sido lenta e incompleta y han quedado desfasados. Consecuentemente, la *disparidad* entre los sistemas educativos y sus contextos nacionales y mundiales es la nota predominante de la *Crisis Mundial de la educación.*

Philiph Coombs enriqueció su documento-base con las aportaciones en los debates en la Conferencia de Williamsburg, en octubre de 1967 y lo publicó con el mismo título en 1968. Entre las múltiples causas de la "crisis mundial de la educación", Philiph Coombs destaca las siguientes: **a)** el fuerte crecimiento demográfico y el fuerte incremento de las aspiraciones populares en materia educativa; **b)** la aguda escasez de recursos; **c)** la inercia inherente a los sistemas educativos, que impide su adaptación rápida a las necesidades externas; **d)** la inercia de la sociedad que se resiste al cambio.

Las revueltas estudiantiles y obreras de los sesenta cuestionan el Mundo Sociocultural Contemporáneo como sistema mundial

El Renacimiento y la Revolución francesa fueron reacciones y protestas a la crisis del Mundo Sociocultural occidental. Las protestas de los años sesenta y setenta eran reacciones frente a la *crisis sistémica, global y planetaria del Mundo Sociocultural Contemporáneo configurado como un sistema mundial económico, político, educativo y cultural injusto.*

Los estudiantes universitarios iniciaron las protestas, pronto se sumaron los obreros, los ecologistas y numerosos movimientos contraculturales, que funcionaban como pequeños círculos artísticos, literarios y sociales, al margen de las grandes instituciones académicas, políticas, sindicales, educativas y culturales. Los conflictos se multiplicaron a una velocidad de vértigo.

La oligarquía plutocrática se quedó atónita y enseguida puso a funcionar su maquinaria de instituciones y sus estrategias para frenar las protestas: la decisión de no respaldar el dólar con oro (1971) y la conversión del dólar en petro-dólar por el pacto de los Estados Unidos con Arabia Saudita y la OPEP, en el que éstos se comprometían a vender petróleo sólo en dólares a cambio de protección; la crisis energética del 73-74 por la subida del petróleo un 400 %; la crisis económica de 1974-1977; y sobre todo, la creación y el funcionamiento de la Trilateral (1973 y 1975).

Las protestas estudiantiles se gestaron paralela y simultáneamente durante la primera mitad de la década de los sesenta en tres universidades: La Universidad Libre de Berlín (Alemania occidental), la Universidad de Berkeley (California, Estados Unidos) y la Universidad de Nanterre (París). Pero, a partir de 1965, la protesta se extendió como un reguero de pólvora por todas las Universidades del mundo, del Este y del Oeste (Hermann, 1968; Baynac, 1978 y 2016; Aguado Hernández, 2017).

En las tres universidades el detonante de las protestas fueron las reacciones de los estudiantes universitarios ante hechos concretos mal gestionados por las autoridades académicas. Pero pronto se convirtieron en una denuncia radical de las ciencias humanas como instrumentos de represión, manipulación y amaestramiento. La denuncia comenzó cuestionando la pretendida "*neutralidad científica*" de las ciencias psicológicas, sociales, políticas y económicas, cuestionando el papel de los psicólogos, de los sociólogos, de los economistas y de los politólogos. Este cuestionamiento se transformó en el cuestionamiento de la Universidad como tal y de la educación universitaria, que se extendió a la educación básica. Se cuestionaban los planes de estudio y el funcionamiento del sistema educativo, dando origen al boicot de los exámenes, la interrupción de los cursos, la oposición a las clases magistrales, la autogestión de las clases, la ocupación de las aulas, de los edificios y de los campus universitarios.

La crítica de las ciencias psicológicas, sociales, económicas, políticas, artísticas y educativas se convirtió en una crítica generalizada del Mundo Sociocultural Contemporáneo, construido a partir de la Revolución francesa como *un sistema mundial, globalizado y planetario, social, económico, político, cultural y educativo injusto e inmoral, que es necesario eliminar para construir un mundo sociocultural alternativo basado en el humanismo ético.* Por eso, los estudiantes radicales de los sesenta pensaban que era necesario instaurar una rebelión pacífica y permanente en la Universidad y en la calle contra ese *sistema injusto.* De ahí el calificativo peyorativo de "*grupos antisistema*" con el que las clases acomodadas y bienpensantes y las oligarquías plutocráticas señalan, desde entonces, a todos los que se manifiestan contra el "*desorden vigente*". El sinónimo de antisistema es "populista", al que hay que añadir "de izquierdas" para no confundirlo con los populares de derechas, que son los buenos.

Las causas de las revueltas estudiantiles

La rebelión de los estudiantes universitarios contra el sistema sociocultural mundial no surgió de la nada por generación espontánea. Podemos señalar tres tipos de causas convergentes que impulsaron su aparición: el desengaño y la frustración ante las promesas incumplidas; la represión de manifestaciones pacíficas a favor de los derechos humanos y contra la violación de la Declaración Universal de los derechos humanos (DUDH) por parte de gobiernos y Estados que la habían ratificado; la elaboración de una crítica fundamentada a las ciencias humanas y sociales y al sistema Sociocultural mundial.

Desde 1945 a 1960, dominó en Occidente y en su zona de influencia un discurso optimista político y mediático cargado de promesas, que generó enormes expectativas en las sociedades occidentales, sobre todo en las generaciones jóvenes que habían vivido de cerca o de lejos los horrores de la Segunda Guerra Mundial. Pero en la década de los sesenta esas promesas empiezan a desmoronarse, dando paso al desengaño, la frustración y el pesimismo.

La base fundamental del discurso optimista fueron las *Cartas* fundacionales de la ONU y de la UNESCO, la DUDH; la creación del UNICEF y de la FAO; las sucesivas Declaraciones de Derechos y los debates en torno a ellas; los pactos internacionales y la Declaración sobre la independencia de los países y pueblos colonizados; la reconstrucción de Europa y Japón; la creación del llamado "Estado de Bienestar" con la llegada a los gobiernos de los partidos socialdemócratas; los debates educativos; las reformas educativas en los países europeos.

Los programas de la ONU y de la UNESCO y de todos sus organismos se van convirtiendo en papel mojado: por la "guerra fría" y la carrera armamentista; por el *neocolonialismo* de las multinacionales; por el apoyo a numerosos dictadores en Sudamérica formados por Estados Unidos en West Point,por la represión brutal contra los defensores de los derechos civiles y sociales, en los conflictos raciales y sociales; por los asesinatos de Martin Luther King y de varios estudiantes universitarios; por el embargo Cubano; por la Guerra de Vietnam y la represión de los manifestantes contra ella.

Junto al desengaño y la frustración de las promesas incumplidas y las frecuentes y duras represiones de los que se manifestaban contra la violación de los derechos humanos, la causa explicativa más importante de los *motivos* y de los *objetivos* de las revueltas estudiantiles fue la elaboración y difusión de una *crítica fundamentada* de las ciencias humanas y del sistema sociocultural que se estaba configurando.

Esta crítica se había iniciado en las conferencias de numerosos intelectuales pronunciadas en noviembre de 1946, con motivo de la Primera conferencia General de la UNESCO, celebrada en París y presidida por Leon Blum. Continuó en los Congresos de intelectuales mencionados más arriba (pp. 73-74) y en los debates en torno a la "guerra fría" (pp. 75-76). En ese clima van surgiendo pequeños círculos contraculturales, artísticos y literarios en los que se inicia una crítica del sistema sociocultural y sobre su reproducción por las enseñanzas universitarias. El debate de estos grupos reducidos, como la llamada *Internacional Situacionista,* encontró una tierra fértil en los medios universitarios de jóvenes desengañados y decepcionados por las promesas incumplidas y, sobre todo, a partir de la represión de los manifestantes a favor de los derechos humanos y las libertades como sospechosos de comunismo y de los que protestaban en los Estados Unidos contra la movilización militar de los jóvenes norteamericanos para la Guerra de Vietnam.

En la década de los sesenta ni los gobernantes ni las autoridades universitarias interpretaron correctamente el movimiento contestatario estudiantil. Lo atribuían a la ignorancia, a la inconsciencia, a las veleidades políticas irresponsables de la juventud y, sobre todo, a la manipulación de los agitadores profesionales formados y pagados por el bloque enemigo (regímenes comunistas o regímenes capitalistas).

Los gobernantes y autoridades universitarias de la época no comprendieron que los estudiantes radicales rechazaban la *política educadora* y la *educación política* resultante, porque eran conservadoras y reproductoras de un *sistema injusto e inmoral,* que era necesario eliminar, construyendo una alternativa.

Afirmar que la rebelión de los estudiantes universitarios de los sesenta era fruto de la ignorancia, de la inconsciencia, de la irresponsabilidad o de la manipulación externa es una explicación simplista en el mejor de los casos y lo más probable malintencionada de los servidores incondicionales de los poderes fácticos de cada uno de los bloques enfrentados.

La rebelión contra los planes de estudio, la crítica de las ciencias psicológicas, sociales, políticas y económicas, la crítica de los profesores concretos de esas disciplinas y de sus clases magistrales, las prácticas de autogestión de las aulas, el cuestionamiento del sistema educativo y del sistema sociocultural vigente no podían ser fruto de la ignorancia, ni de la inconsciencia, ni de la irresponsabilidad ni de la manipulación en un medio hostil y represivo apoyado por todos los poderes de los Estados.

Una década de luchas exigía una *conciencia colectiva* de sus protagonistas elaborada en los debates colectivos bien informados por la investigación individual y colectiva, por el estudio y la lectura de obras de autores del presente y del pasado, que hacían críticas radicales del sistema sociocultural vigente en ambos bloques enfrentados y proponían alternativas para eliminarlos.

Los estudiantes radicales de los sesenta eran plenamente conscientes de que para lograr que sus compañeros asumieran sus objetivos y se sumaran a las luchas tenían que ser capaces de refutar las clases magistrales que recibían y la bibliografía ofrecida por los profesores. Esto suponía averiguar las fuentes de inspiración de cada profesor para someterlas a crítica. Por eso, a pesar de las penalizaciones recibidas, los protagonistas de aquellas revueltas lograban expedientes académicos brillantes.

En la elaboración de la conciencia crítica individual y colectiva de los estudiantes radicales, además de las influencias particulares de cada país, de cada universidad y de cada facultad, podemos señalar algunas influencias bastante comunes:

a) Los análisis de la Comuna de París (1871), del movimiento consejista de los años veinte y de la primera fase de la Revolución de octubre (1917).
b) La tradición marxista en todas sus versiones.
c) La tradición anarquista: Proudhom Bakumin, Kropotkin, Reclus.
d) Libros concretos ampliamente leídos: *El hombre unidimensional* de Herbert Marcuse; *La revolución sexual* de Wilhem Reich; el *Libro rojo* de Mao; *Historia y conciencia de clase* de Lukács; *El existencialismo es un humanismo* de Sartre; *La revolución teórica de Marx* de Althusser; *El segundo sexo* de Simone de Beauvoir.
e) Líderes emblemáticos: el guerrillero Che Guevara y Martín Louther King, ambos asesinados.
f) Líderes estudiantiles de la época: Rudi Dutschke, Mario Savio, el anarco-comunista Cohn-Bendit.
g) Autores marxistas preferidos: los escritos del joven Marx considerado como heterodoxo de sí mismo y, sobre todo, de lo que Edgar Morin llama la *vulgata marxista;* Lukács, Gramsci, Althusser y su discípula Marta Harnecker, freudo-marxistas como Wilhem Reich y Marcuse; autores anarquistas: Proudhon, Bakunin, Kropotkin y Reclus y otros de segunda fila.

En la segunda mitad de los sesenta se produce una convergencia de las luchas estudiantiles y de las luchas obreras, especialmente en el mayo francés del 68. Los estudiantes radicales asumen como propias las reivindicaciones y las luchas obreras y los obreros en huelga hacen suyas las reivindicaciones y luchas estudiantiles. Se reúnen para consensuar las estrategias de colaboración mutua. La convergencia es fruto de la autocomprensión de los estudiantes radicales como *"futuros proletarios"*, sometidos a las mismas condiciones laborales que los obreros huelguistas, y de la conciencia de que el desempleo de los sesenta ha venido para quedarse.

Los estudiantes radicales analizan la situación de los graduados universitarios que les han precedido y llegan a la conclusión de que están inmersos en un *proceso de proletarización* como técnicos en diferentes puestos de las empresas, como empleados de las administraciones públicas y de los servicios públicos, especialmente de la sanidad y de la educación, como funcionarios interinos y temporales. Consideran que sus condiciones laborales como futuros asalariados serán similares a la de los obreros industriales, a la de los empleados de las empresas comerciales y financieras, y a la de los empleados estatales como funcionarios o como interinos, porque "las profesiones liberales de antaño se están convirtiendo en profesiones asalariadas" (Nieto, 1977). La conocida como *Carta de la Sorbona* lo afirma explícitamente en varias de sus tesis (*Journal*, 1969, p. 347):

> **Tesis 4**: *De ahora en adelante somos trabajadores como los demás.*
> **Tesis 9**: *El estudiante se ha convertido en el proletario de la burguesía.*
> **Tesis 30:** *No queremos ser otra cosa que jóvenes trabajadores.*

Al mismo tiempo, los estudiantes radicalizados analizan las causas del desempleo creciente en los años sesenta y descubren tres causas principales:

a) La sustitución de trabajadores por bienes de equipo: progresiva automatización y aplicación de la "mecatrónica" (=mecánica electrónica), informática, robótica.
b) Reconversión industrial: fusión de empresas, creación de megaempresas (oligopolios), desarrollo de las multinacionales, que se convierten en transnacionales o supranacionales.
c) Deslocalización de empresas para abaratar los costes y aumentar los beneficios, buscando contextos más favorables: mano de obra abundante, legislación laboral laxa y permisiva, ausencia de sindicatos, "barra libre para *contaminar*". Consideran que estas estrategias han venido para quedarse y que irán creciendo en el futuro. Los obreros, que habían logrado un estatus de clase media en los *años gloriosos* del "estado del bienestar", de pronto se quedan sin empleo y con ellos se arruinan los pequeños negocios y los empleos indirectos que dependían de las industrias reconvertidas o deslocalizadas. La reducción de plantillas, los despidos masivos, los desempleos de larga duración, el aumento de los empleos precarios temporales e interinos, todo ello se vive como el *principio del fin del "estado del bienestar"*.

En esta situación, los estudiantes constatan en sus análisis la impotencia de los partidos socialistas y comunistas y de los sindicatos obreros integrados en los Estados capitalistas para detener el proceso de desempleo y los acusan de estar vendidos al sistema capitalista, sobre todo cuando algunos de ellos intervienen para paralizar las huelgas y manifestaciones. De hecho, denuncian lo que después teorizaría Nicos Poulantzas (1977) como la conversión de los partidos socialistas y comunistas y de los sindicatos obreros en "*funciones estructurales*" de los Estados capitalistas.

En las interminables asambleas, en que los estudiantes debatían y elaboraban sus objetivos reivindicativos y sus estrategias de actuación a corto, medio y largo plazo, no se olvidaron de ninguna dimensión importante del sistema sociocultural mundial, que consideraban injusto y perjudicial para todos los seres humanos como personas, para todas las etnias y pueblos, para la humanidad en su conjunto y para el ecosistema planetario.

Eran plenamente conscientes del contexto histórico en el que vivían y actuaban: la memoria viva de los horrores de la Segunda Guerra Mundial; el genocidio nazi y el holocausto. El trágico final de la guerra con dos bombas atómicas innecesarias; la consolidación de un mundo esquizofrénico dividido en dos bloques geopolíticos antagónicos; la guerra fría y la carrera armamentista; la carrera espacial; la inoperancia del Consejo Mundial de seguridad por la preponderancia de las Naciones vencedoras y el derecho a veto; la inoperancia de las Asambleas de la ONU y de sus principales organismos privados de poder ejecutivo para resolver los conflictos entre países y regiones y los problemas sociales y humanitarios analizados; los conflictos derivados de la creación del Estado de Israel: el desplazamiento de los palestinos y la confiscación de sus tierras y propiedades, las tres guerras expansivas con sus vecinos y, especialmente la *Guerra de los seis días* de 1967; la guerra de Vietnam; las reivindicaciones de los países *no-alineados* con ninguno de los dos bloques y, sobre todo, las reivindicaciones de las ex-colonias, que padecían un *neocolonialismo económico*, que llevaban a cabo las multinacionales y los Estados de las antiguas metrópolis: las primeras con la explotación de tierras, minas e industrias de las que eran propietarias, los Estados con el mecanismo de la deuda externa avalada a cambio de condiciones leoninas, como la compra de bienes de equipos tecnológicos y productos bélicos a las antiguas metrópolis y el libre mercado para competir con sus productos en las ex-colonias; el apoyo a dictaduras y gobiernos favorables; la promoción de golpes de estado; la corrupción de dirigentes; el aislamiento económico; en definitiva, el nuevo imperialismo y el nuevo colonialismo económico, político y cultural.

Todos estos temas estaban presentes en los discursos de los líderes del movimiento estudiantil y en los debates asamblearios. Por eso, el movimiento estudiantil de los sesenta logró poner en el primer plano todas las dimensiones de la crisis, que padecía el mundo Sociocultural Contemporáneo, obligando a los periodistas y medios de comunicación a hablar de ellas, a los académicos a iniciar nuevas investigaciones y análisis, a la plutocracia industrial y financiera a replantearse sus estrategias de actuación, a los partidos políticos y a los sindicatos a revisar sus planteamientos de fondo y sus programas.

En esta presentación atropellada de la complejidad de las revueltas estudiantiles de los sesenta no queremos olvidar un aspecto que la mayoría de los analistas pasan por alto o lo dejan en un segundo plano. En los años sesenta también desembarcaron en las asambleas de los estudiantes radicales militantes de los movimientos y asociaciones ecologistas hasta entonces minoritarios, marginales y desconocidos para el gran público y los medios de comunicación hegemónicos. Su causa resultaba extraña y su argumentación parecía estrambótica e increíble, pero resultaba provocadora y perturbadora.

Podemos sintetizar la argumentación de los ecologistas así: el Modo Capitalista de Producción y Consumo está generando una crisis ecológica que destruirá el sistema planetario y la humanidad a medio plazo, si no se frena ahora. Describían la crisis como *ecocida, biocida* y *antropocida,* aunque no usaban esta terminología. La denuncia de los ecologistas ponía en la picota el supuesto básico del Modo Capitalista de Producción y Consumo: el mito de que es posible un crecimiento económico exponencial e ilimitado que creará la sociedad de la abundancia y el bienestar material para todos.

A la luz de la argumentación crítica de los ecologistas la *Economía política* que teorizaba las posibilidades mágicas del Modo Capitalista de Producción y Consumo basado en las *tecnociencias,* aparecía tan ridícula como la Utopía de la "Insula Barataria" de D. Quijote y Sancho Panza. La crítica de los ecologistas iba más allá de las críticas de Herbert Marcuse en *El final de la Utopía* (1968) y en *El hombre unidimensional* (1968).

La argumentación provocó el desconcierto. La oligarquía plutocrática preparó las nuevas armas para defender su gobierno económico mundial que lo veían al alcance de la mano.

La causa de los ecologistas recibió un gran espaldarazo con la creación del Club de Roma en abril de 1968 por un nutrido grupo de científicos, economistas, educadores, humanistas, funcionarios, líderes políticos y empresarios convocados por el italiano Dr. Arillo Peccei y el escocés Alexander King, que encargó al MIT un *Informe sobre los límites del crecimiento económico*, publicado en 1972.

Otro acontecimiento que tuvo repercusión en el Movimiento estudiantil fue la convocatoria del Vaticano II por el Papa Juan XXIII el 25 de diciembre de 1961, que se clausuró el 8 de diciembre de 1965. Los objetivos marcados al Concilio eran tres: la reforma de la Iglesia, el acercamiento de las confesiones cristianas (Ecumenismo) y las relaciones de la Iglesia con el mundo. Los debates conciliares y postconciliares provocaron la dinamización de los movimientos católicos tradicionales y el surgimiento del Movimiento de las Comunidades Cristianas de Base. Eso provocó la incorporación masiva de los militantes católicos de los movimientos de estudiantes como, la JEC y la FECUM españolas, al movimiento estudiantil y de los militantes de las organizaciones católicas obreras de jóvenes y adultos a las luchas obreras de los años sesenta. En América Latina surgió la *Teología de la liberación*, que impulsó el compromiso de los militantes de los movimientos cristianos y de los miembros de las comunidades de base.

El legado de la rebelión de los estudiantes en los sesenta

Hay varias interpretaciones de las revueltas estudiantiles de los años sesenta a) las interpretaciones que pretenden captar su significado, su originalidad y su identidad como fenómeno único y singular en la coyuntura geopolítica mundial en que tuvo lugar;[5] b) las interpretaciones sesgadas llevadas a cabo *a posteriori* por las diferentes corrientes marxistas que pretenden encajarlo de modo coherente en sus planteamientos ideológicos, políticos, económicos, sociológicos, educativos; c) las interpretaciones de las élites económicas y políticas, especialmente de la oligarquía plutocrática, que lo consideran como una amenaza al sistema establecido por ellos, que es necesario reprimir y aniquilar.

A continuación, siguiendo a Edgar Morin y a Richard Gombin, vamos a intentar poner de relieve las aportaciones más novedosas de la rebelión de los estudiantes en los sesenta contra el Mundo Sociocultural Contemporáneo. El movimiento mundial de los estudiantes radicales, que se rebelaron contra el sistema sociocultural mundial, aunque tenía muchas características comunes y similares en todos los países y universidades, no era un movimiento uniforme y homogéneo, sino pluriforme y heterogéneo, abierto y

5 Entre estas destacan la interpretación de Edgar Morin en su artículo de 1978 titulado *"MAYOS"* y la de Richard Gombin en su libro de 1971 *Les origines du Gauchisme.*

flexible. No era fruto de una de una planificación de las élites implicadas en la guerra fría, ni de las "vanguardias revolucionarias", como suponían la mayoría de los gobernantes y las autoridades de las universidades. Era un movimiento espontáneo, creativo, contagioso, que se inventaba así mismo en las asambleas de debate interminables, en las que casi nunca llegaban a formular acuerdos vinculantes para todos, sino más bien recomendaciones de actuación y cooperación.

Por eso, su legado tampoco es algo terminado, definitivo, sino algo inconcluso y abierto. Era un rechazo global al sistema sociocultural vigente y una aspiración a un mundo nuevo y distinto, a una vida diferente, a otra sociedad y a otra política. Esa aspiración surgió espontáneamente porque los Estados, las organizaciones internacionales y los grandes partidos políticos eran impotentes para solucionar los problemas graves y urgentes que no admitían dilación. Siguiendo a Edgar Morin y Richard Gombin, destacamos las dos grandes aportaciones novedosas del movimiento estudiantil de los sesenta: **a)** La máxima expresión inicial de la crisis sistémica, global y planetaria del Mundo Sociocultural Contemporáneo; **b)** el izquierdismo como presagio del futuro.

La primera manifestación de la crisis sistémica, global y planetaria del Mundo Sociocultural Contemporáneo

Las revueltas estudiantiles en los cinco continentes constituyeron *la máxima expresión inicial de la crisis sistémica global y planetaria del Mundo Sociocultural Contemporáneo.* La rebelión de los estudiantes radicales no creó la crisis. Sólo la expresó y la reveló. El Mundo Sociocultural estaba en crisis. Pero la crisis venía de muy lejos. Su enfermedad se inició en su juventud y nunca se había curado del todo. Al contrario, se había ido agravando a través de los siglos. Los acontecimientos, los procesos conflictivos y los debates jurídicos y educativos aceleraron la crisis durante las décadas de 1940 a 1960.

Decimos que la rebelión de los estudiantes fue "la máxima expresión de la crisis", porque hubo otras muchas, anteriores y simultáneas, que no fueron tan globales, tan intensas y persistentes. La calificamos como *"inicial"*, porque inauguró un proceso de análisis y de manifestaciones de la crisis, que se han multiplicado desde entonces hasta nuestros días. Por ejemplo: el *15M* para bastantes analistas es un eco lejano del *Mayo del 68.*

El izquierdismo

La aportación más novedosa, más creativa y más influyente del movimiento estudiantil fue el *nacimiento del izquierdismo*, que no solo cuestionó el Mundo Sociocultural Contemporáneo, sino también la teoría tradicional de la revolución hegemónica en el movimiento obrero.

El izquierdismo es una crítica global del sistema/mundo vigente, una crítica de la izquierda tradicional, una crítica radical del Marxismo de Vulgata, la práctica de la democracia directa, defiende una combinación de luchas parlamentarias y extraparlamentarias, es crisol de reivindicaciones y promesas y es un proyecto de transformación radical.

El *izquierdismo* configurado como un movimiento revolucionario de contestación global entre 1966 y 1971, se interpretó a sí mismo como un crisol de *reivindicaciones* y *promesas pretéritas y presentes,* que debía cristalizar en un *proyecto de transformación* radical del Mundo Sociocultural Contemporáneo como sistema mundial económico, político y cultural y en un conjunto de programas de actuación inmediata. Sin embargo, sería una impostura falsificadora presentar el izquierdismo como una teoría transformadora sistémica, perfecta, completa y acabada asumida por todos los actores de aquellas revueltas estudiantiles y obreras. Lo más que se puede hacer es elaborar un catálogo de reivindicaciones, promesas y propuestas de actuación muy diversas y, a veces, contradictorias e incompatibles o inviables. Para elaborar ese catálogo, lo más útil es recurrir a las interpretaciones que pretenden captar el significado, la originalidad, la identidad de aquellas revueltas y compararlas entre sí, atendiendo especialmente a los lemas, pintadas y carteles: Entre esas interpretaciones destacamos las siguientes: *Los orígenes del izquierdismo* (1971) de Richard Gombin; *Los estudiantes en rebeldía* (1968) de K. Hermann; *La Revolución de la Revolución* (1978 y 2016) de J. Baynac; *Mayo del 68: Las nuevas formas de revolución* (2017) de F. Aguado Hernández; *Mayo el 68: La brecha y veinte años después* (2009) de Edgar Morin y otros; *La ideología revolucionaria de los estudiantes europeos* (1971) de A. Nieto.

Por nuestra parte, nos atrevemos a destacar el siguiente catálogo de reivindicaciones y promesas, provisional y sujeto a una revisión crítica más profunda:

a) Recuperar y refundir todas las reivindicaciones y promesas pretéritas y recientes más adecuadas para lograr los derechos y libertades de todos los seres humanos como individuos psicofísicos singulares e irrepetibles y como individuos sociales interdependientes, comunitarios y políticos para incorporarlas al proyecto revolucionario.

b) Recuperar y refundir en el proyecto revolucionario global todas las aspiraciones y reivindicaciones tradicionales del movimiento obrero revolucionario orientadas a la liberación de todas las alienaciones.
c) Reinterpretar el derecho de propiedad como el derecho a la distribución justa, equitativa y solidaria de los bienes materiales y culturales y como un proyecto intersubjetivo, mancomunado y recíproco de difusión de la propiedad o dominio suficiente de todo ser humano sobre los bienes materiales y culturales para vivir con dignidad y crecer como persona.
d) Rescatar y liberar las ciencias y las tecnologías del monopolio de los magnates del llamado "*complejo militar-industrial*" y del sistema productivo capitalista, destructor del ecosistema planetario, de la biodiversidad y de la humanidad para aumentar los beneficios de la oligarquía plutocrática.
e) Aplicar las ciencias y tecnologías a la recuperación y conservación del ecosistema planetario y de la biodiversidad y al bienestar de toda la humanidad.
f) Recuperar y refundir en el proyecto revolucionario común todas las aspiraciones y reivindicaciones tradicionales de autonomía, de control del poder en todas sus formas, y de autogestión solidaria de los bienes comunes materiales y culturales, y de los servicios públicos.
g) Recuperar y refundir en el proyecto revolucionario global las aspiraciones tradicionales del movimiento obrero a la participación en las deliberaciones y decisiones sobre los problemas sociales y sus soluciones, al autogobierno, a la autogestión, promoviendo la *democracia directa cívica, política y económica* en todos los niveles e instituciones de la sociedad y del Estado: familias, escuelas, empresas, instituciones estatales y supraestatales de todo tipo.
h) Promover ONG de todo tipo para implementar las luchas y presiones extraparlamentarias sobre los problemas más graves y urgentes.

Estos planteamientos fueron la levadura de numerosos movimientos sociales de luchas locales, nacionales y supranacionales, desde Mayo del 68 hasta nuestros días, y empiezan a consolidarse como un proyecto sólido de transformación del Mundo Sociocultural Contemporáneo.

La consolidación de la "tecnoutopía" globalizadora, que se disputan los promotores de la globalización económica y los promotores de la globalización ética

El uso de la "tecnoutopía" en las dos concepciones antagónicas de globalización: económica o ética

A finales de los sesenta, termina una etapa y empieza otra. Hay diversos síntomas de ese cambio de etapa. Los tres más relevantes son: **a)** el legado izquierdista de mayo del 68; **b)** la irrupción de la conciencia ecológica; **c)** y el desembarco de la *tecnoutopía,* que había sido patrimonio casi exclusivo de la tradición anarquista durante los siglos XIX y XX, en el campo de la oligarquía plutocrática.

Estos fenómenos provocaron la emergencia de dos concepciones antagónicas de la *globalización,* que se han ido transformando y consolidando desde entonces hasta nuestros días. Los intelectuales orgánicos de la plutocracia desarrollan una *tecnoutopía* al servicio de la *"globalización económica",* que otorga a la *actividad económica* y al Modo Capitalista de Producción y Consumo una primacía absoluta sobre la ética para consolidar "el gobierno económico mundial" y "el mercado global autorregulado".

Por su parte, los herederos del izquierdismo asumieron la *tecnoutopía* de la tradición anarquista al servicio de una *"globalización ecológica y democrática",* que otorga a la *actividad ética* la primacía absoluta sobre la *economía,* para consolidar la libertad, la igualdad y la fraternidad de todos los individuos, y de todos los pueblos, etnias y culturas.

La primera está orientada a homogeneizar, uniformar y unificar culturalmente a toda la humanidad y a concentrar el poder económico y político en la oligarquía plutocrática. La segunda está orientada al reconocimiento de las diversidades individuales, de la heterogeneidad cultural de las etnias y pueblos, a la construcción de una alianza colaborativa de la

Antroposfera, respetuosa con las diferencias culturales de las etnias y los pueblos, con la Biosfera y con la Ecosfera, y a la descentralización y distribución del poder político y económico.

Prehistoria de la "tecnoutopía"

Podemos distinguir *tres etapas* en el desarrollo de la *tecnoutopía:* la etapa predominantemente anarquista: Proudhon, Kropotkin, Reclus; la etapa de los sociólogos y politólogos mundialistas: Geddes, Otlet, Mumford y Mc Luhan; la etapa de la bifurcación de la *tecnoutopía:* orientada a la globalización económica plutocrática o a la globalización ética, democrática y ecológica. Acometer aquí la tarea de hacer una historia de la reelaboración continua de la *tecnoutopía* sería una digresión excesiva y perturbadora. Nos limitaremos a presentar lo más brevemente posible los planteamientos relevantes de los autores mencionados. Aunque otros pensadores, anteriores y contemporáneos de los mencionados, participaron en la elaboración de la *tecnoutopía* (Mattelart, 2000), hemos elegido una saga de autores que tienen relación de colaboración mutua o de dependencia relativa que convergen en McLuhan, que es punto de partida de la bifurcación.

La etapa anarquista: Proudhon, Kropotkin, Reclus

Para comprender la tradición anarquista es muy útil conocer los planteamientos de Max Stirner y Proudhon a los que Marx criticó sin piedad.

Proudhon inició una tradición de interrogantes sobre el vínculo de las redes técnicas con la "sana economía" y con la "democracia directa" para organizar la sociedad de "abajo arriba" mediante contratos concretos basados en el "principio de mutualidad" y en el "principio federativo" que garanticen la libertad y la igualdad de todos y la fraternidad entre todos.

Proudhon sólo se ocupó de lo que podía aportar el ferrocarril para la construcción de la República tal como él la concebía. Habla como un experto que domina el tema desde su práctica. Después de vender su imprenta, en 1840, empezó a trabajar en una empresa de transporte fluvial como responsable de la contabilidad y del departamento de litigios. En 1854, solicitó una concesión ferroviaria que le fue adjudicada, aunque inmediatamente fue anulada por razones políticas, entre las que estaba su crítica al diseño centralista de la red ferroviaria que estaba llevando a cabo el Estado jacobino.

En 1855, publicó *De las reformas a efectuar en la explotación de los ferrocarriles.* En el Prólogo Inscribió el lema "*Producir es mover*" tomado de los *Principios de economía política* de John Stuart Mill. El ferrocarril es un agente mercantil que mueve materias primas, productos terminados y personas (agentes comerciales).

El trazado de la red ferroviaria impuesto por el Estado acentúa la "gravitación universal" de Francia hacia París, la "subalternación de los departamentos a la capital". Los "barones del ferrocarril" no se preocupan lo más mínimo del interés público. La "feudalidad industrial" impuesta por la "*bancocracia*" debe desaparecer y dejar sitio a la "democracia industrial", a la sociedad de trabajo mutuo basado en el principio de la "mutualidad universal", que supone que todos los trabajadores trabajan unos para otros y no para un empresario que les paga y se queda con su producto. La red ferroviaria se debe adecuar a la democracia industrial que facilite el libre movimiento de mercancías –materias primas y manufacturas– y de personal entre pueblos, comarcas, regiones, departamentos, etc. Proudhon subordina el modelo de implantación de la red ferroviaria a la acción descentralizadora del principio de mutualidad y del principio federativo.

En su *Manual del especulador en bolsa* había aplicado la misma fórmula para desbaratar el proceso monopolizador de las redes financieras del capitalismo monopolista, al proponer la desaparición del interés del dinero que se garantizaría mediante un "*Banco mutual de crédito gratuito*".

El geógrafo ruso Piotr Kropotkin (1842-1921) y el geógrafo francés Elisée Reclus (1830-1905), aunque mucho más jóvenes que Pierre Joseph Proudhon (1809-1865), en parte fueron contemporáneos suyos. Pero lo más importante es que ambos conocían a fondo y compartían los planteamientos de Proudhon. Ambos estaban exiliados: Reclus por haber participado en la *Comuna* de parís en 1871 y Kropotkin, miembro de la federación anarquista del Jura, se había evadido de las prisiones zaristas. Ambos militaron juntos en la Federación anarquista de Ginebra, que lanzó el *Insurgente.* Kropotkin colaboró en la obra monumental de Reclus *Geografía Universal* en 19 volúmenes publicada escalonadamente entre 1875 y 1894.

Kropotkin conecta su reflexión sobre la sociedad federativa e igualitaria, basada en el "principio de mutualidad universal" y en el "principio federativo" con las posibilidades que ofrece la electricidad.

Entre 1888 y 1890 publica una serie de artículos, que reúne en un libro titulado *Campos, fábricas y talleres* publicado en 1899. Tres años más tarde, en 1902, publica *El apoyo mutuo: un factor de evolución*, que es otra recopilación de trabajos publicados entre 1890 y 1896. Este libro es fruto de una polémica con Thomas H. Huxley (1825-1895), profesor de Herbert George Wells, en torno a la teoría darwiniana de la evolución, provocada por un artículo de Huxley titulado *"Manifiesto de la lucha por la existencia* (1888).

Kropotkin acusa a Huxley de reducir la explicación de la teoría darwiniana de la evolución exclusivamente al principio de competición y lucha por la vida, ocultando de paso el otro aspecto menos conocido, que pone el énfasis en la *ley del "apoyo mutuo" y del "soporte mutuo"*. La historia de la humanidad también ofrece muchas manifestaciones de esta espontánea ayuda mutua. Los historiadores no suelen tener en cuenta este enfoque, porque no se preocupan por la gente de abajo. "La historia popular está todavía por hacer" (Kropotkin, 1910). La tendencia a la ayuda mutua se manifiesta en todas las épocas de la marcha de la humanidad tanto en el clan primitivo, como en la comunidad aldeana de los bárbaros o la ciudad medieval, hasta la constitución del Estado.

El curso de los acontecimientos conduce a los pueblos ineluctablemente, hacia las formas superiores de cooperación libre y espontánea entre los individuos, los grupos, las regiones y las naciones, haciendo superfluo el modo de organización colectiva en Estados.

Hemos dejado atrás, afirma Kropotkin, la era "*arqueotécnica*" del vapor y de la concentración industrial en determinadas ciudades y zonas. Entramos en la era de la "*neotécnica*". Fascinado por el potencial de la energía eléctrica y de su capacidad descentralizadora, considera que van a emerger nuevas formas de vida, que no vendrán impuestas desde arriba, sino que "se harán sobre mil puntos a la vez" desde abajo. La electricidad permitirá la diseminación de las industrias por todo el territorio tanto a escala nacional como por toda la superficie del globo, de tal forma que cada comunidad produzca y consuma ella misma la mayor parte de sus productos agrícolas y manufacturados. Cada sociedad podrá depender de sí misma y aprovechar todos sus recursos. Kropotkin menciona experiencias llevadas a cabo en Rusia e Inglaterra sobre la simbiosis de la industria manufacturera y la agricultura (pueblos industriales o industrias en los campos), aprovechando la electricidad para acelerar el crecimiento de los cultivos y mejorar su rendimiento, para desarrollar industrias que transforman los excedentes de productos agrícolas y transforman otros recursos de la comarca, zona o región en manufacturas explotables.

Elisée Reclus (1830-1905) defiende con Kropotkin que la electricidad puede "acelerar el advenimiento de la Patria Grande [globo terrestre y la humanidad] que tendrá su centro en todas partes y su circunferencia en ninguna". Elisée Reclus escribe en la conclusión del último tomo de su *Geografía Universal:*

> "En todas partes, he de decir, me sentí como en mi casa, como en mi país, entre los hombres, mis hermanos. No creo haberme dejado arrastrar por ningún sentimiento que no fuera el de la simpatía y el respeto por los habitantes de la Patria Grande. En esta bola que gira tan rápido en el espacio, grano de arena en medio de la inmensidad ¿valdría la pena odiarse unos a otros?".

Entre 1866 y 1868 publica tres artículos en la *Revista de los dos Mundos* y uno en la *Revista política y literaria* en la que toma partido por Paraguay, que estaba en guerra con la triple alianza de Argentina- Brasil- Uruguay y rehabilita la historia de las *Reducciones jesuíticas* de Paraguay, denigradas por la leyenda negra de la Ilustración.

Lewis Mumford, historiador de la ciudad, las técnicas y las utopías sociales valora el libro de Kropotkin *Campos, fábricas y talleres* del siguiente modo:

> "En este libro notable, Piotr Kropotkin ha hecho una aportación precoz. Adelantándose medio siglo, al menos, a las ideas económicas y técnicas de su época, **comprendió que la flexibilidad y la adaptabilidad de la comunicación eléctrica y de la potencia eléctrica** [el subrayado es nuestro], al mismo tiempo que las posibilidades de los métodos intensivos del cultivo biodinámico, sentaban las bases de un desarrollo humano más descentralizado, en pequeñas unidades, que restaura el contacto humano directo y que se beneficia, a la vez, de las ventajas de la ciudad y del campo".

Mumford en los años treinta empezó a construir la "historia de la ciudad" tomando prestada del geógrafo ruso anarquista su periodización de la historia de las técnicas.

McLuhan se inspira en las tesis críticas del industrialismo de Kropotkin, Geddes y Mumford y asume las posibilidades que ofrece la electricidad para recrear la comunidad, aunque privándolas de la fuerza corrosiva que el pensamiento "tecnoutópico" les había insuflado. Acepta el principio de que la "electricidad no centraliza, descentraliza".

Como veremos más adelante, el concepto de "aldea global", es el punto de partida de la bifurcación de la "tecnoutopía". A partir de McLuhan se entiende la propuesta de Jean Jacques Servan-Schcreiber, que pronostica en su obra *Desafío Mundial* (1980), publicado simultáneamente en veinte lenguas, que el "tercer mundo" puede saltarse las etapas de la industrialización clásica y tender, en el plazo de una generación, a igualarse a los países industrializados gracias al poder descentralizador de la telemática y la informática basadas en la electricidad. El ordenador simboliza la alianza entre el campesino y la herramienta providencial.

Desde Proudhon a Jean Jacques Servan-Schcreiber hay un hilo conductor de la *tecnoutopía* orientada a la *globalización democrática* y *ecológica basada en la Ética.* Pero en la década de los setenta los intelectuales orgánicos de la oligarquía plutocrática elaboran y ponen en práctica la "tecnoutopía" orientada a la globalización económica plutocrática –"gobierno económico mundial" y "mercado global autorregulado"– basada en la primacía absoluta de la actividad económica sobre la Ética. Emergen así dos concepciones antagónicas de la globalización basadas en la tecnoutopía.

La relación de las tecnologías con otras concepciones de la utopía planetaria: Wells, Bellamy, Morris

Hemos descrito a grandes rasgos la prehistoria de la *tecnoutopía* desde la perspectiva del individualismo anarquista radical y de su propuesta de un cooperativismo integrador desde los territorios locales hasta abarcar toda la superficie terrestre. Pero no podemos olvidar ni pasar por alto que hubo otras concepciones paralelas y contemporáneas de la utopía planetaria y que todas plantearon algún tipo de relación con las tecnologías. Hay varios tipos de tecnologías que se desarrollaron durante el siglo XIX y la primera mitad del siglo XX: *tecnologías mecánicas:* que originan la proliferación de máquinas transformadoras de las materias primas y fabricadoras de objetos manufacturables, alimentadas directamente o indirectamente por energías fósiles: máquinas de vapor alimentadas con carbón, derivados del petróleo y gas; máquinas basadas en la mecánica electrónica y en la robótica; *tecnologías de la comunicación:* la tecnología postal, el telégrafo, el teléfono, la radio, el cine, la televisión, la comunicación sin hilos vía satélite, internet, periódicos, revistas, libros, tecnologías de la publicidad; *tecnologías del transporte* basadas en la mecánica tradicional, la mecánica electrónica y la mecánica robótica: ferrocarriles, barcos, coches, aviones, etc.; *tecnologías bélicas*: armas, bombas, tanques y aviones de combate.

Todas las formulaciones y concreciones de la utopía planetaria parten de un concepto de sociedad plausible y deseable, posible y realizable y a partir de él asignan funciones a la tecnología, a las ciencias, a la cultura, a las actividades económicas, jurídico-políticas, instructivas y educadoras. Por eso a continuación mencionaremos el concepto central de sociedad que propone cada utopía planetaria y el papel que asigna a la tecnología.

Como expusimos en la primera parte de este trabajo, Erasmo propuso una utopía planetaria que tenía tres elementos fundamentales: eliminar la guerra, consolidar una paz universal y duradera y desarrollar la fraternidad universal entre todos los seres humanos como individuos y entre todos los pueblos, etnias y culturas que integran la humanidad y habitan la superficie del globo terrestre. Desde entones numerosos humanistas han reelaborado y metamorfoseado la utopía planetaria de Erasmo. Los ilustrados le dieron un gran impulso a su reelaboración y transformación. Entre las aportaciones de los ilustrados destaca el ensayo de Kant: *Proyecto para una paz universal y perpetua* (1796).

Desde la década de 1840 hasta las vísperas de la Segunda Guerra Mundial, las redes internacionales de la sociedad civil mantuvieron numerosos debates abiertos sobre la paz universal, sobre la necesidad de elaborar y consensuar un proyecto de comunidad de naciones para detener la violencia de los enfrentamientos entre nacionalismos exacerbados. Se multiplicaron los congresos de todo tipo, las conferencias, las asociaciones internacionales.

Como fruto de todos estos debates, congresos, reuniones y creaciones de sociedades internacionales, durante la segunda mitad del siglo XIX, los intelectuales orgánicos del bloque de clases dominantes y del bloque de clases dominadas, que se iban configurando a partir de la Revolución Francesa, fueron elaborando y formulando cuatro imaginarios colectivos de la utopía planetaria, dos para el bloque dominante y dos para el bloque dominado con sus respectivos matices dependientes del contexto sociocultural de cada lugar.

En el imaginario de la *oligarquía plutocrática mundial* (financiera, mercantil de industrial) la utopía planetaria se concreta en la construcción progresiva de *un gobierno económico mundial*, dirigido y controlado por ella, que sea independiente de las Naciones-Estado y esté por encima de ellas. Los dos grandes mecanismos para la construcción de ese gobierno son la consolidación de las empresas "supranacionales" (transnacionales o mundiales) y el mecanismo de la deuda externa de los países.

En el imaginario de las oligarquías plutocráticas nacionales, la utopía planetaria adopta dos enfoques diferentes: uno antagónico a la utopía planetaria de la oligarquía plutocrática mundial y otro convergente con ella, aunque con alguna diferencia sustancial.

El primer enfoque pone el acento en la soberanía y autonomía intocable de las Naciones-Estado y, consecuentemente, concibe la utopía planetaria como una Federación de las Naciones-Estado autónomas y soberanas, que no admite injerencias de ningún tipo, coordinada por un conjunto de organismos internacionales que respeten la soberanía íntegra de cada Nación-Estado y que colaboren con los servicios públicos de cada Estado nacional. Esta es la fórmula ensayada por la "Sociedad de Naciones" después de la Primera Guerra Mundial y por la ONU, después de la Segunda Guerra Mundial. Esta fórmula priva a los organismos internacionales de poder legislativo, judicial y ejecutivo e impide el consenso unánime y mayoritario, si algunas Naciones-Estado tienen el privilegio de veto a los acuerdos.

El segundo enfoque pone el acento en una progresiva integración económica, jurídico-política, cultural y educativa y una progresiva ampliación del poder legislativo, judicial y ejecutivo de la Federación de Naciones-Estado, que implica un progresivo recorte de las soberanías nacionales hasta culminar en un Estado Mundial plenamente soberano y dotado de todos los poderes. Los pasos a seguir para llegar a esta meta a largo plazo sería la progresiva integración de las Naciones-Estado en regiones geopolíticas cada vez mayores y más cohesionadas, dotadas de un *Superestado*. Este enfoque tiene dos grandes riesgos: el nacimiento de nuevos imperialismos antagónicos y quedar atrapados en el gobierno económico mundial de la oligarquía plutocrática mundial.

Herbert George Wells (1866-1946), aunque se sitúa en la tradición crítica del industrialismo y del maquinismo, en tres de sus obras refleja con reservas la viabilidad de este enfoque: *Anticipaciones. Efectos del progreso mecánico y científico sobre la vida y el pensamiento humanos* (1901), *Una utopía moderna* (1907), *El mundo se libera* (1914), traducido al francés en 1995 con el título *La Destructión liberatrice* (1995 (*La Destrucción liberadora).* La crítica del industrialismo y del maquinismo la realiza en diversas obras: *Cuando el durmiente se despierte* (1898), *La guerra de los mundos* (1898), *La máquina del tiempo* (1895) y *Cuentos del espacio y del tiempo, La guerra en los aires.*

Las utopías anteriores eran estáticas. La que Wells imagina no es un equilibrio social, paradisiaco, que ya se ha alcanzado, sino un mundo contradictorio que se está haciendo, como anuncia en uno de sus primeros ensayos titulado *La humanidad sin terminar*. En sus *Anticipaciones* cree que los movimientos sociales eslavo, alemán, latino y anglosajón anuncian el refuerzo de grandes bloques que desbordan los Estados-Nación. Ese reforzamiento continuará entre negociaciones y luchas encarnizadas por el "predominio físico". Probablemente, habrá que añadir la unión de los pueblos amarillos. Paralelamente a esa configuración político-cultural macrorregional, también irá tomando forma la idea de un Estado Mundial y de una Ciudad Mundial.

En el imaginario del bloque de clases dominadas la utopía planetaria también se bifurca en dos enfoques divergentes o antagónicos: el enfoque elaborado desde la perspectiva del individualismo anarquista radical y de su propuesta de un cooperativismo integrador desde los territorios locales hasta abarcar toda la superficie terrestre; el segundo enfoque tiene un gran parecido con el de las oligarquías nacionales, que están abiertas a la construcción de grandes regiones geopolíticas con sus propios Superestados y la progresiva unificación de todas las Naciones-Estado en un Estado único mundial.

El socialista Edward Bellamy (1850-1898) en su novela utópica *Mirando hacia atrás: 2000-1887,* publicada en 1888, con un éxito fulgurante de un millón de ejemplares vendidos en Estados Unidos, y el socialista William Morris (1834-1896), que critica la interpretación de la utopía planetaria de Bellamy, y propone una visión alternativa más matizada en su novela *Noticias de ninguna parte* (1891), se pueden considerar representantes del *"imaginario colectivista"* y precursores del proyecto ensayado en la URSS a partir de la Revolución de octubre (1917). La línea central de la crítica de W. Morris a E. Bellamy considera que esa visión del "socialismo de Estado" se parece demasiado a la sociedad capitalista real. En la década de 1960 algunos interpretarán que el "capitalismo individualista occidental" y el "socialismo real" del este eran un parto gemelo de dos capitalismos: el capitalismo individualista y el capitalismo estatalista.

Las funciones asignadas a las tecnologías por las oligarquías plutocráticas

Los *imaginarios colectivos* de la oligarquía plutocrática mundial y de las oligarquías plutocráticas nacionales, en sus concepciones concretas de las Naciones-Estado y de la "utopía planetaria" como "gobierno económico mundial supranacional" o como "federación de naciones autónomas y soberanas" o como "federación de Naciones-Estado" orientadas a la creación de "un solo Estado mundial" jurídico-político y económico, pasando por "superestados geopolíticos regionales", *asignan a las diversas tecnologías funciones acordes con los principios de la Economía política.*

Los principios fundamentales de la economía son: el liberalismo económico basado en la libre competencia; la propiedad privada concebida como un derecho absoluto a la acumulación personal ilimitada de riqueza transmisible a los miembros de la familia por herencia u otras fórmulas de sucesión; reconocimiento de la primacía absoluta de las actividades económicas y del Modo Capitalista de Producción y Consumo sobre la Ética, limitando la Antropoética, la Bioética y la Ecoética. Atendiendo a estos principios podemos comprobar los siguientes hechos:

- Las funciones asignadas, durante los siglos XIX y XX, a las tecnologías de la mecánica primitiva, de la electromecánica, de la mecánica electrónica (mecatrónica) y de la robótica son: el aumento de la productividad, la disminución de los costes (salarios y otros), la competitividad en los mercados para aumentar los beneficios, la acumulación de capital y del poder económico y político. Para las oligarquías plutocráticas la única utopía es el crecimiento ilimitado de los beneficios.
- Por eso, cuando las empresas no son rentables, las tres grandes opciones son sustituir los trabajadores por bienes de equipo, cerrar las empresas o deslocalizarlas. Estas prácticas se legitiman con un discurso aparentemente verdadero: durante las vacas gordas, son los obreros los que producen los beneficios que se reparten los accionistas; pero los empresarios y sus portavoces proclaman a bombo y platillo que gracias a ellos los trabajadores tienen empleos, salarios y poder adquisitivo para comprar sus productos; cuando se sustituyen obreros por bienes de equipo se cierran o se deslocalizan las empresas, llevándose beneficios para invertirlos en otro negocio o lugar, ¿siguen siendo creadores de empleo?
- Lo más lacerante son las funciones asignadas a las tecnologías bélicas pagadas con dinero público procedente de los impuestos de todos, pero organizadas como un monopolio privado y un negocio altamente rentable. Son instrumentos de dominación, de destrucción de personas, de ciudades, de pueblos, de sus economías y de sus culturas y del medio ambiente. La mayor parte de la inversión en investigación y tecnología va a la industria militar. Este planteamiento está en las antípodas de un proyecto de paz perpetua.

- Las funciones asignadas a las tecnologías farmacéuticas y agroalimentarias explícitamente reconocidas pueden considerarse razonables. Pero se organizan como negocios monopolistas rentables, su transparencia es escasa y no hay un control público suficiente en la puesta en circulación de productos que pueden perjudicar la salud, provocar nuevas enfermedades y contaminar el medio ambiente.
- Las funciones asignadas a las tecnologías del transporte son razonables dentro de unos límites, porque facilitan la movilidad rápida y a grandes distancias de las personas y de las mercancías dentro de cada país y por todo el planeta. Pero concebidas no como servicios necesarios, sino como negocios rentables, se aumenta la movilidad excesiva de personas y mercancías y se ponen en circulación más vehículos de los necesarios para un servicio razonable, que consumen enormes cantidades de energías fósiles que contaminan el planeta, degradan la vida de las ciudades y agotan fuentes de recursos que necesitarán las futuras generaciones de la humanidad.
- Por último están las tecnologías de la comunicación que concebidas como negocios privados pueden tener funciones ambiguas y contradictorias; funciones positivas como: facilitar la comunicación interpersonal a escala local, nacional y mundial, informar, difundir conocimientos útiles, participar en debates públicos a grandes distancias, realizar programas de formación *on line*, difundir documentales, programas artísticos y deportivos, programas de entrenamiento; pero también pueden tener funciones negativas como: controlar a los ciudadanos, difundir noticias falsas, hacer publicidad engañosa, descalificar y desprestigiar sistemáticamente a los movimientos sociales críticos de las situaciones injustas, adoctrinar, fomentar enfrentamientos innecesarios para conseguir algún tipo de rentabilidad; en esta línea, el ejemplo más deplorable durante tres décadas fue la llamada "guerra fría"entre los tres grandes bloques geopolíticos.

El *imaginario socialista* que pone el acento en la conquista de los Estados nacionales para nacionalizar y colectivizar a todas las empresas financieras, industriales y comerciales, y todos los servicios públicos comparte varios principios de la *Economía política* con la plutocracia mundial y con las plutocracias nacionales, que defienden una utopía planetaria basada en la alianza de las Naciones-Estado como proceso para construir superestados en las regiones geopolíticas como paso previo para construir un Estado mundial. Entre esos principios destacan los siguientes: la creencia de que es posible un progreso material ilimitado en un planeta finito que garantizará la abundancia y el "estado de bienestar" a todos los seres humanos; la convicción de que el Modo Capitalista de Producción y Consumo puede ser un instrumento eficaz para lograr el bienestar colectivo, simplemente cambiando su finalidad, y poniéndolo en manos de una élite vanguardista que transforme la sociedades capitalistas en repúblicas socialistas; la creencia de que es posible conseguir la utopía planetaria de un Estado socialista mundial mediante una alianza de repúblicas socialistas autónomas y soberanas, que progresivamente irán renunciando a su soberanía absoluta para integrarse en un Estado Socialista mundial.

Este es el planteamiento que crítica William Morris y que cuestiona, desde su raíz, el individualismo anarquista radical. Esta división se hizo patente en 1915, en la Conferencia de Zimmerwald (Suiza), que certificó la ruptura de la Segunda Internacional Socialista, cundo la mayoría de los socialdemócratas alemanes, de los laboristas ingleses y de los socialistas franceses, decidieron apoyar a sus respectivos gobiernos en la opción por la guerra, rompiendo con el internacionalismo obrero y con la "consigna antimilitarista y antipatriótica" proclamada por la Confederación General del Trabajo (CGT). En la Conferencia internacional de Kienthal (Suiza), en abril de 1916, Lenin condena nuevamente la participación de los socialistas en la defensa de su nación.

El internacionalismo pacifista como utopía planetaria (1889-1919)

A partir de 1889, durante las dos décadas anteriores a la Gran Guerra, la mayoría de los autores, defensores de la paz universal, identifican la utopía planetaria con el *internacionalismo pacifista*, aunque con diversos matices. Al mismo tiempo, otras corrientes minoritarias cuestionan el *internacionalismo pacifista* como inviable o insuficiente desde dos perspectivas fundamentales: los que pronostican que el progreso acelerado de los medios de comunicación provocará la progresiva desaparición de los vínculos territoriales de las naciones y los que, desde la concepción organicista de la sociedad, consideran que el pacifismo internacionalista es insuficiente y defienden que es necesario concebir la utopía planetaria como *interdependencia mutua y solidaridad recíproca.*

Después de la Gran Guerra, los internacionalistas de todas las tendencias, tanto los defensores del *internacionalismo capitalista* como los defensores del *internacionalismo socialista,* se sintieron decepcionados, por el fracaso del *pacifismo internacionalista* que no logró evitar la guerra.

A partir de 1889, el *movimiento pacifista* iniciado cuarenta años atrás y basado en el internacionalismo, recibió un gran impulso.

En 1889, se celebra en París una nueva Exposición Universal. Paralelamente se celebra un nuevo *Congreso para la paz,* que pretende conmemorar el aniversario de la *Declaración de los Derechos del hombre y del ciudadano* proclamada durante la Revolución francesa, que sirvió de Preámbulo a la Constitución de 1791. Los organizadores pretendían lograr una *Declaración del Derecho de los pueblos.* El *Congreso* fue convocado por la *Sociedad Amigos de la paz* francesa, por la *Liga Internacional de la paz y la libertad,* ambas creadas en 1867 y por la *Liga, para el arbitraje y la paz internacional,* creada en Inglaterra en 1880 con el nombre de *Sociedad Obrera de la paz.*

Al término del Congreso de 1889, las sociedades nacionales de la paz deciden establecer en Berna la Oficina Internacional de la paz como Comité permanente de coordinación. Las sociedades nacionales de la paz deciden también celebrar cada año un "Congreso Universal" sobre la paz en distintas ciudades. Esas "Asambleas pasajeras" (*itinerantes*) preludio del "futuro parlamento de las naciones", según la terminología de sus iniciadores, se celebran sucesivamente hasta la víspera de la Gran Guerra en Londres, Roma, Berna, Amberes, Chicago, Budapest, Hamburgo, Turín, Glasgow, Mónaco y Ruán.

Durante la misma Exposición del1889, Pierre de Coubertin (1863-1937) organiza la primera Conferencia internacional sobre educación física, preludio del restablecimiento de los juegos olímpicos, considerando el *olimpismo* como Auxiliar de la "causa de la paz".

En la Conferencia de paz reunida en la Haya en 1899 se crea el Tribunal permanente de arbitraje de los conflictos y en la Conferencia de 1907 se consagra la expresión "*Sociedad de Naciones*".

En 1910, la *Sociedad Amigos de la paz* lanza una colección de obras históricas de referencia, multilingües, aptas para fundar la "Ciencia de la paz". Muchos vieron una oportunidad para redescubrir las obras de Francisco de Vitoria. La iniciativa recibió apoyo financiero de dos mecenas norteamericanos: La *Fundación para la paz mundial* y *La Fundación Carnegie para la paz.*

En 1893, el francés René Worms (1869-1926), fundador del Instituto Internacional de Sociología, fundó también la *Revue internationale de Sociologie.* Henri Decugis, en 1894, publica en ella un artículo titulado: "De la influencia del progreso de las comunicaciones sobre la evolución de las sociedades". Según Decugis, "los vínculos sociales son, por un lado, cada vez menos territoriales y, por otro, cada vez más intrínsecos y puramente humanos: ... La organización política de la sociedad continuará perdiendo, progresivamente todos los elementos territoriales" (pp. 508-509).

Los epígonos de la Sociología Organicista como el inglés Herbert Spencer, el alemán Albert Schäffle y el francés René Worms crean la noción de "*interdependencia*", asimilando la sociedad a un cuerpo vivo y aplicando mecánicamente la terminología biológica para describir la sociedad: las redes de transporte son asimiladas a los vasos sanguíneos; las redes de comunicación telegráfica son equivalentes a los nervios del cuerpo social. En 1906, dos geógrafos (Fallex, M. y Mairey, A.) conciben la Tierra como un organismo viviente, cuyas partes están en una dependencia recíproca con repercusión de los efectos sobre las causas.

En este contexto, el socialista radical Leon Bourgeois (1851-1925) utiliza la metáfora del "cuerpo viviente" para explicar su doctrina del *solidarismo* y popularizar la noción de "*sociedad de naciones*". La "reciprocidad de las partes", la "ley general de dependencia recíproca", se convierte en la "*ley de la interdependencia global*". La noción de responsabilidad mutua de todos los hombres en todos los hechos sociales no había sido percibida hasta que se introdujo la idea nueva de la solidaridad biológica".

Según Leon Bourgeois, la responsabilidad mutua es un deber. Ya no basta con pensar la relación del individuo y el grupo, según el esquema del archipiélago de los Robinsones, donde era suficiente que cada uno se abstuviera de pisar la isla del vecino, para cumplir el derecho y el deber. El hecho de que algunos sean deudores eternamente insolventes y los otros acreedores eternamente impagados conduce a la necesidad de una liquidación, de "un borrón y cuenta nueva", de una regularización de cuentas que restablezca la justicia.

Según Leon Bourgeois, del mismo modo que una nación no puede pretender la paz social, sin crear un sistema completo de seguros que protejan al individuo de los riesgos de la enfermedad, del desempleo, de la invalidez o de la vejez, la Sociedad de Naciones sólo puede contribuir al entendimiento universal, si pone a cada uno de sus miembros a cubierto de la amenaza de agresión por parte del otro.

En 1912, en vísperas de la Gran Guerra, La Fontaine y Paul Otlet cierran en Bruselas, sede de sesenta y cinco "organismos de interés público, mundial, universal", el primer número de la revista mensual *La vida internacional.* La presentación de la revista es, al mismo tiempo, una síntesis de los principios y de las realidades del internacionalismo pacifista y un programa de actuación. La vida internacional, cada día más intensa, no suprime la vida de las naciones, la vida de las ciudades, la vida de las aldeas, se superpone a ellas. Hasta hoy ninguna revista ha señalado lo que este movimiento tiene de orgánico y constructivo en relación con la sociedad internacional. La misión de las asociaciones internacionales, que han surgido por una auténtica "generación espontánea", es acelerar la "*solidarización*" mediante la universalización de las ideas, las técnicas y las nomenclaturas. Según La Fontaine y Otlet, las asociaciones internacionales han organizado más de 2.100 reuniones internacionales desde 1840, fecha del primer Congreso Internacional.

La Guerra y la Paz (1914-1920)

A pesar de los esfuerzos del movimiento pacifista desde 1840 y, especialmente, de los debates y propuestas del pacifismo internacionalista, durante las dos décadas anteriores a la Gran Guerra (1889-1914), la paz fue imposible.

El detonante de la Primera Guerra Mundial, que cogió a todos por sorpresa, fue el asesinato del Archiduque Francisco Fernando, heredero del Imperio Austro-Húngaro, y de su esposa en Sarajevo el 28 de junio de 1914. Entre julio y agosto se suceden las declaraciones de guerra entre los dos bloques de aliados: **a)** Alemania, Austria, Hungría a los que se suma el Imperio Otomano; **b)** Rusia, Francia y Gran Bretaña, a los que se suman Montenegro y Japón. Estados Unidos e Italia se declaran neutrales, aunque, finalmente, participaron en la guerra.

La guerra empezó el 3 de agosto de 1914, cuando el grueso del ejército alemán cruzó la frontera germano-belga aprovechando que las fuerzas enemigas estaban concentradas en la frontera germano-francesa en torno a Verdún. La guerra a través de muchos avatares y grandes masacres duró hasta 1918. Después de muchos armisticios parciales, el 11 de noviembre de 1918 se firma el *armisticio final* que da por terminada la guerra.

El 8 de marzo de 1917, empiezan en Rusia las revueltas sociales que desembocan el 24 de octubre del antiguo calendario ruso (6 el noviembre del calendario actual) en la Revolución de Octubre, origen de la guerra civil que se prolongó hasta 1921 y enfrentó al Ejército Rojo de los bolcheviques con el Ejército Blanco de los partidarios del Zar.

El 8 de marzo de 1917, el despido de numerosos obreros provoca el levantamiento y la agitación que llevan a la huelga general. El 12 de marzo el ejército se une a la insurrección, logra la rendición e las tropas leales al Zar y permite el asalto popular al Kremlin, que deriva en la creación de un soviet. El 14 de marzo abdica el Zar y se constituye un gobierno provisional, liderado por el príncipe Lvov y formado por la burguesía y la nobleza frente al poder efectivo de los soviets populares.

El 21 de julio dimite el príncipe Lvov y Alexander Ferodovich Kerensky se convierte en primer ministro. En septiembre el general Kornilov intenta un golpe de estado frenado por los bolcheviques liderados por Lenin, Trotsky y Stalin.

El 24 de octubre de 1917 (6 de noviembre) se inicia la Revolución de Octubre que conduce a la huida de Kerensky y a la disolución del gobierno provisional. Lenin asume el mando hasta su muerte en 1924. El 17 de diciembre, los aliados rompen las relaciones con el Régimen de Petrogrado que será llamado sucesivamente Leningrado y Stalingrado.

El 18 de enero de 1918 Rusia es declarada República y adopta un sistema federal configurado según los principios del socialismo marxista. Así surge la Unión de Repúblicas Socialistas soviéticas (URSS).

Después de firmar el armisticio final de la guerra, el 11 de noviembre de 1918, y de la ruptura de los aliados, en diciembre de ese mismo año, con el Régimen surgido de la Revolución de octubre, el 18 de enero de 1919 se inauguran las Conferencias de paz en París (1919-1920), que desembocan en el Tratado de Versalles y en el pacto de la Sociedad de Naciones.

La Conferencia de paz sólo reúne a las potencias vencedoras: Estados Unidos, Francia, Gran Bretaña, Italia y Japón. Teóricamente se supone que las decisiones serían adoptadas en igualdad de condiciones por los cinco. Pero, en la práctica, las decisiones fueron tomadas por las tres primeras, que estaban de acuerdo y eran mayoría. En el Tratado de Versalles se proponen cinco tratados de paz de los aliados con los países vencidos y la creación de la Sociedad de Naciones de acuerdo con los *"Catorce Puntos"* de Thomas Woodrow Wilson.

El 24 de abril de 1919: Se crea la Sociedad de Naciones, organismo internacional integrado por 45 países, inspirado en los *Catorce Puntos* del presidente Wilson.

El 28 de junio de 1919: Los aliados firman con Alemania el primero de los cinco tratados de paz acordados en Versalles, que impone duras condiciones a Alemania: pérdida de sus colonias, reducción de su ejército, cesiones territoriales. En 1921, se impone a Alemania el pago de 269 millones de marcos en concepto de reparación de la guerra. Esto exaltó el sentimiento nacionalista alemán que culminó en el apogeo del Nazismo.

El 10 de septiembre de 1919: Los aliados firman con Austria el Tratado de Saint-Germain-en-Laye. Se impone la separación de Austria y Hungría, la creación de Checoslovaquia y el Reino de los Serbios, Croatas y Eslovenos, denominado a partir de 1929 Yugoslavia.

El 27 de noviembre de 1919: Los aliados firman con Bulgaria el Tratado de Neully, que implica para Bulgaria diversas cesiones territoriales a Rumanía, Grecia y Yugoslavia.

El 4 de junio de 1920: Los aliados firman con Hungría el Tratado de Trianon, que obliga a la separación de Austria y a la cesión de territorios a Checoslovaquia, Rumania y Yugoslavia.

El 10 de agosto de 1920: Los aliados firman el Tratado de Sèvres con el Imperio Otomano que implica su desmembración.

La Sociedad de Naciones

El proyecto de pacto sobre la *Sociedad de Naciones* es fruto de una iniciativa predominantemente anglo-sajona que se plasma en el *Documento Hurst- Miller,* que sirvió de base para las discusiones entre enero y abril de 1919. Ese documento se inspira: **a)** en el pensamiento liberal político y económico tal como se había desarrollado durante los dos últimos siglos, partiendo de John Locke y Adam Smith, representado en la delegación de Estados Unidos por Walter Lippmann (1889-1974); **b)** toma como marco de referencia los *Catorce Puntos* de Thomas Wodrow Wilson, que aparecen matizados a lo largo del articulado; **c)** toma como modelo la Constitución Federal de Estados Unidos de 1787; **d)** tiene en cuenta las aportaciones de la delegación francesa, especialmente las del Senador francés Leon Bourgeois, aunque queda fuera su concepción de la Sociedad de Naciones como "superestado" mundial, defendida por él en las Conferencias de paz de 1899 y de 1907. Se mantiene la expresión *"Sociedad de Naciones"* como sinónimo equivalente a *"League of the Nations"*, añadiendo más confusión en relación con su naturaleza y finalidad.

La estructura de la Sociedad de Naciones constaba de tres organismos: la *Asamblea,* el *Consejo* y el *Secretariado.* La *Asamblea* era una especie de Parlamento que se reunía por lo menos una vez al año con delegados elegidos en cada país por el gobierno de turno, no por votación popular ni parlamentaria; cada país tenía un voto en la Asamblea; las decisiones debían ser aprobadas con una mayoría de dos tercios de los miembros representados en la sesión.

El *Consejo,* al principio, se compuso de nueve miembros, cinco de ellos de carácter permanente, representantes de las cinco potencias vencedoras y cuatro designados cada año por la Asamblea. Este número se modificó varias veces. El Senado de Estados Unidos no ratificó el Tratado de Versalles ni el Pacto de la Sociedad de Naciones. Estados Unidos se quedó fuera de ella sin representantes, ni en el *Consejo,* ni en la *Asamblea.* En cambio, se consideró procedente conceder un puesto permanente a Alemania y otro a la República Soviética. Los cuatro no permanentes se ampliaron a seis y luego a nueve, quedando el Consejo con seis miembros permanentes y nueve elegidos cada año: quince miembros en total.

El *Secretariado* estaba compuesto por funcionarios con contratos vitalicios, que eran, "miembros permanentes". La función asignada era convertirse en un laboratorio de ideas humanitarias para infundirlas a los que asistían cada año a la *Asamblea.* Pero se convirtió en una burocracia ineficaz. El *Secretariado* se excusaba de su ineficacia, diciendo que su función era obedecer; la *Asamblea* se excusaba de su inutilidad por la falta de recursos; el *Consejo* se excusaba de su impotencia por la imposición de los gobiernos.

Los ingresos de la Sociedad de Naciones procedían de las cuotas de los diferentes Estados, proporcionales a sus recursos, desde los que pagaban seis mil pesos oro al año, como El Salvador o Liberia, hasta la cuota mayor de Gran Bretaña, que ascendía a seiscientos mil. Los seis millones de pesos oro al año se gastaban: en el Secretariado, en el Tribunal Internacional de Justicia de la Haya, en la Oficina Internacional del Trabajo (OIT) y las numerosas comisiones de Técnicos que asesoraban al Consejo

Durante la elaboración del Pacto de la Sociedad de Naciones, los debates más acalorados y agitados fueron los relativos al futuro de las colonias de las potencias vencidas (Punto 5 del discurso de Wilson el 8 de enero de 1918). Lo que estaba en juego era el recorte del imperialismo colonial de corte europeo, que se había desarrollado desde el siglo XVI.

El estatuto final de las colonias se aprueba bajo un epígrafe que pone de manifiesto el etnocentrismo y el racismo de sus autores: *"Garantías otorgadas a los pueblos de raza inferior* o *de una civilización insuficientemente desarrollada"*.

Las antiguas posesiones coloniales de los países vencidos se confían a una potencia mandataria, sin que queden claros los mecanismos de control por parte de la autoridad internacional. De hecho, esto equivale a una anexión.

Como ya vimos, con la creación de la ONU y de su Consejo de Seguridad no se corrigieron los errores más graves de la Sociedad de Naciones. Tampoco se garantizó adecuadamente la independencia de las antiguas colonias, dejándolas sometidas al "neocolonialismo" y al "neoimperialismo" económico.

En 1919, se concede el premio Nobel de la Paz a Woodrow Wilson y, en 1920, a Leon Bourgeois. La primera sesión de la Asamblea de la Sociedad de Naciones tiene lugar en 1920 con la ausencia de Alemania, Austria, Rusia y Turquía. Tampoco asiste Estados Unidos porque su Senado no ratificó en noviembre el Tratado de Versalles ni el Pacto de la Sociedad de Naciones.

El retorno a la "tecnoutopía" de la tradición anarquista: Patrick Geddes y Victor Bransford: la "eutopía" de la sociedad mundial

Durante la guerra y después de ella, el escocés Patrick Geddes (1854-1932) apuesta por profundizar en la "*tecnoutopía*" inspirada en la tradición anarquista. Patrick Geddes, discípulo de Thomas Huxley y profesor de botánica, evolucionó hacia la "*ciencia de las ciudades*" y los "*estudios regionales*". Esa evolución se inició en 1904 con un informe elaborado para la Fundación Carnegie titulado *Desarrollo de la ciudad. Un estudio de parques, jardines, e instituciones culturales* para su puesta en práctica a través del Movimiento de planificación de la ciudad y de las *ciudades-jardín*.

En 1915, P. Geddes en colaboración con el economista Gilbert Slatter publicó *Ideas en guerra,* primer libro de la colección *La construcción del futuro* puesta en marcha por el sociólogo Victor Bransford para publicar obras sobre la "reconstrucción del mundo de la posguerra". La tesis central del libro es que la guerra no se reduce al choque de los ejércitos. La guerra es la expresión extrema de un complejo conjunto de instituciones y procesos sociales político-económicos y de fuerzas espirituales, emocionales e intelectuales. El combate contra los "idealismos abstractos" es una condición previa para integrar a la humanidad en torno a un proyecto de creación de una civilización mejor. La única forma de convertir al pueblo en actor de la vida social es sustituir los idealismos abstractos por "ideales concretos".

En 1919, Victor Bransford y Patrick Geddes publican *El estado futuro*. En este trabajo critican las megalópolis surgidas de las "paleotécnicas" y proponen una *Eutopía* de sociedad mundial descentralizada basada en la integración de las ciudades y el territorio mediante la aplicación de las fuerzas "*neotécnicas*", especialmente las aplicaciones de la electricidad.

"*Las enfermedades de civilización son enfermedades de ciudades*". El espacio neurálgico de nuestro tiempo y, por consiguiente, de la guerra es la ciudad. La guerra mundial es el producto de la "era mecánica-imperial-financiera". Esta era ha engendrado los dos hermanos gemelos, que son el *militarismo* prusiano de Berlín y el *financierismo* (*profiteering*) británico de Londres.

Las "*paleotécnicas*" (máquinas de vapor aplicadas a los ferrocarriles, a los barcos y diversas industrias) han generado ciudades industriales superpobladas, poblados mineros, fábricas, etc. y han estructurado el mundo occidental en "*megalopolios presupuestívoros*", en "*ciudades imperiales*" o "*asirioides*" que, de Roma a San Petersburgo, de Londres a París, de Berlín a Viena, absorben pueblos y regiones a través del sistema centralizado de carreteras, de ferrocarriles y de prensa e intentan imponer un "*dominio mundial*" del que la "*política mundial*" (*Weltpolitik*) del poder prusiano no es más que una expresión entre otras.

La "monetarización" y la "mercantilización" han penetrado en todas las actividades de la vida individual y colectiva. Los individuos se han adaptado a ellas "luchando por sobrevivir en un régimen aparentemente de paz, pero que, en realidad, está más próximo a la guerra". En este régimen, los medios han usurpado el fin, *el filósofo ha cedido su sitio al idólatra de Mammón* (*Mammonsopher*). La *City*, la antigua *polis*, se ha convertido en el centro de las finanzas y de los intercambios mundiales, que implica un cambio sustancial en sus fines y funciones.

Geddes y sus colaboradores se plantean: ¿cómo federar ciudades libres y sus regiones? ¿Qué forma de unión cabe imaginar para impedir el sometimiento a la metrópoli? Esta es la esencia del "problema federal", cuya resolución ha sido diferida durante mucho tiempo por el mundo occidental.

Geddes expresa su escepticismo sobre el proyecto federal Wilsoniano de la *League of the Nations*, sobre la propuesta de la sociedad fabiana y no espera nada de la Revolución soviética a la que designa como "*los acontecimientos de Retrogrado*". Para él la alternativa es una tercera vía entre el *capitalismo individualista* y el *socialismo colectivista*, basada en la tradición anarquista.

Gracias a las "neotécnicas" que, por naturaleza, son "geotécnicas", es posible escapar a las lógicas de la desterritorialización, implantando nuevamente la ciudad en un lugar geográfico. Las "neotécnicas" aportan las condiciones para realizar la *Eutopía,* que pondrá fin a los monopolios y a los megalopolios en todos los ámbitos, facilitará el advenimiento de la sociedad descentralizada, instaurará el vínculo íntimo que integra el hogar, la localidad, la ciudad, la región, la nación y la humanidad. La reconstrucción global de la ecología social y cultural pondrá fin a la división naturaleza y ciudad, vida y trabajo, trabajo y ocio, educación y vida.

En este mundo en el que las nuevas ciudades se reconciliarán con su región no puede haber una "sola autoridad supranacional", un solo poder federal, sino varios. En el Nuevo Estado Supranacional el "*ministerio de la Paz*" sustituirá al "*ministerio de la guerra*". En cada sector de pensamiento o de acción concreto, los expertos elegirán como centro la ciudad que estimen más adecuada para su actividad y su coordinación: los ecologistas, los arqueólogos, los botánicos y los químicos, etc. Cada una de estas capitales ejercerá una autoridad real sin coacción.

La concepción de Geddes pone el acento en el vínculo del "*genio del lugar*" (*genius loci*) y la "civilización mundial", que garantiza la aportación de las culturas particulares a la cultura universal, revalorizando los recursos económicos y culturales del lugar.

Lewis Munford: las "neotécnicas" y la "eutopia" mundial.

Lewis Mumford (1895-1990), filósofo social, historiador y urbanista estadounidense, fue profesor en varias universidades norteamericanas (1951-1956) y profesor invitado por el Instituto Tecnológico de Massachussets (1957-1960).

Como historiador de las utopías, de las técnicas y de la ciudad, Lewis Mumford asume y reelabora las tesis centrales de Kropotkin y de Geddes. Reelabora las tesis de Kropotkin sobre las posibilidades que ofrece la electricidad para la producción y la comunicación y sobre los métodos intensivos del cultivo biodinámico, que favorecen el desarrollo descentralizado en pequeñas unidades, que se beneficia a la vez de las ventajas de la ciudad y del campo.

En su obra *Técnicas y civilización* asume la periodización de la historia de las técnicas, especialmente la distinción entre *"arqueotécnicas"* industriales ligadas a la máquina de vapor y las *"neotécnicas"* ligadas a la electricidad.

Mumford tiene en cuenta la *"filosofía eutopiana"* de Geddes con su propuesta por la integración de la ciudad en la región. Se apoya en ella para establecer un marco regional como base para analizar los desastres ecológicos que causaron los pioneros del *industrialismo* norteamericano, que califica como *"irregionalismo"* y para exponer las ventajas de una economía y de una cultura ecológicamente sostenibles, que llamó *"regionalismo"*.[6]

Durante este período, "nos ha convenido ignorar la realidad básica de nuestra tierra: sus contornos y paisajes, sus áreas de vegetación, sus fuentes de energía y minerales, su industria, sus tipos de comunidad..." Fue una "civilización minera", en la que se exaltaba la actitud minera hacia la naturaleza de cortar y correr, ejemplificada por la devastación de los bosques y el agotamiento de los suelos. Las ciudades de esta civilización tampoco tuvieron en cuenta las realidades ecológicas: de proporciones infladas se convirtieron en "criminales" destacados en el mal uso de sus recursos naturales.

Lewis Mumford, a partir de su obra *Técnica y civilización* (1934) infundió nuevo aliento a las tesis de Kropotkin y Geddes sobre las posibilidades descentralizadoras de las redes eléctricas. Con la radio y las múltiples aplicaciones de la electrónica a las comunicaciones interpersonales, la humanidad dispone ahora de suficientes elementos para alcanzar una unidad política mundial tan fuerte como la que habían conseguido las pequeñas ciudades del Ática.

Las obras de Lewis Mumford ejercieron una influencia decisiva en Herbert Marsxhall McLuhan, especialmente *The City in History* (1961). McLuhan despojó la "tecnoutopía" de su fuerza corrosiva, destacando las posibilidades *descentralizadoras* y, al mismo tiempo, *integradoras* de las aplicaciones de la electricidad y de la electrónica.

McLuhan: la "Aldea Global"

Herbert Marshall McLuhan (1911-1980) es reconocido como uno de los fundadores de los estudios de los medios de comunicación y uno de

6 Entre sus obras destacan: *Historia de las utopías* (1922); *Técnica y civilización* (1934); *La cultura de las ciudades* (1938); *La ciudad en la historia* (1961); *técnica y desarrollo humano* (1967).

los grandes visionarios de la presente y futura sociedad de la información. Acuñó numerosos conceptos que se han hecho populares: *Galaxia de Gutenberg, Aldea Global, Galaxia Marconi, Aldea Cósmica.* Describe los medios como *extensiones* de la persona: de su cuerpo, de sus manos, de sus pies, de sus sentidos, de su sistema nervioso o del cerebro; los *medios* son como *herramientas* que extienden las actividades humanas. De hecho, McLuhan saltó a la fama cuando publicó en 1964 su obra *Understanding Media: The Extensions Man*, que se convirtió en un best-seller en Harvard y otras universidades.

Las herramientas son *extensiones* de la mano, las máquinas son *extensiones* de las manos o de todo el cuerpo; la rueda y la bicicleta una *extensión* de las piernas; el teléfono y la radio *extensiones del oído;* la TV, *extensión* de la vista; el ordenador, *extensión* del sistema nervioso y especialmente del cerebro; los robots *extensiones* de las personas.

McLuhan clasifica los medios de comunicación en fríos y calientes. Los criterios básicos para esta clasificación son la alta o baja definición y el grado de participación de los destinatarios para completar el medio. La definición es el estado del medio que consiste en estar bien abastecido de datos o poco abastecido de datos. Una fotografía es una alta definición y una caricatura una definición baja, porque la primera aporta mucha información visual y la segunda escasa información. El teléfono es un medio de información frío, porque es poco lo que aporta y mucho lo que tiene que completar el oyente. Los *medios calientes* tienen las siguientes características: alta definición, mucha información y poca participación del receptor, excluyen y no cuentan con la participación del destinatario: la televisión. Los *medios fríos* tienen las siguientes características: baja definición, menos información, más participación, incluyen al receptor y cuentan con su participación: la radio.

McLuhan acuñó el término *"Aldea Global"* para describir la interconexión humana entre personas que viven en cualquier parte del globo terrestre. Para comprenderlo a fondo, es necesario analizarlo desde tres perspectivas complementarias: **a)** desde su interpretación de la historia de la humanidad; **b)** desde su interpretación de la historia de la comunicación; **c)** desde su descripción de los medios de comunicación como *extensiones* de los sentidos y del cerebro.

McLuhan divide la historia de la humanidad en cuatro fases: **a)** *agrícola:* origen y desarrollo de la agricultura y de la ganadería; **b)** *mecánica* o industrial: proliferación de las máquinas de producción y transporte (maquinismo); **c)** *eléctrica:* descubrimiento de la electricidad y primeras aplicaciones: telégrafo, teléfono, alumbrado; **d)** *electrónica* o tecnológica: mecánica electrónica (mecatrónica) y medios electrónicos de comunicación: radio, TV, satélites, ordenadores, Internet y las diversas plataformas. La fase eléctrica empezó con el descubrimiento de la electricidad y su aplicación al telégrafo en 1840. La fase electrónica se inicia en el período de entreguerras y ahora estamos llegando a su apogeo. Cuando murió McLuhan en 1980, la TV por cable no era una realidad mundial, los habitantes de la *Aldea Global* sabían muy poco sobre interactividad y conectividad, sobre *e-books*, sobre multimedia, videoconferencias, etc. Pero la obra de McLuhan había dejado un marco teórico que permite estudiar, comprender y perfeccionar los medios electrónicos de comunicación.

McLuhan integra en el marco de su interpretación de la historia humana, su interpretación de la historia de la comunicación humana, que divide en tres fases:

1. *El estado tribal y la aldea tribal*: es un período que no está asociado con ningún fenómeno técnico de comunicación. Cualquier medio creado, que no tenemos cuando nacemos, es un medio técnico. Cuando nacemos ya estamos dotados para el *habla.* Por eso, el *habla* no es un medio técnico. Es posible que el *habla* se haya iniciado hace, al menos, unos 30.000 años. Algunos sitúan el *habla* mucho antes. La comunicación escrita tiene solo unos cuatro milenios. La invención de la *escritura alfabética* tuvo lugar probablemente hace 3.500 años, es decir, 1.500 años antes de nuestra era. Por eso, las primitivas agrupaciones tribales fueron *analfabetas,* al menos, durante 26.000 años.

Durante todo este tiempo, se desarrollaron muchas tecnologías, pero ninguna tecnología de la comunicación. Las innovaciones tecnológicas más destacadas fueron: el uso del fuego, el perfeccionamiento de las armas de caza, líticas y metálicas, instrumentos de transporte y de labranza, cerámica, las primeras herramientas metálicas, las construcciones habitacionales y defensivas.

Estas innovaciones tecnológicas, unidas al descubrimiento progresivo de los secretos de la agricultura y de los métodos de domesticación de los animales, hicieron que los humanos dejasen de ser cazadores y nómadas y se convirtieran en agricultores y pastores sedentarios. Aparecieron las aldeas tribales estables y se desarrollaron los recursos habitacionales y defensivos que, al cabo de varios milenios, desembocaron en las primeras ciudades con la formación de estructuras administrativas, clases sociales y jerarquías.

Desde el punto de vista de la comunicación la *aldea tribal* se caracteriza porque el *habla* o palabra oral, acompañada de gestos, era el único medio de comunicación entre los miembros de la tribu. En la *aldea tribal,* la única manera de acumular y transmitir experiencias relevantes era la comunicación oral en un espacio restringido y estable, que estaba representado en la memoria del grupo, especialmente de los ancianos, pues no existían escuelas, ni burocracia ni historia escrita. Las personas estaban sensorialmente integradas y conservaban en la memoria individual los conocimientos y emociones colectivas. La palabra oral estimulaba el oído antes que la vista, involucrando sensorial y emocionalmente al oyente e integrándolo al grupo de pertenencia: la familia, el linaje, la tribu.

2. *El estado de destribalización.* Este estado se inició con la *escritura alfabética* y la aparición del humano *alfabético-quirográfico* (que escribe a mano usando el alfabeto). La escritura alfabética llegó a su apogeo con la invención de la imprenta y la aparición del humano *alfabético-tipográfico* (Galaxia Gutenberg). McLuhan identifica la *civilización* de este período como la *cultura de la escritura,* que actualmente compite con la *cultura electrónica*, iniciada en 1840 con la invención del telégrafo, que intenta integrarla.

La *escritura alfabética* es una extensión de la vista. Se concreta en una perspectiva sensorial-visual con una clara función analítico-lineal. *La linealidad* es la característica predominante de la vista, si se compara con otros sentidos, como el oído, el gusto, el olfato y el tacto.

Probablemente, el inicio de la escritura se pueda situar en el cuarto milenio antes de nuestra era con la creación de la *escritura cuneiforme* en Sumer (Oriente próximo). Los alfabetos propiamente dichos probablemente se iniciaron hace 3.500 años en la costa mediterránea de lo que hoy se conoce como Turquía, Líbano y Palestina. Durante el período de la escritura alfabética se multiplicaron las extensiones del ser humano con la invención de nuevas herramientas y máquinas, que llegarán a su apogeo en la era mecánica o maquinismo industrial.

¿Por qué McLuhan designa este período como *"estado de destribalización"*? Según McLuhan el proceso de destribalización se inicia con la creación de la escritura alfabética: la abstracción, la separación y la distancia de los símbolos respecto de los objetos simbolizados llevaron la civilización a un estadio más racional y funcional, donde aparecen los conceptos de *"útil", "beneficioso", "perjudicial"*. Esto deriva en una disociación de la sensibilidad interior y exterior de los humanos e impulsa la evolución de la familia, del clan y de la tribu hacia sociedades más abiertas y complejas, en el sentido de que la alfabetización posibilita la fusión y homogenización de las culturas y la uniformidad de los individuos ante las leyes escritas. La escritura alfabética posibilitó la *Biblia* y otros libros sagrados en Oriente y generó la revolución del pensamiento griego que marcó la transición del pensamiento mítico al pensamiento filosófico y científico.

Por último, la escritura alfabética puede ser considerada como el primer medio capaz de recoger, conservar y transmitir las experiencias humanas, reduciendo la función mnemónica de los individuos, el peso dogmático de los proverbios y la autoridad de los ancianos, que hasta entonces habían sido los depositarios de la historia y de la tradición, encargando la función de transmitirlas a las élites religiosas y fiscales.

3. *El estado de retribalización.* Con la aparición de los medios eléctricos de comunicación (telégrafo, teléfono, radio) y de los medios tecno-eléctricos de comunicación (TV, multimedia, e-books, videoconferencias, plataformas digitales, Internet, correos electrónicos, satélites de comunicación, teléfonos móviles y ordenadores, etc.) se inicia la *retribalización* que desemboca en lo que McLuhan llama *Aldea Global,* en la que cada persona puede dialogar con cualquier otra persona que se encuentre a miles de kilómetros en el globo terrestre, como si estuviera próxima (teléfono) o presente (televisión), como en la primitiva aldea tribal.

Las redes electrónicas redescubren y restauran las facultades eclipsadas por la cultura *quirográfica e impresa*. La radio como medio de extensión del oído y la TV como extensión de la vista, tienen la capacidad de restituir al individuo la totalidad de sus sensaciones. Por una parte, recrean el contacto presencial y oral inmediato, típico de la vida arcaica comunitaria y tribal, y por otra, derriban las barreras estatales, derivadas, a su vez, de los efectos de la escritura y posibilitan proyectos de mundialización de la cultura.

Actualmente, podemos considerar como *Aldeas Globales* todas las ONG de alcance nacional, internacional y mundial y todas las asociaciones científicas, económicas, artísticas de carácter nacional, internacional o mundial, que mantienen una comunicación permanente entre sus miembros mediante los móviles, el correo electrónico, las grandes plataformas de comunicación y las videoconferencias.

La *Galaxia Marconi* caracterizada por el predominio de la TV está eclipsando la *Galaxia Gutenberg* y originando la *Aldea Cósmica.* Actualmente, confluyen en un todo tres niveles u órdenes de innovaciones tecnológicas: **a)** un nivel *eléctrico:* telégrafo y teléfono, que redujeron el espacio psicosocial en colaboración con otras *extensiones corporales*, como los medios detransporte; **b)** un nivel electrónico con dispositivos automáticos esencialmente centrados en el uso de válvulas; **c)** *tecnologías electrónicas,* que parecen invadir y aunar todas las técnicas convencionales de comunicación, haciendo confluir la comunicación y la información de manera integrada y universal, asociando todos los aspectos de la comunicación humana: desde la administración pública, hasta los servicios sociales, desde el entretenimiento hasta la salud y la educación.

McLuhan hace coincidir la verdadera revolución de la información con el 17 de octubre de 1957, fecha del lanzamiento del Sputnik.

Lo que desaparece con la *tecnoutopía ecuménica* es la complejidad de las culturas y de las sociedades en las que se construyen los usos sociales de los mensajes y de las herramientas de comunicación.

McLuhan ejerció una influencia decisiva durante las tres últimas décadas de su vida y la sigue ejerciendo todavía en grandes pensadores, críticos culturales y teóricos como Irwin Thompson, Neil Postman, Jean Baudrillard; en los científicos que intentan perfeccionar los medios de comunicación para hacerlos más potentes, más eficaces y eficientes, más asequibles económicamente y más fáciles de manejar para un número cada vez mayor de usuarios, sin la necesidad de una formación tecnológica compleja previa; esa influencia también es muy fuerte en los investigadores de las posibilidades de los medios de comunicación para la construcción del Mundo Sociocultural del futuro con la mayor participación democrática posible de todos los seres humanos como ciudadanos del mundo responsables del globo terrestre: del bienestar de la Antroposfera, de la Biosfera y de la Ecosfera abiótica.

En 1980, tras la muerte de McLuhan, se creó en Toronto el llamado *Programa McLuhan: cultura y Tecnología* que, a partir de 1994, se incorporó a la *Facultad de Estudios de Información* de la Universidad de Toronto. En 2016, el Instituto Coach House cambió su nombre por el de *Centro McLuhan* de *Cultura y Tecnología.*

La "tecnoutopía", iniciada en el siglo XIX, llámese "supranacional", "transnacional", "globalista", "mundialista", "planetaria", "cósmica", o como se prefiera, llegó a su apogeo en la década de los setenta por la convergencia de cuatro factores fundamentales:

a) El marco teórico elaborado por McLuhan para estudiar, comprender y perfeccionar los medios electrónicos de comunicación.
b) La divulgación de los avances tecno-electrónicos-informáticos de comunicación desarrollados, durante la guerra fría, para los servicios de inteligencia y espionaje y para usos militares con la creación de Internet.
c) La divulgación de los numerosos avances tecnológicos de los medios electrónicos de comunicación desarrollados durante la carrera espacial, especialmente a partir de la colaboración ruso-norteamericana en la estación internacional.
d) La divulgación de numerosos avances tecnológicos de los medios electrónicos de comunicación desarrollados durante la creación de satélites geoestacionarios de información y comunicación.

Las posibilidades de los medios tecnotrónicos para implementar las dos utopías globalizadoras antagónicas

Como dijimos más arriba, en la década de los setenta emergieron dos proyectos antagónicos de *globalización* o *mundialización* como reacción a la manifestación explosiva de la crisis sistémica, global y planetaria del Mundo sociocultural Contemporáneo durante las revueltas estudiantiles y obreras de los años sesenta:

a) El proyecto de la *globalización económica neoliberal* inspirado en la *Economía política* de Friedrich von Hayec y en el *monetarismo* de Milton Friedman, que otorga a la "actividad económica" y al Modo Capitalista de Producción y Consumo la primacía absoluta sobre la Ética para consolidar "el gobierno económico mundial" y el "mercado global autorregulado" de la oligarquía plutocrática.
b) El proyecto de *Globalización ética, ecológica y democrática* inspirado en el izquierdismo de los sesenta, que otorga a la "actividad ética" la primacía absoluta sobre la economía para consolidar "la justicia global" y garantizar "la libertad, la igualdad y la fraternidad", de todos los humanos, de todos los pueblos, etnias y culturas. Frente a la *Política económica intervencionista* de los reyes absolutos, surgió la *Economía política* de la burguesía triunfante y frente a ésta, emerge la Ética o *Justicia Global.*

El Foro Económico Mundial (FEM o WEF) de Davos (Suiza) y el "Consenso de Washington" (logrado en 1990) son dos expresiones fundamentales del *Proyecto de globalización económica* de la oligarquía plutocrática mundial. El Foro Social Mundial de Porto Alegre y el llamado por Ignacio Ramonet, Director de *Le Monde Diplomatique,* "Consenso de Porto Alegre" son dos expresiones fundamentales del *Proyecto de justicia global antropológica y ecológica* basado en la Ética actualmente emergente.

Las aportaciones más relevantes en el desarrollo de la tecnoutopía las realizan Zbigniew Brzezinski (1928-2017), Alvin Toffler (1928-2016), Jean Jacques Servan-Schreiber (1924-2006), Peter Ferdinand Drucker (1909-2005), Simón Nora y Alain Minc (1949-).

Y, además, durante las décadas de los setenta y ochenta, todos los pronósticos de los futurólogos, mencionados y no mencionados, se difundían vertiginosamente entre los miembros de la élite que definían su identidad por su pertenencia al *Club de los managers* de las grandes empresas, que se autocalificaban como "globales", "mundiales", transnacionales" o "supranacionales".

Al mismo tiempo, se ponían en el mercado numerosos productos tecnológicos, fruto de la mecánica electrónica (*Mecatrónica*), de la robótica y de la Información electrónica (*Infotrónica*), desarrollados durante la Segunda Guerra Mundial, durante la "guerra fría", la carrera de armamentos y la carrera espacial. Hasta los setenta, estos productos habían sido patrimonio secreto y exclusivo de los ejércitos y de los servicios secretos de inteligencia y espionaje.

Después de los acontecimientos de Mayo del 68, la Oligarquía plutocrática mundial consideró que era necesario poner todos esos productos tecnológicos al servicio de la consolidación de las empresas "globales", "mundiales" o "supranacionales" como *fortalezas inexpugnables* para las rebeliones y las revueltas "populistas" de los llamados "*antisistema*" y al servicio" del desarrollo de sistemas eficaces y eficientes de seguridad y control social bajo el lema de "la paz social".

La IBM, que había disfrutado de suculentos contratos con el Pentágono y la NASA, aprovechó la coyuntura para rentabilizar las enormes capacidades que había acumulado en el campo de la tecnología electrónica (*Tecnotrónica*): mecatrónica, robótica, infotrónica y telemática. Participa como agente privilegiado en la puesta a punto de las TIC y de la red telemática mundial (INTERNET) y en la producción de numerosos aparatos electrónicos cada vez más sofisticados, más potentes y eficientes y, al mismo tiempo, más pequeños y más manejables. Actualmente, las versiones enormemente sofisticadas y potentes de los ordenadores portátiles y de los teléfonos móviles sobresalen como los productos más apreciados por el gran público.

Actualmente, con las aplicaciones que activamos en nuestros móviles y ordenadores nos conectamos con diversos fantasmas magnético-telemáticos, similares al *IBM 3.750* en los que se almacenan todos nuestros datos personales. Aquí se cumple la tesis de Orwell que escribió en su obra *1984* "*la libertad es la esclavitud*". Quien respeta las reglas telemáticas del "juego" automáticamente "*se convierte en sujeto de su propia servidumbre*".

Los dos grandes sistemas de control social que ha desarrollado el "neocapitalismo organizativo" son el sistema de *control magnético-informático-telemático* y el "*sistema de la deuda externa permanente*".

La "*tecnotrónica*" es el "*fuego sagrado*" de los nuevos dioses de la Tierra, ídolos con pies de barro. La gran tarea de los *Prometeos* actuales consiste en robarles este "fuego" para desmontar el *mundo injusto*, que han construido, y construir *un mundo alternativo de justicia global*, que garantice a todos los humanos derechos y libertades iguales, la conservación de la Biosfera y el respeto a la Ecosfera abiótica.

Las reacciones de la oligarquía plutocrática y de los movimientos sociales a partir de la manifestación explosiva de la crisis del mundo sociocultural contemporáneo en los años sesenta

Dos globalizaciones antagónicas: Globalización económica y Globalización ética

A partir de 1970, esas reacciones se configuraron como dos proyectos antagónicos de "globalización" o de "mundialización": **a)** el proyecto de la oligarquía plutocrática que podemos categorizar como *Proyecto de globalización económica neoliberal*, basado en otorgar la *primacía absoluta a la actividad económica* libre de valores sobre la Ética, la Política y la Educación; **b)** el proyecto de los movimientos sociales que podemos categorizar como un *Proyecto de globalización de la justicia o de justicia global,* basado en otorgar la *primacía absoluta a la actividad ética* sobre la Economía, la Política y la Educación. La oligarquía plutocrática partía con ventaja en la competición con los movimientos sociales para consolidar su proyecto.

Los protagonistas de Mayo del 68 dejaron un legado a toda la humanidad: *un izquierdismo radical de nuevo cuño.* Este legado era imperfecto, estaba inacabado, necesitaba ser depurado de algunas escorias residuales, debía ser sometido a una transformación sustancial. Pero constituía un reto decisivo para regenerar el Mundo Sociocultural vigente. El *nuevo izquierdismo* tenía dos dimensiones fundamentales: **a)** una crítica ética radical e implacable del Mundo Sociocultural vigente; **b)** un proyecto de justicia global como alternativa.

Frente a este legado, la reacción de la oligarquía plutocrática mundial y de las oligarquías plutocráticas nacionales fue impulsar un *Proyecto de Globalización Económica Neoliberal,* cuyo origen remoto se sitúa en el siglo XVIII con el nacimiento del liberalismo económico y el proyecto de un *gobierno económico supranacional.* La reacción de los líderes del bloque de clases dominadas, de los movimientos sociales y de las Naciones-Estado integrantes del Tercer Mundo, decidieron reelaborar el izquierdismo como un *Proyecto de Globalización ética orientada a la justicia global.*

En este contexto, "globalizar" tiene dos significados básicos interrelacionados; "extender por todo el globo terrestre" y "universalizar". L*a globalización económica* consiste en otorgar a la actividad económica la *primacía absoluta* sobre la actividad ética, la actividad política y la actividad educativa, a la hora de configurar el globo terrestre como un Mundo Sociocultural, como un cosmos ordenado, como un sistema-mundo.

"Neoliberal" significa que la primacía de la actividad económica debe inspirarse en la *ideología neoliberal,* que es la versión novísima de la *Economía política,* que desarrolló la burguesía triunfante como alternativa a la *Política económica intervencionista* del Absolutismo Real. La esencia de la *ideología neoliberal* consiste en defender que la actividad económica debe ser exclusivamente una actividad científico-tecnológica, orientada al crecimiento económico ilimitado, libre de restricciones éticas, de obligaciones morales y de regulaciones jurídico-políticas, que limitan la libertad de los actores y de los agentes económicos (*inversores*) para competir en los mercados y acumular riqueza. Dicho de otra manera: la globalización económica neoliberal consiste en sustituir la Ética como base de la configuración del Mundo Sociocultural por el Modo Capitalista de Producción y Consumo (MCdPC) elaborado y legitimado por el *Neoliberalismo económico.*

El *Proyecto de globalización ética o de justicia global* elaborado por los líderes del bloque de clases dominadas, de los movimientos sociales y de los países integrantes del Tercer Mundo es fruto de una reelaboración *del izquierdismo de nuevo cuño* en sus dos dimensiones fundamentales:

a) una profundización en la crítica radical del Mundo Sociocultural vigente desde el punto de vista científico y desde el punto de vista de la Ética emergente, implícita en el *Proyecto de los derechos humanos* y en el *proyecto de los derechos de los pueblos y de la humanidad;*

b) una transformación sustancial del proyecto ético del izquierdismo en un *Proyecto de globalización ética orientada a la justicia Global:* derechos y libertades iguales para todos los seres humanos; relaciones más justas y equitativas entre todos los componentes de la Antroposfera: personas, grupos, etnias, pueblos, Naciones-Estado; relaciones justas y respetuosas de la Antroposfera con la Biosfera: fitosfera y zoosfera terrestres y marinas; relaciones justas y respetuosas de la Antroposfera con la Ecosfera abiótica: litosfera, hidrosfera, atmósfera.

La esencia de la globalización ética consiste en otorgar *la primacía absoluta a la actividad ética* sobre la actividad económica, la actividad política y la actividad educativa para configurar un Mundo Sociocultural alternativo como un nuevo orden económico, político y educativo a escala mundial.

La globalización económica neoliberal

La oligarquía plutocrática mundial y las oligarquías plutocráticas nacionales, que funcionan como "satrapías" integradas en ella, inician la competición de los setenta con los movimientos sociales provistas de enormes ventajas en el punto de partida.

Antes de exponer esas ventajas, conviene distinguir con toda nitidez las oligarquías plutocráticas *nacionales* y las oligarquías plutocráticas que, además de ser *nacionales,* son *nacionalistas.* Esta distinción es fundamental para entender las tensiones y el juego de intereses en las instituciones europeas y las tensiones dentro de cada Nación-Estado. Las primeras son *globalistas* y participan activamente en la construcción de una soberanía económica y política supranacional, ya sea para construir *estados suprarregionales* en una región geopolítica, o un *estado mundial,* si se estima necesario o conveniente. Esto implica la renuncia progresiva a determinadas cuotas de soberanía económica y política nacional. Las oligarquías plutocráticas *nacionalistas* pretenden conservar íntegra la soberanía económica ypolítica nacional, y sólo aceptan pactos bilaterales o multilaterales entre naciones iguales y autónomas. Una fracción de las oligarquías nacionalistas pretende conseguir el estatus de Nación-Estado para algunas naciones que no lograron conseguir ese estatus en el pasado.

Resulta evidente que los intereses de las plutocracias *nacionales-globalistas* y los intereses de las plutocracias *nacionales y nacionalistas* son radicalmente antagónicos. Sin embargo, la oposición al "globalismo" no implica la renuncia a las ventajas de éste. Por eso, pretenden conciliar "el globalismo" y el "nacionalismo" mediante "el internacionalismo" o pactos entre iguales. Hecha esta aclaración, volvamos a las ventajas de la élite "globalista" y "mundialista" sobre las élites plutocráticas *nacionalistas* y los movimientos sociales defensores de la justicia global.

Neoliberalismo: fusión del liberalismo económico radical de Friedrich Von Hayek y del monetarismo de Milton Friedman

La oligarquía plutocrática mundial, desde 1729, venía perfeccionando su "*proyecto de gobierno económico mundial*", ajustándolo teórica y prácticamente a las exigencias de las sucesivas situaciones coyunturales. Los últimos reajustes teóricos y prácticos los realizaron a partir de la Segunda Guerra Mundial. En el plano teórico, la remodelación más importante fue la reelaboración del liberalismo económico y político tradicional como *neoliberalismo* económico y político. Esa remodelación estuvo liderada por Friedrich Von Hayek y Milton Friedman, ambos premios Nobel en economía. El *neoliberalismo* actual es fruto de la fusión del *liberalismo económico radical* de Von Hayek y del *monetarismo* de Milton Friedman.

Friedrich Von Hayek (1899-1992), profesor de la London School of Economics, ante la victoria del partido laborista en 1945, publica *El camino de la servidumbre* (1945) contra todo tipo de colectivismo o socialismo. En 1947, reúne un grupo de economistas de derechas para crear un *núcleo de reflexión* o *think tank* (*tanque o depósito de pensamiento*), llamado "Sociedad de Mont-Pèlerin" por el nombre de su lugar fundacional en Suiza. Su finalidad explícita era construir una alternativa política al *reformismo socialista* de la socialdemocracia de los países nórdicos y del laborismo inglés, inspirado en el *intervencionismo Keynesiano que pretende regular el capitalismo.* Entre los participantes estaba Milton Friedman. Von Hayek extiende su red por todos los países anglosajones y latinoamericanos y se convierte en una red internacional, cuando Von Hayek se incorpora, en 1950, a la Facultad de Economía de la Universidad de Chicago, teniendo por compañero a Milton Friedman, inventor del *monetarismo.* Ambos contribuyen a la formación de los "Chicago Boys". Allí se consumó la fusión de *liberalismo económico radical* de Von Hayek con el *monetarismo* de Milton Friedman, dando origen al *neoliberalismo económico y político.*

El Consenso de Washington (1990)

El desarrollo del neoliberalismo económico y político llegará a su apogeo con el llamado "*Consenso de Washington*" teorizado por John Williamson y aprobado en 1990. Este consenso se convierte en el paradigma fundamental de la economía política neoliberal y, al mismo tiempo, en el programa de política económica de las instituciones financieras y de los gobiernos para consolidar la "globalización capitalista". El "Consenso de Washington" se sintetiza en el siguiente decálogo:

1. *Disciplina presupuestaria: los presupuestos públicos no pueden tener déficit.*
2. *Reordenamiento de las prioridades del gasto público: el gasto público debe concentrarse donde sea más rentable.* El cumplimiento simultáneo de estos dos primeros principios implica un recorte sustancial de los gastos sociales.
3. *Reforma impositiva: ampliar las bases de los impuestos y reducir los más altos.* Esto implica aumentar las desigualdades económicas.
4. *Liberación de los tipos de interés.* Esto permite a los oligopolios financieros acordar subidas sin competición.
5. *Un tipo de moneda competitivo.* Al no establecer un criterio claro y objetivo, esto permite perjudicar a las economías más débiles.
6. *Liberación del comercio internacional.* Esto implica una competencia desleal de las empresas de los países más industrializados con las empresas de los países menos industrializados, no sólo en los mercados internacionales, sino en sus propios mercados interiores.
7. *Eliminación de las barreras a las inversiones extranjeras directas.* Esto permite una apropiación de los recursos naturales de cada territorio y un flujo de capitales de los países pobres a los países ricos.
8. *Privatización: Venta de las empresas públicas y de los monopolios estatales a las empresas transnacionales o supranacionales.*
9. *Desregulación de los mercados.* Esto implica la práctica eliminación de los pequeños comercios de proximidad o su precarización.
10. *Protección del derecho de propiedad privada:* concebido como el derecho absoluto a una acumulación ilimitada de la riqueza de los individuos y de las minorías y a una depauperación de las mayorías.

También se incluye el siguiente principio que se puede concebir como una extensión del 8º o como un principio autónomo: *Privatización de la educación y de la sanidad, que están en manos del Estado,* para ponerlas al servicio de la acumulación de capital de las oligarquías plutocráticas.

El "Consenso de Washington" fue el objetivo más deseado por el "Club de Bilderberg" durante las décadas de los setenta y los ochenta y finalmente fue aprobado por el FMI, el BM y los ministros de finanzas de los países capitalistas integrados en la OCDE para acelerar la mundialización de la economía.

Además de la reelaboración de la *Economía política* tradicional como *neoliberalismo económico y político*, la oligarquía plutocrática mundial y las oligarquías plutocráticas nacionales, globalistas y mundialistas, a partir de los setenta, contaban con otras tres ventajas importantes para llevar a cabo su proyecto de globalización económica o "gobierno económico mundial".

La primera de esas tres ventajas era la transformación de las antiguas "empresas internacionales" en "empresas supranacionales" o "mundiales", centralizadas y descentralizadas al mismo tiempo. Cada empresa se convierte en una red mundial dirigida y controlada desde un centro único. Pero cada sucursal de producción o comercialización es suficientemente autónoma para poder prescindir de ella, por cierre o deslocalización, sin grandes costes, cuando deja de ser rentable, cuando sufre presiones legales o fiscales por parte de los Estados, o acoso social por las organizaciones obreras o los movimientos sociales. Es lo que ocurre con las fusiones financieras, industriales y comerciales: cierran oficinas o plantas de producción y despiden a miles de trabajadores, sin grandes costes. Las nacionalizaciones tampoco resultan rentables, porque los sistemas de funcionamiento o de producción quedan desmantelados.

La segunda ventaja consistía en que las empresas supranacionales habían emprendido el camino de innovación continua, renovando los bienes de equipo y las técnicas de gestión con los productos más avanzados de las tecnologías electrónicas, a partir de la Segunda Guerra Mundial y, especialmente, a partir de los setenta: mecatrónica, robótica, informática, telemática.

La tercera ventaja consistía en que, después de la Segunda Guerra Mundial, habían actualizado continuamente sus asociaciones e instituciones tradicionales y habían creado otras nuevas como el FMI, el BM, la OCDE, la OMC, el Club de Bilderberg y otras y, a partir de los setenta, crean el Foro Económico Mundial (FEM o WEF) en 1971 Y 1991, la Comisión Trilateral (1973), el G8, el G20 y otras.

La globalización ética orientada a la justicia global

En el apartado primero de este capítulo, presentamos los dos proyectos de globalización que, actualmente, se disputan la hegemonía en la arena sociopolítica: *El Proyecto de globalización económica neoliberal, que otorga la primacía absoluta a la actividad económica* libre de valores, es decir, al Modo Capitalista de Producción y Consumo, sobre la Ética, la Política, la Ecología, las tecnociencias y la Educación; el *Proyecto de globalización ética orientada a la justicia global, que otorga la primacía absoluta a la actividad ética* sobre la Economía, la Política, la Ecología, las Tecnociencias y la Educación.

El *Proyecto de globalización económica* es hegemónico por varias razones fundamentales: **a)** se formuló por primera vez como un deseo de las élites financieras, en 1729, en el *Comité de los 300* y Mayer Amschel Rothschild lo formuló por primera vez como proyecto en 1773; **b)** desde entonces ha sido reelaborado continuamente en el marco teórico de la *Economía política* hasta su versión actual en el *neoliberalismo económico;* **c)** cuenta con estrategias definidas, organizaciones y mecanismos político-económicos eficaces; **d)** cuenta con enormes recursos financieros, tecnológicos y propagandísticos; **e)** cuenta con poderosos *lobbies* para presionar a los gobiernos, a los Estados y a las instituciones y organismos internacionales de todo tipo.

El *Proyecto de globalización ética* es abiertamente contrahegemónico del Proyecto de globalización económica neoliberal. Su fortaleza estriba en que es un proyecto posible y realizable, deseable e ilusionante para la mayoría de los seres humanos, si lo conocen, lo comprenden y se comprometen con él. Pero todavía tiene que superar algunas desventajas y dificultades para estar en condiciones de arrebatar la hegemonía al *Proyecto de globalización económica neoliberal:*

- **a)** aunque el *izquierdismo*, surgido de las luchas de los sesenta, ya apuntaba hacia la globalización ética, no empezó a configurarse como un Proyecto alternativo de globalización ética definido hasta las dos primeras reuniones del *Foro Social Mundial de Porto Alegre*, celebradas en 2001 y 2002;
- **b)** las alternativas de los movimientos sociales, de las ONG y de sus respectivas federaciones de carácter cosmopolita o mundialista, que se reúnen en Porto Alegre, son convergentes, pero todavía están lejos de constituir un proyecto unitario, conocido y compartido por un número suficiente de seres humanos para poder arrebatar la hegemonía al Proyecto neoliberal antagónico de la plutocracia mundial y de las plutocracias nacionales;
- **c)** sus recursos financieros, sociopolíticos, científicos, tecnológicos y educativos son muy limitados comparados con los del Proyecto de *globalización económica neoliberal;*

d) tampoco cuenta con mayorías organizadas que puedan ejercer una presión permanente sobre las instituciones económicas, políticas, científicas y educativas, sobre los Estados, los organismos internacionales y la ONU.

Aunque no tengamos todavía un proyecto definido y mundialmente consensuado, es posible realizar una reflexión inicial sobre lo que designamos como *Proyecto de globalización ética orientada a la justicia global.*

Al día de hoy, no contamos con una teoría ética universal que nos ofrezca un código acabado y definitivo de principios éticos y de normas concretas de conducta moral, que sea compartido por la inmensa mayoría de los seres humanos como personas físicas individuales y como grupos, colectivos, comunidades, pueblos y Naciones Estado. Tampoco contamos con una descripción de la praxis éticamente correcta individual, comunitaria, intercultural y mundial o cosmopolita.

En el plano teórico, la Ética es un proceso de reelaboración constante de principios y máximas de conducta, que emergen del diálogo interior de cada persona consigo misma (reflexión), de los diálogos interpersonales o comunitarios, de los diálogos entre pueblos, culturas y Naciones-Estado sobre las relaciones justas y correctas, individuales y colectivas, entre todos los seres humanos integrantes de la Antroposfera y sobre las relaciones justas y correctas de los integrantes de la Antroposfera con la Biosfera y la Ecosfera abiótica.

La teoría ética actualmente emergente es una aproximación asintótica indefinidamente perfectible a los ideales de justicia global, de "libertad, igualdad y fraternidad" (solidaridad) entre todos los seres humanos, pueblos y culturas. Inspirándonos en la propuesta de Edgar Morin en el Tomo sexto del MÉTODO titulado ÉTICA, podemos describir las tres dimensiones o macrosectores de la Ética emergente del siguiente modo:

Antropoética: pretende descubrir y consensuar, mediante el debate y el diálogo democrático las relaciones más justas, equitativas y responsables entre los seres humanos como individuos o personas físicas, como grupos, comunidades, pueblos, Naciones-Estado y especie humana. Implica una *autoética* o ética personal, una *socioética* o ética comunitaria y un *humanismo ético* o ética de la especie.

Bioética: pretende descubrir y consensuar, mediante el debate y el diálogo democrático, las relaciones más justas, equitativas y responsables de la Antroposfera con la Biosfera, de la que emanó, de la que forma parte y de la que depende biológica y vitalmente: relaciones de los individuos, de los grupos, de las comunidades, de las sociedades, de los pueblos, de las Naciones-Estado y de la especie humana con la Biosfera terrestre y marina.

Ecoética: pretende descubrir y consensuar, mediante el debate y el diálogo democrático, las relaciones más justas equitativas y responsables de la Antroposfera con la Ecosfera abiótica de la que procede en último término y de la que depende biológica y vitalmente: relaciones de los individuos, de los grupos, de las comunidades, de las sociedades, de los pueblos, de las Naciones-Estado y de la especie humana con los diversos sectores de la Ecosfera abiótica: litosfera, hidrosfera, atmósfera.

Para elaborar el *Proyecto de globalización ética orientada a la justicia global*, es necesario promover a escala mundial una educación ético-crítica, que sea, al mismo tiempo, Antropoética, Bioética y Ecoética, y esté orientada a desarrollar una economía y una política, que también sean antropoéticas, bioéticas y ecoéticas. Dicho de otra manera: necesitamos promover una educación ético-crítica que sea una ciencia del hogar común natural (*Ecología*) y sociocultural (*sociología*) para promover una administración éticamente correcta del hogar común natural *(Ética económica)* y del hogar común sociocultural (Ética política).

A principios del siglo XXI, contamos con las líneas fundamentales de la globalización ética emergente, fruto de la convergencia de numerosos factores entre los que destacamos los siguientes:

a) Los debates internacionales, realizados después de la Segunda Guerra Mundial, para elaborar las *Cartas constitucionales* de la ONU y de la UNESCO y de los organismos dependientes de ellas y, sobre todo, para la elaboración de la *Declaración Universal de los derechos del hombre* (DUDH).
b) Los debates internacionales para concretar estos documentos básicos en pactos operativos para su implementación.
c) Los debates sobre los principales problemas sociales y humanitarios en las instituciones internacionales, en las ONG y los Movimientos sociales internacionalmente coordinados.
d) Las aportaciones de numerosos investigadores de reconocido prestigio mundial comprometidos con la búsqueda de soluciones a los problemas mencionados.

Proyecto de globalización ética y Foro Social Mundial (FSM) de Porto Alegre

La máxima expresión de las líneas fundamentales de la *globalización ética emergente* tiene lugar en los encuentros anuales del *Foro Social Mundial* (FSM) de Porto Alegre y en las *alternativas* a la globalización económica neoliberal, que proponen las ONG y los movimientos sociales que participan en los encuentros del FSM de Porto Alegre. El análisis más completo y solvente que yo conozco del FSM es el realizado por el *Observatorio sobre Políticas de la Globalización* y *Movimientos Sociales,* creado en la Facultad de Sociología de la UCM de Madrid para impulsar el trabajo de estudiantes y jóvenes investigadores.

Estamos ante un programa de investigación-acción radicalmente inverso al que guía al capitalismo internacional. La búsqueda de respuesta a estas preguntas se articula en torno a cuatro grandes ejes que se subdividen en 26 áreas temáticas:

a) La producción de riqueza y la reproducción social: Comercio, Empresas Transnacionales, control de capitales financieros, Deuda Externa, Trabajo, Economía solidaria.
b) Acceso a las riquezas y la sustentabilidad: Conocimiento, Derechos de reproducción y patentes; Medicamentos, Salud y Sida; sustentabilidad ambiental; Agua; Pueblos indígenas; Ciudades y poblaciones urbanas; soberanía alimentaria.
c) La afirmación de la sociedad civil y de los espacios públicos: Combatir la discriminación y la intolerancia; Democratización de los medios de comunicación; Producción cultural, Diversidad e Identidad; Perspectivas del movimiento global de la sociedad civil; cultura de violencia, violencia doméstica; inmigraciones y tráfico de personas; Educación.
d) Poder político y ética en la nueva sociedad: Organismos internacionales y arquitectura del poder; Democracia participativa; Soberanía, Nación, Estado; Globalización y militarismo: Principios y valores; Derechos humanos.

El programa de Investigación/Acción de FSM de Porto Alegre pretende *eliminar* en la construcción del Mundo Sociocultural alternativo al mundo capitalista neoliberal la *primacía absoluta de la actividad económica o Modo Capitalista de Producción y Consumo* sobre la Ética, la Ecología, las Tecnociencias y la Educación para *garantizar la primacía absoluta de la Praxis ética, acorde con la Teoría ética emergente,* sobre la Economía, la Política, la Ecología, las Tecnociencias y la Educación. La primacía del Modo Capitalista de Producción y Consumo genera, inexorablemente, una crisis global de la Praxis ética. La Primacía absoluta de la Praxis ética, inspirada en la Ética emergente, genera una Ética económica o Economía ética, una Ética política o una Política ética, una Ética ecológica o Ecología ética, una Ética científico-tecnológica o Tecnociencias éticas y una Ética educativa o Educación ética o, dicho de otra manera: una Praxis Antropoética, Bioética y Ecoética.

Los derechos humanos y la justicia global

Una antigua definición latina, lacónica y lapidaria, de la justicia distributiva afirmaba: "*iustitia est suum cuique tribuere*" (la justicia consiste en dar a cada uno lo suyo). Nosotros podemos explicitar el contenido de esta definición diciendo: lo "suyo" de cada uno, "lo que le corresponde" son sus libertades fundamentales y sus derechos iguales para todos los seres humanos formalmente reconocidos en las *Declaraciones universales* y en las *Constituciones* de cada país. La *justicia global* llegará cuando todos los seres humanos puedan disfrutar las libertades y los derechos que les reconocen las *Declaraciones universales* y las *Constituciones* de cada país.

En las diversas declaraciones sobre las libertades fundamentales y los derechos humanos, formuladas desde el siglo XVIII hasta la *Declaración Universal del* 10/XII/1948, el *catálogo* de libertades y derechos se ha ido incrementando y reelaborando y todavía sigue abierto. Actualmente, hablamos de libertades y derechos civiles, políticos, sociales, económicos, culturales, educativos, ecológicos.

Hay muchos debates sobre la clasificación de las libertades y los derechos, sobre su contenido concreto, sobre su incorporación a las legislaciones de cada país y, principalmente, sobre el grado de cumplimiento de los mismos. Aquí no podemos entrar en esos debates. Pero hay un debate de fondo que debemos mencionar, porque es absolutamente esencial e imprescindible para el tema que nos ocupa. Ese debate gira en torno a las dos perspectivas hermenéuticas antagónicas de las libertades y de los derechos humanos, que tienen enormes consecuencias prácticas: **a)** la perspectiva de aquellos que interpretan las libertades y los derechos desde un individualismo radical, absoluto y competitivo; **b)** la perspectiva de aquellos que interpretan las libertades y los derechos desde un individualismo moderado, comunitario y cooperativo.

El mundo sociocultural vigente es fruto de la primera perspectiva hermenéutica. El mundo sociocultural alternativo que queremos construir, sólo será posible si logramos que la segunda perspectiva hermenéutica sea hegemónica.

Los primeros interpretan las libertades y los derechos como *propiedades naturales* e *intrínsecas* de cada individuo, que no pueden ser limitadas ni restringidas por la sociedad. Conciben el ser humano exclusivamente como *"Homo Egoicus"*, como individuo psicofísico, singular, irrepetible y autónomo dotado de más o menos capacidades naturales para competir con los demás miembros de la especie. Conciben la sociedad como un conjunto de átomos sociales independientes que compiten con los demás para lograr sus intereses. Este modo de concebir el ser humano, de interpretar las libertades y derechos y de concebir la sociedad origina el darwinismo económico, social, político, educativo, que aumenta las desigualdades y divide a la sociedad en un bloque de clases dominantes y otro bloque de clases dominadas.

Los segundos interpretan las libertades y los derechos como *poderes simbólicos* absolutamente iguales, mutuamente reconocidos y recíprocamente otorgados. Por eso, las libertades y los derechos no pueden ser absolutos, sino que son necesariamente limitados. Mis libertades y derechos terminan donde empiezan las libertades y derechos de los demás, que, a su vez, terminan donde empiezan mis libertades y derechos como poderes simbólicos mutuamente reconocidos y otorgados. Las libertades y los derechos son proyectos éticos intersubjetivos y mancomunados de conducta social. Por eso no se deben reconocer libertades ni derechos sin obligaciones y deberes recíprocos. Los defensores de esta perspectiva hermenéutica conciben al ser humano como *"Homo Egoicus"* y, al mismo tiempo, como *"Homo Reciprocans"*.

Por imperativo biológico, los seres humanos somos individuos psicofísicos singulares, irrepetibles y autónomos, pero no autosuficientes porque somos seres desvalidos e interdependientes, sociales, comunitarios y cooperantes. Desde que nacemos hasta que podemos valernos por nosotros mismos, somos dependientes de nuestros padres, familiares y cuidadores. Emocional y sentimentalmente, necesitamos la estima y el cariño de los demás. Solos no podemos desarrollar suficientemente nuestras dimensiones personales, ni siquiera el lenguaje y el conocimiento. No podemos producir a lo largo de nuestra vida todo lo que necesitamos para sobrevivir: alimentos, vestidos, medicamentos, etc. Los empresarios dependen de los trabajadores más que los trabajadores de los empresarios.

La primera perspectiva hermenéutica hace que el axioma constantemente invocado resulte absurdo y contradictorio. Ese axioma afirma: "*todos somos iguales ante la ley*". Pero resulta que muchas leyes elaboradas desde la hegemonía de la primera perspectiva hermenéutica son catálogos de *privilegios o exenciones legales por diversas circunstancias*. Para que el axioma sea verdad en la sociedad real en la que vivimos, habría que reformularlo así: "todos somos iguales ante las leyes que consagran nuestras desigualdades económicas, sociales, políticas, culturales y educativas".

Esta situación de privilegio se manifiesta de manera contundente en la interpretación y reglamentación de dos derechos fundamentales: el derecho de propiedad y el derecho a la soberanía sobre los poderes del Estado. Basta analizar la historia de la interpretación y reglamentación de estos derechos durante los tres últimos siglos.

La interpretación del primero y su reglamentación ha originado la desigualdad económica creciente y la división de la sociedad en dos bloques de clases: los *propietarios* de bienes –tierras, inmuebles, capitales, empresas– compradores de fuerza de trabajo y los no-propietarios vendedores de fuerza de trabajo. Joseph Stiglitz lo expresa muy bien en el título de su obra *El precio de la desigualdad.* El 1% de la población tiene lo que el 99 % necesita y en el texto lo explica brillantemente. El derecho de propiedad como derecho igualitario exige la difusión de la propiedad, la distribución justa y equitativa de los bienes materiales y culturales que garantice a todos los seres humanos una vida digna; excluye la acumulación ilimitada; debe garantizar la propiedad comunitaria y pública para ofrecer servicios públicos de calidad y respetuosos con el medio ambiente y hacer frente a las posibles catástrofes naturales.

El derecho de soberanía sobre los poderes del Estado exige el sufragio universal de modo que todas las personas tengan derecho al voto de igual valor. Sin embargo, se reglamentó como un voto *censitario,* que excluía a la mayoría de la sociedad, mujeres y trabajadores que no podían contribuir, dando origen a un Estado clasista y machista. En el origen de esta interpretación está Locke como ha demostrado contundentemente C.B. Macpherson en su obra *Teoría política del individualismo posesivo. De Hobbes a Locke* (2005). El derecho a ejercer la soberanía sobre los poderes del Estado mediante la elección de representantes en los parlamentos unicamerales o bicamerales exige que ningún parlamentario elegido sea considerado ilegítimo a la hora de deliberar, decidir y legislar sobre el interés común.

Para implementar la *Globalización ética orientada a la justicia global*, es imprescindible que la segunda perspectiva hermenéutica de las libertades y derechos, que pone el acento en la igualdad, la reciprocidad, la solidaridad y la cooperación, se convierta en hegemónica.

El neoliberalismo y los cambios en las cuatro constantes históricas

La transformación de la *Economía Política* o liberalismo tradicional en *neoliberalismo económico y político* introduce algunos cambios en las constantes históricas, reseñadas en el apartado 4 del Capítulo I de la Segunda Parte, revitalizándolas y reforzándolas. Al mismo tiempo, confirma la hipótesis sobre la influencia del modo capitalista de producción en la crisis actual del Mundo Sociocultural, formulada en el apartado 5 del mismo capítulo:

La relación entre el poder religioso y el poder político-económico

Desde el reconocimiento de la autonomía respectiva de la religión y de la política económica, surgen nuevas formas de respeto y colaboración. La inmensa mayoría de los miembros de la oligarquía plutocrática mundial y de las oligarquías plutocráticas nacionales no practican ninguna religión. Pero tampoco son antirreligiosos ni laicistas. Simplemente son indiferentes. Algunos son agnósticos y otros creyentes o ateos sociológicos. Algunos colaboran con sustanciosas ayudas económicas a determinadas confesiones religiosas, cuando consideran que sus creencias y actividades son útiles para sus intereses. Desconfían y rechazan los movimientos religiosos afines a las ONG y movimientos sociales que consideran populistas, como determinadas comunidades cristianas de base ligadas a la "teología de la liberación". Sin embargo, rechazan y persiguen a los movimientos religiosos radicales afines a los movimientos terroristas. Un caso típico de colaboración en educación es la alianza, que describe Michael W. Apple (2002) entre los *neoliberales*, los *neoconservadores*, los *populistas autoritarios* o fundamentalistas religiosos y evangélicos conservadores y la *nueva clase media* ejecutiva y profesional.

El bloque de clases dominantes y el bloque de clases dominadas en las formaciones sociales capitalistas del siglo XXI

En el espacio de este trabajo es imposible abordar un análisis serio de los dos bloques antagónicos de clases configurados por la práctica del neoliberalismo. Para ofrecer una visión solvente al lector, hemos optado por presentar dos obras emblemáticas sobre el tema, elegidas entre otras muchas: *El precio de la desigualdad. El 1% de la población tiene lo que el 99% necesita* (Stiglitz, 2014) y *La justicia global* (Díaz-Salazar, 2002).

Joseph E. Stiglitz, premio Nobel de Economía en 2001, Catedrático de Economía en la Universidad de Columbia y profesor en varias universidades prestigiosas como Yale, Oxford, Stanford. Ha sido asesor económico del gobierno de Bill Clinton y economista jefe y vicepresidente Senior del Banco Mundial. En su libro analiza el crecimiento exponencial de la riqueza de las oligarquías plutocráticas mundiales y nacionales y el aumento exponencial correlativo de la pobreza y de la miseria de la mayoría de la población en todos los países capitalistas y colonizados por ellos. Más adelante explicitaremos esta afirmación genérica con algunas citas concretas.

Rafael Díaz-Salazar es profesor de Sociología en la Universidad Complutense de Madrid, autor de más de treinta libros, miembro del Consejo Asesor de la *Revista Internacional de Sociología* y Director del Observatorio Políticas de la Globalización y Movimientos Sociales. En su libro analiza las características y las reivindicaciones de las redes mundiales de ONG y de los Movimientos Sociales a partir de sus textos, de sus documentos, de sus manifiestos, de sus programas de acción y de entrevistas a algunos líderes. Analiza las principales federaciones de ONG, que integran a miles de ONG de todo el mundo, especialmente de las ONG del desarrollo (ONGD), y las federaciones de Movimientos Sociales, que coordinan miles de movimientos en todo el mundo, que asisten cada año al Foro Social Mundial de Porto Alegre.

Los imperios coloniales y los procesos de descolonización durante el siglo XX: independencia política y neocolonialismo económico

Más arriba formulábamos la tercera constante histórica en los siguientes términos: en todas las épocas históricas, desde el Neolítico a nuestros días, siempre existieron pueblos-Estado dominantes, invasores, conquistadores explotadores o colonizadores y pueblos-Estado dominados, invadidos, conquistados, explotados, o colonizados. Desde finales del siglo XV hasta el siglo XX, algunas Naciones-Estado occidentales se convirtieron en poderosos imperios coloniales.

A lo largo del siglo XIX, se desarrolla un movimiento independentista de los pueblos sudamericanos frente al imperio colonial español, cuyo líder más destacado fue Simón Bolívar. Aunque se liberaron del colonialismo político español, no se liberaron del colonialismo político y económico de otros países, especialmente del imperialismo norteamericano.

En el siglo XX, las luchas de los pueblos colonizados de todos los continentes por su independencia de las metrópolis colonizadoras se intensifican, sobre todo, a partir de la Primera Guerra Mundial. Al final del siglo XX, prácticamente todos han logrado su independencia política. Pero la inmensa mayoría han quedado atrapados en el "*neocolonialismo económico*" que se caracteriza por tres factores principales: **a)** la actividad económica de las multinacionales que conservan su matriz en las antiguas metrópolis y que son propietarias de los mejores recursos de las antiguas colonias: minas, tierras, yacimientos de energías fósiles, bosques; **b)** el mecanismo de la deuda externa; y **c)** la competencia de las multinacionales en los mercados nacionales con los productos de los países ricos, que priman sus exportaciones con rebaja de impuestos.

Los hechos ponen de manifiesto el comportamiento injusto y egoísta de los países ricos, agravado con el rechazo de los emigrantes económicos y los refugiados, que fabrican en los países de origen con el *neocolonialismo* de sus empresas y el fomento de guerras locales, además de la presión con el mecanismo de la deuda externa y la competencia desleal en sus mercados nacionales.

Entre 1948 y 1973, mil millones de personas acceden a la independencia, con lo que la composición de la ONU queda sustancialmente alterada y se plantea la necesidad de instaurar un *Nuevo Orden Económico Internacional* (NOEI), que los países ricos y las oligarquías plutocráticas mundiales y nacionales han boicoteado sistemáticamente.

Al comienzo del siglo XXI, la constante histórica de la existencia de Estados dominantes y Estados dominados, no sólo no ha desaparecido, sino que se ha agravado por el *neocolonialismo* económico, y sus implicaciones y sus consecuencias injustas para millones de personas.

En la coyuntura actual, si comparamos las Naciones-Estado que componen la ONU, con los *tres estamentos* que componían el Antiguo Régimen, de acuerdo con los criterios seguidos por Alfred Sauvy y Georges Balandier, surgiría la siguiente pirámide de Naciones-Estado:

Primer mundo: el grupo de Naciones-Estado dominantes está constituido por los países más ricos e industrializados que integran el *G8* y su ampliación el *G20*. Se correspondería con las dinastías reales, la aristocracia, la alta nobleza y la alta burguesía.

Segundo mundo: estaría integrado por unas 100 Naciones-Estado con diferentes grados de desarrollo económico y cultural y con diferentes grados de bienestar social. Se correspondería con la nobleza media y la burguesía media.

Tercer mundo: estaría compuesto por unas 70 Naciones-Estado, que están sumidas en la pobreza o en la miseria por las hambrunas, las enfermedades endémicas, los conflictos territoriales, los conflictos tribales, por la acción de grupos terroristas, por las guerras locales y por las catástrofes naturales: sequía, inundaciones, huracanes, terremotos, plagas, etc. Se correspondería con la pequeña burguesía de profesiones liberales, campesinos, artesanos, comerciantes, bajo clero, asalariados, servidores domésticos y otros.

Pero no se puede olvidar que, dentro de los países que forman parte de cada mundo, se repite el esquema de clases dominantes, clases medias y clases estructuralmente sumidas en la pobreza y la miseria. Entre estos tres bloques de clases las desigualdades no dejan de aumentar. Las clases dominantes están integradas por las oligarquías plutocráticas mundiales y nacionales. Una minoría de las clases medias tiene un estatus estable, especialmente los ejecutivos y los funcionarios. Pero la mayoría de las clases medias, ya sean autónomos o empleados asalariados, están amenazados por el riesgo de perder su estatus. Los jóvenes que no encuentran empleo, los parados de larga duración, los que están amenazados por despido, los que tienen empleos precarios y temporales, los que carecen de vivienda, los que padecen los desahucios, pobreza alimentaria y energética, los enfermos y dependientes crónicos constituyen una mayoría de clases pobres.

El *gobierno económico mundial* que han logrado instaurar las oligarquías plutocráticas mundiales financieras, industriales y mercantiles, ocupa en esta pirámide el puesto que correspondía a los Reyes absolutos y a su corte de aristócratas.

Las relaciones de la Antroposfera con la Biosfera y la Ecoesfera abiótica: ecologistas y negacionistas

Más arriba describíamos la cuarta constante histórica como el impacto negativo de las actividades humanas en la Biosfera y en la Ecosfera abiótica, cada vez más intenso y agresivo desde el Neolítico a nuestros días. En esas actividades incluimos todas las actuaciones de los seres humanos como individuos, como grupos, como formaciones sociales complejas y como especie, es decir, la totalidad de las actividades de la Antroposfera.

En los últimos cuarenta años, a pesar de las advertencias y de las denuncias de muchos investigadores de gran solvencia científica sobre el riesgo de destruir completamente nuestro ecosistema planetario y de autodestruirnos como especie, la agresión humana a la Biosfera y a la Ecosfera abiótica ha crecido exponencialmente. Estamos rozando los límites del crecimiento de ese proceso destructivo del que no habrá regreso posible.

Los *negacionistas* de la crisis ecológica son unos *"influencers"* poderosos que están contagiando su negacionismo a amplios sectores de la humanidad, garantizándoles que la ciencia lo resolverá todo. Pero la ciencia, aunque pueda prestar una ayuda fundamental para revertir algunos daños ecológicos, no podrá regenerar en cantidades suficientes los recursos naturales que tardaron millones de años en formarse. Los movimientos de ecologistas, investigadores y activistas tienen muchas dificultades para persuadir a la mayoría de los seres humanos del riesgo que estamos corriendo.

Por su parte, las oligarquías plutocráticas mundialistas y nacionalistas son muy reacias a tomar decisiones beneficiosas para el Ecosistema planetario, pero perjudiciales para sus intereses, e intentarán convertir las actividades de recuperación ecológica en nuevos negocios.

La praxis neoliberal desde 1970 a 2020

Las diversas reacciones nacionales y mundiales frente a las revueltas estudiantiles y obreras de los años sesenta y, especialmente, frente al *movimiento contracultural californiano,* surgido en torno a la Universidad de Berkeley (California) y frente al *izquierdismo,* surgido del Mayo francés del 68, influyeron decisivamente en los dos proyectos antagónicos de globalización: la oligarquía plutocrática mundial y las oligarquías plutocráticas nacionales, las empresas transnacionales, los Estados capitalistas y sus gobiernos reforzaron el *Proyecto de globalización económica neoliberal* con la colaboración inestimable en algunos países, como Francia, de los partidos y sindicatos de izquierdas tradicionales.

Durante las décadas de los setenta y ochenta, la oligarquía plutocrática mundial y las oligarquías plutocráticas nacionales pusieron a funcionar a pleno rendimiento su maquinaria de clubes privados, de instituciones, de empresas transnacionales o supranacionales, de lobbies, de *Think tank,* presionando a los Estados nacionales y a sus gobiernos, a la ONU y a los organismos vinculados a ella para que frenen en seco cualquier nueva revuelta, mantengan el orden económico, político y cultural establecido y creen las condiciones más favorables para consolidar su proyecto de *globalización económica neoliberal.*

Consolidación y expansión del neoliberalismo económico

A comienzos de los setenta el *neoliberalismo* surgido de la fusión del *liberalismo económico radical* de Von Hayek y del *monetarismo* de Milton Friedman está en plena madurez, después de veinte años de colaboración estrecha de ambos profesores en la Facultad de Economía de la Universidad de Chicago en la formación de los "Chicago Boys". El pensamiento neoliberal es conocido en todos los países capitalistas del mundo a través de las sucursales del *Think-Tank "Sociedad de Mont-Pélerin"*, creado por Von Hayek en 1947, establecidas en todos los países de influencia anglosajona y en los países latinoamericanos.

El *neoliberalismo económico-político radical* de Von Hayek y de Milton Friedman tuvo una influencia decisiva en todas las decisiones de política económica de los Estados Unidos y de los países dependientes de su imperialismo. Para una visión panorámica de esta influencia es muy útil *La doctrina del Shock. El auge del capitalismo del desastre* (Klein, 2012).

Entre las decisiones de Economía política influidas por el *neoliberalismo económico-político radical* de Von Hayek y de Friedman podemos destacar las siguientes: la influencia en las decisiones del *Consejo de Relaciones Exteriores* (CFR) de Estados Unidos, del *Real Instituto de Asuntos Internacionales* (RIIA) británico, del *Club de Bilderberg* en sus reuniones anuales, y en otros foros. En 1971: influyó en la decisión unilateral del gobierno de Nixon de poner fin a la convertibilidad del dólar en oro, provocando una crisis en el sistema monetario internacional, en el BM y en el FMI.

Ese mismo año influyó en la creación del *Foro Europeo de Gestión* y en su funcionamiento posterior, especialmente a partir de su conversión en 1991 en el *Foro Económico Mundial* de DAVOS (FEM o WEF). En 1973 influyó en la liberación generalizada de capitales promovida por el gobierno de Nixon en Estados Unidos, que provocó una inestabilidad monetaria total y dio origen al nacimiento de la economía financiera especulativa disociada de la economía real. Ese mismo año influyó en la creación de la *Comisión Trilateral* por iniciativa de Rockefeller y fue la ideología hegemónica en sus reuniones posteriores.

La eliminación de Allende en Chile planificada por Nixon, Kissinger y las multinacionales norteamericanas ITT y Anaconda se inspiró en el *neoliberalismo* de Von Hayek y Friedman; Nixon apoyó a Friedman y a los "Chicago Boys" para convertir Chile en un laboratorio experimental del monetarismo en la Dictadura de Pinochet. Pero ese experimento estaba ya iniciado en todo el Cono Sur latinoamericano por los "Chicago Boys" y las sucursales de la Sociedad Mont-Pélerin creada por Von Hayek: Argentina, Brasil, Chile, Uruguay, Paraguay y Bolivia (Klein, 2012).

Es muy importante conocer las relaciones de amistad y colaboración de Nixon y Friedman y su posterior distanciamiento para valorar las consecuencias del *monetarismo.* Cuando Nixon fue nombrado presidente en 1969, Friedman escribió: "Pocos presidentes han expresado una filosofía tan compatible con la mía propia" como Nixon. Friedman creyó que había llegado el momento oportuno para plantear su revolución monetaria contra el legado del *New Deal keynesiano* para lograr el ideal del libre mercado puro, sin trabas de ningún tipo. Nixon y Friedman se reunían con frecuencia en el Despacho Oval. Nixon nombró a varios amigos y alumnos de Friedman para diversos cargos de asesores económicos. Entre ellos destaca George Shultz, colega de Friedman en la Facultad de Económicas de la Universidad de Chicago. Shultz y Friedman colaboraron en reclutar asesores económicos para Nixon. Lograron colocar a Donald Rumsfeld con 37 años como segundo de a bordo de Shultz en la Oficina de Gerencia y Presupuesto del Gobierno, encargado del programa de control de salarios y precios.

Cuando Nixon comprobó que las decisiones de inspiración monetarista sobre la abolición de la convertibilidad del dólar en oro (1971) y la liberalización de Capitales, en lugar de resolver los problemas de desempleo e inflación, los agravaban, decidió poner topes a los precios de bienes de primera necesidad, como los alquileres y el petróleo. El que tenía que ejecutarla era Donald Rumsfeld. Friedman lo llamó indignado, le reprochó lo que estaba haciendo y le propuso renunciar al cargo, porque consideraba que esa actuación Keynesiana era un "cáncer que puede destruir la capacidad de funcionamiento de un sistema económico". Rumsfeld le contestó que lo que hacía parecía surtir efecto: la inflación estaba remitiendo y la economía volvía a crecer. Friedman le replicó que aquella "fechoría era la peor de todas". Nixon echó un cable a Shultz y a Rumsfeld, proclamando: "Ahora todos somos Keynesianos" y siguió desprendiéndose de más elementos de la ortodoxia monetarista durante su segundo mandato. Friedman no se lo perdonó. El sentimiento de traición fue tan profundo que Friedman describió a Nixon como "el más socialista de los presidentes de Estados Unidos del siglo XX". Para rebajar las tensiones, Nixon apoyó a Friedman y a los "Chicago Boys" para convertir la dictadura de Pinochet en un laboratorio de experimentación del *monetarismo* (Klein, 2012, pp. 178-181).

En mayo de 1975 se celebró en Kyoto una Convención de la Trilateral íntegramente financiada por David Rockefeller. La ideología hegemónica que predominó en los debates fue el neoliberalismo económico radical de Von Hayek y de Friedman. Las conclusiones de la Convención se publicaron con el título *La crisis de la democracia* (Crozier y otros, 1975). Entre ellas destaca la siguiente: "Un exceso de democracia supone un déficit en la gobernabilidad" (Bowen, 1992, p. 679).

En la asamblea General de la ONU (14-XII, 1974) 120 países aprueban la *Carta de Derechos y Deberes Económicos de los Estados*. Pero seis países ricos, basándose en los principios de la ideología neoliberal, votaron en contra: Estados Unidos, Gran Bretaña, Alemania, Bélgica, Luxemburgo y Dinamarca. Algo parecido ocurrió en la Conferencia Norte-Sur (1975-1977) que fracasó. Los países integrantes de la OCDE manifestaron explícitamente su intención de impedir el desarrollo del NOEI y la aprobación de la *Carta de Derechos y Deberes Económicos de los Estados*.

Durante la década de 1980, la praxis económica neoliberal progresa en el Reino Unido con Margaret Thatcher y en Estados Unidos con Ronald Reagan, que tuvieron a Von Hayek y a Friedman como asesores económicos influyentes. En 1981, Friedrich Von Hayek, a su regreso de una visita a Chile, escribió una carta a su amiga Margaret Thatcher en la que le sugería utilizar el éxito del neoliberalismo económico en Chile como modelo para eliminar la economía Keynesiana británica. La dama de hierro estaba familiarizada con lo que calificaba "como extraordinario éxito de la economía chilena".

Pinochet ayudó a Margaret Thatcher en la guerra de las Malvinas, facilitándole el aprovisionamiento de alimentos frescos a la marina británica. Margaret Thatcher le contestó: "Estoy segura que entenderá que en Gran Bretaña... algunas medidas adoptadas en Chile son del todo inaceptables. Nuestra reforma debe ser conforme a nuestras tradiciones y a nuestra Constitución, aunque, a veces, el proceso pueda parecer exasperadamente lento" (Klein, 2012, p. 177).

La respuesta de Margaret Thtacher supuso una auténtica decepción para Von Hayek y el movimiento que representaba. Naomi Klein comenta:

> "A principios de la década de 1980, aún con Reagan y Thatcher en el poder y con Hayek y Friedman como influyentes asesores suyos, no estaba ni mucho menos claro que un programa económico radical como el impuesto con tan feroz virulencia en el Cono Sur pudiese siquiera ser posible en Gran Bretaña o Estados Unidos". (2012, p. 178)

La "hipótesis de la crisis" como instrumento de cambio neoliberal

A partir de 1982, Milton Friedman y la Escuela de Chicago empezaron a elaborar la llamada más tarde "hipótesis de la crisis". En 1982, Milton Friedman escribió:

> "Sólo una crisis –real o percibida como tal– produce un verdadero cambio. Cuando ocurre esa crisis, las acciones que se emprenden dependen de las ideas existentes en aquel momento. Esa es, en mi opinión, nuestra función básica: desarrollar alternativas a las políticas existentes y mantenerlas vivas y disponibles hasta que lo políticamente imposible se convierta en políticamente inevitable". (Klein, 2012, p. 189)

Allan Meltzer explicitó un poco más las hipótesis de Friedman:

> "Las ideas son alternativas que aguardan la llegada de una crisis para funcionar como catalizadoras del cambio. El modelo de influencia de Friedman consistía en legitimar las ideas y conseguir que nos resultaran soportables [¿sostenibles?] e, incluso, pensáramos que podía valer la pena probarlas cuando se diera la ocasión". (Cit. en Klein, 2012, p. 189)

A mediados de los ochenta, los economistas de la Escuela de Chicago asumen la idea tradicional del sector revolucionario más radical de la izquierda que pensaba que la crisis del capitalismo era el momento más oportuno para desencadenar la revolución socialista, según comenta Naomi Klein (2012); refiriéndose a *The Economy of Policy Reform* de John Williamson (comp.) (Williamson, 1994, p. 19), concluye: "Del mismo modo que los cracks mercantiles podían precipitar revoluciones de izquierda, también podían ser utilizados para desatar contrarrevoluciones de signo derechista, una teoría que acabaría conociéndose como 'la hipótesis de la crisis'" (p. 190).

La colonización del BM y del FMI por los "Chicago Boys"

A finales de los ochenta, convergieron dos procesos que llevaron al neoliberalismo económico a su consolidación y apogeo. Uno fue la elaboración y aplicación de la "hipótesis de la crisis" y el otro fue un proceso soterrado y silencioso de colonización del BM y del FMI por los economistas de la Escuela de Chicago. Durante los setenta y los ochenta los "Chicago Boys", capitaneados por Arnold Harberger y John Williamson, fueron colonizando progresivamente ambas instituciones y escalando altos puestos de responsabilidad y sustituyendo sus principios fundacionales, que eran Keynesianos, por los principios friedmanianos.

En 1944, se reunieron 43 países en Bretton Woods (New Hampshire, Estados Unidos) para buscar una respuesta directa al horror de la Segunda Guerra Mundial y diseñar una arquitectura política mundial, que culminaría en la creación de la ONU, y una arquitectura económica mundial, que se materializó en la creación del Banco Mundial (BM) y del Fondo Monetario Internacional (FMI). El BM y el FMI fueron financiados con las aportaciones de los 43 países, miembros iniciales de la futura ONU. Recibieron el mandato explícito de impedir los *shocks* y quiebras como los que habían desestabilizado los cimientos de la República alemana de Weimar, surgida de la Primera Guerra Mundial, que desembocó en la crisis de 1929 y en la Segunda Guerra Mundial.

La función del BM era realizar inversiones a largo plazo en desarrollo para sacar a los países de la pobreza. El FMI debía ejercer el papel de una especie de parachoques global, promoviendo políticas económicas que redujeran la especulación financiera y la volatilidad de los mercados mediante subvenciones y préstamos para la estabilización.

El principal artífice de ambas instituciones fue John Maynard Keynes, que encabezaba la Delegación británica. En la clausura de la Conferencia, Keynes declaró: "*La hermandad del hombre se habrá convertido en algo más que meras palabras*", si estas instituciones se mantienen fieles a sus principios fundacionales. De hecho, esa fidelidad proporcionó a varios países 30 años de *Estado de Bienestar,* que se fue deteriorando a medida que se abandonaban los principios fundacionales.

Pero durante las décadas de los setenta y ochenta, las oficinas centrales del BM y del FMI, situadas en la Calle 19 de Washington se abastecían continuamente de los economistas de Chicago, que acababan ocupando muchos de los principales puestos de responsabilidad.

Arnold Harberger, director del programa de máster en estudios sobre América Latina alardeaba del gran número de titulados suyos que habían logrado puestos de poder en el BM y en el FMI: Marcelo Selowsky llegó a ser el economista principal del área recién creada para la antigua URSS; a este le sucedió Sebastián Edwards, también alumno de Harberger; el argentino Claudio Loser, doctorado en 1971, se convirtió en director del Departamento para el Hemisferio Occidental del FMI. Los de Chicago ocuparon otros altos cargos del FMI como el de Vicedirector gerente, el de Director del Departamento de Investigación, el de Economista *senior* del Departamento para África (Klein, 2012, pp. 219-220).

En 1989, John Williamson sintetizó el proceso de cambio que habían realizado de forma paulatina y discreta en el BM y en el FMI en el llamado "Consenso de Washington". Se trataba de un listado de políticas económicas que ambas instituciones consideraban en aquel momento un mínimo exigible para una buena salud económica. El listado completo equivalía a la trilogía neoliberal:

a) Privatización de las empresas públicas.
b) Desregulación absoluta del libre comercio para que todos puedan competir en todos los mercados.
c) Recortes drásticos del gasto público preconizados por Milton Friedman. Esta es exactamente la terapia aplicada a la crisis financiera de 2008, provocada por la especulación financiera de muchos bancos inspirados en el monetarismo de Friedman.

Joseph Stiglitz (2002), antiguo economista principal del Banco Mundial y uno de los últimos baluartes frente a la nueva ortodoxia neoliberal de Von Hayek y Friedman, escribió: "Keynes se revolvería en su tumba, si viera lo que ha sido de su criatura" (p. 13).

Utilizar las crisis económicas para aplicar la trilogía neoliberal y construir un mercado absolutamente libre de toda regulación ética, para que los plutócratas puedan apropiarse y acaparar los recursos de todos, explotar a los trabajadores, utilizar las deslocalizaciones y la robotización para producir desempleos y aumentar sus ganancias, fabricar pobres en serie en el Tercer Mundo, provocar guerras locales, hambrunas, cronificar endemias, movimientos migratorios y desplazamientos de refugiados, es una *aberración ética,* que debemos condenar absolutamente.

Esa aberración ética es comparable con la legitimación de las masacres bélicas del pasado, con la legitimación de la *Inquisición medieval,* como sistema de tortura, que han perfeccionado los herederos y continuadores de la *Inquisición medieval:* el nazismo, el fascismo, el estalinismo y todas las dictaduras del siglo XX, apoyadas frecuentemente por las oligarquías plutocráticas mundialistas y nacionalistas.

El neoliberalismo es la dictadura de la oligarquía plutocrática

El mercado absolutamente libre y desregulado es la *dictadura de las oligarquías plutocráticas.* Identificar la democracia con el mercado absolutamente libre es el colmo del cinismo. Legitimar el neoliberalismo equivale a reconocer a las plutocracias el derecho absoluto de ejercer su *voluntad arbitraria* al servicio de sus intereses contra la Antroposfera, la Biosfera y la Ecosfera. La democracia auténtica es incompatible con la plutocracia, con su neoliberalismo económico y político, con el mercado absolutamente desregulado y con los Estados clasistas que lo legitiman. El mercado absolutamente libre está en las antípodas de los *Derechos Humanos,* de la Antropoética, de la Bioética y de la Ecoética.

El neoliberalismo de la Escuela de Chicago se presentó como una ciencia auténtica. Así lo afirmaba Milton Friedman, en 1976, en su discurso de aceptación del *Premio Nobel de Economía.* En él defendió que la Economía era una disciplina científica tan rigurosa y objetiva como la física, la química o la medicina y que se basaba en el examen imparcial de los hechos disponibles. Ignoró absolutamente las consecuencias de su aplicación en el Cono Sur. A partir de esas consecuencias, podemos inferir que el neoliberalismo monetarista de Friedman es una pura ideología antiética, que trataba de buscar una estrategia eficaz para colocar en el centro de la construcción del Mundo Sociocultural el Modo Capitalista de Producción y Consumo, que es *Antropocida, Biocida y Ecocida,* que ha mandado la Ética al cuerno o a las tinieblas exteriores. El neoliberalismo económico de Von Hayek y Friedman es *un medio criminal para un fin injusto.*

Como predijo Rodolfo Walsh, muchas más vidas serían arrebatadas por la "miseria planificada" que por las balas. Lo que sucedió en América Latina en los años setenta ha sido interpretado como la escena de un asesinato, *"cuando en realidad, era la escena de un robo a mano armada extraordinariamente violento"* (Klein, 2012, p. 170).

Orlando Letelier, economista de 44 años, embajador de Allende en Washington y ministro de Defensa de Allende en Chile, tras pasar un año en las prisiones de Pinochet, pudo escapar de Chile gracias a una intensa campaña de presión internacional. En un duro y polémico artículo, publicado a finales de agosto de 1976, calificó "el golpe militar" como una colaboración entre el ejército y los economistas de Chicago. Efectivamente, los "Chicago Boys" empezaron a trabajar con los militares antes del golpe y la transformación económica empezó el mismo día que la Junta llegó al Poder.

Apenas elegido Allende, la Universidad Católica de Santiago, hogar de los "Chicago Boys", se convirtió en la zona cero de lo que la CIA denominó "clima de golpe". La planificación del "golpe" transcurrió por dos vías paralelas: **a)** los militares conspiraban para exterminar a Allende y a sus seguidores; **b)** los economistas se ocupaban de la exterminación de su *ideario.* Cuando el clima llegó al punto de ebullición adecuado, los "Chicago Boys" enviaron, a través del empresario Roberto Kelly, un resumen de cinco páginas de su programa de medidas económicas al Almirante de marina encargado del plan militar, y éste lo aprobó.

Los "Chicago Boys" se pusieron a trabajar a contra reloj para tener el programa completo a punto para el día del "golpe militar".

Lo que sucedió en los siguientes 16 años fue el resultado de la convergencia de tres tipos de *shock:* **a)** el *shock* del golpe militar; **b)** el *shock* económico, *made in* Chicago; **c)** el *shock* de las técnicas de tortura, *made in* CIA (*ibíd*., pp. 105-106).

En 1975, Friedman visitó Chile para comprobar los resultados de su movimiento neoliberal. A su regreso, Anthoni Lewis, columnista del *New York Times* le planteó la siguiente pregunta: "*Si la teoría económica pura de Chicago sólo se puede poner en práctica en Chile mediante el recurso a la represión, ¿tienen los autores algún tipo de responsabilidad por ello?* (*ibíd*., p. 159).

Orlando Letelier, en el artículo de finales de agosto citado, calificó a Milton Friedman como "el arquitecto intelectual" de la revolución económica chilena y consejero no oficial del equipo de economistas de Pinochet. El 21 de septiembre, Orlando Letelier fue asesinado. Los asesinos habían entrado en Norteamérica con pasaportes falsos con el conocimiento de la CIA. Tres semanas después del asesinato de Letelier, Milton Friedman recibió el Nobel de Economía. Los activistas empezaron a exigir responsabilidades por el coste humano de sus políticas al "arquitecto intelectual" de la revolución económica chilena. Los estudiantes de Chicago exigieron una investigación académica sobre la colaboración de sus profesores con la Junta Militar. Durante aquellos años, Milton Friedman no podía dar una conferencia, sin que alguien le preguntara por su responsabilidad, citando a Letelier.

En 1977, Amnistía Internacional recibió el premio Nobel de la Paz por su valiosa investigación sobre los abusos contra los derechos humanos en Chile y Argentina. Desde entonces, los investigadores y los activistas examinan con lupa y comparan los informes que sirvieron de base para conceder a Friedman el Nobel de Economía y el Premio Nobel de la Paz a Amnistía Internacional, y se preguntan por qué ninguno de los dos comités relacionó el *shock* económico con el *shock* de las Cámaras de Tortura. Es cierto que los dos premios son independientes: los otorgan dos comités distintos, en dos ciudades distintas y en dos años distintos. Pero de todas maneras resulta muy extraño.

Los avatares de los protagonistas de las revueltas de los sesenta y su contribución al Proyecto de Globalización Ética

Muchos de los que actualmente participan en las reivindicaciones de las ONG y de los movimientos sociales se preguntan: ¿qué fue de aquellos luchadores de los años sesenta tan radicales y atrevidos? ¿A qué se dedicaron durante las décadas de los setenta y los ochenta? ¿Dónde están hoy los supervivientes? ¿Qué ha quedado de aquellas luchas? ¿Qué han aportado a la construcción de un mundo sociocultural alternativo al mundo que combatieron con entusiasmo, ardor y esperanza? Los militantes veteranos, que contemplaron con estupor y esperanza aquellas revueltas, han ido desapareciendo sin poder comprobar mejoras y cambios sustantivos. Los que aún sobreviven tienen la impresión de que todo sigue igual o peor, porque el *estado de bienestar* que disfrutaron algunos países, después de la Segunda Guerra Mundial, se está desmoronando poco a poco y el Nuevo Orden Económico Internacional (NOEI), que reivindicaban los países del Tercer Mundo en el seno de la ONU, cada vez aparece más lejano y problemático.

Desgraciadamente, sólo un número reducido de investigadores podrían responder de una manera genérica a las preguntas formuladas al principio a partir de los datos que conocen. Sin embargo, para comprender la coyuntura sociocultural, política y económica en la que nos encontramos en la década del 2020, sería muy importante contar con un estudio sociológico sobre la trayectoria biográfica y militante de una amplia muestra representativa de los protagonistas de las luchas de los sesenta en distintos países. Aparte de preguntarles por su trayectoria personal, sería muy importante preguntarles por lo que saben de otros compañeros de lucha. Así podríamos obtener algunas respuestas relevantes a las preguntas formuladas al principio.

Aquí vamos a intentar dar algunas respuestas hipotéticas, pero verosímiles, a esas preguntas, teniendo en cuenta la coyuntura sociopolítica y económica mundial surgida de las diferentes reacciones frente a las movilizaciones de los sesenta. A partir de los datos inconexos y deslavazados, que hemos ido coleccionando a través de nuestra experiencia, de nuestros contactos permanentes o casuales y de nuestras lecturas, nos atrevemos a formular las siguientes hipótesis genéricas, no contrastadas empíricamente, ni cuantificadas, pero verosímiles, sobre el compromiso ético-político y la militancia posterior de los activistas, que protagonizaron las luchas de los sesenta.

1) Muchos estudiantes, protagonistas de las protestas y reivindicaciones de los sesenta, los profesores y militantes veteranos, que se solidarizaron con ellos y los apoyaron, y los periodistas que valoraron positivamente sus reivindicaciones e informaron de ellas en sus respectivos medios, conjugando el análisis crítico riguroso y la empatía, promovieron una nueva generación de profesionales competentes y cualificados en los distintos campos científicos, culturales y artísticos, que son al mismo tiempo, investigadores críticos y militantes comprometidos en la búsqueda y construcción del Mundo sociocultural alternativo.

Las aportaciones convergentes de estos profesionales competentes, críticos y comprometidos con la transformación del Mundo Sociocultural, y de sus discípulos y continuadores nos están proporcionando una interpretación crítica del Mundo Sociocultural, que hemos construido, desde dos perspectivas complementarias: una perspectiva científica y una perspectiva ética. Al mismo tiempo nos están proporcionando estrategias y herramientas para cuidar y mejorar la Ecosfera abiótica, la Biosfera y la Antroposfera.

En este sentido, la década de los sesenta fue como un despertar, como un amanecer, como el inicio de una nueva manera de contemplar el planeta Tierra y todo lo que ha ocurrido y sigue ocurriendo en él, como el comienzo de un nuevo modo de valorar lo positivo y lo negativo del Mundo Sociocultural, que hemos construido, y de sus consecuencias para la Ecosfera abiótica, la Biosfera y la Antroposfera y, por último, como la emergencia de una nueva conciencia ética de actuación, individual y colectiva, en la Antroposfera, la Biosfera y la Ecosfera abiótica.

Muchos de aquellos estudiantes radicales y contestatarios audaces, descalificados como antisistema, constituyen actualmente el grueso de los profesionales competentes y comprometidos en impulsar la *metamorfosis* (transformación) profunda del Mundo Sociocultural.

En cuanto a la militancia en organizaciones concretas y la participación en movimientos sociales, la dispersión es enorme y la cuantificación resulta inviable con los datos disponibles. Muchos participaron en partidos y sindicatos de izquierdas tradicionales y de nueva creación, en diversos tipos de ONG y de movimientos sociales, preexistentes o de nueva creación. Algunos participaron, al mismo tiempo, en diversas organizaciones o emigraron de unas a otras por diversas razones.

2) Ante la necesidad de una militancia colectiva y organizada, bastantes protagonistas de las protestas y reivindicaciones de los sesenta optaron por afiliarse, si no lo estaban, a los partidos comunistas y socialdemócratas tradicionales y a los sindicatos vinculados a ellos, o a los sindicatos de inspiración anarquista. Su intención era renovarlos con las aportaciones del *izquierdismo* y del *movimiento contracultural californiano.* Esto suponía para los partidos y sindicatos tradicionales un cambio sustancial inaceptable. Algunos de los intentos de renovación fracasaron, como los "eurocomunismos". Ante el inmovilismo y la resistencia a la renovación, algunos se aclimataron y permanecieron en ellos por inercia. Otros se integraron en los nuevos partidos y sindicatos, o en las nuevas ONG humanitarias o reivindicativas, o en los nuevos movimientos sociales como el ecologismo, el feminismo, etc.

3) Otros protagonistas de los sesenta, críticos con los partidos y sindicatos tradicionales de izquierdas, optaron directamente por fundar nuevos partidos de orientación trotskysta, maoísta, o anarco-marxista. En España, durante la década de los setenta, hubo una proliferación de partidos de inspiración marxista, a la izquierda del PSOE y del PC, que fueron languideciendo y desapareciendo poco a poco.

4) Otros activistas de los sesenta, sensibles a los movimientos ecologistas, decidieron fundar partidos ecologistas, partidos verdes y animalistas que, aunque no crecen demasiado, conservan su dinámica y vitalidad.

5) Otro grupo importante de los activistas de los sesenta, prescindieron de los partidos y sindicatos y optaron directamente por integrarse en los movimientos sociales y ONG preexistentes, o decidieron poner en marcha nuevos movimientos y nuevas ONG que asumían alguna causa humanitaria.

6) Por último, conocemos algunos activistas de los sesenta que se olvidaron de aquellas luchas y se integraron en el sistema e incluso cambiaron de bando. Otros se sumergieron en la drogadicción, iniciando un camino hacia ninguna parte, buscando paraísos inexistentes e imposibles.

La interacción dialógica y la mutua hibridación del izquierdismo, del Movimiento Contracultural Californiano y de los movimientos antiimperialistas de liberación nacional

En las décadas de los setenta y de los ochenta, además del proceso multidimensional de expansión, consolidación y apogeo del neoliberalismo económico y político, ocurrían otros muchos procesos complejos, simultáneos, antagónicos e interactivos, que eran, al mismo tiempo, reactivos y proactivos. Entre ellos, sobresale el proceso complejo y multidimensional de interacción dialógica, de convergencia, de hibridación progresiva y de fusión parcial del *izquierdismo* de origen europeo, especialmente francés, del *Movimiento Contracultural Californiano,* originado en torno a la Universidad de Berkeley, que se extendió por toda Norteamérica, Europa y Latinoamérica y de los *movimientos antiimperialistas de liberación nacional* de los países del Tercer Mundo. Este proceso se inició en los años sesenta, en el pleno fragor de las protestas y, una vez apaciguadas las protestas, se intensificó durante las décadas de los setenta y de los ochenta.

Los canales de comunicación y difusión

Los canales de comunicación y difusión eran múltiples. Todos los partidos, los sindicatos, las ONG, los movimientos sociales de izquierdas tenían contactos e intercambios permanentes y fluidos con las organizaciones homólogas de los países del Sur y del Norte, del Este y del Oeste. En los contactos privados de sus miembros y en los encuentros institucionales intercambiaban información sobre los *planteamientos del izquierdismo, del movimiento contracultural californiano y de las organizaciones y movimientos del Tercer Mundo,* que les interpelaban y cuestionaban su ideología y su praxis.

Lo mismo ocurría en los movimientos y organizaciones de carácter religioso, que asumían la causa del movimiento obrero, de los explotados y oprimidos, de los emigrantes y refugiados, de las víctimas de las dictaduras, de las guerras y de las catástrofes naturales, de las hambrunas, de las enfermedades endémicas, de la falta de agua, de vivienda, de educación, etc. Desde los sesenta destacó el movimiento de las comunidades cristianas de base en Latinoamérica apoyado por los teólogos de la liberación. También fueron relevantes las aportaciones del Centro Internacional de Documentación de Cuernavaca (Méjico), el *CIdoc* dirigido por Iván Illich y Valentina Borremans con la colaboración asidua de Paulo Freire y otros, que se plantearon, entre 1962 y 1976, el problema de la educación en Latinoamérica y en el Tercer Mundo en general. Entre los movimientos religiosos que más promovieron la colaboración con los movimientos y organizaciones reivindicativas del Tercer Mundo, destaca el Movimiento Mundial de Trabajadores Cristianos (MMTC), fundado en la década de los sesenta. Una de sus aportaciones más relevantes durante los setenta y los ochenta, fue facilitar asilo y empleo en los países europeos a miles de perseguidos y torturados por las dictaduras de sus países, que lograron exiliarse, especialmente latinoamericanos, como los chilenos y argentinos.

También jugaron un papel importante las llamadas Organizaciones no Gubernamentales, locales, nacionales e internacionales. Entre las numerosas Organizaciones no Gubernamentales internacionales (ONGI), nos interesan las que asumieron alguno de los grandes problemas humanitarios y las que asumieron algunas de las reivindicaciones más importantes de los países del Tercer Mundo, llamadas Organizaciones no Gubernamentales para el Desarrollo (ONGD), especialmente las que lograron conseguir el estatus de ONGD consultivas de la ONU. Estas ONG jugaron un papel decisivo en la transformación, (*metamorfosis*) del *izquierdismo* y del *movimiento contracultural californiano,* de su ecologismo, de su feminismo y de su comunitarismo y en la promoción y consolidación de *las ONG y movimientos sociales* del Tercer Mundo. Entre 1951 y 2000, las ONGI se quintuplicaron: en 1951, eran 832; en 1972, eran 4.700; en 1999, eran 5000; en el 2000, eran 10.000. Este no es el lugar adecuado para un estudio pormenorizado de las ONG, de su pluralismo, de sus antagonismos y de sus contradicciones internas. Los lectores que quieran iniciarse en el tema pueden recurrir al Capítulo 7 de la obra colectiva *Hacia una sociedad civil global* (Vidal Beneyto, 2003), titulado "Las ONG y las políticas internacionales" (Roland Roth). El tema es demasiado complejo y, como dice Roth, no se pueden "ofrecer generalizaciones sólidamente fundadas, sino arbitrariedades informadas" (*ibíd.*, p. 245).

Desde la década de los sesenta cada vez eran más frecuentes grupos plurales para debatir las problemáticas y las temáticas más relevantes de las coyunturas nacionales y de la coyuntura mundial. Esos grupos solían ser reducidos, aunque a veces llegaban a reunir cuarenta o cincuenta personas. Aunque los grupos fueran permanentes y se reunieran periódicamente, en general eran grupos abiertos y flexibles, en los que no era obligatoria la asistencia. Los componentes de esos grupos, aunque pertenecieran a diversas organizaciones, participaban a título personal y no representaban a sus respectivas organizaciones. Participaban creyentes, ateos agnósticos, miembros de organizaciones comunistas, socialistas y anarquistas de diversas tendencias, había militantes sin títulos y militantes titulados. En los debates no se pretendía llegar a ningún tipo de consenso compartido por todos los participantes, sino lograr una interpretación personal informada de la problemática local, nacional y mundial y de las posibles alternativas. Era muy frecuente que una persona participara en varios de estos grupos informales de debate dentro del propio país o también en otros países con encuentros espaciados, programados periódicamente.

Durante las décadas de los setenta y ochenta en todos estos lugares se llevó a cabo la hibridación y fusión del *izquierdismo,* del *movimiento contracultural californiano* y de *las reivindicaciones del Tercer Mundo.* A los que tuvimos la suerte de participar durante las décadas de los sesenta, de los setenta y de los ochenta en varias organizaciones y diversos grupos plurales de debate nos llegaba la información sobre las temáticas mencionadas a raudales a través de personas, de libros, de artículos, de revistas, periódicos y de encuentros internacionales. Nos sentíamos agobiados y perplejos por el exceso de información relevante y contradictoria, que cuestionaba todo lo que habíamos aprendido hasta ese momento. Nos sentíamos confrontados a un dilema existencial: o nos encerrábamos en nuestra torre de marfil y nos dedicábamos a defender de modo fanático, nuestras ideas, creencias y convicciones o iniciábamos un proceso complejo de desaprender y deconstruir nuestra identidad y de reaprender y reconstruir nuestra identidad. Los que optamos por el segundo miembro del dilema hemos estado inmersos en ese proceso los últimos sesenta años.

Durante aquellas tres décadas tuve la suerte de participar en varias organizaciones y en diversos grupos plurales de debate. Las organizaciones más importantes fueron: La HOAC y la ZYX. Los grupos plurales de debate fueron: un *grupo de educación* de carácter nacional, al que simplemente llamábamos "grupo de educación"; las temáticas que debatíamos en este grupo, creado en los primeros años de la década de los sesenta, eran: la historia del Movimiento de las Escuelas Nuevas y su relación con el Movimiento obrero en España y en el Mundo; la represión franquista de los enseñantes, especialmente de los maestros y maestras; a partir de los sesenta, la implantación de la escuela comprehensiva en el Reino Unido, Suecia y otros países y las aportaciones de Paulo Freire e Iván Illich. El segundo grupo plural de debate, en el que participé, le llamábamos en la HOAC el *GOES cívico* o grupo obrero de estudios sociales dedicado a la política; en la década de los sesenta, estuvo dedicado a la política municipal y, a partir d 1970, a la elaboración de una Constitución federal para España. El tercer grupo plural de debate en el que participé fue un grupo de diálogo entre *marxistas y cristianos,* promovido por los jesuitas responsables de Justicia y Paz de Madrid. Participé en varios grupos más, pero no con la misma asiduidad e intensidad. También participé en varias ocasiones en grupos plurales de debate organizados por emigrantes españoles en Ginebra, París y Bruselas. El de París organizó un curso de diálogo y debate con Paulo Freire, al que me invitaron.

Desde esta experiencia personal alucinante, de agobio y perplejidad, voy a intentar dar una interpretación personal sobre la interacción dialógica, la hibridación y la fusión de las múltiples perspectivas del izquierdismo, del movimiento contracultural californiano y de las reivindicaciones de los países del Tercer Mundo latinoamericanos, africanos y asiáticos, de las reacciones frente al liberalismo, que se consolidaba y llevaba al apogeo la globalización económica de la plutocracia mundial y de la búsqueda acelerada de una estrategia proactiva eficaz para frenar el neoliberalismo económico. Este proceso es el que ha desembocado, a partir de la década de los noventa, en la elaboración del *Proyecto de globalización ética orientada a la justicia global,* en el que está inmerso el *Foro social Mundial* (FSM) de Porto Alegre desde enero de 2001.

Las aportaciones del izquierdismo

El *izquierdismo* se gestó durante los sesenta básicamente en Francia y Alemania. El anarco/marxista Daniel Cohn-Bendit, uno de los líderes más destacados de Mayo del 68, conocido como "Dani el Rojo" puede ser considerado como símbolo del *izquierdismo europeo* por su trayectoria personal, por su doble nacionalidad franco-alemana, por su identificación con al anarquismo radical alemán, por su trayectoria revolucionaria, por su trabajo como maestro en una escuela libertaria autogestionada, inspirada en la tradición de las escuelas libertarias alemanas, especialmente en las de Marburgo y por su trabajo en la librería Karl Marx en Francfort del Meno.

La crítica demoledora del Mundo Sociocultural vigente

En la década de 1970, el *izquierdismo* heredado de Mayo del 68 cumplió dos funciones **a)** continuar la crítica demoledora del Mundo Sociocultural vigente tanto del neoliberalismo económico occidental, como del llamado "socialismo real" oriental; **b)** inicia la elaboración de una alternativa altermundista, basada en la convergencia, la hibridación y la fusión de las aportaciones propositivas del izquierdismo europeo, del Movimiento Contracultural Californiano (MCC) y de los movimientos reivindicativos del Tercer Mundo.

Los componentes fundamentales del *altermundialismo izquierdista* eran los siguientes: el *ecologismo,* el *neofeminismo* (segunda ola), los *derechos iguales* de todos los seres humanos (derechos civiles, económicos y sociales), los *derechos iguales* de todos los pueblos (el NOEI y la *Carta de Derechos y Deberes Económicos de los Estados)* y la *autogestión comunitaria* de la Economía y de la Política mediante la democracia directa en todos los ámbitos y niveles, hasta donde sea posible, y el control eficaz del Estado y del mercado, mediante un ejercicio real de la democracia directa y de la democracia indirecta y representativa.

Edgar Morin da en el centro de la diana cuando afirma: "*El primer efecto duradero de Mayo fue hacer pasar ese posizquierdismo del estado microscópico, invisible al ojo del político, al estado macroscópico, observable en adelante en la calle, el voto, el taller y, seguramente, el salón*". También acierta, cuando describe el izquierdismo como una especie de virus cultural y político: "*El único cambio evidente es la emergencia "macroscópica" del izquierdismo, es decir, de "una impugnación" en adelante presente como* ***fermento ideológico y virulencia política*** (los resaltados son míos).

Siguiendo la insinuación de Edgar Morin y nuestra experiencia actual de la pandemia del *Covid-19,* podríamos decir que el izquierdismo como virus cultural y político ha alcanzado la categoría de "pandemia" del Mundo Sociocultural vigente y, siguiendo la metáfora biológica, está destruyendo su *genoma:* el Modo Capitalista de Producción y Consumo. Por otra parte, imitando a Edgar Morin, podemos describir el genoma del virus como "*la aspiración autogestionaria*". Así parece insinuarlo cuando afirma: "*Es la aparición y difusión en los rincones de la izquierda de los sindicatos y partidos de la* ***aspiración autogestionaria****, que transciende de la reivindicación cuantitativa del salario y la reivindicación burocrática de la nacionalización*" (el resaltado es mío).

Dos capitalismos: el capitalismo occidental y el "socialismo real" son gemelos

A finales de los sesenta, el izquierdismo inició una nueva crítica de la "*Vulgata*" marxista, que impregnó las revueltas estudiantiles de Mayo del 68. Empezó a cuestionar el marxismo de "*Vulgata*" no por ser "una teoría revolucionaria", como sostenían los capitalistas neoliberales, sino por ser "la teoría más reaccionaria de la segunda mitad del siglo XX" (Morin, 2006, p. 129).

Muchos izquierdistas interpretaban el *capitalismo occidental* y el "*socialismo real" oriental* como dos formas de capitalismo: un *capitalismo individualista,* basado en el individualismo posesivo radical y un *capitalismo colectivista,* basado en la nacionalización de todos los bienes y recursos y de todas las empresas por Estado colectivista fuerte y un partido único al frente del Estado (Dictadura del proletariado). Consideraban que ambos capitalismos eran un parto gemelo de la sociedad capitalista surgida de la Revolución francesa. El tránsito del colectivismo estatalista a la economía de Mercado en Rusia y China, sin grandes dificultades, parece confirmar la tesis de aquellos izquierdistas de los años sesenta.

Según los izquierdistas, ambos capitalismos aceptaban el mito del crecimiento económico exponencial e ilimitado, un progreso material infinito en un planeta finito, mediante el Modo Capitalista de Producción y Consumo, sin tener en cuenta las consecuencias nefastas para la Antroposfera, la Biosfera y la Ecosfera, que padecemos hoy, a pesar de las advertencias críticas de los científicos y de los activistas ecologistas desde comienzos del siglo XIX.

A partir de David Ricardo la *Economía política* (liberalismo económico) se consideró como una ciencia objetiva, libre de ideología, que traería la abundancia y la prosperidad material para toda la humanidad. Marx elaboró su *Economía Política proletaria* como ciencia económica objetiva libre de ideología (*socialismo científico*), partiendo de la asimilación crítica de la Economía Política burguesa y pequeño-burguesa. Esta tesis marxista es cuestionable, porque, de hecho, Marx tuvo en cuenta los planteamientos de la filosofía clásica alemana y del socialismo francés, además de la Economía política inglesa. Desde esa triple perspectiva, propuso algunos cambios relevantes inspirados en supuestos ideológicos: unos compartidos con el liberalismo político y otros antagónicos.

Entre los supuestos ideológicos antagónicos destacan los siguientes: **1)** la finalidad última de la actividad económica no debe ser la acumulación individualista ilimitada de capital por los individuos que compiten en el mercado libre, sino la satisfacción de las necesidades básicas de todos los individuos planificada, regulada y ejecutada por un Estado fuerte; **2)** Para ello es necesaria una revolución para conquistar el Estado y establecer una Dictadura del proletariado dirigida por un partido único que represente la conciencia del proletariado; **3)** la Dictadura del proletariado debe sustituir la propiedad privada individualista de los medios de producción por la propiedad colectiva de los mismos, mediante la expropiación y la nacionalización y debe gestionarla hasta que sea posible la transición a la sociedad comunista (*estatalización de la Economía*).

Esta concepción del Estado propietario, regulador, planificador y ejecutor parece estar en las antípodas de la concepción del Estado liberal y neoliberal, que no debe intervenir y que debe desregular para favorecer el libre mercado; al mismo tiempo, parece coincidir con la concepción de la política económica de los reyes absolutos; no obstante, la oligarquía plutocrática mundial y las oligarquías plutocráticas nacionales han convertido los Estados liberales nacionales en Estados clasistas, privando a las naciones de la soberanía económica y política. En este punto, es donde parece que el capitalismo individualista y el capitalismo colectivista convergen en un *capitalismo de Estado*, llámese dictadura del proletariado o dictadura de la plutocracia (gobierno económico mundial independiente de los Estados Nacionales). Esta consideración parece suficiente para entender por qué algunos izquierdistas de los sesenta interpretaban el *capitalismo occidental* y el "socialismo real" oriental como dos formas de capitalismo.

Entre los supuestos ideológicos compartidos por la *Economía Política* liberal-burguesa y la *Economía Políticas* socialista-proletaria están los siguientes:

1) el *mito* surgido de la experiencia acumulada en el Neolítico (a partir del VIII milenio a.C.), convertido en *dogma religioso* (Génesis: 1, 27-29) que el antropocentrismo ilustrado convirtió en un *supuesto filosófico* y en un *axioma* científico-tecnológico del modo capitalista de producción: *"Los seres humanos son seres superiores a todos los seres naturales; como tales son dueños y señores de la naturaleza, que pueden usarla y abusar de ella a su antojo y capricho. Como dueños y señores absolutos tienen derecho a domesticarla y explotarla sin límites para arrebatarle todos sus recursos;*

2) el mito de que *es posible un progreso económico material ilimitado en un planeta finito, como la Tierra*, mediante los métodos de producción científico-tecnológica (maquinismo, industrialismo, robotización, tecnotrónica, y mecatrónica);

3) la *creencia gratuita y sin fundamento de que las tecnociencias podrán resolver todos los problemas y subsanar todos los efectos biocidas, ecocidas y antropocidas de la actividad industrial,* orientada al crecimiento económico, exponencial e ilimitado.

Estos tres mitos ideológicos han sido destruidos por la *Ecología científica* y la Ética ecológica. Por eso, el izquierdismo, a medida que asumía el ecologismo científico y el activismo ecologista, también rechazaba esos mitos.

En la década de 1970, los izquierdistas más lúcidos y coherentes radicalizaron sus críticas al Mundo Sociocultural Contemporáneo –capitalismo neoliberal y "socialismo real"– y las ampliaron a nuevos ámbitos y proyectos. Así lo hicieron los que continuaron militando en los partidos y sindicatos inspirados en el marxismo (partidos comunistas y socialdemócratas); así lo hicieron los que fundaron nuevos partidos marxistas (trotskistas y maoístas) o se afiliaron a ellos; así lo hicieron los que fundaron partidos ecologistas o verdes; y también los que promovieron la creación de nuevas ONG y movimientos sociales de protestas y reivindicaciones. Su intención era depurar el izquierdismo de la escolástica marxista anquilosada y de todas las escorias, marxistas y no marxistas, que arrastraba del pasado. Este era el tema predominante en los grupos abiertos y plurales de debate en los que participaban interlocutores de varias tendencias.

Entre los conceptos cuestionados entonces por los izquierdistas y con frecuencia eliminados de su discurso destacaban los siguientes: el concepto de *revolución* que consideraban que se había convertido en un concepto obsoleto y reaccionario, además de ambiguo por su uso polisémico; la *dictadura* del proletariado y el despotismo como forma de gobierno, aunque fuera transitoria; la imposición de un *partido único* y la represión del pluralismo político democrático; la imposición de un *pensamiento único* y la represión del pluralismo ideológico; el *dirigismo* de las vanguardias y el *centralismo* democrático.

Frente a todo esto, defendían: *la democracia directa cívica, económica y política,* en las instituciones básicas: empresas, escuelas, municipios; el ejercicio eficiente de la soberanía de los pueblos y naciones sobre los *Estados* y los *mercados*, reforzando los controles, desde la base, de la democracia representativa; promover la autogestión, la cogestión y el autogobierno en todos los ámbitos y niveles posibles.

Durante las décadas de 1970 y 1980, los izquierdistas asumen y realizan nuevos análisis críticos del Mundo Sociocultural Contemporáneo como sistema de relaciones humanas interpersonales y grupales, pasando a un primer plano aspectos relevantes ignorados por la sociología académica oficial, basada en la investigación cuantitativa a partir de cuestionarios, por la sociología marxista tradicional y por la revolución cultural maoísta que estaba en boga en 1968. Muchos izquierdistas, descolgados o independientes de los aparatos partidarios vigentes, asimilan y asumen los nuevos análisis críticos, incorporándolos a su visión izquierdista. Este fenómeno acelera la *metamorfosis del izquierdismo*, incorporando a su imaginario y a su praxis nuevos retos y desafíos que la alejan de la visión economicista predominante tanto en el neoliberalismo económico como en la vulgata marxista.

Iniciación de la elaboración de una alternativa altermundista

En la medida en que los izquierdistas independientes y radicales asumen estos análisis críticos y los retos éticos y los desafíos políticos que implican, el *izquierdismo* se va configurando como un movimiento plural en el que van convergiendo las tendencias libertarias, comunitarias y autogestionarias del anarquismo tradicional y las tendencias plurales de los nuevos movimientos socioculturales y ONG reivindicativas. Así se va cumpliendo la aspiración originaria del *izquierdismo* de convertirse en un *crisol de reivindicaciones y promesas*. En el nivel político, el *izquierdismo* se va configurando como un *ecosocialismo* o *ecohumanismo* frente al *neoliberalismo económico* y la dictadura plutocrática.

Las aportaciones del Movimiento Contracultural Californiano

En la primera parte de la década de 1960 nace el movimiento juvenil Contracultural californiano en torno a la Universidad de Berkeley (California). Es una revolución, a la vez, libertaria y comunitaria, existencial y social. Los componentes fundamentales de este movimiento juvenil contracultural son: el *ecologismo;* los *derechos humanos iguales* de todos los norteamericanos: indios, afroamericanos, latinoamericanos, euroamericanos, hombres y mujeres, lesbianas, gays, transexuales, bisexuales; la *creación de pequeñas comunidades libertarias,* urbanas y rurales.

El ecologismo del Movimiento Contracultural Californiano

Una de las señas de identidad más relevantes del movimiento contracultural californiano era su *ecologismo*. Esto era lo más razonable y normal en un movimiento contracultural de nuevo cuño, que quería cuestionar la cultura hegemónica de la sociedad norteamericana en una coyuntura en que los debates sobre ecología estaban en primer plano en muchas universidades y cada vez había más grupos de activistas que reclamaban la protección del medio ambiente: ríos, lagos, bosques, fauna y la disminución de los diversos contaminantes procedentes de la industria, y del abuso de los abonos químicos y fitosanitarios en la agricultura.

El desarrollo vertiginoso de la industria norteamericana durante la primera mitad del siglo XX, impulsado, entre otros factores, por las dos Guerras Mundiales, hizo que cada vez hubiera más investigadores interesados por los efectos negativos del industrialismo descontrolado en el medio ambiente. Paralelamente surgen los movimientos conservacionistas y ecologistas. Una de las primeras sociedades de investigadores ecologistas del mundo fue la *Ecological Society of América* que impulsó de modo sostenido la investigación ecológica. En 1933, Arnold Leopold publicó *La ética de la Tierra.* En 1949, este texto fue incluido en el libro clásico *A Sand County Almanac* y se convirtió en el ensayo de ética medioambiental más leído.

Durante las décadas de 1950 y 1960, la *Ecología* va penetrando en muchas universidades como materia específica de enseñanza e incluso se crean institutos específicos de Ecología. En 1948, se publicaron dos ensayos que pueden considerarse el inicio del ímpetu ecológico: *Nuestro planeta saqueado* (Fairfield Osborn, 1948), *El camino a la supervivencia* (Vogt, 1948); en 1962, Rachel Carson publica *Primavera silenciosa*; en 1963, Eugene P. Odum publica su obra *Ecología* como libro de texto en el Instituto de Ecología (Universidad de Georgia), reeditado en 1975 y profundamente transformado en 1989; en 1965, D. Lowenthal publica una reimpresión del libro *Hombre y naturaleza* (1864) de George Perkins Marsh.

En abril de 1968, coincidiendo con el período álgido de las revueltas estudiantiles y la agudización de la conciencia mundial sobre la crisis ecológica, el industrial italiano Dr. Arillio Peccei y el escocés Alexander King invitaron y reunieron en Roma a un nutrido grupo de científicos, economistas, educadores, humanistas, industriales, altos funcionarios y líderes políticos para debatir sobre el futuro de la humanidad, a la vista de la crisis ecológica. Fundaron el llamado *Club de Roma* y le asignaron como objetivos centrales continuar los debates sobre el tema propuesto, elaborar informes científicamente solventes y elaborar alternativas. Encargaron el primer informe al MIT, vinculado a la Universidad de Harvard. La investigadora biofísica Donatella (o Donella) Meadows coordinó el grupo de 17 especialistas, que elaboró el informe sobre el presente y futuro de la humanidad, que fue publicado en 1972 con el título *Los límites del crecimiento,* y que inició la controversia mundial sobre el futuro del crecimiento económico, del planeta y de la humanidad.

En 1971, se publicaron dos obras fundamentales sobre ecología y economía, que desembocaron en sendas asociaciones de científicos ecólogos: La primera titulada *The Entropy Law and the Economic Process* de Nicholas Georgescu-Roegen, que dio origen a la *Asociación Europea para Estudios Bioeconómicos* (EABS); la segunda *Environment, Power and Society* de Howard Odum, hermano de Eugene P. Odum, que dio origen a la *Sociedad Internacional para Estudios Ecológicos-Económicos* (ISEE). Los miembros de la primera sociedad defendían la *Bioeconomía* de Roegen que cuestionaba el crecimiento económico-ilimitado y defendía el decrecimiento. Los miembros de la segunda defendían la *Ecotecnología* de Howard Odum compatible con el crecimiento económico.

El *ecologismo* del movimiento contracultural californiano, las aportaciones del Club de Roma, las publicaciones científicas de la década de 1970 y las aportaciones ecológicas de los pueblos del Tercer Mundo aceleraron la hibridación y la fusión del izquierdismo y del Ecologismo. Así el *izquierdismo,* al mismo tiempo, que se depuraba del lastre y las escorias del pasado, se iba transformando en *ecohumanismo* o *ecosocialismo.*

El compromiso del Movimiento Contracultural Californiano con la defensa de los derechos humanos

La *segunda característica relevante* de la identidad del Movimiento Contracultural Californiano fue su compromiso explícito con la *defensa de los derechos civiles* de todos los norteamericanos, especialmente de los colectivos dominados, excluidos y marginados por las actitudes generalizadas de machismo, supremacismo y racismo: mujeres, indios, afroamericanos, latinoamericanos y colectivos LGTBIQ+.

A partir de la *Declaración Universal de los Derechos Humanos* (DUDH) de 10-12-1948, en las décadas de 1950 y 1960, surgieron en Norteamérica numerosos movimientos sociales en defensa de los derechos civiles iguales para todos los miembros de la sociedad norteamericana. A partir de 1953, ese debate se polarizó entre los conservadores y los progresistas. Entre los conservadores destacaba el senador Joseph McCarthy con las investigaciones del Congreso en relación con las actividades comunistas de los norteamericanos.

En el sistema educativo la derecha conservadora llegó a ser dominante. En todo Occidente y más profusamente en Estados Unidos proliferaron los libros que señalaban la educación progresista defendida por John Dewey y sus seguidores como una amenaza para las democracias occidentales, considerándola como una fuerza subversiva. El almirante Hyman Rickover y el Profesor Arthur Bestor son los protagonistas más destacados por sus ataques al progresismo educativo y por su defensa de la tradición conservadora surgida en los años treinta. El progresismo educativo se identificaba con subversión.

Bajo la presión de los movimientos sociales en defensa de los derechos humanos se producen algunas reformas legales que, aunque tímidas, van consolidando las reivindicaciones. En 1954, el Tribunal Supremo declaró inconstitucional la segregación de razas en la escuela, originando un fuerte movimiento social para exigir la integración inmediata. En 1956, el Tribunal Supremo prohibió la segregación racial en el transporte público, a partir de la negativa de la mujer negra Rosa Parks a dejar su asiento a un pasajero blanco y la protesta de 381 días dirigida por Martin Luther King. En 1957 se presentó un Proyecto de Ley sobre los derechos civiles. En 1958, Ralph Turner presentó en el Congreso Mundial de Sociología un documento, reclamando la integración de todas las razas en la educación secundaria y universitaria, que se titulaba "Movilidad favorecida y combatida y sistema escolar". En 1963, el Presidente Lyndon Johnson firmó una segunda *Carta* de derechos civiles que pasó a tener carácter de ley a partir de 1964.

Entre los movimientos sociales en defensa de los derechos civiles destacan los movimientos afroamericanos (donde destaca la figura Martin Luther King), los movimientos feministas de la segunda ola y los movimientos LGTBIQ+.

El compromiso del Movimiento Contracultural Californiano con las reivindicaciones de los colectivos feministas

Otra característica relevante de la identidad del Movimiento Contracultural Californiano era su compromiso con la defensa de los derechos de la mujer, que reivindicaban los distintos colectivos feministas de la *segunda ola de feminismo* y con la defensa de los derechos que reivindicaban los colectivos LGTBIQ+. La defensa de estos derechos no resultaba fácil en una sociedad mayoritariamente configurada por ideologías éticas, religiosas, políticas, educativas y económicas conservadoras. Su defensa implicaba un enfrentamiento con la cultura sociomoral y ético-política hegemónica.

En las décadas de 1960 y 1970, el consenso teórico sobre los derechos civiles, políticos, económicos, sociales y culturales de los colectivos feministas y de los colectivos LGTBIQ+ era posible, aunque su realización práctica tenía que superar numerosos estereotipos, prejuicios y actitudes sociales de rechazo. Pero la defensa de los *derechos sexuales,* que reivindicaban los colectivos feministas y los colectivos LGTBIQ+ más radicales, chocaba con un muro infranqueable construido sobre la moral sexual heredada de la época victoriana, las morales sexuales defendidas por las diversas confesiones religiosas, especialmente la católica, y la moral sexual implicada en las legislaciones de cada país que tipificaban como delitos punibles sancionados con penas graves, incluida la cárcel, determinadas conductas sexuales: el divorcio, el aborto, el adulterio, el amor libre, las conductas homosexuales, la sodomía. Se consideraba inadmisible pedir la despenalización de estas conductas, desde el respeto a las diversas convicciones éticas de cada uno.

Algunos autores distinguen tres olas, etapas o fases en el desarrollo del feminismo: la primera ola abarca la segunda mitad del siglo XIX y la primera mitad del siglo XX (1850-1950); la segunda, se extiende desde la década de 1950 a la década de 1990; la tercera, se extiende desde la década de 1990 hasta nuestros días.

El *feminismo* se puede describir como la emergencia de corrientes filosóficas de carácter ético-social y ético-político que, desde perspectivas diferentes, cuestionan el rol asignado a la mujer en el matrimonio, en la familia, y en el conjunto de las instituciones sociales, económicas, políticas, jurídicas, laborales, educativas y religiosas y reivindican la igualdad de derechos con los hombres en todos los ámbitos: el derecho a la libertad y autonomía personal, el derecho de propiedad, los derechos laborales, los derechos jurídicos, los derechos políticos, especialmente el derecho al sufragio o derecho a ser electoras y el derecho a ser elegibles en todos los ámbitos donde hay elecciones, la igualdad en el matrimonio, la libre maternidad, el acceso a los métodos anticonceptivos...

Aunque los movimientos feministas de la primera ola se inician en la segunda mitad del siglo XIX, se pueden encontrar algunos antecedentes. Por ejemplo: en 1791, en plena efervescencia de la Revolución francesa, Olympe de Gouges, desde sus ideales políticos radicales, defendía las libertades y derechos iguales de las mujeres y propuso un proyecto de *Declaración de los Derechos de la Mujer y de la Ciudadana*. Pero, en 1793, fue ejecutada por sus colegas revolucionarios radicales y su proyecto no se aprobó.

La primera ola de feminismo se inicia con las *sufragistas* inglesas y las norteamericanas que se reunieron en la *Convención de Séneca Falls* (1848). En la segunda mitad del siglo XIX aparecen en Inglaterra diferentes grupos de mujeres que defendían el sufragio femenino y la igualdad ante la ley, conocidas como *sufragistas*. Entre ellas destacan Lucy Stone, Lucretia Mott, Susan B. Anthoni, Elizabeth Cady Stanton. En 1848, se celebró la *Convención de Mujeres de Séneca Falls* para debatir sobre la emancipación de la mujer. De esta Convención surgió el primer movimiento feminista de Estados Unidos.

La filosofía del anarquismo individualista radical tuvo una influencia decisiva en los movimientos feministas más radicales de finales del siglo XIX y comienzos de siglo XX. El anarquismo individualista radical consideraba el matrimonio como un tipo de esclavitud sexual, como una institución social, que deriva en la sumisión de la pareja y en la reducción de la libertad reproductiva. En las primeras décadas del siglo XX se difundió en Estados Unidos la filosofía anarquista del individualismo radical, que defendía el amor libre y promovía comunidades libertarias como Greenvich Village.

La segunda ola de feminismo se inicia con nuevas aportaciones filosóficas sobre los derechos de la mujer, que reclamaban reformas sociales de los derechos reconocidos en la primera ola y una ampliación del catálogo de derechos: derechos laborales, derecho de propiedad y autonomía económica, igualdad de formación profesional y acceso al ejercicio de todas las profesiones que ejercen los hombres en igualdad de condiciones para acceder a los cargos, libertad matrimonial, autonomía sexual y reproductiva, derecho al divorcio, despenalización del aborto, acceso a los métodos eficaces de control de la natalidad.

Entre las aportaciones filosóficas que impulsaron la segunda ola de feminismo destaca la de Simone de Beauvoir con su obra *Le Deuxiéme Sexe* (*El segundo sexo*) publicada en 1949 y traducida al inglés en 1953, que tuvo una enorme resonancia. Coincidiendo con las protestas estudiantiles y las movilizaciones por los derechos civiles se publican nuevas obras relevantes para el desarrollo de la conciencia feminista: (Sex *and the Single Girl* (1961) de Helen Gurley Brown; *The Feminine Mystique* (1963) de Betty Friedan; *Sexual Politics* (1970) de Kate Millet; *The Female Eunuch* (1970) de Germaine Greer.

La segunda ola del movimiento feminista coincidió también con la llamada *revolución sexual,* con la emergencia del movimiento *hippie* y su defensa a ultranza de la igualdad de género y del amor libre, con la salida del "armario" (*Cultura closet*) de los colectivos LGTBIQ+ y sus reivindicaciones, con la aparición de la *National Organization for Women* (1966), con el liderazgo de Coretta Scott King, esposa de Luther King, del *Movimiento pro Derechos Civiles de las Mujeres Afroamericanas* y con el movimiento por los derechos civiles en los Estados Unidos a través del orgullo racial llamado *Black Power.* Todas estas coincidencias reforzaron a los colectivos feministas.

Durante las décadas de 1970 y 1980, se consolidaron numerosos colectivos feministas en todo el mundo, surgidos de los debates de la segunda ola sobre el alcance de los derechos reconocidos y la reivindicación de otros derechos cuestionados por razones filosóficas, éticas, religiosas o político-sociales. Esos nuevos colectivos se distinguían entre sí por el grado de radicalismo o de moderación en la interpretación de algunos derechos que parecían chocar con otros y en la aceptación o rechazo de los nuevos derechos reivindicados.

La tercera ola del feminismo se desarrolla desde la década de 1990 hasta nuestros días y se caracteriza por la aparición de nuevos colectivos feministas alternativos, derivados de las nuevas corrientes del feminismo como el *ecofeminismo,* el *feminismo lésbico* y el *transfeminismo*, que determinaron diversas posturas de la mujer ante temas de impacto social como la ecología, la prostitución, la pornografía, las orientaciones sexuales y el rechazo de las morales sexuales tradicionales, político-sociales y religiosas.

En 1995, en el foro paralelo a la cumbre de la ONU de Beiging se creó la red feminista más importante del mundo: *Marcha Mundial de las Mujeres.* Fue impulsada por la Federación de Mujeres de Quebec. Está formada por 5500 movimientos de mujeres implantados en 163 países. Aunque tenía una plataforma programática e integral, se centra básicamente en dos áreas: la pobreza y la violencia que sufren las mujeres.

El Movimiento Contracultural Californiano en general se inclinaba por el radicalismo, debido a sus simpatías con el movimiento *hippie* y con los colectivos LGTBIQ+ que empezaban a salir del "armario".

El compromiso del Movimiento Contracultural Californiano con los derechos de los colectivos LGTBIQ+

Desde la segunda mitad del siglo XIX hasta 1960, las conductas homosexuales, transexuales y bisexuales eran interpretadas como *conductas inmorales* y *antinaturales* (*contra naturam*), es decir, contra la naturaleza y función de la sexualidad humana orientada primordialmente a la procreación y, secundariamente, al placer sexual, considerado como estimulo o premio de la procreación; como *enfermedades* neuróticas o psicóticas curables; como *conductas aberrantes* socialmente aprendidas en reuniones de promiscuidad sexual clandestinas o *underground;* como *delitos* legalmente punibles y sancionados en diversas legislaciones con penas graves, como la cárcel. Estas interpretaciones eran fruto de la ignorancia, de los prejuicios derivados de una moral puritana intolerante, como la moral de la época victoriana, de las morales de determinadas confesiones religiosas, de la hipocresía social, del supremacismo que considera a los miembros de esos colectivos como seres inferiores, anormales, despreciables, indignos de tener plenos derechos en la sociedad y en diversas instituciones, que debían ser marginados para evitar la degradación social.

El desenlace final de esta cadena de interpretaciones erróneas, de estereotipos, de prejuicios sociales, morales y religiosos, de desprecios y marginaciones fue la condena a la clandestinidad, a la llamada *cultura closet* o cultura de *"armario"*, y la represión político-social de los colectivos feministas, de los colectivos LGTBIQ+, del movimiento contracultural *hippie* y de los movimientos estudiantiles, que simpatizaban con ellos, defendían sus derechos y los aceptaban en sus filas, como el Movimiento Contracultural Californiano. Todos ellos eran perseguidos políticamente, porque los consideraban un peligro político-social para el sistema vigente.

En Norteamérica, el Senador conservador Joseph McCarthy inició la persecución política de estos colectivos en 1953, como promotor de las investigaciones sobre las actividades comunistas de los norteamericanos. La represión político-social de los colectivos LGTBIQ+ siguió creciendo hasta culminar en los disturbios de la cafetería Compton's en 1966 y en los disturbios de Stonewall en 1969. Estos enfrentamientos desencadenaron un inicio de cambio en la mentalidad social hegemónica sobre la legislación vigente, que establecía la represión político-social de los colectivos LGTBIQ+ y de sus diversas orientaciones y conductas sexuales. A partir de esos acontecimientos, los Colectivos LGTBIQ+ se consolidaron y decidieron abandonar la *cultura Clóset* o de "armario" y luchar públicamente por sus derechos. Decidieron celebrar el *Día Internacional del orgullo LGTBIQ+* para recordar a las víctimas de Stonewall.

La contracultura del movimiento *hippie* con su doble lema *libertad sexual* y *amor libre,* inspirado en la filosofía del anarquismo individualista radical sobre la sexualidad, rechazó los parámetros de la cultura sexual tradicional y promovió una cultura sexual "alternativa", que llegó a su apogeo en 1967, en el "*Verano del Amor*" con el eslogan *"Haz el amor y no la guerra"* como grito de rechazo a la Guerra de Vietnam. Esa filosofía sexual alternativa implicaba prácticas sexuales alternativas como el sexo premarital, el sexo espiritual, el *poliamor.* Desde esta perspectiva radical, consideraron natural y positiva la diversidad sexual en todas sus variantes y manifestaciones: *heterosexualidad, homosexualidad, bisexualidad, transexualidad.* Esta filosofía sexual alternativa, que implica un profundo cambio en la interpretación teórica de la sexualidad y en las conductas sexuales, se conoce como *revolu-*

ción sexual o *liberación sexual.* Wilhelm Reich fue el que acuñó el término "revolución sexual", que se desarrolló en las décadas de 1970 y 1980. En 1973, la *American Psychiatric Association* dejó de considerar la homosexualidad como un desorden mental o como una enfermedad.

La *revolución sexual* de la década de 1960 fue el resultado final de la oposición sistemática durante un siglo a la moral victoriana hegemónica en Occidente desde 1850 a 1969. Esa moral sexual, avalada por las diversas concepciones sobre la sexualidad de las confesiones religiosas y por las ideologías político-sociales conservadoras, defendía que las relaciones sexuales sólo eran lícitas dentro del matrimonio legalmente constituido y si, además, tenían como fin primordial la procreación. Todas las conductas y prácticas sexuales dentro y fuera del matrimonio legal se consideraban ilícitas y desviadas por no estar correctamente orientadas a la procreación: en el matrimonio legal se consideraban ilícitas, si se ponían impedimentos a la procreación, como los anticonceptivos y el aborto, o prácticas exclusivamente orientadas al placer sexual; fuera del matrimonio se consideraban ilícitas todas las prácticas sexuales solitarias o intersexuales. Varias de ellas fueron identificadas en diversos códigos penales como delitos sancionados con penas graves, como la cárcel: el adulterio, el aborto, el uso de métodos anticonceptivos, la sodomía, la homosexualidad, la bisexualidad, el sexo libre, la prostitución, la poliandria, la poliginia.

A continuación, mencionamos algunos factores que contribuyeron a rechazar la moral sexual victoriana, a despenalizar algunas de las prácticas sexuales consideradas como delitos y a promover la explosión de la *revolución sexual* en la década de 1960.

La filosofía del individualismo anarquista radical sobre el matrimonio, la libertad sexual y el amor libre fue uno de los factores contraculturales más decisivos, desde la segunda mitad del siglo XIX hasta nuestros días, en la lucha sistemática contra la moral sexual victoriana y en la promoción de la revolución sexual. La doctrina sexual del individualismo anarquista radical estaba en las antípodas de la moral sexual victoriana. Era una enmienda a la totalidad, una alternativa antagónica. El individualismo anarquista radical consideraba el matrimonio legal como un tipo de esclavitud sexual, que deriva en la sumisión de la mujer y en la limitación de sus libertades reproductivas. Consideraba el matrimonio como una institución creada por el hombre para ejercer su dominio sobre la mujer. El individualismo anarquista radical defendía la separación entre sexualidad y procreación y la plena libertad sexual en todas sus variantes: prácticas sexuales solipsistas, prácticas intersexuales en sus diversas formas: *heterosexualidad, homosexualidad, bisexualidad, amor libre* y *poliamor.* Pero rechazaba todo tipo de agresiones sexuales y abusos sexuales, que no respetaran plenamente la libertad de la mujer y, sobre todo, las agresiones y abusos sexuales contra los menores de edad, como la *pederastia.*

La filosofía sexual del individualismo anarquista radical fue una componente de las diversas corrientes filosóficas e ideológicas, que inspiraron los diversos *movimientos sociales* y *artísticos contraculturales,* que surgieron contra la ideología moral victoriana, desde la segunda mitad del siglo XIX hasta la explosión de la *Revolución sexual* en la década de 1960.

Entre los *movimientos sociales* contraculturales, que surgieron como oposición radical a la moral victoriana, destacan los *colectivos feministas* de la primera ola, es decir, las sufragistas y las defensoras de los derechos y libertades de las mujeres iguales a los derechos y libertades de los hombres y *los colectivos LGTBIQ+.*Los *colectivos feministas* desarrollaron una contracultura básicamente abierta y pública. Los *colectivos LGTBIQ+*, dada la persecución y represión ejercida contra ellos, se vieron obligados a elaborar una contracultura cerrada (*Closet*) vulgarmente conocida como cultura del "armario", es decir, una contracultura clandestina o *underground* (subterránea), ligada a establecimientos clandestinos o semiclandestinos de ocio nocturno: cabarés, clubes de danza, clubes de música, casas de baño, bares y burdeles. Entre los *movimientos artísticos contraculturales,* que influyeron más decisivamente en el reconocimiento de la existencia de los colectivos *LGTBIQ+* injustamente marginados, perseguidos y represaliados destacan el *teatro de variedades* y las *novelas* del movimiento literario modernista y posmodernista. Pero también influyeron, la pintura erótica, el cine erótico y pornográfico, la fotografía y las revistas pornográficas.

El *Teatro de variedades* es un formato escénico caracterizado por la presentación de un conjunto de escenas cortas y variadas, que incluyen actuaciones musicales, bailes, danzas, declamación, humorismo, ventriloquía, ilusionismo, comedias y dramas breves, mímica dramática, acrobacias y malabarismos, muestra de rarezas biológicas, espectáculos con animales entrenados, artes circenses. El *teatro de variedades* tenía dos versiones: una versión apta para el gran público, que se representaba en las salas públicas de teatro y otra *de contenido sexual más explícito y transgresor*, que se representaba en cabarés y otros establecimientos de ocio nocturno. Esta segunda versión incluía *striptease*, bailes eróticos y exóticos como la danza del vientre y la danza de los siete velos, travestismo, *drag shows*.

Los cabarés de estilo francés, como *Le Moulin Rouge* y *Le Chat Noir* eran establecimientos de ocio nocturno semiclandestinos con derecho de admisión reservado, porque iban dirigidos a grupos selectos. Además del teatro de variedades, incluía venta de bebidas alcohólicas y tabaco, restaurante y casino. Los cabarés norteamericanos de la década de 1920 eran establecimientos de ocio nocturno clandestinos. Su clandestinidad estaba provocada por la reacción frente a la Ley Seca de Estados Unidos. En ellos se reunían grupos socialmente marginados: colectivos LGTBIQ+, productores y consumidores de alcohol doméstico, jugadores de dinero y apostadores. Durante la época victoriana, además de los cabarés, surgieron otros establecimientos de ocio nocturno clandestinos, como los clubes de danza y música, bares y burdeles, en los que se mezclaban alcohol, sexo, juegos de dinero y apuestas.

El movimiento literario modernista se extiende desde la década de 1880 hasta la década de 1940, en que toma el relevo el movimiento literario contracultural posmodernista. El modernismo literario se caracteriza por el individualismo, la interpretación emocional y la representación moral y psicológica de los personajes, la profundidad filosófica y la crítica social. Entre los precursores del modernismo literario destacan Fyodor Dostoyevky con *Crimen y Castigo* (1866) y *Los hermanos Karamazov* (1880) y Charles Baudelaire con *Las flores del mal* (1857). Entre los autores modernistas más conocidos destacan Franz Kafka con *La metamorfosis*, Federico García Lorca, Paul Valéry, Jorge Luis Borges, Ernest Hemingway.

Las novelas modernistas promovieron un cambio de actitudes y una transformación de las valoraciones morales de la masturbación, del sexo premarital, la homosexualidad, la bisexualidad, el adulterio, el amor libre y el amor entre miembros de diferentes estratos socioeconómicos. Entre estas novelas modernistas destacan: *El inmoralista* (1902) de André Gide; *Claudine en la escuela* (1900) y *Chéri* (1920) de Colette; El *Retrato del artista adolescente* (1916) y *Ulyses* (1922) de James Joyce; *Trópico de Cáncer* de Henry Miller.

El movimiento literario contracultural posmodernista se caracterizó por su temática sexual transgresora, que incluía temas tabúes: el sexo premarital, la pedofilia, el incesto, la homosexualidad, la bisexualidad, la desobediencia civil, el abuso de drogas y la prostitución. Son representantes de este movimiento Allen Ginsberg con el poema *Aullido* (1956) y Williams S. Burrougs con *Yonki* (1953) y el *Almuerzo desnudo* (1959). Ambos influyeron decisivamente en la cultura *beatnik* y la contracultura *hippie.*

Paralelamente a la filosofía del individualismo anarquista radical y a las demás corrientes filosóficas que inspiraron los movimientos sociales y artísticos que contribuyeron a la elaboración de las ideologías de los colectivos feministas y de los colectivos LGTBIQ+, se desarrollaron investigaciones científicas desde muchas perspectivas sobre la situación de desigualdad de las mujeres, sobre la dominación y violencia machista y sobre las diversas orientaciones sexuales de los colectivos LGTBIQ+. Esas perspectivas fueron psicológicas, psiquiátricas, sociológicas, biológicas, éticas y jurídico-políticas. La investigación sobre la sexualidad humana y su problemática, iniciada a finales del siglo XIX, desde perspectivas diferentes, ha cambiado la mentalidad tradicional hegemónica y está promoviendo una *metamorfosis* ética, social, y jurídico-política en el reconocimiento de los derechos y libertades de estos colectivos.

En el contexto inicial de reacción contra la moral victoriana que hemos presentado, entró en escena Sigmund Freud, que conocía el individualismo anarquista radical, el marxismo, el evolucionismo darwinista y los primeros movimientos contraculturales mencionados más arriba. Freud defendió que todo comportamiento humano está motivado por diversos impulsos dirigidos por la *líbido*, que es una transformación energética del impulso sexual. La postura de Freud, defendiendo que los infantes son plenamente sexuales y que todo comportamiento humano tiene un componente sexual, representaba una antítesis total a la moral victoriana que intentaba ocultar la sexualidad.

Freud en su teoría del desarrollo psicosexual de los infantes afirma la existencia de una *sexualidad latente* que atraviesa varias fases y alcanza su madurez en la fase genital. En la *fase oral* el infante recarga su *pulsión libidinal* en la boca, durante los primeros meses de vida, mediante el amamantamiento. En la *fase anal,* durante los primeros años de vida, la *pulsión libidinal* se localiza en los esfínteres anal y uretral, en el proceso de control esfintérico. En la *fase fálica,* el infante recarga su *pulsión libidinal* en los genitales, mientras tiene lugar el proceso de *identificación de género* e identificación socio-familiar. En todo este período de latencia el infante desarrolla sentimientos sexuales. En la *fase genital* (pubertad) sexual el individuo alcanza la madurez sexual, preludio de la vida sexual y matrimonial.

Freud tenía la convicción de que los humanos nacen con una orientación sexual determinada marcada sobre una estructura biológica bisexual. La orientación sexual cristaliza en *heterosexualidad* u *homosexualidad,* unificando la estructura bisexual inicial de acuerdo con los eventos que sufre el individuo en los procesos de las asimilaciones psicológicas del objeto sexual en la interacción familiar.

Freud establece su teoría sobre la homosexualidad, que consideraba como una fijación o un estancamiento en una fase de la maduración sexual, en las tres obras siguientes: *Tres Ensayos sobre la Teoría de la Sexualidad* (1905), *Algunos Mecanismos Neuróticos sobre Celos, Paranoia y Homosexualidad* (1922) y *Psicogénesis de un Caso de Homosexualidad en una mujer* (1920).

La Escuela Freudiana (los seguidores académicos de las teorías de Freud) considera la homosexualidad como un producto de diversos eventos, que ocurren en las etapas del desarrollo psicosexual que impiden la madurez sexual. Buscan esos eventos en la *etapa fálica,* donde se producen las relaciones edípicas con sus progenitores: un varón que se identifica con su madre y no supera esa identificación desarrollará la preferencia *andrófila* de su madre; una niña que se identifica con su padre y no supera esa identificación desarrollará la preferencia *ginéfila*, que observa en su padre. Estas identificaciones persistentes impiden la madurez sexual.

Los psicoanalistas de la Escuela Freudiana, como Otto Gross y Wilhelm Reich, que asumían la filosofía del individualismo anarquista radical sobre la sexualidad, iniciaron la *Sociología sexual* fusionando la teoría anarquista con la teoría freudiana.

Comunitarismo del Movimiento Contracultural Californiano: aspiración a una vida cotidiana gratificante y creación de comunidades libertarias urbanas y rurales

Una característica relevante del Movimiento Contracultural Californiano fue la aspiración a una vida personal y comunitaria gratificante mediante la creación de pequeñas comunidades de vida libertarias en la ciudad y en el campo. El objetivo central de esas comunidades era poder vivir y experimentar, desde ahora, en la existencia cotidiana, la calidad de vida personal y los ideales de *libertad, igualdad* y *fraternidad*, planteados como lema de la Revolución francesa, asumidos por el Movimiento Obrero y continuamente aplazados hasta la llegada de la futura sociedad comunitaria sin clases sociales.

Desde el deseo de lograr una vida personal gratificante, el primer objetivo era garantizar la salud corporal robusta, basada en una alimentación sana, predominantemente vegetariana mediante el consumo de productos ecológicos, el ejercicio físico, el rechazo de la medicalización intensiva, el recurso a la medicina homeopática alternativa. Así surgen los movimientos colectivos vegetarianos y veganos. En el aspecto de la salud mental, se recurre a las terapias de grupo, a los yoguismos y a las experiencias alucinógenas mediante el consumo de drogas.

Surgen comunidades urbanas y comunidades rurales. Muchas comunidades urbanas se configuran como cooperativas de consumo de productos agrícolas ecológicos coordinadas con las cooperativas de producción agrícola ecológica próximas a las grandes ciudades. Tanto en las comunidades urbanas como en las rurales se fomenta el trueque de servicios mutuos y el comercio justo, que rechaza los productos elaborados por trabajadoras y trabajadores esclavizados por las multinacionales en el tercer mundo para abaratar los costes; en ambas comunidades se fomenta el reciclaje y el neoartesanado, el cuidado del medio ambiente y el ahorro del agua; se rechaza la publicidad de la mercadotecnia y el consumismo de marcas; en cambio, se fomenta el consumo de productos elaborados por colectivos que luchan por liberarse de la miseria, de la pobreza y del desempleo mediante su trabajo.

La combinación de un ecologismo científico con el ecologismo comunitario en Estados Unidos y en Canadá dio origen a los movimientos ecológicos y conservacionistas defensores de los patrimonios ecológicos locales y regionales como a los grandes movimientos ecológicos mundiales: *Amigos de la Tierra* (1971) y *Greenpeace* (1971).

Las aportaciones de los movimientos antiimperialistas de liberación nacional

En el apartado de este capítulo titulado "El neoliberalismo y los cambios en las constantes históricas" abordamos la tercera constante histórica bajo el epígrafe "Los imperios coloniales y los procesos de descolonización durante el siglo XX: independencia política y neocolonialismo económico". Ahora recuperamos algunos datos para contextualizar las aportaciones de los movimientos antiimperialistas de liberación nacional a partir del final de la II Guerra Mundial.

Durante el siglo XIX, una serie de líderes independentistas, entre los que destacan Simón Bolívar y José San Martín, capitanearon los procesos de descolonización de los pueblos americanos frente al imperio colonial español. Lograron su independencia política de España. Pero no se liberaron del colonialismo político y económico de otros países, especialmente del imperialismo norteamericano, que no ha cesado de intervenir en la política y la economía de los pueblos sudamericanos. Basta recordar sus actuaciones con Cuba, Chile, Argentina, Bolivia, Brasil, Nicaragua, Venezuela, etc.

Los movimientos antiimperialistas de liberación nacional en el siglo XX

Durante el siglo XX, se inician los movimientos antiimperialistas de liberación nacional en todos los pueblos colonizados por los imperios coloniales europeos en África, Asia y Oceanía. A partir del final de la I Guerra Mundial, esos movimientos se intensifican, especialmente por el trato humillante que les dio el *Pacto de la Sociedad de Naciones* (24 de abril de 1919). Pero los procesos de descolonización no se inician hasta después de la II Guerra Mundial.

El estatuto final de las colonias incluido en el *Pacto de la Sociedad de Naciones,* aprobado el 24 de abril de 1919, se formuló bajo el epígrafe siguiente: *"Garantías otorgadas a los pueblos de raza inferior o de una civilización insuficientemente desarrollada"*. Leon Bourgeois, senador francés que se consideraba a sí mismo "progresista" y que había encabezado la delegación francesa para la elaboración del *Pacto de la Sociedad de Naciones,* en el Informe que presentó al Senado francés (3/x/1919) para la ratificación del *Pacto*, afirmaba: *"Para impedir el dominio absoluto de los fuertes sobre los débiles, la Sociedad de Naciones asimila los pueblos llamados primitivos a los menores y los pone bajo su tutela. Esta tutela será confiada por ella a las Naciones más desarrolladas que la ejercerán en calidad de mandatarios en nombre de la Sociedad. Esta tutela variará según el desarrollo de estos pueblos menores"*.

En realidad, lo que hicieron las Naciones vencedoras fue arrebatar las colonias a las Naciones vencidas y repartírselas, camuflando su apropiación bajo un lenguaje eufemístico y ofensivo, que delata el etnocentrismo, el supremacismo y el racismo de los dirigentes de los imperios coloniales europeos. Humillaron a Alemania y Japón, que se vengaron promoviendo la II Guerra Mundial y humillaron a los pueblos colonizados, que reaccionaron intensificando y multiplicando los movimientos antiimperialistas de liberación nacional.

A partir de la I Guerra Mundial, Mahatma Gandhi (1869-1948) y Sri Aurobindo (1872-1950) se convirtieron en los líderes independentistas y descolonizadores más reconocidos mundialmente. Ambos fueron acérrimos defensores del diálogo pacifista y de la resistencia no-violenta. Ambos teorizaron la unidad y la fraternidad de los pueblos desde una perspectiva ética sumamente respetuosa con todos los países grandes y pequeños, con los montones de tribus y naciones, con todas las culturas mayoritarias y minoritarias. Gandhi se caracterizó por su activismo radical, perseverante y no-violento que culminó con la independencia de la India en 1947. Sri Aurobindo se caracterizó por una defensa acérrima de la *unidad mundial de la humanidad* libre, elástica, progresiva, "basada en la diversidad", que exige "reconocer el derecho de los pueblos a disponer de sí mismos".

Sri Aurobindo fue el heredero y último representante del *Movimiento de Renacimiento Indio*, iniciado por Rammohun Roy (1772-1833), al que pertenecen, entre otros, Rabindranath Tagore y Vivekananda. El Renacimiento Indio se basaba en el patrimonio espiritual de la India, estaba impregnado por el pensamiento ilustrado europeo y defendía una "religión universal" de la humanidad.

Entre 1915 y 1918, Sri Aurobindo publicó en la revista *Arya* cuarenta artículos que reunió en su libro *El ideal de la unidad humana* (1919) publicado en Madrás. En este libro defiende que el error del positivismo es haber formulado los dogmas de la "religión de la humanidad" sobre una base "demasiado torpemente y demasiado rigurosamente racionalista para poder ser aceptada incluso por la Edad de la Razón". Critica los nuevos ídolos que han aparecido, en cuyo centro están el Estado y la Ciencia, novísimo ídolo jefe. Pero, según Aurobindo, ningún ídolo debe ocupar el sitio de la humanidad, ni siquiera la nación o la familia. Siguiendo su pensamiento, nosotros podríamos afirmar: ningún ídolo debe ocupar el sitio de la ÉTICA, ni siquiera el *Mercado,* ni el Modo Capitalista de Producción y Consumo. Los racionalistas, al formalizar la "religión de la humanidad", han olvidado que los ideales de "libertad, igualdad, y fraternidad" sólo pueden ser garantizados si se fundamentan en un cambio de la "manera interior de vivir del hombre". La nueva religión no será ni un sistema, ni un credo, ni una creencia intelectual, ni un dogma o rito exterior. Actuará sobre el "alma de la especie" e impedirá que se depositen todas las esperanzas de unidad mundial en las dinámicas de unificación económica, técnica y militar que imprimen los grandes centros mundiales.

Esta concepción de la unidad mundial está en las antípodas de los criterios que inspiraron el *Pacto de la Sociedad de Naciones* y, especialmente, de los criterios que guiaron la elaboración del estatuto de las colonias. El historiador Werner Sombart, en referencia a ese *Pacto* escribió en 1932:

> "Considerados en sí mismos, estos acuerdos nada tienen que ver con la idea de 'fraternidad humana', idea cosmopolita y fundada en la necesidad de amor y paz. Son el producto de intereses que se apoyan en una base esencialmente racional. La guerra mundial ha mostrado cuán impotentes han sido estas ententes para oponerse a las grandes corrientes de hostilidad y enemistad. El internacionalismo no es el camino que conduce a la paz: al contrario". (Sombart, 1932, p. 94)

Entre la I Guerra Mundial y la II Guerra Mundial, la mentalidad etnocéntrica, supremacista y racista de los autores del Pacto de la Sociedad de Naciones y del Estatuto de las Colonias y el lenguaje que utilizaron originó una ideología etnocéntrica, supremacista, racista y desarrollista, que clasificaba a los pueblos en dos categorías: "pueblos desarrollados" y "pueblos subdesarrollados". Los dirigentes y los ciudadanos de los imperios coloniales asimilaron su ideología y su lenguaje. Esta ideología les impedía y sigue impidiendo a sus herederos actuales hacer autocrítica y reconocer que la *situación precaria* llamada *"subdesarrollo"*, que padecían las colonias y siguen padeciendo las excolonias, no es fruto de la supuesta inferioridad racial y cultural, ni de su incompetencia ni de su incapacidad, ni de su falta de laboriosidad, sino de las prácticas coloniales de los imperios europeos desde el siglo XV al siglo XX: dominación político-militar, apropiación y expolio de sus recursos naturales (tierras, bosques, minas), explotación laboral de sus habitantes, opresión y represión, destrucción de sus culturas y tradiciones.

La ideología etnocéntrica, supremacista, racista y desarrollista se sintetiza en la clasificación de todos los pueblos en dos categorías: los "pueblos desarrollados" son los pueblos colonizadores, *enriquecidos* con los recursos expoliados a los pueblos *empobrecidos; los* "pueblos subdesarrollados" son los pueblos colonizados, dominados y expoliados.

Para los colonizadores y sus herederos la expresión "pueblos subdesarrollados" tiene un matiz profundamente peyorativo, descalificador y humillante. Los pueblos así designados se sienten menospreciados e insultados.

El matiz peyorativo de "subdesarrollados" es similar al de la expresión "subnormales", que usan los que se creen superiores para designar a ciertas personas que tienen algún síndrome o discapacidad. Los calificados con esa expresión se sienten humillados, despreciados y marginados.

En 1952, cuando ya estaba consolidado el mundo esquizofrénico, surgido de la II Guerra Mundial y dividido en dos bloques –países capitalistas y países socialistas– el demógrafo Alfred Sauvy y el Antropólogo Georges Balandier publicaron un artículo titulado *"Tres mundos", un Planeta"* en *L'Oservateur* (14 de agosto de 1952). En ese artículo frente al Mundo Capitalista y al Mundo Socialista, decidieron elaborar una expresión que no fuera peyorativa para designar a los países colonizados durante siglos, que estaban inmersos en los procesos de descolonización. Acuñaron la expresión *Tercer Mundo,* es decir, el que no forma parte ni del Mundo Capitalista ni del Mundo Socialista. Esta expresión tenía una profunda carga ético-política, porque asimilaba la *situación precaria* de las colonias y excolonias a la *situación precaria* del *Tercer Estado* y de sus luchas durante el Absolutismo Real e invitaba a los pueblos colonizados a rebelarse y luchar por su liberación.

Desgraciadamente, la mentalidad etnocéntrica, supremacista y racista, que todavía persiste, ha pervertido la expresión *Tercer Mundo*, convirtiéndola en un concepto peyorativo. Basta escuchar a nuestros políticos, que, para descalificar y desprestigiar las propuestas de sus adversarios políticos, usan como sinónimos "tercermundista", "bolivariano" y "republicano bananero",sin tener en cuenta que las llamadas "repúblicas bananeras" son fruto de la aplicación sistemática por el imperialismo norteamericano de la "doctrina Monroe", expuesta por el Presidente James Monroe en el Congreso de los Estados Unidos el 2 de diciembre de 1823, y de las actividades neocolonialistas de las multinacionales norteamericanas que son las "dueñas de las bananas", y de las injerencias político-económicas de la Metrópolis imperialista norteamericana.

La ideología etnocentrista, supremacista, racista y desarrollista se convirtió en un muro que impedía la comunicación y la mutua comprensión en los debates de los organismos de la ONU y de los organismos nacionales, durante los procesos de descolonización entre 1947 y 1980: Miles de reuniones, de consultas, de redacciones de acuerdos y protocolos, cientos de miles de horas de trabajo y tres décadas para redactar, aprobar y ratificar los acuerdos entre los pueblos colonizadores y los pueblos descolonizados. A pesar de esos esfuerzos, todavía siguen pendientes los temas fundamentales que se plantearon en esos procesos, como son el *Nuevo Orden Económico Internacional* (NOEI) y la *Carta de Derechos y Deberes Económicos de los Estados* aprobada el 14 de diciembre de 1974 y que sigue esperando su ejecución efectiva.

Las reivindicaciones de los movimientos antiimperialistas de liberación nacional (1945-1980)

Los procesos de descolonización se iniciaron al terminar la II Guerra Mundial (1945), logrando su máxima intensidad en la década de 1960 y culminando en la década de 1970. Durante esos procesos, se multiplican los movimientos sociales antiimperialistas de liberación nacional y las ONG que luchan por una causa concreta en los países descolonizados o en los países en vías de descolonización. Pero también surgen movimientos sociales y ONG en los países colonizadores, que se solidarizan con los de los países descolonizados. Además, estos movimientos se coordinan entre sí, originando movimientos supranacionales y ONG internacionales llamadas ONGI. Al mismo tiempo, surgen movimientos y organizaciones de resistencia a la descolonización, tanto en los países colonizadores como en los colonizados, sobre todo en aquellos procesos de descolonización que tuvieron una componente bélica, como Cuba, Argelia, Vietnam y Nicaragua.

Los movimientos antiimperialistas de liberación nacional surgieron en América frente a los imperios coloniales de España, Inglaterra y Francia a finales del siglo XVIII y comienzos de siglo XIX. Los procesos de descolonización se desarrollaron a lo largo del siglo XIX. Entre la Primera y la Segunda Guerra Mundial surgieron nuevos y numerosos movimientos antiimperialistas de liberación nacional en África, Asia y Oceanía. Durante la II Guerra Mundial se estancaron y algunos desaparecieron. Al terminar la guerra, se avivaron y multiplicaron. Los procesos de descolonización se iniciaron con la independencia de la India en 1947 y se aceleraron progresivamente, llegando a su apogeo en la década de 1960 y culminando en la década de 1970.

Entre las reivindicaciones de los movimientos antiimperialistas destacamos los siguientes:

- Independencia política y derecho a la autodeterminación.
- Independencia y soberanía económica sobre los propios recursos naturales: tierras, bosques, minas, agua y energías fósiles.

- Creación de empresas nacionales para explotar los propios recursos naturales.
- Creación de asociaciones de productores de materias primas y asociaciones de exportadores nacionales de los productos elaborados.
- Préstamos del BM y del FMI para iniciar la organización de los servicios públicos estatales y la creación de empresas económicas nacionales.
- Ayudas internacionales para resolver a corto y medio plazo los problemas urgentes del hambre y la soberanía alimentaria, las enfermedades endémicas y la puesta en marcha de un sistema de salud.
- Ayudas internacionales para promover una alfabetización rápida e iniciar el desarrollo de un sistema educativo.

En los debates en los organismos de la ONU, en los procesos de negociación bilateral entre las metrópolis imperialistas y los aspirantes a la descolonización y en las conferencias de los países del tercer mundo se van planteando tres problemáticas de fondo interrelacionadas, que se pueden sintetizar en una sola pregunta. *"¿QUIÉN DEBE A QUIÉN?"*. El detonante es la problemática de la *"deuda externa"* que aumenta sin cesar por las condiciones leoninas de los intereses y la aplicación del monetarismo de Milton Friedman. Conviene tener en cuenta que, cuando se plantean estos problemas en las décadas de 1970 y 1980, el neoliberalismo está en pleno apogeo y los Chicago Boys han colonizado ya el BM y el FMI y están cambiando a paso acelerado los principios fundacionales, que eran Keynesianos. Los debates en torno a la *"deuda externa"* desencadenan los debates sobre la *"deuda histórica"*, sobre la *"deuda ecológica"* y sobre los *"flujos de capital"* de los países empobrecidos hacia los países enriquecidos, que son seis veces superiores a las ayudas que van de los países ricos a los países empobrecidos.

Las reivindicaciones de los movimientos antiimperialistas constituyen una aportación sustancial para la elaboración de un *Proyecto de globalización ética orientada a la justicia global,* que contribuye a la *metamorfosis* del izquierdismo europeo y del Movimiento Contracultural Californiano.

Los historiadores, los sociólogos, los politólogos, los economistas y los periodistas, expertos en el manejo de la hemeroteca pueden y deben ofrecer a los educadores y a los educandos una interpretación correcta y un análisis crítico de los procesos de descolonización, de los acuerdos alcanzados y una visión panorámica y sintética de las problemáticas pendientes y de las alternativas que se proponen. Esto facilitará la autoeducación de ciudadanos del Mundo críticos, responsables y comprometidos.

Los resultados de la interacción dialógica del Izquierdismo europeo, del MCC, de los Movimientos Antiimperialistas de liberación nacional

Más arriba indicamos los canales de comunicación entre los izquierdistas europeos, los protagonistas del Movimiento Contracultural Californiano (MCC) y los líderes y militantes de los Movimientos Antiimperialistas de liberación nacional. Pero, además de los intercambios entre los líderes y militantes de estos movimientos, durante las décadas de 1970 y 1980, hubo un trasiego continuo de personas interesadas en conocer de primera mano y en su propio lugar sus planteamientos; entre ellas figuraban muchos estudiantes y profesores, economistas, sociólogos, politólogos y periodistas; se aceleran los procesos de intercambio de profesores y alumnos entre las universidades de Europa, Norteamérica, Canadá y Sudamérica y entre los europeos y los ciudadanos de las colonias y excolonias, africanas y asiáticas de sus respectivos países.

Los dirigentes y militantes de los partidos y sindicatos y los líderes de los movimientos sociales y ONG del Norte y del Sur, del Este y del Oeste van creando redes de solidaridad para presionar a los respectivos Estados y a los organismos internacionales, organizando contracumbres paralelas y proporcionando ayudas directas económicas y personales para afrontar las problemáticas humanitarias de salud, alimentación, educación, auto-desarrollo. Lo mismo hacían los líderes y militantes de los movimientos cristianos del Norte y del Sur, del Este y del Oeste: Comunidades Cristianas de base, movimientos obreros cristianos de jóvenes y adultos, cristianos por el socialismo, Movimiento Mundial de Trabajadores cristianos (MMTC).

En la interacción dialógica, a través de los encuentros personales e institucionales, entre los izquierdistas europeos, los protagonistas del MCC, los líderes militantes de los movimientos antiimperialistas de liberación nacional y otros, como la *Federación Internacional de derechos humanos* (FIDH), *Amnistía Internacional*, los Colectivos feministas de la segunda ola y los Colectivos LGTBIQ+, se produce una convergencia, una hibridación y una fusión parcial de análisis críticos, de planteamientos alternativos, de propuestas programáticas y de estrategias, que hicieron posible la creación del *Foro Social Mundial* (FSM) y el *Consenso de Porto Alegre* para emprender la elaboración de un *Proyecto de globalización ética orientada a la justicia global.*

Los resultados más relevantes de la interacción dialógica entre los izquierdistas europeos, californianos y antiimperialistas son los cuatro siguientes:

1. Una conciencia ilustrada de la crisis sistémica, global, planetaria y multidimensional del Mundo Sociocultural configurado durante los últimos 250 años, desde finales del siglo XVIII a comienzos del siglo XXI.
2. Un análisis de las dimensiones fundamentales de la crisis del Mundo Sociocultural Contemporáneo desde una doble perspectiva crítica: una perspectiva científica y una perspectiva ética. Las dimensiones fundamentales analizadas son las siguientes: crisis ecológica; crisis económica. crisis humanitaria; crisis social, crisis política; crisis educativa,crisis ética.
3. Un conjunto de propuestas alternativas para afrontar la problemática de cada una de las dimensiones fundamentales de la crisis del Mundo Sociocultural Contemporáneo analizadas.
4. La creación de nuevos sujetos colectivos ético-políticos de investigación/acción, comprometidos con la metamorfosis (*Transformación radical*) del Mundo Sociocultural Contemporáneo en cada una de sus dimensiones fundamentales en crisis.

La consciencia ilustrada de la crisis sistémica del Mundo Sociocultural y sus dimensiones

Cada vez son más investigadores de reconocido prestigio y solvencia –ecólogos, biólogos, antropólogos, politólogos y filósofos– que sostienen con argumentos sólidos que estamos inmersos en una profunda *crisis ecosocial*, que es, a la vez, sistémica, global, planetaria y multidimensional. Gracias a las aportaciones científicas y filosóficas de estos investigadores, amplísimos sectores de la humanidad han logrado, a comienzos del siglo XXI, una consciencia ilustrada de la crisis *ecosocial.* Esa consciencia sigue creciendo exponencialmente. Es posible que ya la compartan cientos de millones de personas, especialmente jóvenes, y este hecho constituye nuestra gran esperanza.

Llegar hasta aquí no ha sido fácil para esos investigadores coherentes, intelectualmente honestos y éticamente íntegros, porque han tenido que soportar estoicamente el acoso y desprestigio que otro gran ejército de investigadores negacionistas, bien pagados y bien dotados de recursos para la investigación, han ejercido contra ellos para salvar el Modo Capitalista de Producción y Consumo, que es el causante de la *crisis ecosocial,* porque es intrínsecamente *ecocida, biocida y antropocida.*

La crisis ecosocial, sistémica, global, planetaria y pluridimensional

La crisis del Mundo Sociocultural o crisis ecosocial es sistémica, global, planetaria y pluridimensional. Como dice Santiago Álvarez Cantalapiedra (2019): *"La crisis social es 'la crisis de las muchas crisis'. En ella subyace una crisis ecológica, económica y de cuidados, una profunda involución social y un vaciamiento democrático"* (p. 13). Más arriba, nosotros hemos señalado siete dimensiones fundamentales de la crisis: crisis ecológica, crisis económica, crisis humanitaria, crisis social, crisis política, crisis educativa, crisis ética.

La crisis ecosocial es una crisis sistémica, porque afecta a todas las dimensiones fundamentales del Mundo Sociocultural como Sistema-Mundo Ecosocial. Es una crisis global, porque afecta a todos los pueblos y culturas del Globo terrestre. Es una crisis planetaria, porque está destruyendo el planeta Tierra –la Ecosfera, la Biosfera y la Antroposfera– y lo está convirtiendo en un planeta yermo e inhóspito. A continuación, reproducimos la descripción sintética de la crisis que hace Santiago Álvarez Cantalapiedra en la que nos ofrece una breve y magnifica visión panorámica:

> "El individualismo, los estilos de vida urbanos y las pautas de consumo de las sociedades opulentas se encuentran detrás de los problemas. Los comportamientos más característicos y cotidianos de la actual civilización industrial capitalista se han convertido en una amenaza existencial. La extensión de la agricultura y ganadería intensiva provoca el agotamiento de los acuíferos y la pérdida de fertilidad de las tierras. El sistema de transporte estimula la demanda de unos recursos fósiles en proceso de agotamiento cuya quema provoca la desestabilización del clima. Las tendencias urbanizadoras exigen infraestructuras que tornan escasos los recursos que precisan; está ocurriendo con la arena, una materia prima hasta hace poco abundante y barata, pero que en la actualidad debido al elevado ritmo de extracción se ha convertido en escasa (cada año se extraen alrededor de 59.000 millones de toneladas de materiales de la Tierra, y la arena representa el 85%). Los hábitos de consumo arrojan a los mares cada año más de ocho millones de toneladas de plástico que, además de contaminar los océanos, provocan riesgos en la salud al incorporarse a la cadena alimentaria. La civilización industrial capitalista socava las condiciones de existencia de la humanidad en la misma medida en que los aspectos más representativos de su modo de vida arraigan y se hacen cotidianos en sectores cada vez más amplios de la sociedad adquisitiva mundial. Las comodidades

que disfruta una parte de la población mundial no se pueden extender al resto sin empeorar las condiciones de vida de toda la humanidad, amenazando de forma inmediata la vida de los pobres.

Si no se abandona ese modo de producción y consumo (convertido hoy en propuesta universal de modo de vida) y no se introducen con velocidad cambios profundos en términos de equidad social y sostenibilidad, la catástrofe está asegurada: el deterioro ecológico y social proseguirá incesante y comprometerá gravemente las condiciones de la existencia humana. La contaminación del aire ya está ocasionando millones de muertes prematuras y graves efectos sobre la salud pública, el incremento exponencial de las amenazas asociadas al calentamiento global está generando situaciones de inseguridad alimentaria y desplazamientos forzados de población, y el **extractivismo** ha sembrado la geografía del planeta de conflictos ecosociales que suelen derivar en espirales de violencia y represión.

Esta superposición de problemas ha hecho que se preste de nuevo atención a la expresión **crisis de civilización**. Con ella se quiere señalar que nos encontramos ante una crisis general que estalla en múltiples frentes y **atañe a todo el sistema**. Revela también un aumento de la consciencia de que el propio sistema, tal vez porque se encuentre en una **fase degenerativa terminal**, no tiene capacidad para ofrecer una salida airosa a sus propias contradicciones. Esta carencia de respuestas a los desafíos planteados no solo en el plano económico sino también desde las instituciones políticas y culturales, reclama la **necesidad de nuevos paradigmas**, lo que indica que la crisis afecta también al **sistema de valores, instituciones, conocimientos y costumbres** que constituyen lo que suele definirse como civilización. Conviene precisar que lo que entra en crisis **es la civilización capitalista**, cuya dinámica, inherentemente expansiva, impulsada por el ánimo de lucro y el individualismo competitivo, choca con los límites naturales y desbarata los vínculos sociales afectando de esa manera a las condiciones materiales que permiten la reproducción de la vida y de la existencia social. De ahí que la cuestión ecológica sea inmediatamente una cuestión social en un sentido básico y radical. **No existen dos crisis separadas, una social y otra ambiental, sino una única e inseparable crisis ecosocial**". (2019, pp. 11-12; los resaltados son nuestros)

La consciencia ilustrada de la crisis del Mundo Sociocultural

Varios miles de millones de seres humanos sufren en su vida cotidiana algunos efectos o consecuencias de la crisis ecosocial del Mundo Sociocultural vigente. Pero una cosa es ser conscientes de la existencia de una crisis por sus consecuencias en nuestra vida cotidiana y otra muy distinta tener una *consciencia ilustrada* de la misma. La *consciencia ilustrada* implica una comprensión crítica de sus causas, de sus consecuencias y de sus dimensiones.

Las aportaciones de las *Ciencias Físico-Químicas* y *biológicas* han demostrado que la causa inmediata y única de la crisis ecosocial es el Modo Capitalista de Producción y Consumo (MCdPC), que ha configurado el Mundo Sociocultural vigente durante los últimos 250 años. Por su parte, las *Ciencias Sociales* han demostrado que MCdPC, en la medida en que ha usurpado el puesto de la *ÉTICA*, expulsándola del proceso económico, es la causa principal de las demás dimensiones de la crisis. Por último, la *ÉTICA* actualmente emergente, implicada en los derechos humanos, en los derechos de los pueblos, naciones, tribus y culturas y en las relaciones justas y correctas de la Antroposfera con la Biosfera y la Ecosfera abiótica califica el MCdPC como *ecocida, biocida y antropocida.*

La convergencia y complementariedad de las aportaciones de las *Ciencias Naturales*, de las *Ciencias Sociales* y de la Ética constituyen la base sólida de la *consciencia ilustrada de la crisis ecosocial* del Mundo Sociocultural en el que vivimos.

Desde que el Club de Roma publicó el informe *Los límites del crecimiento* (1972), las controversias y las investigaciones científicas sobre el tema se multiplicaron exponencialmente. El Club de Roma encargó la elaboración del informe al MIT. Entre 1968 y 1971, participaron en su elaboración diecisiete investigadores coordinados por la biofísica Donatella Meadows. Muchos calificaron el *Informe* de *catastrofista.* Pero otros demostraron que el informe era correcto, aunque se había quedado corto.

Una de las aportaciones más relevantes en la línea del informe del Club de Roma fue la obra de Nicholas Georgescu-Roegen *The Entropy Law and the Economic Process* (*La Ley de la entropía* y *el proceso económico).* Jacques Grinevald e Ivo Rens han reunido, traducido al francés y presentado un conjunto de textos relevantes para el tema de N. Georgescu-Roegen y los han publicado bajo el título *Decroissance. Entropie-Ecologie-Economie.*

Muchos investigadores, después de examinar críticamente los planteamientos de los autores de *Los límites del crecimiento*, de N. Georgescu-Roegen y de sus seguidores, han demostrado que el MCdPC se apoya en varios supuestos erróneos y falsos, entre los que destacan:

1. Que puede haber un crecimiento económico-exponencial e ilimitado en un planeta finito como la Tierra.

2. Que las materias primas para el industrialismo productivo son inagotables.
3. Que, siguiendo sus métodos de producción, creará una sociedad mundial opulenta y un mercado mundial superabundante, de modo que todos los seres humanos podrán disfrutar de un nivel de consumo similar al de las clases medias-altas de los países ricos.
4. Que las tecnociencias actuales pueden reducir a cero los efectos negativos de su actividad económica: agotamiento de los recursos –minas, acuíferos, bosques, flora y fauna terrestre y marina– contaminación de los acuíferos, ríos, lagos, mares suelos, atmósfera con miles de millones de toneladas de residuos tóxicos: sólidos, líquidos y gaseosos, como los minerales, los plásticos, los químicos y los gases de efecto invernadero.

De estos supuestos míticos, sin bases ni fundamentos científicos y, por tanto, erróneos y falsos, pero creídos como dogmas incuestionables, los defensores fanáticos del MCdPC extraen sus conclusiones negacionistas: **a)** es falso que el *extractivismo intensivo* de materias primas y energías fósiles, el *industrialismo* productivo, la *agricultura* y la *ganadería industriales* y el *consumismo compulsivo* estén produciendo efectos irreversibles en la Biosfera (flora y fauna terrestre y marina) y en la Ecosfera abiótica: **b)** es falso que el *extractivismo,* el *industrialismo* productivo, agrícola y ganadero esté generando un calentamiento climático, que puede producir la extinción de la Biosfera y de la Antroposfera.

Las dimensiones de la crisis ecosocial

El origen de la crisis ecosocial del Mundo Sociocultural Contemporáneo es la usurpación del puesto, que debía corresponder a la *ÉTICA* en la configuración del Mundo Sociocultural, por el MCdPC. Desde su implantación, el MCdPC ha expulsado la Ética de sus actividades económicas: extractiva, productivo-industrial, mercantil, financiera y distributiva. La *Economía Política* que inspira al MCdPC es una idolatría antiética, que consiste en la adoración del *dios/dinero.* Como tal, es la negación absoluta de la Antropoética, de la Bioética y de la Ecoética.

La crisis ecológica y la crisis económica se implican y se retroalimentan mutuamente. Todo crecimiento del extractivismo, del industrialismo productivo, del mercantilismo, del consumismo compulsivo y del financiarismo se traduce en un crecimiento de la crisis ecológica por el expolio de recursos, el despilfarro de productos y energía, la generación de miles de toneladas de productos tóxicos, que contaminan la litosfera, la hidrosfera y la atmósfera. El MCdPC es un monstruo voraz que devora el ecosistema planetario de la Tierra.

En la medida en que el MCdPC es una actividad antiética de apropiación de los recursos comunes por una oligarquía plutocrática y una actividad idolátrica que rinde culto al *dios/dinero*, es, al mismo tiempo, una actividad antihumanitaria, antisocial, antipolítica y antieducativa. Dicho de otra manera: el MCdPC es el generador automático de la *crisis ecológica, económica, humanitaria, social, política, educativa* y ética, llevándonos al colapso y a la autodestrucción.

La actividad antiética del MCdPC, en la medida que subordina e instrumentaliza las personas, la humanidad, las sociedades humanas, los estados, los mercados, las tecnociencias, los sistemas educativos, la Biosfera y la Ecosfera para su único fin que es la acumulación de capital, genera simultáneamente todas las dimensiones de la crisis.

Como el tema es complejo y resulta muy difícil pensar simultáneamente todas sus dimensiones y sus mutuas relaciones, vamos a intentar una descripción más concreta de cada una de las dimensiones de la crisis ecosocial del Mundo Sociocultural en el que vivimos con la esperanza de aportar algo a la construcción de la *Consciencia ilustrada* de la misma.

La crisis ecológica

Podemos describir sintéticamente la *crisis ecológica* como el conjunto de los impactos negativos que ha producido en el ecosistema planetario de la Tierra la actividad económica realizada por el MCdPC durante los últimos 250 años, desde su implantación a finales del siglo XVIII.

Actualmente, algunos autores conciben el proceso económico como un metabolismo socioeconómico por analogía con el metabolismo de los seres vivos (Toledo y González de Molina, 2007). Santiago Álvarez Cantalapiedra lo describe así: "*El proceso económico puede ser concebido como un trasiego de flujos físicos de materia y energía a través de un aparato productivo que los utiliza para dar origen a bienes y servicios, generando además como subproductos unos residuos*" (2019, pp. 17-18).

Este autor distingue tres grandes periodos del metabolismo socioeconómico:

a) *Las sociedades cazadoras y recolectoras*: adquirían la materia y la energía que necesitaban de la biomasa, sin dedicarse al cultivo de plantas ni de animales; eran nómadas y seguían el desplazamiento de los animales por grandes regiones geográficas; producían escasos residuos, que no eran contaminantes y quedaban muy repartidos en las zonas que recorrían;

b) *Las sociedades agrarias y ganaderas:* fueron dominantes en todo el planeta hasta el siglo XVIII, en que se inició el industrialismo de Occidente; lograron aumentar la obtención de energía por hectárea y año, transformando la energía primaria del sol en energía alimentaria para los animales y los seres humanos; en los asentamientos aumentó considerablemente la generación de residuos que se incorporaban de nuevo al proceso metabólico como abonos para mantener la fertilidad de los suelos; el desarrollo de las sociedades agrarias creó excedentes que favorecieron la aparición de las antiguas civilizaciones; además de la fuerza muscular humana, utilizaron como energías motrices el viento y las corrientes de agua; la energía térmica para calentarse, cocinar, cocer las cerámicas, forjar los metales la sacaban de la biomasa;

c) *Las sociedades industriales:* a partir del siglo XVIII, el nacimiento del industrialismo productivo representa un cambio sustancial del metabolismo socioeconómico: crecimiento exponencial de la extracción de materias primas, producción industrial de nuevos productos, sustitución de las energías tradicionales renovables por la combustión de energías fósiles, como carbón, gas, petróleo y crecimiento exponencial de residuos tóxicos.

El MCdPC impulsó un crecimiento exponencial del *extractivismo* de materias primas (minerales, madera, pesca, productos agrícolas y ganaderos) y de energías fósiles (carbón, petróleo, gas), del *industrialismo productivo,* del *mercantilismo* y del *transporte* (terrestre, marítimo, aéreo), generando, al mismo tiempo un crecimiento exponencial de residuos tóxicos –sólidos, líquidos, gaseosos, radiactivos– que contaminan la litosfera, la hidrosfera y la atmósfera, se incorporan a la cadena alimentaria, destruyen la flora y la fauna marina y terrestre (Biosfera), provocan el cambio climático y amenazan la pervivencia de la humanidad.

El MCdPC ha generado una crisis ecológica que avanza hacia el colapso y la destrucción catastrófica del ecosistema planetario por el agotamiento de las materias primas, de los recursos naturales, de las energías fósiles, y por la contaminación creciente de la litosfera, de la hidrosfera y de la atmósfera, que provoca el efecto invernadero o calentamiento global y el cambio climático, que puede destruir la Biosfera y la Humanidad como parte de ella. Por todo esto, podemos calificar el MCdPC como *ecocida* o destructor del Ecosistema planetario, *biocida* o destructor de la Biosfera y *antropocida* o destructor de la Antroposfera.

Todas las actividades económicas productivo-industriales que ha desarrollado el MCdPC, repetimos una vez más, están basadas en el crecimiento exponencial del *extractivismo,* del *productivismo,* del *consumismo compulsivo* estimulado por la publicidad y en el crecimiento exponencial de los *residuos contaminantes* y todo ello para lograr un fin nobilísimo: que el 1% de la población mundial (oligarquía plutocrática mundial) se apropie y acumule lo que el 99% de la humanidad necesita (Stiglitz *dixit*, febrero, 2014). Entre las actividades productivo-industriales promovidas por el MCdPC destacan las siguientes:

- La *industria armamentística.*
- La *macroindustria química* con sus diversas ramas.
- La *agricultura químico-industrial.*
- La *macroindustria de electrodomésticos* con obsolescencia programada.
- La *macroindustria mecatrónica* e *infotrónica* con la fabricación de productos con obsolescencia programada: productos robóticos e informáticos.
- La *macroindustria textil.*
- La *macroindustria del transporte.*
- La *macroindustria alimentaria.*
- La *macroindustria de alimentos compuestos* para animales de granja y mascotas.
- La *macroindustria energética.*
- El *urbanismo desmesurado* con sus grandes infraestructuras que gastan enormes cantidades de materias primas y de energía y cuyo mantenimiento resulta demasiado costoso.

La finalidad central y última de todas estas actividades es promover el metabolismo socioeconómico, no para satisfacer las necesidades básicas de todos los seres humanos, sino para seguir llenando las arcas de las oligarquías plutocráticas mundiales y nacionales.

Si no se sustituye a medio plazo el MCdPC por un modo ético de producción y consumo orientado exclusivamente a satisfacer las necesidades básicas y razonables de todos los seres humanos, reduciendo al máximo la producción y el consumo compulsivo de productos innecesarios y superfluos, la generación de residuos contaminantes, el gasto de materias primas necesarias para las futuras generaciones y el gasto de energías, la crisis ecológica y económica definitiva está garantizada: perecerá el ecosistema planetario de la Tierra y la Humanidad con él.

Es cierto que el MCdPC todavía puede aguantar algunos años más destruyendo el ecosistema planetario. No podemos precisar cuántos. Pero, si seguimos igual, más pronto que tarde los plutócratas se verán obligados a recluirse en sus mansiones para consumir los últimos recursos que puedan librar de la catástrofe, mientras la Biosfera desaparece, la humanidad se muere y el planeta Tierra se vuelve yermo e inhóspito.

La crisis económica

La crisis ecológica y la crisis económica son dos caras de una misma crisis. El metabolismo socioeconómico que realiza el MCdPC con sus típicas actividades económicas genera la crisis ecológica que hemos descrito; pero la crisis ecológica produce, a su vez, la crisis económica del MCdPC. Efectivamente, a medida que el MCdPC destruye el ecosistema planetario, va destruyendo sus fuentes de materias primas, de recursos y energías y, sobre todo, va destruyendo el sujeto imprescindible para todas sus actividades: los seres humanos que son imprescindibles como productores y consumidores para que el metabolismo socioeconómico siga funcionando y generando beneficios. Sin productores y consumidores, no habrá beneficios.

Etimológicamente, el término "economía", derivado de las palabras griegas *oikos* (casa) y *nómos* (*ley*), significa la "administración legal del hogar o casa". El concepto de *"casa-hogar"* abarcaba la morada física, a los moradores, sus relaciones de convivencia, sus funciones, sus pertenencias y propiedades. Su significado se fue ampliando, hasta que, a finales del siglo XIX y comienzos del siglo XX, llegó a significar la "gestión correcta" de una Nación-Estado como *oikos* común de un pueblo o la "gestión correcta" del planeta Tierra como *oikos* común de la Biosfera y de la Antroposfera. A partir de las aportaciones del biólogo Enrst Haeckel, se construyó la pareja: *Ecología* o ciencia del hogar común y *Economía* o gestión correcta del hogar común.

El MCdPC como actividad egoísta y antiética ha consistido en una *"gestión esencialmente incorrecta"* del planeta Tierra como *oikos* común. Además de generar la crisis ecológica descrita y su propia crisis, ha generado, al mismo tiempo, la crisis de la Humanidad o Antroposfera. Su fin antiético de acumulación exponencial de capital en pocas manos ha producido una desigualdad monstruosa entre los seres humanos, de modo que "el 1% de la población tiene lo que el 99% necesita" (Stiglitz, 2014).

La desigualdad monstruosa se manifiesta en dos tragedias: la *crisis humanitaria*, que golpea sobre todo a las sociedades empobrecidas del Tercer Mundo, generalmente excolonias de los imperios coloniales occidentales y la *crisis social*, que afecta a todas las sociedades, incluidas las más ricas. Estas dos tragedias son el núcleo central de la crisis económica que ha generado el MCdPC por ser una pésima gestión del ecosistema planetario como hogar común. La gestión éticamente correcta del ecosistema planetario como hogar común debería haberse orientado a lograr el mayor bienestar posible de la Antroposfera como parte integrante de la Biosfera. Pero como metabolismo económico el MCdPC se puso al servicio de un fin perverso: el crecimiento exponencial de las plusvalías para la oligarquía plutocrática mediante medios perversos de destrucción del ecosistema con el extractivismo y la contaminación y el expolio de la mayoría de la población.

Si la Ética no recupera el puesto que le usurpó el MCdPC con la configuración de un nuevo modo de producción y consumo alternativo, la crisis ecológica y económica que padecemos no tiene salida. La restitución de la Ética en su puesto exige una *conversión,* un profundo *cambio de mentalidad* o *metánoia* en los líderes y los militantes de los movimientos sociales y de las ONG, que deben promover la *transformación* o *metamorfosis* del modo de producción y consumo. Dicho de otra manera: los líderes y los militantes de los movimientos sociales y de las ONG deben compartir una consciencia ilustrada y crítica de la crisis y un compromiso personal y colectivo con la restitución de la primacía absoluta de la Ética sobre la Economía, la Política, la Educación, el Estado y el Mercado.

Reconociendo la complejidad del tema, para facilitar una comprensión mínima del mismo al alcance de los no iniciados, podemos sintetizar la crisis económica mundial, sistémica y global en los siguientes aspectos fundamentales:

1. *La inmensa desigualdad económica* entre personas, etnias, tribus, pueblos y Naciones-Estado con sus dos grandes dimensiones, que se manifiestan, con diversos grados de intensidad, tanto en los países empobrecidos como en los países ricos: *crisis humanitaria* y *crisis social.*

2. *La inexistencia de servicios públicos fundamentales* en los países empobrecidos: soberanía alimentaria, sanidad, educación, vivienda, transporte, energía.
3. En los países ricos, la *privatización,* la *mercantilización* y la *transformación en negocios privados de los servicios públicos* –sanidad, educación, transporte, vivienda, agua potable, energía– y de *los cuidados* –dependientes, geriátricos, residencias de mayores– han degradado sus niveles de calidad y los han convertido en un mecanismo de exclusión y marginación para los más pobres que no pueden pagar.
4. *La concentración del poder económico y político* en manos de la oligarquía plutocrática mundial y de las oligarquías nacionales subordinadas a ella ha desembocado en la construcción de "un gobierno económico mundial" –dictadura de la oligarquía plutocrática– que ha despojado a la sociedad civil mundial y a las sociedades civiles nacionales de la soberanía económica sobre los mercados nacionales y mundiales y de la soberanía política sobre los Estados nacionales y los organismos internacionales, vaciando la democracia de contenido.

El origen de la "deuda externa" como "deuda eterna"

El instrumento de la plutocracia mundial para ejercer su soberanía económica y política es la llamada *"deuda externa"* que se ha convertido en "*deuda eterna"* por las condiciones y procedimientos injustos de amortización, renegociación y por los elevados intereses.

A lo largo de la historia de la humanidad, la *esclavitud* y la *deuda* fueron dos instrumentos de dominación y de expolio de personas, etnias y pueblos. La deuda fue reinventada bajo múltiples formas creativas como mecanismo de dominación y expolio de las riquezas y recursos de personas, etnias y pueblos. Durante los últimos 250 años, la oligarquía plutocrática financiera ha perfeccionado el mecanismo de la deuda como el instrumento por antonomasia para expropiar de sus propiedades y riquezas a las personas, a las poblaciones humanas y a las Naciones-Estado y ejercer sobre ellos su soberanía económica y política.

En 1773, Mayer Amschel Rothschild reunió en Frankfurt a doce miembros de la élite financiera mundial para exponerles su plan secreto de 25 puntos para saquear y dominar el mundo y construir el gobierno económico mundial en la sombra que estuviera por encima de las Naciones-Estado. En la exposición de su plan argumentó:

> "Da lo mismo que los gobiernos establecidos sean derrocados por enemigos externos o internos, porque el vencedor tendrá siempre que pedir financiación a los banqueros, ya que el capital está por completo en sus manos. Las guerras deben dirigirse de tal manera que las naciones comprometidas en ambos bandos **dependan de nuestra deuda**". (Cabal, 2012, pp. 32-33; el resaltado es mío)

Joan Martínez Alier en su reflexión sobre la deuda externa y la deuda ecológica escribe:

> "Las crisis económicas y políticas vinculadas a deudas externas ya se dieron desde la misma independencia de América Latina... La deuda externa que se acumuló en los años 1970 y 1980 continúa teniendo un peso determinante en la política económica de América Latina. Los pagos ya realizados son mayores que el importe que se debía y sin embargo el total de la deuda externa ha seguido creciendo. Mientras la deuda externa es un problema conocido, la deuda ecológica es una idea nueva que este capítulo analiza". (2010, p. 41)

Desde la década 1970, la oligarquía plutocrática financiera mundial viene utilizando el mecanismo de la *"Deuda externa"* combinado con el *mecanismo de privatización* de las empresas públicas, las entidades financieras públicas y los servicios públicos y con el *mecanismo de Tratados de libre comercio* para despojar de la soberanía económica, política y estratégica a las Naciones-Estado, que constituyen las periferias de las grandes zonas geoeconómicas, geopolíticas y geoestratégicas diseñadas por la Comisión Trilateral a partir de 1973. Para más información sobre la Comisión Trilateral, remitimos a la presentación de la misma, que hicimos en el Capítulo II de la Segunda parte de este trabajo, Apartado 4 titulado "La élite plutocrática y el gobierno mundial".

La oligarquía plutocrática financiera mundial lidera las economías de los países más ricos, industrializados y poderosos como los integrantes del *G8*, del *G20* y de la *OCDE*. Los integrantes del *G8* constituyen, a su vez, los núcleos duros de las zonas geoeconómicas, geopolíticas y geoestratégicas que son la base de la estructura arquitectónica de la Comisión Trilateral, inspirada en la hipótesis propuesta por James Burnham en su obra *The managerial Revolution* (1941). Estados Unidos es núcleo de la zona Americana, Alemania el núcleo de la Unión Europea y Japón el núcleo de la zona Asiática.

La oligarquía plutocrática mundial, como reacción contra los principios keynesianos asumidos como principios fundacionales del BM (1944) y del FMI (1944), que favorecieron el desarrollo del llamado "estado del bienestar" (1950-1980), empezó a elaborar una nueva doctrina económica y una estrategia para relanzar la marcha hacia el "gobierno económico mundial", actualmente nombrado con el eufemismo ambiguo de "globalización económica neoliberal". El punto de partida de esa reacción fue la publicación de la obra de Friedrich Von Hayek *El camino hacia la servidumbre* (1945). Otros hitos relevantes de ese proceso de reacción fueron: la fundación de la *Sociedad Mont-Pelerin* (Suiza, 1947) por Von Hayek, en la que participó Milton Friedman; la colaboración de Von Hayek y Friedman durante treinta años en la Facultad de Economía de la Universidad de Chicago; la creación del *Club de Bilderbeg* (1954); la fundación de la *Comisión Trilateral* (1973); la creación del *Foro Europeo de Gestión* (1971) transformado en *Foro Económico Mundial* (WEF) de Davos (1991); la progresiva colonización del BM y del FMI por los "Chicago Boys", durante los 70 y los 80, hasta llegar al *Consenso de Washington* (1990). El resultado final de esta larga marcha hacia el "gobierno económico mundial" de la oligarquía plutocrática financiera cristalizó en la ideología neoliberal, fruto de la fusión del *neoliberalismo económico* de Von Hahek y del *monetarismo* de Milton Friedman y en la estrategia basada en la combinación de los tres mecanismos mencionados: el mecanismo de la *"Deuda externa"*, el mecanismo de la *privatización* y el mecanismo de los *Tratados de libre comercio.*

El mecanismo de la *"Deuda externa"* de los países industrializados es demasiado complejo para describirlo en un párrafo. Básicamente consiste en convertir a las Naciones-Estado, a sus bancos públicos y privados, a sus empresas públicas y privadas y a sus servicios públicos en deudores permanentes, pero dentro de un límite de "déficit público". Los organismos internacionales facilitan la concesión de préstamos generosos para mejorar las infraestructuras productivas y los servicios públicos, sin garantías de pago en un tiempo razonable y sin ponderar adecuadamente los posibles riesgos de impago, aceptando que puedan convertirse en deudores insolventes a corto o medio plazo y que se vean obligados a renegociar la deuda en condiciones más duras.

El *mecanismo del libre comercio* es uno de los factores que puede contribuir al impago o al aumento de la deuda externa, si los productos exportables se devalúan en los mercados internacionales por la sobreabundancia o la competencia y, al mismo tiempo, los productos de importación necesaria o imprescindible se encarecen por su demanda y escasez, como las energías fósiles o determinados bienes de equipo o productos industriales, que no se producen en el propio país. Esto puede desequilibrar la balanza entre ingresos y pagos, aumentando la deuda externa.

La urgencia y la presión para rebajar el nivel de la deuda externa pueden forzar la *privatización a bajo precio* de empresas productivas o de entidades financieras públicas o de servicios públicos, que terminan en las manos de empresas transnacionales o de "fondos-buitre", como la vivienda pública o las residencias de mayores.

La mala gestión o la gestión imprudente del *mecanismo de la deuda interna* entre bancos y empresas privadas o entre bancos y particulares puede generar la *crisis del sistema bancario* nacional, como en el caso de los préstamos excesivos al consumo o el caso de las hipotecas irracionales durante la burbuja inmobiliaria. Para evitar males mayores, los Estados se ven obligados a rescatar al sistema bancario, convirtiendo las deudas privadas en deuda pública, que, a su vez, incrementa la deuda externa.

De este modo, la oligarquía plutocrática financiera va acaparando la soberanía económica, la soberanía política y la soberanía sobre los sistemas educativos que arrebata a las Naciones-Estado. La instrumentalización y la subordinación de los sistemas educativos al Modo Capitalista de Producción y Consumo, impide a estos realizar una educación ético-crítica del mismo.

Para conocer mejor el funcionamiento de estos mecanismos mencionados, puede resultar muy útil repasar la historia reciente de España desde 1950 a 2020: las condiciones que nos impusieron para entrar en los organismos internacionales en la década de 1950; las condiciones para el desarrollismo de los años 60 y 70; las condiciones para entrar en la Unión Europea y en la OTAN (1980); la privatización de las empresas públicas del INI y las entidades financieras públicas, como Argentaria y las Cajas de Ahorros, que habían empezado como Cajas de resistencia y de ayuda a los más necesitados, llevadas a cabo por los gobiernos del PSOE y del PP; la progresiva privatización reciente de la sanidad pública, de la educación y de otros servicios públicos, como el agua o el transporte; la privatización de las instituciones de cuidados: dependientes, residencias de mayores, geriátricos; el desmantelamiento de los derechos económicos, laborales y sociales adquiridos, como la flexibilización de la contratación colectiva, los contratos temporales, los despidos, la creación de subcontratas con trabajadores en negro y de falsos autónomos.

La crisis humanitaria

Podemos describir la crisis humanitaria como el conjunto de problemas graves cronificados o endémicos que padecen numerosas poblaciones humanas, especialmente en los países del Tercer Mundo, y que amenazan su supervivencia: etnias, tribus, pueblos, Naciones-Estado. Entre los problemas más relevantes podemos destacar los siguientes:

- La carencia de autosuficiencia y autonomía alimentaria, agravada por las hambrunas frecuentes causadas por las catástrofes naturales.
- Las enfermedades endémicas, como la malaria y otras, que se podrían erradicar fácilmente con la solidaridad internacional; la carencia de infraestructuras sanitarias.
- La carencia de viviendas dignas.
- La escasez de agua potable y de agua de riego; la contaminación de las aguas por las actividades mineras e industriales y los residuos del consumo.
- La carencia de un trozo de tierra para cultivar lo imprescindible para la subsistencia.
- El trabajo esclavo o semiesclavo por un salario mísero; el desempleo crónico; las condiciones laborales precarias, insalubres, sin seguridad laboral en trabajos de alto riesgo.
- La explotación laboral, sexual y militar de miles de niños y niñas, a veces con el consentimiento de los familiares, a cambio de nada o de un poco de dinero para comer o por miedo.
- La carencia de infraestructuras educativas.
- La existencia de grupos violentos y bandas rivales, que asolan determinadas ciudades o barrios.
- La existencia de grupos terroristas y paramilitares.
- La existencia de mafias que trafican con personas, drogas y armas.
- La promoción de guerras locales, civiles y regionales por la conquista de territorios ricos o por los recursos naturales.
- La emigración forzosa hacia los países ricos –Estados Unidos, Canadá, Europa– huyendo los problemas descritos a través de rutas cargadas de riesgos imprevistos.

Los desencadenantes inmediatos de la crisis humanitaria, que padecen muchas poblaciones humanas y Naciones-Estado, pueden ser catástrofes naturales actuales o determinados acontecimientos sociales o políticos. Pero siempre tienen un componente histórico o estructural más profundo.

Las prácticas coloniales y las crisis humanitarias actuales

La crisis humanitaria de los países del Tercer Mundo cronificada y como tal permanente o endémica es un *epifenómeno* que manifiesta una crisis estructural más profunda. Esa *crisis estructural* profunda es la *herencia de las prácticas coloniales del imperialismo colonial mercantilista* del siglo XVI al siglo XVIII, del *imperialismo colonial capitalista* del siglo XVIII al siglo XX, y del *neocolonialismo capitalista* del siglo XXI, que siguen practicando los antiguos países colonizadores a través de sus empresas transnacionales productivas, financieras y comerciales.

Los países colonizadores que ahora se autoproclaman *acreedores* y consideran a los países descolonizados *deudores,* en realidad, *son los únicos auténticos deudores.* Con sus prácticas coloniales históricas y actuales, han contraído tres deudas inmensas e incalculables que aún no han pagado: una *deuda histórica,* una *deuda ecológica* y una *deuda económica.*

El colmo de la injusticia y de la inhumanidad consiste en que, en vez de pedir perdón y esforzarse en reparar, en la medida de lo posible, los daños causados a lo largo de la historia, se muestran inmisericordes y con un *cinismo descarado* les reclaman una *"Deuda externa"* ilegal, ilegítima, pagada y repagada y, por tanto, inexistente.

En los primeros encuentros de los colonizadores con los americanos, los africanos y los asiáticos, los que después se convirtieron en colonizadores se presentaban como mercaderes y comerciantes, que sólo pretendían negociar, comprar y vender mercancías o intercambiarlas. Pero, a medida que se multiplicaban las llegadas cada vez más numerosas de gentes que buscan una nueva oportunidad de vida, las relaciones y las prácticas comerciales van cambiando hasta convertirse en conquista y dominación de nuevos territorios y sus pueblos y desembocando, a lo largo de los siglos, en la desestructuración de la identidad sociocultural de los pueblos colonizados.

Podríamos encuadrar la evolución de sus prácticas coloniales en los siguientes capítulos:

a) Negociación y transacciones comerciales.
b) Progresiva apropiación de territorios ricos por sus tierras y sus recursos mineros.

c) Cuando surgen conflictos entre los autóctonos y los extranjeros, se plantea la conquista y la sumisión.
d) A partir de este punto, se plantea el expolio y saqueo de tesoros y riquezas.
e) Se incrementa el reparto de tierras feraces y minas.
f) Se incrementa el *extractivismo salvaje* de maderas nobles, de piedras y metales preciosos, de productos agrícolas y de energías fósiles.
g) Se produce el enriquecimiento exponencial de los mercaderes con la comercialización de los recursos.
h) Cada vez se hace más intensa la explotación laboral de los autóctonos complementada con fuerza de trabajo esclava; el comercio de esclavos, durante el siglo XIX, fue la base de grandes bancos, como el Banco Hispano Americano español.
i) Resultados finales de siglos de colonización: 1) pérdida da la soberanía política; 2) pérdida de la soberanía económica; 3) desestructuración de la identidad sociocultural de las formaciones sociales colonizadas.

La deuda histórica, la deuda económica y la deuda ecológica

La *deuda histórica* es primordialmente una deuda ético-política que consistió en una agresión continuada durante siglos a la identidad sociocultural de los pueblos colonizados y que tuvo consecuencias graves:

a) Recortó los derechos y libertades personales, civiles, económicos y sociales de los individuos, de los diferentes colectivos (etnias, tribus), de las sociedades complejas, de los distintos países colonizados;
b) Privó a los pueblos y sociedades de la soberanía política.
c) Privó a los pueblos y sociedades de la soberanía económica sobre sus territorios, recursos y mercados.
d) Desestructuró la identidad sociocultural que habían logrado los pueblos colonizados antes de los procesos de colonización. En sentido amplio, la deuda histórica abarca también la *deuda económica* y la *deuda ecológica.*

Todos estos elementos juntos son causas estructurales de las crisis humanitarias y a causa de ellas muchos pueblos no pueden resolverlas sin la colaboración de organismos internacionales, que deberían ayudar, sin contrapartidas, para reparar los daños causados a lo largo de la historia.

La *deuda económica*, actualmente incalculable está representada por los tesoros y recursos expoliados durante siglos y los beneficios que generaron en los mercados internacionales: metales preciosos como el oro y la plata; piedras preciosas, como los diamantes y otras; las maderas nobles, los productos agrícolas, la importación de semillas y plantas; las materias primas y las energías fósiles que sirvieron para desarrollar el industrialismo de los países colonizadores; a todo ello habría que sumar la valoración del trabajo agotador en condiciones precarias y salarios de miseria realizado por habitantes autóctonos y por los esclavos llevados a las colonias para trabajar en las haciendas y en las minas, cuyos descendientes siguen viviendo en las excolonias.

La *deuda ecológica* tiene sus bases en el extractivismo salvaje; en la contaminación producida por las técnicas mineras y las industrias contaminantes, en la deforestación de los bosques primarios; en el transporte de residuos tóxicos a las excolonias y países del Tercer Mundo, en la contaminación atmosférica, en el efecto invernadero y el cambio climático, que influyen en las catástrofes naturales, que padecen principalmente los países expoliados y empobrecidos por los imperialismos coloniales.

Para afrontar la crisis humanitaria y frenar sus causas, es necesario sustituir el Modo Capitalista de Producción y Consumo por un modo de producción y consumo ético-político alternativo.

La crisis social

Podemos definir la crisis social como el conjunto de todos los problemas económicos, sociales, políticos, educativos y culturales que afectan a todos los ciudadanos de una Nación-Estado o a determinados sectores o colectivos de su población. Para los investigadores sociales es un hecho incuestionable la existencia de crisis sociales, tanto en los países enriquecidos como en los países empobrecidos.

Aunque es un fenómeno que aparece actualmente en todas las Naciones-Estado, las crisis son diferentes en cada una de ellas, cuantitativamente por el porcentaje de afectados y cualitativamente por la gravedad e intensidad de las crisis. En los países del Tercer Mundo, las crisis sociales se convierten con facilidad en crisis humanitarias dramáticas, tanto por el número de afectados como por la gravedad y cronificación de los problemas. En los países más pobres del Tercer Mundo, las crisis sociales se manifiestan como enormes complejos de situaciones dramáticas de millones de personas, de miles de familias, de cientos de etnias, tribus, y colectivos, o de Naciones-

Estado completas, como el caso de Estados fallidos. Pero también en los países más ricos existen colectivos sociales, etnias y barrios que padecen crisis humanitarias crónicas como situaciones de pobreza extrema, carencia de servicios públicos, recorte o carencia de derechos fundamentales.

Salvo el breve período llamado "estado del bienestar" (1950-1980), que existió en los países occidentales del Norte, iniciado después de la Segunda Guerra Mundial y promovido por la aplicación sistemática de los principios ético-económicos keynesianos desde el BM y el FMI, la tónica dominante, desde la Revolución francesa (1789-1795) hasta hoy, en los países occidentales y sus colonias, fue la crisis social permanente con sus altibajos. Especialmente dramático fue el siglo XIX, como demuestra la historia del movimiento obrero. Los avances conseguidos por las luchas obreras se vieron interrumpidos por las dos Guerras Mundiales. (1914-1918 y 1940-1945).

El Modo Capitalista de Producción y Consumo y la crisis social

El MCdPC, iniciado en Europa a finales del siglo XVIII, agravó la crisis social que arrastraban los países occidentales desde el Medievo y que la exportaron a sus colonias. Esta herencia es una de las causas de las crisis humanitarias que padecen actualmente. Los promotores del MCdPC prometían generación tras generación resolver las crisis sociales a medida que el crecimiento económico alcanzara los niveles adecuados. Pero nunca cumplieron sus promesas, sino que las fueron aplazando indefinidamente. Las luchas y las presiones del movimiento obrero produjeron bastantes avances. El "estado del bienestar" (1950-1980) fue en gran medida el fruto de esas presiones. Pero, desde la década de 1980, los actuales promotores del MCdPC están desmantelando la mayoría de las conquistas del movimiento obrero, aprovechando las crisis económicas, para hacer recortes y planes de ajuste, desregulando el mercado laboral que en algunos casos es un regreso al siglo XIX.

Las estrategias para superar las crisis del MCdPC aumentan todos los problemas de las clases medias-bajas y de los colectivos más desfavorecidos: aumentan las desigualdades, las injusticias, las situaciones de pobreza extrema. Las principales estrategias utilizadas para superar las crisis capitalistas son las siguientes: flexibilización de las leyes laborales; desregulación de las normas y protocolos para contratar y despedir; abolición de la negociación colectiva por sectores; deslocalización de empresas; robotización de la producción industrial; digitalización de la gestión administrativa de las empresas privadas y de los servicios públicos; congelación de salarios y de pensiones; recortes del personal y de equipamientos en los servicios públicos; privatización de los servicios públicos; reducción de los impuestos que benefician solo a los ricos y aumento de los impuestos indirectos, como el IVA, que perjudican, sobre todo, a los más pobres.

Las principales consecuencias de estas estrategias son: los empleos precarios y los salarios-basura; el aumento y concatenación de empleos temporales; los desempleos de larga duración en edades críticas entre 50 y 65 años; el paro juvenil; el trabajo precario en la economía sumergida; la conversión de los asalariados precarios en falsos autónomos; la imposibilidad de pagar las hipotecas o los alquileres y las facilidades legales para los desahucios. Todo esto condena a millones de personas a vivir en los países ricos por debajo de los umbrales de la pobreza en condiciones miserables: carencia de alimentos, pobreza energética, infravivienda o "sinhogarismo", recurso a las ONG o a la familia para hacer frente a las necesidades elementales de subsistencia; dramas de las familias monoparentales con hijos pequeños o menores y un largo etcétera.

Además de los problemas sociales mencionados, existen otros problemas sociales derivados del racismo y de la xenofobia, que producen el rechazo de algunas etnias como los gitanos, y de los inmigrantes asiáticos, africanos y americanos; problemas derivados del patriarcado y del machismo, que producen la discriminación de la mujer y la violencia de género; la homofobia que rechaza y margina a los colectivos LGTBIQ+; el acoso escolar, el acoso laboral, el acoso sexual; la trata de personas; el tráfico de drogas y de armas. Cuando los problemas derivados de la crisis del MCdPC coinciden con los problemas mencionados aquí en las mismas personas, se retroalimentan mutuamente dando lugar a una mezcla explosiva.

La crisis del sistema de cuidados

Además de los problemas mencionados, un componente central de la crisis social actual es a *crisis del sistema de cuidados*, es decir, de la atención adecuada a los dependientes: huérfanos, enfermos crónicos, afectados por diversas discapacidades o minusvalías que les impiden autocuidarse por sí mismos, mayores sin recursos ni familiares que puedan cuidarlos. Las familias más pobres tienen muchas dificultades para cuidar a sus dependientes por las condiciones de la vivienda y por la necesidad de trabajar fuera de casa o fuera del propio país para tener unos ingresos mínimos de supervivencia. Las residencias públicas de dependientes y los geriátricos están desbordados y degradados por los recortes de las subvenciones, la escasez de personal cualificado y de personal de mantenimiento y la escasez de equipamientos y de recursos. Muchas residencias han sido privatizadas y mercantilizadas. Sus propietarios actuales priman la rentabilidad sobre la calidad del servicio y las revenden cuando atisban una posibilidad de ganancia.

La crisis social estructural

Detrás de todas las problemáticas sociales mencionadas existe una crisis estructural que es la fuente permanente de todas las crisis sociales. En una primera aproximación, podríamos describir la crisis estructural, subyacente al epifenómeno de la crisis social manifiesta, del siguiente modo: un bloque minoritario de clases dominantes que han acaparado la soberanía económica y la soberanía política sobre los mercados y los Estados; un bloque mayoritario de clases dominadas que han sido despojadas en diversos grados de la soberanía económica y política; la mayoría solo conserva unas migajas de soberanía económica y política que pueden activar exclusivamente en el momento de las elecciones para premiar o castigar a los gestores de la soberanía económica y política del bloque minoritario de las clases dominantes por su mayor o menor defensa de los intereses del bloque mayoritario de clases dominadas. Esta situación desmotiva a los privados de soberanía económica y política real y efectiva a participar en las elecciones, que sólo sirven para cambiar los gestores de los intereses de las clases dominantes.

La crisis política

La crisis política del Mundo Sociocultural Contemporáneo tiene dos componentes fundamentales que se retroalimentan mutuamente:

a) La división de las Naciones-Estado en dos bloques de clases: un bloque minoritario de clases dominantes y un bloque mayoritario de clases dominadas.
b) La alienación de la conciencia de las clases dominadas por la indoctrinación con la inculcación de la ideología de las clases dominantes.

La sociedad civil está dividida en dos bloques de clases: un bloque minoritario de clases dominantes que han acaparado la soberanía económica sobre los *mercados* y la soberanía política sobre los *Estados;* y un bloque mayoritario de clases dominadas que han sido despojadas en diversos grados de la soberanía económica y política: sólo conservan un residuo de soberanía política consistente en el derecho al voto en los procesos electorales. Los obreros y las mujeres necesitaron casi dos siglos de luchas para conseguir el derecho al voto. Basta recordar la *historia del voto censitario*, que excluía del censo de electores y elegibles a los que no tenían determinada cantidad de propiedades e ingresos o no podían contribuir al Estado y la historia de las *mujeres sufragistas.*

El Modo Capitalista de Producción y Consumo y la eliminación de la ÉTICA

La actividad política es una actividad esencialmente ética. La crisis política es la consecuencia directa de la usurpación del puesto de la ÉTICA por el MCdPC y la consiguiente eliminación de la ÉTICA en la configuración de los *Mercados* y de los *Estados capitalistas* y, en general, la eliminación de la ÉTICA en los procesos de construcción del Mundo Sociocultural.

Los promotores del MCdPC han creado Estados capitalistas clasistas patrimonializados por las oligarquías plutocráticas nacionales y por la oligarquía plutocrática mundial y los han convertido en *instrumentos legitimadores* de sus actividades industriales, mercantiles y financieras y en servidores de sus mercados. Algunos han ido más lejos: identifican la democracia con el libre mercado.

La actividad ético-política es incompatible con el MCdPC, porque la Ética y el MCdPC son antagónicos y se excluyen mutuamente. Por su parte, los Estados capitalistas clasistas patrimonializados por las oligarquías plutocráticas constituyen el mayor obstáculo para realizar la actividad ético-política, que implica la eliminación de esos Estados y la sustitución por otros mecanismos de gestión de los intereses públicos de las sociedades.

Imitando a Locke, podríamos asignar a las sociedades civiles dos misiones fundamentales:

a) Garantizar a todos los seres humanos el ejercicio y el disfrute de todos sus derechos económicos, sociales, civiles, políticos, culturales y educativos.
b) Garantizar la conservación y el buen estado del planeta Tierra, de su Biosfera y de su Ecosfera abiótica como *oikos* o *morada* de la Antroposfera.

c) Correlativamente, podríamos asignar a los miembros de las sociedades civiles locales, regionales, nacionales, geopolíticas y sociedad civil mundial como *ciudadanos del mundo* dos funciones o tareas fundamentales:
   - Crear mecanismos de gestión eficaz para que las sociedades civiles puedan garantizar a todos los seres humanos sus derechos y libertades.
   - Crear mecanismos de gestión para garantizar la conservación, el funcionamiento natural y el buen estado de la Biosfera y de la Ecosfera abiótica como *oikos* o *morada* de la Antroposfera.

Este proyecto ético es antagónico del MCdPC y de los Estados capitalistas clasistas monopolizados por las oligarquías plutocráticas. Es cierto que las Constituciones de los Estados capitalistas clasistas suelen incorporar en sus artículos muchos principios acordes con este proyecto ético-político. Pero, desgraciadamente, no tienen fuerza legal ni generan deberes y obligaciones exigibles. Gabriel Wüldenmar Ortiz en su obra *Crisis económica y Apocalipsis* lo expresa brillantemente:

> "Las Constituciones liberales hacen declaraciones de bellos principios que no son exigibles directamente ni tienen fuerza legal; solo sirven para embellecer y conquistar voluntades en el pueblo. Nadie puede ir al ministerio de vivienda y exigir, Constitución en mano, una vivienda digna, ni al ministerio de trabajo y exigir un trabajo digno, ni presentarse exigiendo un orden social y económico más justo o que haya operación pacífica entre todos los pueblos de la Tierra; son declaraciones de intenciones sin fuerza de ley; las partes más nobles y prosociales de la Constitución no tienen poder obligatorio ni son jurídicamente vinculantes.
>
> La división de poderes es una falacia y sus expresiones un mero trámite, porque es un mismo partido el que manda en los tres poderes (es el ejecutivo, copa el legislativo y nombra el judicial). Sus mecanismos de control mutuo son una comedia, porque controlador y controlado son los mismos... Deberá haber como mínimo, para lograr una sombra de objetividad y control popular, elecciones separadas a los tres poderes (o al menos al legislativo y al ejecutivo) separadas al máximo en el tiempo". (2009, p. 355)

Conquistar el Estado capitalista clasista monopolizado por las oligarquías plutocráticas, ya sea democráticamente mediante elecciones o mediante una rebelión violenta no es una actuación revolucionaria. En el primer caso, se podrán hacer algunas reformas de mayor o menor calado dentro de los límites establecidos por las oligarquías plutocráticas o quedar atrapados en las redes del Estado clasista. En el segundo caso, puede convertirse en un genocidio inútil y sin sentido, como ha ocurrido otras veces en la historia.

Los anarquistas proponían: "*El Estado debe ser destruido*". Tal vez en esta propuesta subyace una intuición profundamente ética. Es cierto que la utilización del verbo "*destruir*" es demasiado desafortunada por los acontecimientos históricos que evoca y eso impide descubrir la intuición ética subyacente. El sentido cambiaría mucho, si se dijera:

> "El Estado capitalista clasista monopolizado por las oligarquías plutocráticas no puede ser un instrumento eficaz para resolver la crisis política, establecer la igualdad de derechos y libertades y cuidar la Biosfera y la Ecosfera abiótica como morada de la Antroposfera; por tanto, hay que encontrar los medios para neutralizarlo, desecharlo, eliminarlo y sustituirlo por otros mecanismos democráticos de gestión económica, política y ecológica".

De hecho, si logramos hacer operativo el proyecto ético-político formulado más arriba y en diversos pasajes de este trabajo, necesariamente resultará eliminado y sustituido por otros mecanismos de gestión el *Estado capitalista clasista patrimonializado* por las oligarquías plutocráticas.

Consecuencias de la suplantación de la ÉTICA por el MCdPC y por la Economía política

La crisis de la dimensión política del mundo Sociocultural contemporáneo tiene la misma causa estructural que las crisis de las demás dimensiones –ecológica, económica, humanitaria, social y educativa– que consiste en que el MCdPC y la *Economía Política* que lo legitima y lo inspira han eliminado la *ÉTICA* e la configuración del Mundo Sociocultural Contemporáneo. Dicho de otra manera: la causa estructural profunda de la crisis multidimensional del Mundo Sociocultural Contemporáneo es la *crisis ética* provocada por la implantación del MCdPC y de la *Economía política* que lo inspira, que han usurpado el puesto de la *ÉTICA*. Las consecuencias más relevantes de esta suplantación son las siguientes:

- Ha posibilitado la configuración de los Estados capitalistas como Estados clasistas, es decir, patrimonializados por las oligarquías plutocráticas nacionales y por la oligarquía plutocrática mundial, que son una minoría de clases dominantes, que sólo representan el 1% de la población mundial, que es aproximadamente de 7.800 millones de seres humanos.

- Las oligarquías plutocráticas que, representan el 1% de la población mundial, han despojado al 99% de la soberanía económica sobre los *mercados* y de la soberanía política sobre los *Estados*.
- La soberanía política del 99% de la humanidad ha quedado reducida a un residuo de soberanía que consiste en el derecho al voto en los procesos electorales. Gabriel Wüldenmar Ortiz afirma:

> "En realidad nos piden dar nuestro voto, que es un cheque en blanco, a unas personas que no conocemos y que no hemos elegido porque están en una lista que votamos, y le damos 4 años para hacer lo que quieran con nuestros votos. No ejercemos la soberanía día a día, la cedemos cada cuatro años y entonces renovamos la cesión". (2009, p. 355)

En otro pasaje escribe:

> "El poder es un todo independiente del pueblo, y el pueblo carece de poder, sólo está para cederlo una vez cada cuatro años para que los profesionales tengan una excusa de gobernar para los intereses de los grandes. En el momento que eligen a sus representantes, el pueblo deja de ser libre y de tener gestión alguna en el poder. Al pueblo se le requiere una vez cada cuatro años para que elija a sus amos en una casta superior cerrada al trabajador corriente, y luego no se le quiere para nada, más bien estorban sus manifestaciones". (*Ibíd.*, pp. 354-355)

Entre las prácticas habituales de las oligarquías plutocráticas destaca la práctica de comprar partidos políticos mediante dádivas y préstamos suculentos, que no se cobran o se condonan a cambio de conseguir leyes que favorezcan sus intereses y contratos a cargo del erario público.

Igualmente, es una práctica habitual de las oligarquías plutocráticas comprar dirigentes políticos mediante préstamos, inversiones rentables y puestos en los Consejos de administración de empresas (el mecanismo conocido como las "*puertas giratorias*") para conseguir información privilegiada y tejer redes clientelares de influencias.

Otra práctica frecuente de las oligarquías plutocráticas consiste en presionar a los Estados y gobiernos o chantajearlos para que impidan al bloque mayoritario de clases dominadas crear, consolidar y legalizar potentes movimientos sociales reivindicativos y ONG reivindicativas transnacionalmente coordinados, cooperativas económicas y cajas de resistencia autónomas e independientes y para que recorten las concentraciones y manifestaciones de protesta y reivindicación frecuentes y masivas.

El resultado final es que las oligarquías plutocráticas cuentan con un amplísimo arsenal de organizaciones de todo tipo y de mecanismos eficaces para presionar a los Estados y gobiernos, mientras que el bloque mayoritario de las clases dominadas tiene muy pocos recursos e instrumentos.

El "GRAN OKUPA" que ha expulsado a la ÉTICA de su casa

Las relaciones "*cerebro/mente humana*" se pueden concebir por analogía como las relaciones "*hardware/software*" de una computadora. A lo largo de la historia, las clases dominantes de turno han intentado, mediante diversos métodos de indoctrinación, instalar en los cerebros de las clases dominadas sus ideologías como *software* estructurante y organizador de sus mentes. La versión novísima de *software ideológico* de las oligarquías plutocráticas es el neoliberalismo económico y político. A esta versión novísima yo la califico como el "GRAN OKUPA". La versión novísima ha aportado elementos novedosos. Pero también ha aprovechado y reciclado todos aquellos elementos y procedimientos que tuvieron éxito en la fusión de las religiones con las políticas de las aristocracias de turno para manipular a los miembros de las clases dominadas como *fieles sumisos* a las jerarquías religiosas y como *súbditos incondicionales* de las aristocracias políticas. El reciclado continuo de las *ideologías* de las clases dominantes se parece al reciclaje continuo de la "*RUEDA*" desde que se inventó hace miles de años.

El "GRAN OKUPA" ideológico instalado en los cerebros de las clases dominadas es el mayor obstáculo para desarrollar un pensamiento crítico –discernidor de lo correcto y lo incorrecto– y realizar una praxis ética transformadora para salir del laberinto de la crisis sistémica, global y planetaria del Mundo Sociocultural Contemporáneo.

La implantación de la ideología de las clases dominantes en los cerebros de las clases dominadas se inicia con el indoctrinamiento de la educación familiar, cuando los familiares más influyentes están previamente atrapados en la ideología de las clases dominantes. Esa implantación se desarrolla en la escuela durante la educación infantil, primaria y secundaria, *generalmente* diseñada para servir a los intereses de todo tipo de las clases dominantes, sobre todo, cuando los educadores están previamente atrapados por origen familiar o por educación en la ideología hegemónica de las clases dominantes. Simultáneamente, se refuerza la consolidación de la ideología mediante la interacción y socialización entre iguales ya contagiados. La publicidad consumista que ofrece paraísos al alcance de la mano y la propaganda sutil de la ideología hegemónica constituyen el mayor refuerzo para que el

GRAN OKUPA se desarrolle robusto. También constituyen un refuerzo importante las conductas o estilos de vida de adolescentes y jóvenes que triunfan en la sociedad consumista y se convierten en ídolos o "influencers".

El *"GRAN OKUPA"* alcanza tallas gigantes en muchos estudiantes universitarios brillantes que se convierten en profesionales muy cotizados por las oligarquías plutocráticas. Las clases dominantes con sus presiones al Estado han logrado que el paradigma educativo hegemónico en la educación básica y, sobre todo, en la universidad sea el *instruccionismo intelectualista científico-tecnológico,* libre de valores en nombre de la ciencia y orientado a la promoción del MCdPC. Este paradigma implica la eliminación progresiva de la conciencia ético-política.

El contexto resultante es un clima adecuado para los que quieren medrar y ascender en la escala social a cualquier precio para lograr un estatus profesional socialmente prestigioso y económicamente bien remunerado. Así de la Universidad salen muchos profesionales competentes dispuestos a venderse y muy cotizados por las oligarquías plutocráticas por su competencia profesional y su *"OKUPA"* gigante. Las oligarquías plutocráticas los seleccionan como gestores y ejecutivos de sus empresas de todo tipo: industriales, mercantiles, financieras, educativas y culturales, editoriales y medios de comunicación. Entre ellos destacan los *economistas como teólogos de la religión del dios/Dinero*, los *publicistas*, los *periodistas* y los *tertulianos* que defienden sus intereses y los *investigadores vendidos*

Cuando se describen las prácticas de dominación de las clases sociales hegemónicas y, especialmente, de las oligarquías plutocráticas, se pone el acento en muchas prácticas que se perciben como relevantes. Pero apenas se presta atención a la práctica de dominación ideológica descrita, que es la más relevante porque fundamenta y legitima desde el interior de la conciencia personal las demás prácticas de dominación: recorte de derechos y libertades fundamentales, privación de la soberanía económica y política, explotación laboral, represión jurídica, policial, penal, etc.

La praxis ético-política para afrontar simultáneamente todas las dimensiones de la crisis sistémica del Mundo Sociocultural Contemporáneo exige desahuciar al GRAN OKUPA y sustituirlo por una *consciencia crítica ético-política.* Dicho de otra manera: sustituir el neoliberalismo económico y político por una ÉTICA ecohumanista que sea, al mismo tiempo Ecoética, Bioética y Antropoética con sus tres campos: *autoética*, *socioética* y *humanismo ético* o ÉTICA de la humanidad como especie.

Estamos convencidos de que la perspectiva analítica y hermenéutica de la causa estructural de la crisis política del Mundo Sociocultural Contemporáneo expuesta es correcta. Por eso, la proponemos como un punto de partida para un debate intenso, público y colectivo sobre sus aspectos más relevantes que se pueden sintetizar en dos:

a) La división de la humanidad en dos bloques de clases: un bloque de clases minoritario (aproximadamente el 1% de la población mundial), pero hegemónico y acaparador de la soberanía económica y política en todas las Naciones-Estado; un bloque mayoritario de clases dominadas (99% de la población mundial aproximadamente) despojado de la soberanía económica y política en todas las Naciones-Estado.
b) Una ocupación de la conciencia de los miembros de las clases dominadas por la ideología de las clases dominantes, es decir, por el liberalismo económico y político tradicional o por su versión novísima, el neoliberalismo económico y político, que han usurpado el puesto de la ÉTICA en las mentes de las clases dominadas.

Estado capitalista y democracia

Los estados capitalistas se presentan como el paradigma de la democracia y de la libertad y descalifican a los demás modelos de Estado como antidemocráticos, autoritarios, dictatoriales y totalitarios. Gabriel Wüldenmar comenta:

> "La pretendida identificación '**sistema capitalista = democracia y libertad**' es completamente falsa. Pudo ser un elemento de propaganda durante la guerra fría, abusando de la lógica ('si ellos, los comunistas, son malos, nosotros, y, por tanto, nuestro sistema ha de ser el bueno'), pero desde luego no está refrendado por los hechos históricos. No sólo el mundo capitalista está lleno de dictaduras, sino que muchos regímenes sanguinarios y dictatoriales han sido promovidos y sostenidos por los intereses del capitalismo internacional. Hablar de capitalismo es hablar de desigualdad porque es hablar de que unos acumulan y otros les venden su esfuerzo para vivir, mientras que la democracia es profesar que todos los hombres son iguales, tienen los mismos derechos y los mismos deberes. (2009, p. 342)

Más adelante afirma: "*En conclusión, los sistemas capitalistas no son democráticos sino oligárquicos: no gobierna el pueblo sino una casta de políticos y profesionales, magistrados y funcionarios al servicio de Banca y empresas"* (*ibíd.*, p. 354).

Por nuestra parte, pensamos que los Estados capitalistas están moldeados por la dictadura económica de las oligarquías plutocráticas nacionales y de la oligarquía plutocrática mundial. El capitalismo es incompatible con la democracia, es decir, con el ejercicio y el disfrute de derechos iguales y libertades iguales recíprocamente reconocidos y mutuamente otorgados y con los mismos deberes.

La gran tarea ético-política consiste en buscar mecanismos alternativos para que todos puedan ejercer la soberanía económica y política a lo largo de toda la vida, practicando la democracia directa hasta donde sea posible y creando mecanismos eficaces y eficientes para controlar la democracia indirecta o representativa cuando sea imprescindible.

La distinción actual entre sociedad civil y Estado

Desde Locke, Montesquieu y los ilustrados, se acepta como un axioma incuestionable y se repite como un mantra el siguiente principio: *"El único soberano es el pueblo. Todos los poderes del Estado residen en el pueblo soberano y proceden del pueblo soberano: el legislativo, el judicial y el ejecutivo"*. El pueblo soberano se identifica con la "Nación-Estado" considerados como un "*todo*", es decir, la Nación organizada como un Estado autónomo e independiente de toda instancia exterior. Actualmente, esta identificación está cuestionada.

Algunas experiencias repetidas a lo largo de los siglos XIX y XX, como los Estados clasistas patrimonializados por las clases dominantes, los Estados autoritarios ocupados por los militares, y las dictaduras personales apoyadas por las oligarquías plutocráticas nacionales, o por la oligarquía plutocrática mundial, o por ambas, con la complicidad y colaboración de organismos internacionales, como el BM y el FMI, con los dictadores latino-americanos, han impulsado a sociólogos y analistas a establecer una distinción y separación entre "Sociedad civil" y "Estado". Al establecer esta distinción, cambia la concepción del pueblo soberano. Esta distinción tiende a identificar "el pueblo soberano" con la "sociedad civil", es decir, se considera a la sociedad civil como el sujeto legítimo y auténtico de la soberanía política y económica y el Estado se reduce a un instrumento de gestión y gobierno subordinado a la sociedad civil y controlado por ella. A partir de esta distinción, se empieza a hablar de sociedades civiles nacionales, sociedades civiles geopolíticas y sociedad civil mundial. Esta distinción ayuda a clarificar y resolver algunos problemas. Pero plantea otros. Rafael Díaz Salazar lo expresa así en una nota a pie de página de su obra *Justicia Global:*

> "No dispongo de espacio para entrar en una conceptualización pormenorizada del término 'sociedad civil' y de las distinciones entre 'sociedad civil socialista' y 'sociedad civil liberal' o entre la 'sociedad civil de las transnacionales' y 'sociedad civil de los movimientos sociales'. He elaborado el fondo de esta temática en mis libros *El proyecto de Gramsci* y *La construcción del Socialismo.* Es demasiado genérico hablar de 'sociedad civil mundial' porque existen muchas sociedades civiles dentro del marco de la sociedad civil nacional y global". (2002, p. 33)

La concepción de John Locke sobre el Estado burgués alternativo al Absolutismo real puso las bases para su configuración como un *"estado clasista"* patrimonializado por la alta burguesía, que se convirtió en una oligarquía plutocrática financiera, mercantil e industrial.

John Locke no era un igualitarista. Era un clasista. Creía que la división de la sociedad en clases sociales desiguales económica, social, política y culturalmente era un hecho completamente natural. John Locke era un intelectual orgánico de la burguesía inglesa ascendente que realizó dos revoluciones en el siglo XVII contra la monarquía absoluta y la aristocracia (la Revolución de Cromwell, 1648 y la Revolución Gloriosa, 1688), teorizadas por John Locke.

Desde esta perspectiva, asignó dos funciones fundamentales al Estado burgués alternativo al Absolutismo Real que propuso:

a) El Estado debe garantizar las *"propiedades legítimas"* de los ciudadanos.
b) El Estado debe garantizar los derechos y libertades de los ciudadanos derivados de los tres *derechos naturales básicos*: *el derecho a la vida*; *el derecho a la propiedad*; *el derecho a la libertad.*

Correlativamente asignó dos funciones básicas a los ciudadanos: controlar al Estado para que garantice las propiedades legítimas de los ciudadanos y sus derechos y libertades.

La burguesía en general y, especialmente, los miembros de la alta burguesía asimilaron el mensaje de John Locke e inmediatamente pusieron manos a la obra. Como propietarios de las empresas mercantiles, financieras e industriales, empezaron a crear un complejo entramado de sociedades, clubes y fundaciones y a desarrollar un complejo de estrategias y mecanismos para realizar con eficacia las dos funciones de control al Estado asignadas a los ciudadanos. Así desde el siglo XVIII hasta el siglo XXI, lograron *configurar las naciones-Estado como Estados clasistas,* es decir, Estados al servicio de los intereses de las clases dominantes, despojando de la soberanía económica y política a las clases dominadas y patrimonializando la soberanía del pueblo. Las dictaduras militares y las dictaduras personales son derivaciones del Estado clasista. Son modos extremos de garantizar los intereses de las oligarquías plutocráticas, incluidas las dictaduras del nazismo, del fascismo y del llamado "socialismo real".

En el capítulo de la Segunda Parte de este trabajo titulado "La élite plutocrática y el gobierno mundial" presentamos algunos elementos relevantes de este entramado de sociedades, estrategias y mecanismos.[7] En esta obra podemos encontrar información valiosa sobre las sociedades secretas y los clubes privados con reserva del derecho de admisión de las oligarquías plutocráticas, sobre sus organizaciones semipúblicas o semiprivadas según se mire, sobre sus *lobbies* de presión, sus *Think tank,* sus institutos de investigación, su financiación de universidades y de proyectos de investigación, fundaciones de todo tipo y becas para investigadores.

Durante el siglo XIX, el movimiento obrero se esforzó por dotar a las clases dominadas y trabajadoras de elementos parecidos para obligar al Estado a garantizarles sus derechos económicos, políticos, sociales y culturales. Entre ellos destacan la creación de sindicatos y partidos políticos y de instituciones educativas para la formación profesional y la formación ético-política, la creación de cooperativas y de cajas de resistencia para aguantar en tiempos de huelga, de despidos, deportaciones, de desempleo y de cárcel. Pero las oligarquías plutocráticas presionaron a su Estado clasista para reprimir las actividades reivindicativas en impedir que se consolidaran las creaciones obreras. Prácticamente solo prosperaron los sindicatos y los partidos a partir de su legalización. Pero en el conjunto de las luchas, con sus estrategias y sus mecanismos de presión, *lograron domesticarlos y convertirlos en funciones estructurales de los Estados capitalistas clasistas.* Lo que más atacaron fueron las cajas de resistencia y las cooperativas. Un caso típico fueron las Cajas de Ahorro y Montes de Piedad españolas, que imitaron a las Cajas de resistencia obrera como "bancos de los pobres", y siempre estuvieron sojuzgadas y tan pronto como pudieron, los bancos privados las fagocitaron.

---

7 Para más información, remitimos a la obra *Gobierno mundial,* de Esteban Cabal (2012, capítulos 6 y 7, pp. 169-228).

La instrumentalización de los *Estados clasistas* por las oligarquías plutocráticas nacionales y por la oligarquía plutocrática mundial para que recorten los derechos de las clases trabajadoras medias y bajas a presionar y controlar al Estado y para que declaren ilegales las estrategias de protesta y lucha pacífica mediante huelgas, manifestaciones y concentraciones en las calles y plazas de los movimientos sociales y de los distintos colectivos, ha logrado despojar a la mayoría de la sociedad de las herramientas necesarias para ejercer la soberanía económica y política sobre el Estado. Para la inmensa mayoría de la sociedad de cada Nación-Estado la posibilidad real de ejercer la soberanía sobre el Estado ha quedado reducida al acto de elegir periódicamente a los gestores del Estado capitalista clasista, patrimonializado por las oligarquías.

La proliferación actual de movimientos sociales y de ONG reivindicativas y su coordinación a nivel local, regional, nacional, geopolítico y mundial son la única esperanza para que la mayoría de cada sociedad despojada de la soberanía pueda recuperar el ejercicio real de la soberanía económica sobre los mercados y de la soberanía política sobre los Estados que les corresponden.

Las sociedades actuales no son homogéneas ni armónicas. Están atravesadas por intereses antagónicos y por ideologías incompatibles. Son un campo de batalla para lograr una soberanía igualitaria y compartida entre todos los ciudadanos y todos los colectivos. Para superar la situación conflictiva, todos debemos colaborar para crear un clima de diálogo y de controversia serena sobre las interpretaciones de los problemas, sobre las valoraciones, sobre las propuestas alternativas y sobre las mejores estrategias de actuación.

Democracia económica y democracia política

La distinción actual entre Estado y Sociedad civil tiende a identificar al pueblo con la Sociedad civil y a reducir al Estado a un *instrumento de gestión* de los intereses, de los derechos y de las libertades comunes e iguales de todos los ciudadanos controlado por la Sociedad civil.

El análisis de los Estados realmente existentes y de las sociedades civiles realmente existentes ha puesto de manifiesto algunos problemas relevantes como los siguientes:

a) La distinción entre el Estado y la Sociedad civil cuestiona el mito del pueblo soberano.

b) El Estado capitalista impide avanzar hacia la plena democracia política y económica.
c) Las oligarquías plutocráticas han instrumentalizado el mito del pueblo soberano como un *trampantojo* para encubrir su división del pueblo soberano en numerosas clases sociales desiguales, despojándolas progresivamente de la soberanía económica y política en diversos grados, mediante la aplicación del principio "divide y vencerás".

Como decíamos al comienzo del apartado anterior, desde Locke, Montesquieu y los ilustrados se aceptó como un axioma incuestionable, que se ha repetido como un mantra, desde entonces hasta hoy, el siguiente principio: *El único soberano es el pueblo. Todos los poderes del Estado residen en el pueblo soberano, proceden del pueblo soberano, son otorgados por el pueblo soberano: el poder legislativo, el poder judicial y el poder ejecutivo.* Desde el siglo XVIII hasta hoy, se han gastado ríos de tinta para elaborar y embellecer el mito del pueblo soberano y cantar sus glorias. Pero la distinción entre el Estado y la Sociedad civil ha cuestionado ese mito y ha mostrado que el *pueblo soberano no existe*, porque las oligarquías plutocráticas lo han destrozado con su praxis económica; lo han dividido en muchas clases sociales, fracciones de clase, y estratos de clase desiguales, despojándolas en diversos grados de la soberanía económica y de la soberanía política. Se atribuye a los monarcas absolutos y, especialmente a Luis XIV el Rey Sol, la famosa frase: "*L'Etat c'est moi*" (*El Estado soy yo).* Actualmente la oligarquía plutocrática mundial, que ha montado su *Gobierno Económico Mundial* en la sombra, podría decir también: *"L'Etat c'est moi"*. Esto significa que el pueblo ha dejado de ser *"el único soberano"*.

El paradigma político hegemónico en todo el planeta consiste en la configuración de las Naciones-Estado como Estados capitalistas clasistas, es decir, patrimonializados por el bloque de clases dominantes: oligarquías plutocráticas nacionales, nacionalistas o internacionalistas, la oligarquía plutocrática mundial y las clases vinculadas a ellas compuestas por sus gestores y ejecutivos en diversos niveles: investigadores, intelectuales orgánicos, políticos de alto nivel, propietarios de los grandes medios de comunicación y sus gestores, administradores y periodistas, funcionarios de las distintas administraciones públicas, etc. Los Estados capitalistas *clasistas*, patrimonializados por las clases dominantes, se presentan como *Estados interclasistas,* que defienden por igual los intereses, los derechos y las libertades de los componentes de las clases dominadas. Si esto fuera verdad, el crecimiento exponencial de las desigualdades sería imposible y lo que observaríamos es que el *Estado Capitalista Clasista* estaría autodestruyéndose y no afianzándose. Todos los Estados realmente existentes son clasistas hasta los tuétanos y sus componentes sostenedores, que no paran de condenar la lucha de clases, con su darwinismo económico y político-social son los creadores de las clases sociales y realizan una lucha multiforme e incesante para mantenerlas dominadas e impedir que se rebelen.

El discurso de los oligarcas plutócratas, de sus asesores, de sus intelectuales orgánicos, especialmente de los economistas, de sus gestores, de sus ejecutivos y de sus colaboradores en sus diversos ámbitos están llenos de conceptos abstractos polisémicos o vacios de contenido y de bellos principios grandilocuentes que estimulan la confianza y la esperanza de las clases dominadas, pero sus promesas no se traducen en realidades concretas. Los oligarcas plutocráticos y sus colaboradores se presentan a sí mismos como:

a) Los únicos creadores de riqueza y, en parte, llevan razón. Pero ocultan que esa riqueza procede de la apropiación y el despilfarro de los recursos comunes, de la explotación de trabajadores semiesclavos, de la destrucción y contaminación del medio ambiente y disimulan que se quedan con la parte del león, fabricando pobres en serie.
b) Los únicos creadores de empleo, cuando sus estrategias para aumentar los beneficios y los dividendos son una fábrica permanente de desempleados: deslocalización para conseguir mano de obra semiesclava; eludir el control de los sindicatos; aprovechar la inexistencia de legislación laboral sobre salarios, condiciones laborales, riesgos laborales y contratos; aprovechar la inexistencia de normas de control sobre la contaminación medioambiental. Robotizan, digitalizan y despiden trabajadores para abaratar la producción y disminuir la distribución de la riqueza producida mediante los salarios. Los creadores de empleo en realidad son *destructores de empleo* y *fabricantes de pobres* en serie.
c) *Inversores* que invierten sus capitales para aumentar la producción de riqueza. Pero su *inversión real consiste en invertir los flujos de capital y riqueza* de los trabajadores explotados a los capitalistas ricos, de los países pobres a los países ricos, a las transnacionales mundialistas y a los paraísos fiscales para no pagar impuestos. Destrozan y contaminan el planeta y se niegan a pagar un impuesto para conservarlo, descontaminarlo y regenerarlo en la medida de lo posible e incluso pretenden convertir las prácticas ecológicas en sus nuevos negocios capitalistas.

Si tenemos en cuenta la praxis económica y política de las oligarquías plutocráticas y su discurso ideológico resulta evidente que el Estado capitalista clasista impide avanzar hacia la plena democracia política y económica.

La democracia se define como el ejercicio del poder del pueblo soberano o *el gobierno del pueblo, por el pueblo y para el pueblo.* Pero el pueblo o sociedad civil para funcionar como pueblo soberano debe ser un todo indiviso constituido por ciudadanos *libres, iguales y fraternos* y no por individuos egoístas, desiguales y fratricidas. El poder del pueblo también es un todo indiviso integrado por la soberanía económica y la soberanía política compartidas por todos los ciudadanos. El trasfondo de la crisis de la democracia económica y política consiste en que el 1% aproximadamente de la Sociedad civil de cada país con su darwinismo económico y político (lucha de clases) dividió al pueblo en clases desiguales y antagónicas y, al mismo tiempo, ha despojado al 99% aproximadamente de los ciudadanos de la soberanía económica y política en diversos grados.

La gran tarea de las sociedades civiles identificadas con los pueblos soberanos de cada país consiste en sustituir la praxis darwinista de las oligarquías plutocráticas, basada en la *competencia individualista* de acaparar la soberanía económica y política, despojando, al mismo tiempo, a los demás de ambas, por una praxis basada en la *cooperación comunitaria* para recuperar la igualdad y la plena soberanía económica y política para todos los ciudadanos y así poder avanzar en la construcción de la democracia económica y política.

Sin democracia económica no puede haber democracia política y sin democracia política no puede haber democracia económica. Por eso, hay que construirlas al mismo tiempo. Los Estados capitalistas *no son ni pueden ser democracias plenas.* En el mejor de los casos, pueden ser plutocracias atenuadas. Por eso dijimos más arriba que el *mito del pueblo soberano* ha sido utilizado por las oligarquías plutocráticas, desde el siglo XVIII hasta hoy, como un *trampantojo* para ocultar la división del pueblo soberano en clases sociales desiguales y antagónicas, despojando progresivamente a las clases dominadas de la soberanía económica y política. Para una iniciación en este tema puede ser útil del libro de carácter divulgativo *No hay democracia sin democracia económica* de Mimmo Carrieri.

Se han realizado diversas experiencias presuntamente con la intención de democratizar la economía. Conviene examinarlas con atención y analizar sus "pros" y sus "contras", porque algunas experiencias parecen más un intento de domesticar a los sindicatos o de comprar a los trabajadores más que de avanzar hacia la *democracia económica.* Siguiendo a Carrieri (1997, pp. 56-59), proponemos clasificar esas experiencias en tres tipos:

a) De *democracia participativa,* que permite a los trabajadores y a sus representantes influir en las decisiones empresariales de los dirigentes y gestores, sin que afecte a los propietarios de las empresas: derecho a la información sobre la situación real de las empresas y sobre los planes de futuro, reuniones consultivas, participación en las deliberaciones, institucionalización de la participación, convenios colectivos, protocolos de participación individual. Las experiencias más relevantes son la *Cogestión alemana y la Codeterminación sueca.*
b) De *democracia propietaria:* participación individual de los trabajadores en los beneficios y en los resultados de la empresa dentro de unos límites acordados; acceso a la propiedad por acciones con ciertos límites, como la vinculación de la titularidad de las acciones a la condición de empleado, de modo que, cuando desaparece esta condición, el empleado recibe el capital correspondiente y sus acciones son transferidas.
c) De *democracia económica* propiamente dicha. Mientras que las experiencias de *democracia participativa* y de *democracia propietaria* dejan intacta la soberanía de los empresarios y de los managers, la *democracia económica* introduce la *copropiedad* de la empresa y el ejercicio de la *cosoberanía* para todos los individuos que componen la empresa.[8]

Todas estas experiencias se refieren exclusivamente al ámbito industrial de la producción, comercialización, distribución y consumo de los productos y reparto de los beneficios. Pero, actualmente, cuando se habla de *democracia económica* se trata de crear mecanismos que garanticen el ejercicio de la *soberanía económica* a todos los ciudadanos como miembros de las distintas sociedades civiles, nacionales, geopolíticas, mundiales y como productores, consumidores, y usuarios de los servicios públicos. Se trata de crear un nuevo sistema económico que esté al servicio de todos los seres humanos pertenecientes a cualquier etnia, tribu, nación y sociedad civil nacional, geopolítica o mundial.

No podemos destruir el Mundo Sociocultural realmente existente en el que vivimos, nos movemos y existimos, para iniciar desde los cimientos la

---

8 Sobre esta temática son muy útiles las reflexiones de Guillermo Rovirosa, fundador de la HOAC, en su obra *¿De quién es la empresa?* (1964).

construcción de un Mundo Sociocultural alternativo. Es imposible hacer borrón y cuenta nueva. Sólo existe la posibilidad de remodelarlo progresivamente, sin dejar de vivir dentro de él, hasta sustituirlo completamente por el nuevo mundo deseado. El camino hacia una auténtica *democracia económica* es largo y complejo. Antes de iniciarlo, es necesario realizar algunos preparativos como los siguientes:

En primer lugar, es necesario hacer un diagnóstico certero de la situación actual: ¿Cuáles son los obstáculos que es necesario superar para que todos los seres humanos recuperen a *soberanía económica* y la *soberanía política* y puedan ejercerlas mediante la democracia directa o representativa en todos los ámbitos: local, regional, nacional, internacional o geopolítico y mundial? ¿Cuáles son las posibilidades de actuación que se pueden activar, partiendo de la situación en la que nos encontramos?

En segundo lugar, es necesario tener en cuenta los errores del pasado que es necesario evitar a toda costa como: la estatalización de la economía, las políticas intervencionistas del Estado clasista, el despotismo ilustrado de hacer cosas para el pueblo sin contar con el pueblo, porque anulan la soberanía económica y política de los ciudadanos.

En tercer lugar, teniendo en cuenta el principio de que "*es necesario pensar globalmente y actuar localmente*", debemos promover un debate local, regional, nacional, internacional o geopolítico y mundial sobre los siguientes temas:

1. ¿Cómo eliminar progresivamente el MCdPC y la Economía política que lo legitima y lo inspira, tanto en su versión de *capitalismo individualista* como de *capitalismo colectivista* por su carácter *antropocida, biocida* y *ecocida?*
2. ¿Cómo desahuciar al *"Gran Okupa"*, es decir, la ideología de las clases dominantes instalada en las mentes de las clases dominadas por la indoctrinación familiar, escolar, mediática, publicitaria y propagandística y por la socialización consumista medioambiental?
3. ¿Qué finalidades y objetivos hay que asignar al nuevo Mundo Sociocultural o sistema económico-político para que garantice el bienestar de la *Antroposfera* (de todos y cada uno de los seres humanos y de la Humanidad como especie), la conservación y la regeneración de la *Biosfera* y la descontaminación y restauración de la *Ecosfera*?
4. ¿Qué modo de producción y consumo alternativo podemos promover para lograr las finalidades democráticamente consensuadas, para satis-

facer las necesidades básicas de todos los seres humanos y desarrollar los servicios públicos básicos?

5. Partiendo de las propuestas de los Movimientos sociales y de las ONG presentadas por Rafael Díaz-Salazar en *Justicia global. Las alternativas del Foro de porto Alegre*: ¿Cómo podemos articularlas en un proyecto de Mundo Sociocultural alternativo y en un programa de actuación en los diversos niveles mencionados para que nuestras actuaciones locales estén orientadas a la realización de un Proyecto mundial de globalización ética?

Democracia directa y democracia representativa

Hasta el momento hemos analizado las causas estructurales de la crisis política y sus principales manifestaciones. Ahora nos proponemos presentar brevemente una última manifestación relevante de la crisis política, que podemos formular así: *necesitamos profundizar y avanzar en la democracia directa y en la democracia representativa*. Pero la democracia directa se topa con un muro infranqueable en las sociedades complejas y la democracia representativa escapa al control efectivo de los ciudadanos y está fuertemente controlada por las oligarquías plutocráticas en todos los niveles: local, regional, nacional, geopolítico y mundial. El bloque mayoritario de clases dominadas mastica la impotencia a la hora de ejercer una democracia representativa fuerte, eficaz y eficiente. Pero, antes de analizar esta última manifestación de la crisis política actual, parece conveniente hacer un recordatorio sintético del proceso que hemos seguido analizando las causas estructurales de la crisis política y sus consecuencias y las manifestaciones más relevantes de la crisis política.

Entre las causas estructurales hemos descrito brevemente las siguientes:

a) La *división* del pueblo soberano en dos bloques: un bloque minoritario de clases dominantes que acapara la *soberanía económica y política* y un bloque mayoritario de clases dominadas que es despojado progresivamente de la *soberanía económica y política*; sus miembros son reducidos a vendedores de fuerza de trabajo y privados en un primer momento del voto que tienen que conquistar: clases trabajadoras, mujeres, colectivos marginados.
b) Un *sistema económico* basado en el MCdPC y la *Economía política liberal* que expulsaron la Ética de la construcción del Mundo Sociocultural y

que han sido el gran instrumento para despojar al bloque mayoritario de clases de la soberanía económica y la soberanía política.

c) La implantación en las mentes de los miembros de las clases dominadas de un *GRAN OKUPA* estructurante y organizador, mediante la indoctrinación en la ideología de las clases dominantes, que determina sus opciones ideológicas y dirige sus comportamientos sociales y políticos; la ideología inoculada es la *Economía Política* en su versión tradicional de *liberalismo económico y político* y en su versión novísima de neoliberalismo económico y político; el resultado es una *conciencia alienada*, *esclavizada* y *acrítica*.

Entre las manifestaciones relevantes de la crisis política hemos destacado las siguientes:

a) La privación de la soberanía política y de la soberanía económica de los miembros del bloque mayoritario de clases dominadas.
b) La incompatibilidad del Estado capitalista clasista, patrimonializado por las oligarquías plutocráticas nacionales, transnacionales y mundialistas con la democracia.
c) La imposibilidad de avanzar hacia la democracia económica y política, si no se elimina el MCdPC y se recupera la soberanía económica y la soberanía política.
d) Los límites de la democracia directa y las dificultades para implementar una democracia representativa robusta, eficaz y eficiente controlada día a día por los ciudadanos.

La democracia no se puede reducir a un voto cada X años para elegir una lista cerrada de representantes que no conocemos, elaborada por las cúpulas de los partidos políticos. La democracia consiste en el *ejercicio real y cotidiano de la soberanía económica y de la soberanía política por parte de todos los ciudadanos los 365 días del año*. Esta concepción de la democracia nos plantea algunos problemas complejos y arduos. Resulta evidente que no es operativo que todos los ciudadanos se conviertan en políticos profesionales reunidos en asambleas permanentes para debatir los problemas económicos de producción de bienes, de distribución y consumo, o problemas de convivencia y organización. La democracia directa es posible, deseable y realizable dentro de ciertos límites y en ciertos ámbitos concretos: la familia, los centros educativos, los municipios, las empresas pequeñas y medianas, las sucursales de las grandes empresas, asociaciones locales de barrio y municipio. En la mayoría de los casos tenemos que optar por la democracia indirecta y representativa. Para que la democracia representativa sea eficaz y eficiente, tenemos que crear mecanismos sencillos no burocratizados para elegir a los mejores representantes, para indicarles los objetivos que deben lograr, las estrategias que deben seguir y para controlar su gestión.

Las oligarquías plutocráticas no necesitan ni la democracia directa ni la democracia representativa para defender sus intereses. Pueden ejercer sin trabas, mediante una cadena de mando jerárquica, la soberanía económica y la soberanía política que han acumulado, arrebatándosela a las clases populares, con sus empresas, asociaciones, organizaciones e instituciones de todo tipo, con sus clubes privados y sus *lobbies* de presión y con la colaboración del GRAN OKUPA que han instalado en las mentes de las clases dominadas mediante la indoctrinación ideológica, la propaganda y la publicidad.

Desde el siglo XVIII hasta nuestros días, las oligarquías plutocráticas se dotaron de un complejo arsenal de instrumentos para ejercer la soberanía económica y política. Crearon poderosas empresas industriales, mercantiles, financieras y de servicios que, a partir de la década de 1960, se van transformando en empresas transnacionales y mundiales sobre las que no pueden legislar las Naciones-Estado. Al mismo tiempo, crean clubes privados como el Comité de los 300, la Mesa Redonda de Cecil Rhodes, los Illuminati, el Club de Bilderberg, la Comisión Trilateral, el Foro Económico Mundial (WEF) de Davos; crean numerosos bancos y numerosas organizaciones, como la OCDE, la OMC y otras, y colonizan el BM y el FMI; ponen en marcha *Think Tank* (*tanques de pensamiento*), como la *Sociedad de Mont Pélerin* creada por Von Hayek, *Institutos de investigación* y Fundaciones; crean cadenas de prensa, de radio, de TV, grandes editoriales, *lobbies* y despachos de abogados internacionalmente conectados. Con este arsenal de instrumentos, las oligarquías plutocráticas controlan los mercados y los Estados ejerciendo una presión permanente sobre ellos, sin tener que someterse a elecciones populares cada X años.

Los movimientos sociales surgidos en el bloque mayoritario de las clases dominadas, entre los que destacan el Movimiento obrero y el Feminismo, tuvieron muchas dificultades para crecer y consolidarse durante el siglo XIX y primera mitad del siglo XX. A pesar de todo, el Movimiento obrero pudo consolidar una red de sindicatos obreros y partidos políticos obreros, integrados en las diversas Internacionales, a los que debemos los grandes logros sociales que tenemos hoy día: derechos humanos y libertades fundamentales, los grandes servicios públicos como la sanidad, la educación, el llamado *Estado del bienestar* y otros avances democráticos. Es cierto que muchos proyectos se quedaron en el camino: proyectos educativos, cajas de resistencia y solidaridad, reforma agraria, movimiento cooperativista, recuperación plena de la soberanía económica y política para todos los seres humanos.

Después de la II Guerra Mundial y, sobre todo, a partir de la década de 1960, se produjo la convergencia y la hibridación del Izquierdismo europeo, del Movimiento Contracultural Californiano, de los Movimientos Antiimperialistas de liberación nacional, de los movimientos en defensa de los derechos humanos y libertades fundamentales, del Feminismo, del Ecologismo; se multiplicaron exponencialmente los movimientos sociales de protesta y reivindicativos con propuestas muy concretas y las ONG comprometidas con las crisis sociales, humanitarias y ecológicas que desembocaron en el año 2000 en la creación del Foro Social Mundial (FSM) de Porto Alegre, antagónico y alternativo al Foro Económico Mundial (WEF) de Davos y en el "*Consenso de Porto Alegre*" (Ramonet) antagónico y alternativo al "*Consenso de Washington*".

El *Foro Social Mundial de Porto Alegre* y el "*Consenso de Porto Alegre*" son una fuente de inspiración para recuperar para todos los ciudadanos de todos los países la soberanía económica y desarrollar la democracia directa hasta donde sea posible y crear mecanismos eficaces y eficientes para ejercer la soberanía económica y política mediante la democracia representativa.

La crisis mundial de la educación

Después de la Segunda Guerra Mundial continuaron los debates educativos iniciados a principios del siglo XX, interrumpidos por la Primera Guerra Mundial y retomados después de ella, que desembocaron en un proceso de reformas y de unificación de los sistemas educativos duales, nuevamente interrumpidos por la Segunda Guerra Mundial.

Entre 1950 y 1990 culminaron los procesos de reforma y unificación iniciados en torno a 1920. Entre ellos destacan la reforma del sistema educativo sueco (1946-1972), del sistema educativo británico (1944-1980), del sistema educativo alemán (1945-1990), del sistema educativo español (1970-1990).

Al mismo tiempo se intensificaron una serie de debates educativos que giraban en torno a la educación básica (0-18 años). Esos debates provocaron que la primera crisis del Mundo Sociocultural Contemporáneo se manifestara como una *Crisis mundial de la educación* tanto en los debates académicos como en las revueltas estudiantiles de los años sesenta.

James Bowen describe la situación de la educación en la década de los sesenta con las siguientes palabras:

> "Hacia los años sesenta, la teoría educativa estaba en plena confusión, pues los métodos de investigación positivista de la posguerra eran cada vez más atacados por las tendencias explicativas fenomenológicas y hermenéuticas... Las escuelas dejaron de ser pacíficos oasis de enseñanzas, en especial, en los niveles universitarios, al buscar los estudiantes radicales caminos más apropiados para lograr una justicia educativa y reconstruir la sociedad sobre una base más igualitaria". (1992, pp. 663-664)

La crisis mundial de la educación cuestionaba tanto la *politeia educativa* (política educadora) como la *paideia política*, (educación política) apuntando a una crisis ética de fondo. Entre los debates educativos, que pusieron de manifiesto la crisis mundial de la educación como una de las dimensiones fundamentales de la Crisis del Mundo Sociocultural Contemporáneo, destacamos las siguientes:

Instruccionismo intelectualista y holismo educativo

Unos defendían un *paradigma educativo instruccionista, intelectualista, tecnológico tecnocrático* (Positivismo pedagógico) orientado exclusivamente a la conservación, reproducción y perfeccionamiento del Mundo Sociocultural, construido desde la Revolución francesa (1789-1795) hasta 1945. Otros defendían un *paradigma educativo holístico* heredado de la Escuela Nueva y del Movimiento Obrero orientado a la creación del Nuevo Mundo Sociocultural prometido en las Cartas constitucionales de la ONU y de la UNESCO y en la DUDH.

Sistemas educativos duales y sistemas educativos unificados

Los debates entre los *defensores de los sistemas educativos duales tradicionales* y los *defensores de los sistemas educativos unificados* comunes para tofos los ciudadanos, o dicho de otra manera: entre los defensores de la *escuela tradicional instruccionista* y los defensores de la *escuela comprehensiva (abarcadora o inclusiva) holística.*

Igualdad de oportunidades como máscara de la meritocracia

El sociólogo inglés Michael Young en su obra "*El triunfo de la meritocracia*" (1958) sometió a una crítica implacable y demoledora *la ideología* de la igualdad de oportunidades. Podemos sintetizar la conclusión a la que llega del siguiente modo: es falso que con la llamada "*igualdad de oportunidades*" se busque sinceramente y se garantice *la igualdad social. La igualdad de oportunidades es la máscara de la ideología meritocrática,* que pretende reproducir la sociedad clases vigente y las desigualdades existentes dentro de cada clase social. Para ello, basta imponer a todos los que son diversos, e incluso desiguales por sus condiciones genéticas y socioculturales, el currículum que corresponde a la mentalidad y cultura de las clases dominantes y establecer pruebas estandarizadas, idénticas para todos, para comprobar los diferentes grados de asimilación de la cultura de las clases hegemónicas y *automáticamente la igualdad de oportunidades educativas reproduce la sociedad clasista desigual.* Los educandos serán considerados responsables de su desigualdad por carecer de potenciales biopsicológicos naturales de aprendizaje o por no haberse esforzado "adecuadamente" para desarrollarlos, como se pretende demostrar con los "tests de inteligencia", que supuestamente son el fundamento científico de la meritocracia.

La escuela reproductora del mundo sociocultural hegemónico

Pierre Bourdieu inició los debates sobre la *escuela conservadora y reproductora* del Mundo Sociocultural vigente con su artículo *"L'Ecole conservatrice"* (1967), que destaca por su radicalismo crítico. En 1970, Pierre Bourdieu y Jean-Claude Passeron publican la *Reproduction. Elements pour une theorie du Sisteme d'enseignement.* Este fue el comienzo de las teorías críticas y postcríticas de la escuela tradicional y del currículum de los años setenta y ochenta que mencionamos a continuación: Louis Altusser: *Ideología y aparatos ideológicos del Estado* (1970); C. Baudelot y R. Establet: *La escuela capitalista en Francia* (1971); Michael Young: *Conocimiento y control: nuevas tendencias para la Sociología de la Educación* (1971); S. Bowles y H. Gintis: *La instrucción escolar en la América Capitalista* (1976); Basil Bernstein: *Clases, códigos y Control* (1971); Michael Apple: *Ideología y Currículum* (1979) y otros, como Giroux, P. Wilis, McLaren, Michael Foucault y los postestructuralistas. Para una visión de conjunto, *Espacios de identidad Nuevas visiones sobre el currículum.*[9]

La educación como inversión rentable a largo plazo

Esta concepción de la educación fue fruto de las investigaciones convergentes de un grupo de economistas de primera fila, de algunos sociólogos y de algunos historiadores de la educación comparada. Para una visión de conjunto, se puede recurrir a la colección de diecinueve artículos reunidos por Marc Blaug en su libro *Economía de la educación.*

Desgraciadamente, el neoliberalismo económico salvaje, en las décadas siguientes, redujo la educación a un instrumento para aumentar la productividad, los beneficios económicos de la plutocracia industrial y financiera, dejando sólo unas migajas para los ciudadanos y convirtiendo el derecho a la educación en una mercancía y en un negocio rentable para la plutocracia.

El Método de alfabetización de Paulo Freire

Los debates anteriores no cuestionaban la necesidad de los sistemas educativos nacionales. Pero, a finales de los cincuenta y comienzos de los sesenta, surgieron dos planteamientos críticos que cuestionaban su eficacia, su utilidad y su viabilidad para todos los seres humanos. Sus iniciadores fueron Paulo Freire, Ivan Illich y Everett Reimer y el CIDOC (Centro Intercultural de Documentación) de Cuernavaca.

Los tres autores mencionados compartían el siguiente análisis: la educación es una necesidad en todos los países sudamericanos para iniciar su desarrollo. La educación es una urgencia inaplazable que no admite dilación alguna. Pero, durante muchos años, los países sudamericanos no podrán crear y costear escuelas para todos los niños. El dilema parecía irresoluble. Paulo Freire opta por ensayar un Método alternativo a la Escuela tradicional. Ivan Illich, Reimer y otros optan por negar la utilidad y la necesidad de la escuela tradicional y proponen la "desescolarización" de la sociedad.

El *Método de alfabetización* de Paulo Freire es, de hecho, la alternativa educadora a los sistemas de educación básica tradicionales, más prometedora (Domínguez, 2016).

---

9 Para una visión de conjunto, ver Tadeu da Silva (2001).

La controversia sobre "una sociedad sin escuelas o la "desescolarización de la sociedad"

Entre 1962 y 1976, Iván Illich y Everett Reimer provocaron una intensa controversia en torno a la propuesta radical de "una sociedad sin escuelas" o "la desescolarización de la sociedad". El Centro Intercultural de Documentación (CIDOC) de Cuernavaca (Méjico) mantuvo viva esa controversia casi 15 años. En ella participaron muchos entre los que destacan los siguientes: Augusto Salazar Bondy, Paul Goodmam, John Holt, Mónica Raimond y Valentina Borremans.

Everett Reimer e Iván Illich se conocieron en Puerto Rico en 1958. Reimer llegó a Puerto Rico en 1954 como Secretario del *Comité de Recursos humanos* de la *Commonwealt* para evaluar las necesidades de mano de obra de la isla y recomendar un programa educativo para afrontarlas. Iván Illich llegó en 1956, a petición del Cardenal Spellman, para organizar un programa de entrenamiento de sacerdotes neoyorquinos de parroquias saturadas de inmigrantes portorriqueños. En 1958, empezaron a intercambiar sus respectivas interpretaciones sobre los problemas de desarrollo y educación de Puerto Rico y en el conjunto de los países latinoamericanos.

En pleno apogeo de la concepción desarrollista de la educación como inversión rentable a largo plazo llegaron a la siguiente conclusión: La educación es una necesidad fundamental y urgente para iniciar el desarrollo. Pero, durante muchos años, los países sudamericanos no podrán crear ni costear escuelas suficientes para todos los alumnos analfabetos y para todos los niños y niñas. Para superar este dilema es necesario buscar alternativas a los sistemas educativos tradicionales basados en la escuela.

En 1962 Iván Illich se va a Méjico y funda en Cuernavaca el CIDOC con la colaboración de Valentina Borremans y de otros. Poco después Reimer se incorpora a la *Alianza por el Progreso* y se traslada con su familia a Méjico. La colaboración entre ambos se hace más intensa. El boletín *CIDOC informa* empieza a publicar artículos sobre el tema. A partir de 1966, Valentina Borremans como Directora del CIDOC organiza dos seminarios cada año centrados en el diálogo sobre la educación entre Iván Illich y Reimer. *CIDOC informa* publica los documentos preparados por Illich y Reimer para esos seminarios y los resultados de los mismos.

Fruto de esos seminarios y de los documentos publicados en *CIDOC informa* son las dos obras más representativas de la controversia: *La sociedad desescolarizada* (1971) de Iván Illich; *La escuela ha muerto. Alternativas en materia de educación* (1973).

La propuesta ha sido olvidada. Pero no ha sido refutada, ni ha surgido una respuesta alternativa al dilema. El *Método de alfabetización* de Paulo Freire es el que más se acerca a una solución posible del mismo.

La creación de la OCDE como alternativa de la UNESCO

En la época del "desarrollismo", las décadas de 1950 y 1960, veinte países occidentales, que quieren evitar las tensiones existentes en la UNESCO que obstaculizan sus planes de desarrollo económico mundial, crean la OCDE como un club privado independiente de la ONU que se va configurando como una alternativa a la UNESCO.

Entre las tensiones existentes en el seno de la UNESCO destacan las siguientes: entre los que priorizan la ingeniería social del "desarrollo" y los que priorizan las salvación del "patrimonio de la humanidad"; entre los que defienden un crecimiento económico lineal basado en el modelo histórico de las sociedades modernas euroamericanas con tres fases y los que defienden un modelo de desarrollo alternativo; entre los *humanistas* que defienden una ética de "lo universal humano" y los "*desarrollistas*" que diluyen ese ideal en la teoría de los indicadores económicos. Con la entrada de 17 nuevos Estados en la Unesco en 1960 las tensiones Norte/Sur y Este/Oeste se intensifican. Dos libros representativos de estas tensiones son los siguientes: *Las etapas del crecimiento económico. Un manifiesto no comunista* (1960) de Walt Rostow; *La civilización de lo universal. Inventario del porvenir* del filósofo René Maheu (1905-1975) director de la UNESCO desde 1962 a 1974. El primero insiste en las tres etapas o fases canónicas del desarrollo económico según el modelo tradicional. El segundo insiste en el "humanismo ético del desarrollo".

El 14 de diciembre de 1960, veinte países occidentales acordaron transformar la Organización Europea para la Cooperación Económica (OECE) en la Organización para la Cooperación y el Desarrollo Económico (OCDE), eliminando el calificativo restrictivo "europea", abriéndola a la incorporación de países no europeos. Nacía como organización independiente de la ONU con tres finalidades: **1)** elaborar documentos sobre la educación como inversión productiva a largo plazo con vistas al desarrollo de capital humano y al desarrollo económico de los países; para llevar a cabo esta finalidad se crean dentro de ella el *Centro Educativo de Investigación e Innovación* (CERI) con sede en París y la *Comisión Económica Para América Latina* (CEPAL); **2)** incorporar a los países capitalistas desarrollados o en vías de desarrollo de los cinco continentes; **3)** hacer operativas las directivas del Banco Mundial (BM) y del Fondo Monetario Internacional (FMI).

La OCDE se configura como un club privado que se reserva el derecho de admisión para impedir que se produzca en su interior una situación de tensiones similar a la de la UNESCO por las reticencias y resistencias de la URSS y de los países no alineados a remodelar los sistemas educativos desde la perspectiva de la educación como inversión productiva a largo plazo al servicio del modelo capitalista de crecimiento.

El acuerdo entró en vigor el treinta de septiembre de 1961; a partir de 1962, el BM y el FMI empiezan a apoyar económicamente los proyectos de la OCDE. En los documentos de estas dos organizaciones se elimina la referencia a la educación como un derecho. Se considera como un servicio que puede convertirse en una mercancía (Tomasevski, 2004).

La "*modernización*" se identifica con la "*occidentalización*" y se convierte en un concepto redentor del tercer mundo, alimentado desde la Universidad de Chicago por el neoliberal A. Von Hayek, el monetarista Milton Friedman, los "Chicago Boys" y las empresas multinacionales que han generado el "*neocolonialismo" económico*, que fabrica pobres en serie en sus países colonizados.

La crisis educativa hoy

La actividad educadora es una actividad esencialmente ética que consiste en promover y facilitar la *autopoiesis* o *autocreación* de todos los seres humanos:

a) Como *individuos psicofísicos* singulares, irrepetibles y autónomos, es decir, como *personas*, ayudando a cada una a que desarrolle al máximo posible todas las dimensiones relevantes del ser humano: *corporal, cognitiva, emocional, desiderativa o proyectiva, sexual, sociocreativa, estético-artística, técnico-productiva*.
b) Como *individuos sociales,* interdependientes y comunitarios, es decir, como ciudadanos ético-críticos, comprometidos, solidarios y corresponsables.

c) Como *seres naturales* procedentes de la Biosfera y de la Ecosfera y dependientes de ellas biológica y vitalmente, es decir, como *ecologistas.*
d) Como *profesionales competentes* en un campo concreto de actividad humana, es decir, como productores de bienes materiales, prestatarios de servicios públicos: científicos, tecnólogos, artistas, educadores y un largo etc.

La coexistencia de dos paradigmas educativos antagónicos

Aunque la crisis educativa afecta, de una u otra manera, a todas las etapas de los sistemas educativos, desde la educación infantil a la educación universitaria, nos vamos a centrar exclusivamente en la educación básica (0-18 años). La educación básica sufre una crisis permanente en todos los países. Está sometida a una reforma continua que contenta a unos y disgusta a otros. No hay manera de lograr un consenso que satisfaga a todos: padres, educandos, profesores, sindicatos de enseñantes, ciudadanos, políticos de diferentes partidos, empresarios, confesiones religiosas. La crisis permanente de la educación básica tiene causas estructurales y causas sociales que cristalizan en diversas manifestaciones sociales conflictivas.

Las causas más relevantes de la crisis educativa son:

a) La coexistencia de dos paradigmas educativos globales y antagónicos en la sociedad y en los sistemas educativos: el *instruccionismo intelectualista* y el *holismo educativo.*
b) Dos concepciones antagónicas de las relaciones entre la *política educativa* (*politeía educativa*) y la *educación política* (*paideia política*).
c) La coexistencia de *tres pedagogías antagónicas:* pedagogía autoritaria, residuo de tiempos pasados; pedagogía individualista liberal (darwinismo educativo orientado al darwinismo social, económico y político); pedagogía comunitaria liberadora, orientada a la recuperación de la soberanía económica y política y a la construcción de la democracia.

Detrás de estas causas estructurales está la división de la sociedad en dos bloques de clases antagónicas –las oligarquías plutocráticas y las clases vinculadas a ellas y las clases dominadas– y la coexistencia de dos ideologías antagónicas: la ideología hegemónica del *neoliberalismo económico y político* y la ideología emergente del *ecosocialismo o ecohumanismo.*

La división de opiniones sobre los fines de la educación

Las causas sociales de la crisis de la educación básica (0-18 años), se puede sintetizar en dos: la división de opiniones de los usuarios sobre los fines de la educación básica y sobre los métodos didácticos.

Basta analizar los programas de reivindicaciones y actuaciones de las Asociaciones de Madres y Padres y de sus confederaciones, como la CONCAPA y la CEAPA españolas, los programas de los sindicatos de estudiantes, de los sindicatos de enseñantes y de los partidos políticos, de los Movimientos Sociales de renovación pedagógica (MRP), de los Ecologistas. Los medios de comunicación son una caja de resonancia de esta división de opiniones en los artículos que publican y en las tertulias que organizan.

Las manifestaciones más relevantes de la crisis educativa son los siguientes conflictos:

a) El conflicto de los fines educativos: la educación Básica ¿debe estar orientada a conservar, perfeccionar y reproducir el mundo sociocultural vigente? o ¿debe promover la creación de un mundo sociocultural alternativo?
b) La educación básica ¿debe ser una educación técnica predominantemente orientada a la formación profesional para aumentar la productividad y competencia del sistema económico capitalista y la promoción individualista dentro de él? o ¿debe ser una educación ético-crítica predominantemente orientada a la formación de ciudadanos críticos, comprometidos, solidarios y corresponsables?
c) Existe el conflicto de valores entre morales antagónicas: morales religiosas y laicas, morales individualistas y morales comunitarias.
d) Existe un conflicto entre los defensores de una educación darwinista, competitiva, meritocrática, selectiva y segregadora y los defensores de una educación cooperativa, inclusiva, integradora.

El MCdPC y la ideología del liberalismo económico y político que lo legitima y lo inspira rechazan e impiden, mediante una manipulación ideológica sofisticada y opaca, una educación Antropoética, Bioética y Ecoética, tanto si se basa en una ética laica como la ética del movimiento obrero, la ética de los movimientos sociales críticos actuales, la pedagogía ético-política de Paulo Freire o la educación ético-política que proponen los teólogos de la liberación. La valoración del MPdPC y del neoliberalismo económico y político desde esta perspectiva ética pone de manifiesto su carácter *antropocida, biocida,* y *ecocida*, demostrando que son intrínsecamente inmorales y antiéticos.

El conflicto español entre Religión y Educación para la ciudadanía

Desde la transición a la democracia hasta nuestros días, la manipulación sofisticada y opaca ha tenido dos manifestaciones relevantes entre nosotros: el intento de oponer la religión en su versión del "nacional-catolicismo" a la Ética; el rechazo y la eliminación de la *Educación para la Ciudadanía*, que pretendía formar ciudadanos críticos, corresponsables y comprometidos con una *política antropoética*, basada en los derechos humanos y libertades fundamentales de los individuos y en los derechos de los grupos, colectivos, etnias, sociedades y pueblos, con una *política bioética* orientada al respeto, la conservación y la regeneración de la Biosfera y con una *política Ecoética* orientada a la descontaminación, el cuidado y la regeneración de la Ecosfera abiótica.

La crisis ética

Todas las dimensiones relevantes de la crisis sistémica, global y planetaria del Mundo Social Contemporáneo tienen la misma raíz: la *crisis ética* provocada por la usurpación del puesto de la ÉTICA por el MCdPC y por el Neoliberalismo económico y político, que lo legitima y lo inspira. A partir de finales del siglo XVIII, a medida que se consolidaba el MCdPC y el liberalismo económico y político se transformaba en *Neoliberalismo,* la ÉTICA era eliminada y desaparecía como referente central de la construcción del Mundo Sociocultural. Así hemos llegado al gran dilema actual: o eliminamos el MCdPC y el Neoliberalismo que lo legitima y lo inspira y restauramos la ÉTICA en su puesto como referente central de la construcción del Mundo Sociocultural o seguimos avanzando a ritmo acelerado hacia la destrucción de la Biosfera y de la Ecosfera abiótica como "morada de la Antroposfera" y hacia nuestra propia destrucción como especie.

Los promotores del MCdPC han convertido el neoliberalismo económico y político como versión novísima de la *Economía Política* tradicional en la religión cruenta y sanguinaria del *dios-Dinero* que exige diariamente innumerables sacrificios humanos y ecológicos. Han sustituido la *teocracia* de las religiones tradicionales y la *antropocracia* del humanismo laico por la *plutocracia.* Dicho de otra manera: han sustituido el *teocentrismo* y el *antropocentrismo* por la *oligarquía plutocrática.*

El neoliberalismo económico y político como versión novísima de la *Economía Política* tradicional se ha convertido en la *Teología* que estudia los dogmas y misterios del *dios-Dinero* que no resultan asequibles al común de los mortales. Los *teólogos* que interpretan los dogmas y misterios del *dios-Dinero* se llaman *economistas.* Su pluralismo de interpretaciones es similar al pluralismo de interpretaciones de los teólogos de las religiones tradicionales, que van desde la ortodoxia más rígida a la heterodoxia más extrema. Este pluralismo de interpretaciones destruye la pretensión de la *Economía política* de ser una ciencia rigurosa, por mucho que abuse de los números y de la estadística. El grado de rigor de la Econometría es similar al de la Psicometría, basada en los test de inteligencia y en los test de personalidad, porque ambas pretender valorar realidades profundas no cuantificables mediante la medición y cuantificación de fenómenos superficiales.

Según las ciencias que estudian el impacto del MCdPC sobre el ecosistema planetario, la crisis del Mundo Sociocultural Contemporáneo se identifica con la crisis del MCdPC, que es el núcleo dinámico, el corazón y el motor del mismo y con la crisis del neoliberalismo que lo legitima y lo inspira. Los supuestos y los postulados de ambos han resultado erróneos e inviables. El MCdPC camina inexorablemente hacia su colapso total, destruyendo de paso la Ecosfera abiótica, la Biosfera y la Antroposfera de modo irreversible. El crecimiento acelerado e ilimitado del MCdPC en el planeta Tierra finito y limitado, basado en la sobreexplotación y el despilfarro de los recursos naturales y en la combustión masiva de energías fósiles contaminantes, además de ser irracional y absurdo, es imposible.

La crítica científica y la crítica ética del MCdPC

Si, desde la perspectiva científica, el MCdPC no es sostenible en el futuro, porque camina a ritmo acelerado hacia el abismo y el colapso brusco, desde la perspectiva ética, es censurado como inmoral y perverso por su *actividad ecocida, biocida* y *antropocida* durante los últimos 250 años. Consecuentemente, lo razonable es eliminar el MCdPC y sustituirlo por un modo de producción y consumo alternativo, que garantice la satisfacción de las necesidades básicas de todos los seres humanos y sea respetuoso con la Biosfera y la Ecosfera abiótica. *Esto implica detener el crecimiento económico y el crecimiento demográfico mediante métodos plenamente éticos y democráticos.* Implica, además, poner las tecnociencias al servicio de la descontaminación, restauración, regeneración y conservación de la Biosfera y de la Ecosfera abiótica y al servicio del bienestar de la Antroposfera.

La conciencia ético-crítica, compromiso ético-político y praxis ético-política

Para llevar a cabo este proyecto, no es suficiente protestar o quejarse. Es necesario actuar. Es necesario promover una conciencia ético-crítica en todos los seres humanos sobre el MCdPC y sobre el neoliberalismo. Tenemos que convencernos y convencer a nuestros más cercanos de que el MCdPC es intrínsecamente inmoral y perverso, porque es el responsable de las crisis sociales, de las crisis humanitarias, de la crisis ecológica de la crisis económica, de la crisis política, de la crisis educativa y de la crisis ética. El MCdPC es el mayor obstáculo para el progreso ético de la humanidad, porque impide una praxis ética acorde con el proyecto de los derechos humanos y libertades fundamentales de los individuos y de los pueblos, porque impide una concienciación ética mediante la educación, un compromiso ético-político y una praxis ético-política orientada hacia el desarrollo de la democracia económica y de la democracia política.

La formación profesional impuesta por el neoliberalismo en todos los niveles de los sistemas educativos es excesivamente tecnológica y tecnocrática y escasamente ética. La formación profesional neoliberal *castra a los miembros de las clases dominantes y a los miembros de las clases dominadas la conciencia ético-crítica, ético-económica, ético-política y ético-democrática*, convirtiendo a los primeros en explotadores sin escrúpulos y a los segundos en explotados inconscientes y alienados.

El rumbo histórico seguido en la construcción del Mundo Sociocultural

Considerando las aportaciones de los investigadores más solventes de nuestra prehistoria más reciente (*Neolítico*) y de nuestra historia, desde finales del Neolítico hasta hoy, tenemos la impresión de que todas las poblaciones humanas han seguido unas pautas parecidas y un rumbo similar en la configuración de sus mundos socioculturales, a pesar de la variedad de los territorios geográficos y de la diversidad de las etnias y culturas. Esta impresión nos plantea una serie de interrogantes: ¿Es cierto que todas las poblaciones humanas han seguido un rumbo similar en la configuración de sus respectivos mundos socioculturales? Si creemos que es cierto ¿Pensamos que ese rumbo estaba genéticamente predeterminado? O, por el contrario, ¿Pensamos que el parecido es fruto del azar? ¿Podría haber sido de otra manera? ¿Podemos cambiar el rumbo a partir de ahora? Para responder a estos interrogantes, a continuación, formulamos y proponemos a debate algunas hipótesis verosímiles sobre el tema:

1. El rumbo seguido en la construcción del Mundo Sociocultural, desde el Neolítico hasta el siglo XXI, ha estado orientado predominantemente por imaginarios individuales y colectivos que potenciaban:
   a) el *egoísmo* frente al *altruismo;*
   b) la *competencia* frente a la *cooperación*;
   c) la *desigualdad* frente a la *igualdad*;
   d) la *acumulación individualista* de riqueza frente a la *distribución equitativa* de la misma;
   e) la *concentración individualista de la propiedad* de bienes y recursos frente a la *difusión de la propiedad* de los mismos entre todos los individuos y el fomento de la *propiedad comunitaria*;
   f) la acumulación individualista de poder frente a la participación o socialización del mismo;
   g) la monarquía y la oligarquía frente a la *democracia* y la *autogestión*.
2. No obstante, siempre hubo imaginarios individuales y colectivos que defendían el equilibrio y la armonía ética entre *egoísmo* y *altruismo*; la igualdad frente a la desigualdad; el comunitarismo frente al individualismo egocéntrico. Parece que estos imaginarios llegaron a ser hegemónicos en algunos pueblos primitivos. Pero, en el conjunto de las sociedades humanas, a medida que se hacían más complejas, estos imaginarios eran minoritarios, secundarios y con frecuencia marginados y reprimidos.
3. Los imaginarios individuales y colectivos ligados al *egoísmo* y al *altruismo* hunden sus raíces en *dos tendencias biológicas antagónicas* que compartimos los humanos con los primates superiores. Esas dos tendencias antagónicas son constitutivas de nuestra biología corporal y psíquica, no pueden ser eliminadas y actúan dialógicamente en nuestro organismo psicofísico. Una nos impulsa a convertirnos en seres individualistas, independientes y autosuficientes; y, al mismo tiempo, la otra nos impulsa a convertirnos en seres comunitarios, interdependientes y cooperantes.

Esas tendencias biológicas antagónicas hacen que seamos al mismo tiempo individuos psicofísicos singulares, irrepetibles y autónomos e individuos sociales, interdependientes y comunitarios. La interacción dialógica entre nuestra *individualidad* y nuestra *sociabilidad* puede ser armónica y equilibrada o desajustada y desequilibrada. Podemos calificar las dos tendencias biológicas antagónicas con los términos tradicionales de *egoísmo* y de *altruismo.* El *egoísmo* se manifiesta:

a) En el *afán de sobresalir y mandar*, es decir, de acumular poder para ejercerlo sobre los demás: patriarcado, machismo, despotismo, dominación, explotación, opresión, dictadura, etc.
b) En el *afán de poseer*, es decir, de acumular bienes materiales y culturales, reclamando como derechos naturales el derecho ilimitado a apropiarse los recursos naturales del planeta, que son bienes comunes de todos los humanos, y de todos los seres vivos y el derecho ilimitado a apropiarse las plusvalías producidas por otros con su trabajo mediante sistemas de explotación, opresión y represión.
c) En el *afán de disfrutar* de todo tipo de placeres, evitando el dolor, el sufrimiento, los trabajos duros, el esfuerzo y el sacrificio y desarrollando la insensibilidad ante los sufrimientos de millones de seres humanos por la guerra, el hambre, la enfermedad, la persecución, la explotación y la opresión (*Hedonismo*).

El *altruismo* se manifiesta:

a) En la empatía que impulsa a socializar, distribuir y compartir el poder: autogestión comunitaria, democracia (comunión de acción).
b) En compartir, distribuir y socializar los bienes materiales y culturales (comunión de bienes).
c) En el servicio y cuidado mutuo, la fraternidad, la compasión, la cooperación (comunión de vida).

4. La especie humana está dotada de capacidades biológicas para transformarse a sí misma y adaptarse a los diferentes medios físicos y culturales y para transformar esos medios y adaptarlos a sus necesidades e intereses. La capacidad de comunicación mediante el lenguaje ha facilitado el desarrollo extraordinario de las capacidades biológicas de transformación y adaptación de los seres humanos. Gracias a esta circunstancia, la especie humana ha realizado un progreso ingente material y cultural, destacándose sobre todos los primates.

5. Los resultados más relevantes del progreso humano sobre los primates son los valores éticos que han alcanzado su apogeo en el Proyecto de los Derechos Humanos y de las Libertades Fundamentales iguales para todos. Hay dos interpretaciones antagónicas de los derechos humanos: una interpretación liberal individualista y una interpretación liberal democrática. Actualmente, se va haciendo hegemónica la interpretación liberal democrática, que concibe los derechos y libertades fundamentales como proyectos intersubjetivos y mancomunados de poderes simbólicos mutuamente reconocidos y otorgados.
6. No obstante, es necesario reconocer que el Proyecto de los Derechos Humanos y de las libertades fundamentales sigue siendo un proyecto abierto, inacabado, incompleto, indefinidamente perfectible; como Proyecto está muy lejos de ser una realidad consolidada a nivel mundial, pero es el Proyecto ético que cuenta con más apoyos internacionales, pues ha sido aceptado como tal por todas las Naciones-Estado, que componen la ONU. De momento, en la mayoría de los grupos humanos y de las sociedades humanas, sigue siendo un pensar deseoso más que una realidad socialmente constatable.
7. El Proyecto de los Derechos Humanos pretende lograr una armonía entre el *egoísmo* razonable y el *altruismo*. Desde la década de 1960 muchos analistas califican la crisis del Mundo Sociocultural Contemporáneo sobre todo como una *crisis ético-política*, porque consideran que este Mundo Sociocultural configurado por el Modo Capitalista de Producción y Consumo es antagónico y, por tanto, incompatible con la *política ética* (*polética*) implicada en el Proyecto de los Derechos Humanos. Como alternativa a la *crisis polética,* muchos ciudadanos y politólogos están comprometidos en la elaboración de un nuevo imaginario individual y colectivo de compromiso ético-político orientado a la realización de la utopía del *Ecosocialismo o Ecohumanismo* y guiado por la ideología ético-política del *decrecimiento.* Si este nuevo imaginario triunfa y se hace hegemónico, es posible que completemos un giro de 180 grados e iniciemos un mundo nuevo que nos saque del laberinto y nos conduzca hacia un mundo mejor.[10]

10 Para completar esta visión el lector puede encontrar más información en los dos trabajos siguientes de José Domínguez: *¿Primacía de la ética o primacía de la economía?* y *La educación ante la crisis sistémica del mundo sociocultural.* Artículos disponibles en: <https://colectivoeducadores.wordpress.com/2018/10/22/documentos-base>.

Neoliberalismo y Ecosocialismo o Ecohumanismo

En este primer tercio del siglo XXI, coexisten en el Mundo Sociocultural contemporáneo dos ideologías hegemónicas y antagónicas: el Neoliberalismo económico y político y el Ecosocialismo o Ecohumanismo. La primera es la ideología hegemónica del bloque de las clases dominantes, capitaneada por la oligarquía plutocrática mundial y las oligarquías plutocráticas nacionales. Su máxima expresión son el Foro Económico Mundial (WEF) de Davos y el llamado "Consenso de Washington". La segunda es una ideología emergente que aspira a convertirse en la ideología hegemónica del bloque de clases dominadas, capitaneada por los defensores de los derechos humanos y de las libertades fundamentales de los individuos y de los pueblos, por los movimientos ecologistas y los colectivos del movimiento feminista. Su máxima expresión son el Foro Social Mundial (FSM) de Porto Alegre y el llamado "Consenso de Porto Alegre" (Ignacio Ramonet). Estas dos ideologías tienen una larga prehistoria. Pero su historia reciente comienza a partir de la II Guerra Mundial.

El Neoliberalismo económico y político desciende del liberalismo político de Locke y Montesquieu y del liberalismo económico de los fisiócratas franceses, de Adam Smith y de David Ricardo. El liberalismo económico de Adam Smith evolucionó como utilitarismo económico. El liberalismo económico de David Ricardo dio origen a la Economía Política de la alta burguesía que se presentaba como una ciencia económica objetiva libre de valores. Marx se inspiró en la Economía Política, derivada del liberalismo económico de David Ricardo, para elaborar su Economía Política proletaria al servicio del socialismo científico. Tras muchos avatares, en la segunda mitad del siglo XX, la Economía política tradicional se transformó en el Neoliberalismo Económico y Político actual, especialmente con la colaboración asidua de Friedrich Von Hayek y de Milton Friedman, durante treinta años, en la Facultad de Economía de Chicago, formando a los "Chicago Boys".

La prehistoria del Ecosocialismo se inicia con el comunismo utopista de Jean Meslier, de Morelly, de Gabriel B. Mably, de Dionisio Vairasse d'Àllais y de Robert Wallace, con la propuesta de reforma agraria de Thomas Spence, primer teórico de la misma, con la propuesta del comunismo anarquista de William Godwin y con el liberalismo democrático de Rousseau. En el siglo XIX tiene entre sus ancestros a los socialistas utópicos, a los anarquistas Proudhom, Bakunin, Cropotkin y otros, a Marx y Engels, la socialdemocracia alemana, el laborismo inglés y, en general, todas las creaciones sindicales, políticas y educativas del Movimiento obrero, procesadas en el crisol del Izquierdismo Europeo surgido de las revueltas de la década de 1960.

En las décadas de 1970 y 1980, se va configurando el Ecosocialismo o Ecohumanismo por la convergencia, hibridación y fusión del izquierdismo Europeo, del Movimiento Contracultural Californiano, de los Movimientos Antiimperialistas de liberación nacional, de los movimientos en defensa de los derechos humanos –esclavos, mujeres, niños, afroamericanos, discapacitados, dependientes, colectivos LGTBIQ+– de los movimientos ecologistas y de los colectivos de la tercera ola de feminismo. A partir de 2001, en el primer encuentro del Foro social Mundial (FSM) de Porto Alegre, el Ecosocialismo o Ecohumanismo va emergiendo y consolidándose como la ideología hegemónica del bloque de las clases dominadas con sus múltiples corrientes de pensamiento y de acción.

A continuación, sintetizamos en dos gráficos las crisis sistémica, global y planetaria del Mundo Sociocultural vigente, que han generado el Modo Capitalista de Producción y Consumo y el Neoliberalismo económico y político que lo legitima y lo inspira y la alternativa ético-política que propone el Ecohumanismo para frenar la crisis y salir del laberinto caótico en el que estamos inmersos.

El Modo Capitalista de Producción y Consumo y la crisis sistémica del Mundo sociocultural vigente

Con el siguiente hexágono sintetizamos visualmente las siete dimensiones más relevantes de la crisis sistémica, global y planetaria del Mundo Sociocultural vigente, que hemos analizado en las reflexiones anteriores, mostrando que han sido generadas por el Modo Capitalista de Producción y Consumo y por el Neoliberalismo que lo legitima y lo inspira.

1. En el centro del hexágono está situado el Modo Capitalista de Producción y Consumo, que ha usurpado progresivamente el puesto de la Ética, hasta expulsarla de la construcción del Mundo Sociocultural. Con esa usurpación ha generado una crisis ética expansiva, que se ha desplegado en seis dimensiones relevantes: crisis ecológica, crisis económica, crisis social, crisis humanitaria, crisis política y crisis educativa.
2. Dedicamos a cada una de las dimensiones de la crisis un triángulo, subrayando con la flecha central que la praxis determinada por el *MCdPC*

e inspirada por la *Economía Política Neoliberal* (Neoliberalismo Económico y Político) incrementa constantemente esa dimensión de la crisis que parte del centro.

3. La posición asignada a cada una de las dimensiones en el hexágono pretende destacar la correspondencia entre las dos dimensiones opuestas, su causalidad recíproca y su crecimiento directamente proporcional: la crisis ecológica retroalimenta la crisis económica y viceversa; la crisis social incrementa la crisis humanitaria que, a su vez, incrementa la crisis social; la crisis política implementa la crisis educativa que a su vez implementa la crisis política.

Gráfico 1. Crisis sistémica y MCdPC

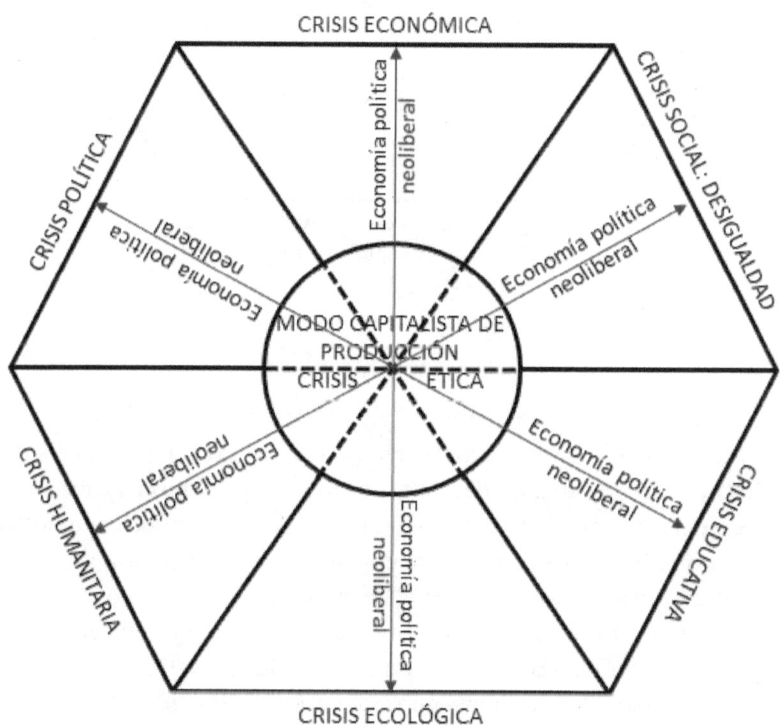

4. El MCdPC es perverso, inmoral y antiético por:
   a) Su finalidad central: producir y consumir para que una oligarquía plutocrática acumule bienes de todo tipo y capital monetario.
   b) La destrucción sistemática de la Biosfera y de la Ecosfera abiótica.
   c) No orienta la producción y el consumo a la satisfacción de las necesidades básicas de todos los seres humanos.
   d) Explota a miles de millones de trabajadores con contratos basura, salarios precarios, condiciones de trabajo duras, peligrosas, antihigiénicas; porque fabrica pobres en serie en los países ricos y en los países pobres; porque es una fabrica de desempleados y parados; porque es un generador constante de desigualdades intolerables, que condena a millones de personas, especialmente niñas y niños, personas mayores y

dependientes a las crisis sociales y humanitarias, a la pobreza extrema y a la miseria.

5. El MCdPC ha despojado a la inmensa mayoría de los seres humanos de la soberanía económica y política, impide el ejercicio de la democracia directa, económica y política hasta donde sea posible y el control eficaz de la democracia representativa o indirecta; y, sobre todo, impide una educación ético-política para formar ciudadanos del mundo capaces de recuperar la soberanía económica y política y de ejercer la democracia plena. Por todo esto, el MCdPC también es perverso, inmoral y antiético.
6. Por todo lo que hemos expuesto en los apartados anteriores y hemos recordado brevemente en el comentario a este gráfico sintético, *calificamos al MCdPC como ecocida, biocida y antropocida* e invitamos a los lectores a dotarse de los métodos adecuados (programas y estrategias de actuación) y a comprometerse, individual y colectivamente, para promover la eliminación del MCdPC y la restauración de la Ética en el puesto que le corresponde y que le fue usurpado en nombre de la ciencia económica.

La ÉTICA emergente, panhumana y ecológica y el Ecohumanismo o Ecosocialismo

Los *debates éticos,* realizados desde múltiples perspectivas culturales, sociales, científicas y filosóficas durante los últimos 250 años, han provocado la emergencia de una *ETICA* panhumana y ecológica, que pretende consolidarse como una ética universal, es decir, como una ética asumida por todos los seres humanos como individuos, por todas las agrupaciones humanas cualquiera que sea su base y fundamento y por toda la humanidad como especie. La ÉTICA emergente no es una ética cerrada, acabada o definitiva. Es una ética inconclusa, abierta, dinámica e indefinidamente perfectible mediante el debate, el diálogo, el consenso y el disenso.

Los *debates éticos* que han provocado la emergencia de la ÉTICA panhumana y ecológica se pueden categorizar en cuatro tipos:

a) *Los debates* sobre los derechos y libertades individuales de los seres humanos considerados como *personas*, como *seres naturales* procedentes de la Biosfera y la Ecosfera, como *ciudadanos* de un país y del mundo, y como *profesionales competentes* y éticamente responsables en un ámbito concreto de las actividades humanas.

b) *Los debates* sobre los derechos de las diversas agrupaciones humanas basadas en el parentesco (familias, linajes) o en la pertenencia a etnias, tribus, pueblos o Naciones-Estado o basadas en la asociación voluntaria por diversas razones: comunidades religiosas, cooperativas, sindicatos, partidos, movimientos sociales, ONG, colectivos afectados por una problemática común como los colectivos afectados por un determinado síndrome o enfermedad, colectivos de dependientes, colectivos de desempleados, colectivos de pensionistas, colectivos feministas, colectivos LGTBIQ+.
c) *Los debates* sobre los seres humanos como *seres naturales* procedentes de la Biosfera y de la Ecosfera abiótica, miembros de ambas, dependientes biológica y vitalmente de ellas y, por tanto, responsables de su conservación y buen estado.
d) *Los debates* sobre el crecimiento o el decrecimiento productivo y consumidor, sobre la conservación y el cuidado de la Biosfera y de la Ecosfera como morada común, sobre la contaminación y la descontaminación, sobre la regeneración posible de la Biosfera, sobre la generación de residuos tóxicos, su recogida ordenada y su reciclaje.

La ÉTICA panhumana y ecológica emergente se va configurando como una ÉTICA con tres dimensiones dinámicas e interactivas o con tres macrosectores: *Antropoética*, *Bioética* y *Ecoética*. Inspirándonos en la propuesta de Edgar Morín en el MÉTODO 6 titulado ÉTICA, podemos describir el desarrollo de las tres dimensiones o macrosectores de la ÉTICA emergente del siguiente modo:

Antropoética: pretende descubrir, y consensuar, mediante el debate y el diálogo democrático, las relaciones más justas, equitativas y responsables entre los seres humanos, como individuos, como grupos, comunidades, sociedades civiles, Naciones-Estado y especie humana. Implica una *Autoética* o ética personal, una *socioética* o ética comunitaria y un *Humanismo ético* o ética de la especie.

Bioética: pretende descubrir y consensuar, mediante el debate y el diálogo democrático, las relaciones más justas, equitativas y responsables de la Antroposfera con la Biosfera, de la que emanó, de la que forma parte y de la que depende biológica y vitalmente: relaciones de los individuos, de las comunidades, de las sociedades civiles, de las Naciones-Estado y de la especie humana con la Biosfera terrestre y marina.

Ecoética: pretende descubrir y consensuar, mediante el debate y el diálogo democrático, las relaciones más justas, equitativas y responsables de la Antroposfera con la Ecosfera abiótica de la que procede en último término y de la que depende biológica y vitalmente: relaciones de los individuos, de los grupos, de las comunidades, de las sociedades civiles, de las Naciones-Estado y de la especie humana con los diversos sectores de la Ecosfera abiótica: litosfera, hidrosfera, atmósfera.

La exposición del origen de la nueva ÉTICA, la descripción de la dinámica dialógica, de su desarrollo y de la interacción recíproca de sus tres dimensiones –Antropoética, Bioética y Ecoética– ponen de manifiesto que la triple calificación de "emergente", "panhumana" y "ecológica" le viene como anillo al dedo.

En la medida en que se multiplican y se intensifican los debates y los diálogos en busca de consensos sobre los derechos y libertades fundamentales de las personas, de los grupos, de las comunidades, de los colectivos, de las sociedades civiles y de la humanidad como especie, sobre el cuidado y la conservación de la Biosfera y de la Ecosfera, sobre la contaminación y descontaminación del Planeta y sobre el calentamiento global y cambio climático en los sistemas educativos, desde las escuelas infantiles a las Universidades, en los centros de investigación científica, en los medios de comunicación, en la actividad política de las Naciones-Estado –legislativa, judicial y ejecutiva– en los Congresos internacionales, en las ONG y movimientos sociales locales, nacionales y transnacionales, en las conferencias y asambleas ordinarias y extraordinarias de los organismos económicos (BM, FMI, G8, G20, etc.) y políticos (ONU y sus diversos organismos) y educativos (UNESCO y los organismos dependientes de ella), la ÉTICA emergente, panhumana y ecológica se irá transformando progresivamente en una ÉTICA auténticamente *universal*, que podemos calificar como *Ecohumanismo* o *Ecosocialismo.*

Con el siguiente hexágono sintetizamos visualmente las siete funciones relevantes que debe realizar la *PRAXIS ÉTICA* inspirada en la ÉTICA emergente, panhumana y ecológica para instaurar en el planeta Tierra un *Ecohumanismo o Ecosocialismo mundial.*

Gráfico 2. La ÉTICA emergente y la superación de la crisis sistémica

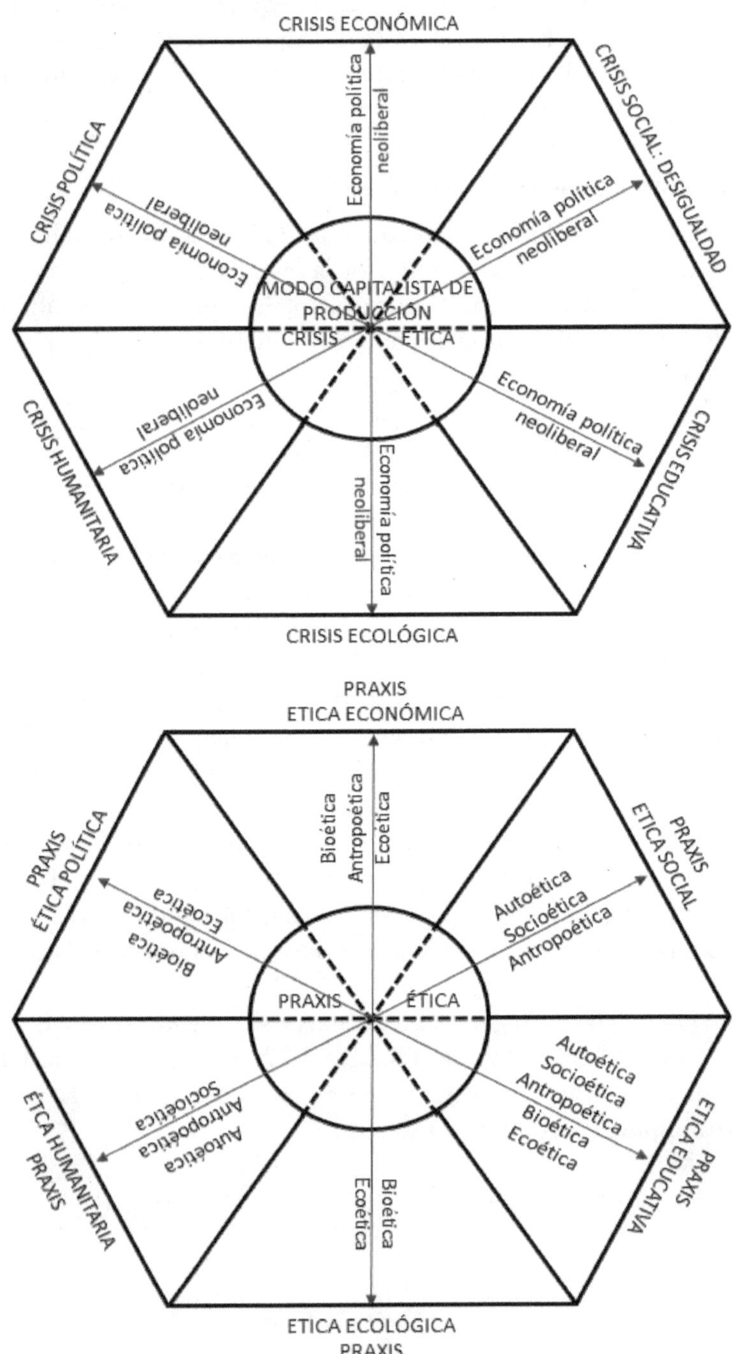

1. En el centro del hexágono está situada la PRAXIS ÉTICA inspirada en la ÉTICA emergente, panhumana y ecológica como alternativa al MCdPC. Esa PRAXIS ÉTICA se despliega en seis dimensiones relevantes antagónicas de las dimensiones relevantes de la crisis sistémica generada por el MCdPC: praxis ética ecológica, praxis ética económica, praxis ética social, praxis ética humanitaria, praxis ética política y praxis ética educativa.
2. Dedicamos a cada una de las dimensiones de la PRAXIS ÉTICA un triángulo, subrayando con la flecha central que la praxis ética determinada e inspirada por la ÉTICA emergente, panhumana y ecológica con sus tres dimensiones –*Antropoética*, *Bioética* y *Ecoética*– a medida que se implementa y se intensifica, reduce el impacto y la extensión de la dimensión antagónica de la crisis sistémica hasta eliminarla.
3. La posición asignada a cada una de las seis dimensiones de la PRAXIS ÉTICA en el hexágono pretende destacar la correspondencia, la complementariedad, la interacción recíproca y el crecimiento de ambas directamente proporcional: la praxis ética ecológica retroalimenta la praxis ética económica y viceversa; la praxis ética social incrementa la praxis ética humanitaria que, a su vez, incrementa la praxis ética social; la praxis ética educativa refuerza la praxis ética política y la praxis ética política refuerza la praxis ética educadora.
4. La finalidad central de la PRAXIS ÉTICA es antagónica de la finalidad central del MCdPC: producir y consumir para satisfacer las necesidades básicas de todos los seres humanos: alimentación sana y suficiente; vivienda digna; empleos y salarios dignos, servicios públicos eficientes: sanidad, educación, agua potable, energía barata no contaminante, transportes comunicaciones y cuidados mutuos.
5. La segunda finalidad de la PRAXIS ÉTICA productiva y ecológica es reducir al mínimo posible los impactos negativos de las actividades humanas en la Biosfera y en la Ecosfera: reducir el extractivismo al mínimo soportable por la Biosfera y la Ecosfera; cambiar los hábitos de consumo de productos materiales de lujo perjudiciales para la Ecosfera y Biosfera por otros productos menos perjudiciales y por el consumo de bienes culturales, convivenciales y artísticos.
6. Garantizar un trabajo y un salario digno a todos los seres humanos capacitados para ello, en el sector agrícola y ganadero, en el sector industrial o en el sector servicios en condiciones adecuadas de higiene y seguridad laboral.

7. Recuperar la producción agrícola y ganadera ecológica y el cuidado de los bosques.
8. Recuperar el consumo de productos ecológicos producidos en las proximidades de los pueblos y ciudades y promover los comercios de proximidad.
9. Evitar la despoblación rural y descongestionar el urbanismo masivo que exige consumir muchos recursos y energía para el mantenimiento de las infraestructuras y de los servicios.
10. Aumentar considerablemente el sistema de cuidados y servicios para los dependientes, los enfermos, los mayores y todos los que tienen necesidad de cuidados intensivos especiales.

La transición del Neoliberalismo al Ecohumanismo

La problemática más compleja y ardua de la sustitución del MCdPC, inspirado en el Neoliberalismo económico y político, por la PRAXIS ÉTICA alternativa, inspirada en la ÉTICA emergente, panhumana y ecológica orientada al desarrollo del Ecohumanismo o Ecosocialismo, se puede sintetizar en esta pregunta: ¿cómo se puede organizar un sistema de producción y consumo y un sistema de mercados, desde los mercados de barrio a los mercados mundiales, que garanticen *al mismo tiempo* los cuatro macroojetivos que formulamos a continuación?

Primer objetivo: el sistema de producción y consumo y el sistema de mercados deben garantizar unos ingresos suficientes para satisfacer holgadamente las necesidades básicas de los productores y de sus familias, para contribuir equitativamente al erario público y mantener las actividades productivas, ya sean productores autónomos, cooperativistas, copropietarios de una empresa, o asalariados, si les conviene y lo prefieren.

Segundo objetivo: el sistema de producción y consumo y el sistema de mercados deben generar excedentes para desarrollar los servicios públicos baratos o gratuitos y los sistemas de cuidados intensivos para todos los seres humanos que tienen necesidades específicas.

Tercer objetivo: el sistema de producción y consumo y el sistema de mercados deben frenar en seco la destrucción y la contaminación de la Ecosfera abiótica y de la Biosfera, eliminando el extractivismo salvaje y la combustión masiva de energías fósiles y promover la descontaminación y la integridad de la Ecosfera abiótica y la progresiva regeneración de la Biosfera.

Cuarto objetivo: el sistema de producción y consumo y el sistema de mercados debe combinar, dentro de la PRAXIS ÉTICA, la coexistencia de empresas productivas, comerciales y financieras privadas, comunitarias y públicas, que permitan la competencia y la cooperación flexibles y razonables.

Fuentes de información para elaborar los programas y las estrategias para la transición

No contamos con recetas prefabricadas para abordar la problemática planteada en la pregunta anterior, es decir, organizar un sistema de producción y consumo y un sistema de mercados, alternativos al MCdPC y coherentes con la PRAXIS ÉTICA propuesta, que garantice el logro de los cuatro grandes objetivos propuestos. Para elaborar una estrategia de actuación a corto, a medio y a largo plazo, necesitamos buscar, acumular y organizar información abundante, relevante y solvente disponible en numerosas fuentes, entre las que destacamos las siguientes:

1. *Autores utopistas:* el examen atento y el análisis crítico de las intuiciones y propuestas de los autores utopistas sobre el modo de organizar un mundo sociocultural alternativo al mundo Sociocultural vigente nos pueden ofrecer perspectivas valiosas para decidir qué debemos buscar y dónde buscarlo.
2. *Economistas críticos*: es importante tener en cuenta las aportaciones de los grandes economistas críticos del MCdMP desde la perspectiva económica, ecológica y ética como: Nicholas Georgescu-Roegen, Joseph Stiglitz, Amartya Sen.
3. *Científicos y filósofos*: que investigan la Biosfera y la Ecosfera desde la perspeciva ecológica, ética y política: Eugene P. Odum, James Lovelock, Jorge Riechman, Francisco Fernández Buey.
4. *Sociólogos y periodistas críticos*: investigan el mundo sociocultural vigente desde varias perspectivas complementarias –económica, ecológica, social, ética, política–, las relaciones de igualdad y justicia al interior de la antroposfera, las relaciones responsables de la Antroposfera con la Biosfera y Ecosfera: François Houtart, Ignacio Ramonet, Naomi Klein, V. Shiva, Sousan George.
5. *Redes mundiales de Movimientos sociales y de ONGD:* para el tema que nos ocupa es muy importante un examen crítico de los documentos que contienen los análisis, las propuestas alternativas, los programas y

estrategias de actuación de las *redes mundiales* de Movimientos sociales críticos y reivindicativos y de las Organizaciones No Gubernamentales de Desarrollo (ONGD).

Entre las *redes mundiales* de movimientos sociales destacan: Vía Campesina, ATTAC, Marcha Mundial de las Mujeres, Jubileo 2000, Jubileo del Sur, Comité por la Anulación de la Deuda Externa del Tercer Mundo (CADTM), Amigos de la Tierra, Greenpeace, Alianza de los Pueblos del Sur acreedores de la Deuda Ecológica.

Entre las *redes mundiales* de ONGD destacan: la Federación Internacional de Derechos Humanos (FIDH) fundada en 1922 e integrada por 115 organizaciones de derechos humanos pertenecientes a 90 países; Amnistía Internacional creada en 1962 que tiene más de un millón de miembros y está implantada en 160 países; el consorcio por la Dignidad y los Derechos Humanos organizado en el seno del FSM de Porto Alegre; Social Watch; OXFAM; Médicos sin Fronteras; Redes mundiales del internacionalismo obrero que trabajan en tres campos[11]: **a)** creación de alianzas entre *consumidores* del Norte y *trabajadores del Sur*; **b)** lucha contra las transnacionales; y **c)** creación de sistemas de comercio justo y consumo responsable.

11 Para obtener información relevante y solvente puede ser muy útil el CD Rom que adjunta Rafael Díaz-Salazar a su libro *Justicia Global. Las alternativas de los movimientos del Foro de Porto Alegre.* El CD Rom ha sido elaborado por Rafael Díaz-Salazar, Julia Espinosa y Javier Maroto en el Observatorio de Políticas de la Globalización y Movimientos Sociales. Rafael Díaz-Salazar presenta el CD Rom con las siguientes palabras: "*Me parece que el CD Rom es un instrumento valioso para la información y el trabajo personal y en grupo. En las cuatro partes encontrará el lector mil documentos sobre las protestas sociales ciudadanas contra la globalización neoliberal, la identidad del FSM de Porto Alegre, todos los documentos del I y II Foro (algo que creo que se ofrece por primera vez en el mundo en formato CD), y numerosos textos de debate internacional agrupados en torno a los 26 ejes temáticos de este Foro. Además, las Web de los 500 movimientos están distribuidas por áreas geográficas y por ámbitos de intervención social*". La información que podemos extraer de estas fuentes es más que suficiente para trabajar personalmente y en grupos en la elaboración de una alternativa al MCdPC y al Neoliberalismo económico y político, que lo legitima y lo inspira, y desarrollar la ÉTICA emergente, panhumana y ecológica para implementar la PRAXIS ÉTICA hacia el Ecohumanismo o Ecosocialismo.

— TERCERA PARTE —

¿Es posible un modo de producción y consumo alternativo al Modo Capitalista de Producción y Consumo?

Breve historia de la evolución del Modo Capitalista de Producción y Consumo y de las diversas configuraciones del Mundo Sociocultural que ha generado

El Capitalismo no se puede reducir a un subsistema económico independiente del Mundo Sociocultural que le rodea. El Modo Capitalista de Producción y Consumo (MCdPC) surgió en un Mundo Sociocultural preexistente y se desarrolló lentamente durante varios siglos mediante la interacción dialógica con todos los ámbitos y componentes del Mundo Sociocultural que le vio nacer.

El MCdPC nació en el seno del feudalismo europeo y más concretamente en el ámbito de los artesanos y comerciantes. Entre los siglos X al XV, la artesanía y el comercio experimentaron un rápido crecimiento. Los artesanos fabricaban toda clase de productos para vender en los mercados.

En este contexto germinó el MCdPC como un ciclo *metabólico repetitivo*, similar al metabolismo alimenticio de los organismos vivos, consistente en:

a) utilizar toda clase de recursos naturales como materias primas;
b) elaborar toda clase de productos en los talleres especializados y en los hogares para el consumo familiar;
c) vender los productos elaborados en los mercados minoristas o exportarlos a mercados lejanos, mediante la actividad de los comerciantes y mercaderes a través de las rutas comerciales;
d) la finalidad central perseguida por los artesanos y comerciantes era acumulación individual del dinero y de otros bienes materiales que se podían conseguir con ese dinero;
e) lo que no se gastaba en el consumo frugal o lujoso del hogar se reinvertía para realizar un *nuevo ciclo metabólico* para aumentar el capital.

En este contexto triunfan muchos *mercaderes* emprendedores y audaces que deciden afrontar riesgos. Su actividad consiste en importar materias primas y productos, especialmente lujosos, de lugares lejanos y en exportar productos comprados a los artesanos locales o intercambiados por materias primas. Así se desarrollan las rutas comerciales terrestres y marinas y las rutas continentales o intercontinentales. El tráfico mercantil de metales preciosos, de piedras preciosas, de marfil, de seda, de lana, de tejidos y vestidos lujosos, de joyas de productos suntuosos y de productos agrícolas no perecederos como los granos o especias, se convierte en una fuente extraordinaria de capital monetario y de bienes materiales.

El mercantilismo llegó a su apogeo en el siglo XV, generando en su seno la burguesía financiera, constituida por mercaderes adinerados que se convirtieron en grandes prestamistas especialmente para los reyes, príncipes y nobles. Así surgió la alta burguesía que se fue configurando en dos fracciones cada vez más especializadas: la burguesía mercantil y la burguesía financiera. La mayoría de los protagonistas siguieron ejerciendo las dos funciones. A partir del siglo XVIII, la burguesía financiera tuvo un papel relevante en la génesis de la tercera fracción de la alta burguesía: *la burguesía industrial.* Con su iniciativa emprendedora y audaz invirtió el capital acumulado en impulsar el desarrollo del maquinismo industrial y los megaproyectos industriales de todo tipo: minería, fábricas y ferrocarriles, utilizando como energía fundamental el carbón. Así empezó la carbonización de la atmósfera con el CO_2.

En la interacción dialógica del capitalismo mercantil con el Absolutismo Real, el MCdPC va mutándose a sí mismo, erosionando, de camino, el modo feudal de producción y el Absolutismo Real con nuevos regímenes socioculturales.

La configuración histórica de la sociedad que genera el MCdPC para mantener y maximizar la continua acumulación de capital competitiva e individualista no tiene una estructura uniforme y estable. Es una configuración constitutivamente dinámica, evolutiva y cambiante, surgida de la interacción dialógica del MCdPC con los diversos ámbitos del Mundo Sociocultural que constituyen las precondiciones necesarias para mantener la continua acumulación de capital. Esa interacción dialógica originó "diversas formas" o "regímenes de acumulación" históricamente específicos. Nancy Fraser (2020) distingue los cuatro siguientes: "Capitalismo mercantil al principio, un régimen de Capitalismo competitivo de 'laisser-faire' en el siglo XIX, un régimen de Capitalismo monopolista administrado por el Estado en el siglo XX y el régimen actual de Capitalismo globalizador y financiarizado" (p. 125).

Para desarrollar la breve historia prometida haré una descripción de estos cuatro regímenes.

El capitalismo mercantil (aproximadamente entre 1500 y 1775)

Desde el siglo XVI al siglo XVIII, el modo capitalista mercantil de acumulación estaba parcialmente sometido a la *Política Económica* de los Reyes absolutos caracterizada por el intervencionismo y por la regulación del comercio interno en sus respectivos territorios por normas económico-morales, leyes y reglamentos cargados de privilegios. Fuera de sus territorios practicaban el *imperialismo colonial,* apoyaban el saqueo y la represión militar de los pueblos colonizados y participaban en el mercado mundial de esclavos.

En aquella época la praxis económica de la burguesía mercantil y financiera ascendente interactuaba dialógicamente con la praxis política intervencionista del Absolutismo Real, reclamando autonomía e independencia para sus negocios. Los mercaderes ricos se convirtieron en grandes prestamistas. Sus mejores clientes eran los reyes, los aristócratas, los nobles y los gobernantes que se endeudaron personalmente hasta límites insoportables y llevaron los erarios públicos a la bancarrota.

En esa época, el dinero ya había logrado convertirse en *"mercancía ficticia",* según la expresión de Karl Polanyi. El dinero-mercancía ficticia dio origen *rentismo.* El dinero era vendido a un determinado interés. La *naturaleza* y el *trabajo* adquirieron la condición de "mercancías ficticias" más adelante.

En el contexto del Antiguo Régimen crecieron las tensiones de la burguesía mercantil y financiera con los aristócratas y los nobles; surgieron tensiones de los siervos de la gleba con los grandes terratenientes; surgieron nuevos campos profesionales: se multiplicaron las llamadas "profesiones liberales", artesanales y comerciales, que se convirtieron en semilleros de pensamiento liberal e incluso revolucionario. Basta recordar a los libertinos eruditos" franceses del siglo XVII; a los "librepensadores" ingleses de finales del XVII y comienzos del XVIII; a "*les philosophes*" franceses del siglo XVIII y a los enciclopedistas; a los "fisiócratas" franceses y los economistas liberales ingleses; a los iniciadores del comunismo, del socialismo, del anarquismo y de las reformas agrarias.

El Capitalismo competitivo o liberal del "laisser-faire"

A mediados del siglo XVIII se acelera la progresiva transformación del *Capitalismo mercantil* en el llamado *Capitalismo competitivo* o *capitalismo liberal* del "*laisser-faire*". Este capitalismo era rabiosamente individualista y ferozmente competitivo. Rechazaba toda regulación política y moral de la praxis económica y defendía los *mercados autorregulados* exclusivamente por las leyes naturales de la oferta y la demanda, que establecen los precios de las mercancías, y por los contratos entre individuos libres. Esta praxis económica sostenida durante 150 años y teorizada por la *Economía Política* dejaba fuera a la ÉTICA como referente central de la Configuración del Mundo Sociocultural.

La causa fundamental de la transición del *Capitalismo mercantil* al *Capitalismo liberal* fue una combinación explosiva de varios factores entre los que destacan: la corrosión del sistema económico del Antiguo Régimen que desembocó en el endeudamiento o bancarrota de los erarios públicos; las críticas de los librepensadores, los ilustrados revolucionarios; la escasez de granos, especialmente de trigo, las hambrunas que afectaban sobre todo a las masas de pobres e indigentes. Esta situación se vio agravada por la derogación del régimen jurídico-político que mantenía a los siervos atados al campo, por los cambios en las llamadas "leyes de pobres", y por la derogación de los reglamentos de los gremios y cofradías de artesanos. El paradigma emblemático de esta combinación explosiva de factores heterógenos fue la que se gestó en el seno del Absolutismo Real francés con Luis XIV, Luis XV y Luis XVI, y que desembocó en la Revolución francesa (1789-1795). (José Domínguez, oc. pp. 26-48).

El Capitalismo liberal como praxis económica se inició simultáneamente en Inglaterra y Francia a finales del siglo XVIII y fue hegemónico hasta la *Gran Depresión* de 1929. Entre 1930 y 1945, la crisis provocada por la *Gran Depresión* influyó decisivamente en el nacimiento y desarrollo de los totalitarismos: nazismo, fascismo, stalinismo que desencadenaron la II Guerra Mundial.

El Modo Capitalista de Producción y Consumo como un ciclo repetitivo de metabolismo económico

El núcleo central de la praxis económica del *Capitalismo liberal individualista* y *competitivo* es el Modo Capitalista de Producción y Consumo que se configura y consolida a lo largo del siglo XIX como un ciclo repetitivo de metabolismo económico orientado a la acumulación individualista del capital, que se reinvierte para iniciar nuevos ciclos de metabolismo económico. El MCdPC ha ido mutando, evolucionando y reconfigurándose hasta nuestros días, pero manteniendo las líneas fundamentales de su praxis económica y las fases básicas de su metabolismo, que son las siguientes.

1. Extractivismo masivo y salvaje de materias primas y energías de la naturaleza: los recursos naturales son necesarios para fabricar todo tipo de productos: minerales y metales; metales y piedras preciosas; energías fósiles; maderas nobles y marfil animal; recursos agrícolas, ganaderos y marinos; materiales para la construcción de infraestructuras y edificios. El extractivismo de recursos naturales para su venta en los mercados, de acuerdo con la oferta y la demanda, convierte a la naturaleza en una *"mercancía ficticia"*, como sostiene Polanyi.

2. Producción industrial masiva de productos manufacturados para los mercados incluidas las herramientas y máquinas o bienes de equipamiento; desarrollo exponencial del industrialismo mediante el maquinismo y la invención continua de nuevas tecnologías apropiadas individualmente mediante el sistema de patentes. Actualmente se patentan y se apropian genomas de seres vivos genéticamente modificados llamados "transgénicos".

3. Creación de cuatro mercados básicos, libres y autorregulados por las leyes de la oferta y la demanda: los defensores de los mercados autorregulados rechazan la intervención del Estado para imponer normas morales y legales y defienden los contratos entre individuos libres para garantizar la *plusvalía* mediante un precio de venta superior al precio de coste. Pero, cuando surgen problemas de inflación o deflación, de escasez de recursos naturales, de desempleo masivo, recurren al Estado para que los resuelva. Karl Polanyi analiza magistralmente esta contradicción entre el dogma del mercado libre autorregulado y la invocación permanente de la intervención del Papá-Estado para la solución de la crisis. Entre los mercados destacan los siguientes:

Mercado de productos elaborados o manufacturas: todo tipo de objetos necesarios, útiles, decorativos, superfluos o suntuosos.

Mercado de recursos naturales: materias primas y energías: Los recursos naturales son necesarios para elaborar toda clase de manufacturas. El mercado de productos naturales, según Karl Polanyi convierte la *naturaleza* en una *mercancía ficticia,* porque se pretende que su precio y valor se establezca por las leyes del mercado de oferta y demanda, sin tener en cuenta que su mal uso o despilfarro genera escasez o agotamiento y que no se pueden regenerar o reponer.

Mercado de trabajo: en este mercado se vende y se compra fuerza de trabajo mediante contratos privados entre vendedores y compradores de fuerza de trabajo, cuyo precio se estipula de acuerdo con las leyes del mercado de la oferta y la demanda, pero con una condición adicional: su precio sumado a los demás costes de producción debe dejar un margen de beneficio o de plusvalía para la acumulación de capital.

Si despojamos la exposición anterior de los eufemismos podemos afirmar rotundamente que el mercado de trabajo consiste en obligar a los seres humanos a venderse a sí mismos por horas, semanas, meses o años para poder sobrevivir personalmente o con su familia. El trabajo asalariado de las clases trabajadoras es el último maquillaje de la esclavitud primitiva. En los imperios esclavistas antiguos y modernos la condición de esclavo se imponía por la fuerza. Cuando se hundió en Occidente el imperio esclavista romano, sus herederos descubrieron que mantener a los esclavos y reproducirlos era muy costoso e inventaron la servidumbre de los *siervos de la gleba* que consistía en arrendarles un trozo de tierra y vincularlos a ella para que se garantizaran su subsistencia y la de la familia a cambio de dar la mayor parte de sus productos al señor feudal o de trabajar para él gratuitamente una determinada cantidad de jornadas. La burguesía descubrió que el *sistema de servidumbre* era muy engorroso y complicado y decidió liberar a los siervos y convertirlos en *trabajadores libres* para ofrecer su fuerza de trabajo a los que quieran comprarla.

A lo largo del siglo XIX una parte importante de la etnia mayoritaria de cada país europeo, logró un empleo estable y un salario medianamente razonable mediante las luchas del Movimiento Obrero. Actualmente, estamos volviendo a las condiciones laborales del primitivo capitalismo industrial, con los empleos temporales, el desempleo de larga duración y la imposibilidad de garantizar la reproducción social y el sistema de cuidados.

En el mercado de trabajo se cometen tres grandes injusticias: a) El trabajo valorado por las leyes del mercado reduce la dignidad de las personas trabajadoras a la categoría de objeto o al estatus de siervo o esclavo maquillado. b) Impide la reproducción social justa y sana y el sistema de cuidados de los dependientes. c) La manipulación frecuente del mercado de trabajo que practican las oligarquías plutocráticas mediante la deslocalización de empresas o la sustitución de trabajadores por bienes de equipo, construidos con las plusvalías extraídas del trabajo de las generaciones anteriores de trabajadores, multiplica los desempleados y los condena a la miseria y a la pobreza. Por eso, Karl Polanyi argumenta que este mercado ha convertido el trabajo en una "*mercancía ficticia*".

Mercado del dinero: El dinero surgió como un símbolo para facilitar el intercambio de mercancías. Los préstamos de dinero con "interés" o "*usura*" tienen una larguísima historia antes de la llegada del capitalismo liberal. Su conversión en "*mercancía ficticia*" empezó con el *capitalismo mercantil,* pero sólo se consumó y se teorizó en el mercado autorregulado por las leyes de la oferta y a demanda. El mecanismo de la deuda con interés es tan antiguo como la esclavitud para pagar deudas. A finales del siglo XVIII, el mecanismo de la deuda basada en el dinero como mercancía universal en los mercados autorregulados inició una serie de mutaciones y sofisticaciones que fueron el germen *generador del capitalismo globalizador y financiarizado vigente.*

La idea de un "*gobierno económico mundial*" se gestó en el seno del *Comité de los 300,* creado en Londres en 1729 por iniciativa de la *Compañía de las Indias Orientales* británica. Su formulación explícita y programática se debe a Mayer Amschel Rothschild, patriarca de la dinastía de banqueros más poderosa del mundo (Cabal, 2012).

En 1773, Rothschild, con 30 años de edad, fue capaz de reunir a doce miembros de la élite financiera internacional para exponerles su plan secreto de 25 puntos para saquear y dominar el mundo. Para Rothschild, quien sin duda conocía a fondo los planteamientos amorales e inmorales de Maquiavelo, cualquier plan de expropiación estaba justificado, "*si ello contribuye a afianzar la sumisión de las masas a la autoridad de las clases dirigentes*". A continuación, reproducimos las frases literales que se le atribuyen, citadas por Esteban Cabal:

- *"Nosotros pusimos los eslóganes de Libertad, Igualdad y Fraternidad en boca de las masas que preparan una nueva aristocracia".*
- *"El derecho es un pensamiento abstracto y no demuestra nada"*
- *"La libertad política es solo una idea, no es un hecho".*
- *"Da lo mismo que los gobiernos establecidos sean derrocados por enemigos externos o internos, porque el vencedor tendrá siempre que pedir financiación a los banqueros, ya que el Capital está por completo en sus manos".*
- *"Permitidme fabricar y controlar el dinero de una nación y ya no me importará quién la gobierna, quien haga sus leyes".*
- *"El poder de nuestros recursos debe permanecer invisible hasta que haya ganado tal fuerza que ninguna destreza y poder puedan minarlo".*
- *"Los candidatos para las oficinas públicas deben ser serviles y obedientes a nuestras órdenes".*
- *"Nuestras riquezas combinadas controlarán todas las fuentes de información pública".*
- *"Los pánicos y las depresiones financieras alumbrarán finalmente el Gobierno del Mundo, un nuevo orden Mundial"* (2012, pp. 30-31).

Los bancos son la base del *mercado de dinero*. Son grandes tiendas o superficies comerciales cuya única "mercancía" es el dinero. El negocio de las grandes superficies comerciales consiste en acumular grandes cantidades de productos, conjugando calidad y precios bajos de compra para venderlos caros. El negocio de los bancos consiste en acumular grandes cantidades de dinero barato y venderlo caro, buscando todos los medios adecuados para garantizar intereses y beneficios.

Entre las formas de conseguir dinero barato para especular con él, los banqueros han inventado entre otras las siguientes: lograr que los trabajadores por cuenta ajena domicilien sus nóminas y sus ahorros en las oficinas bancarias; gestionar pagos y transferencias mediante comisiones; ofrecer seguros y otros servicios, haciendo un cálculo probabilístico entre los costes de los eventuales daños causados en los bienes asegurados y lo que pueden acumular; lograr que los autónomos, las pequeñas y las medianas empresas domicilien su capital en los bancos y ofrecerles diferentes servicios mediante el pago de comisiones, para las transacciones comerciales; otra fuente de acumulación de dinero barato son los depósitos de dinero que confían a las entidades bancarias los organismos estatales para pagar a sus funcionarios y proveedores y realizar diferentes transferencias; por último, otra fórmula de acumular dinero para vender son los préstamos interbancarios a bajos intereses.

La comercialización del dinero gratuito o barato disponible generalmente sigue unas estrategias complejas de ingeniería financiera, que se manifiestan en la letra pequeña de los contratos que no se pueden explicar aquí. Entre las fórmulas más comprensibles para los no iniciados en la especulación financiera, podemos mencionar las siguientes: préstamos al consumo estimulado por la publicidad agresiva; préstamos hipotecarios; préstamos a las empresas, a las instituciones privadas o públicas; préstamos al Estado para los megaproyectos de infraestructuras; la compra y la venta de acciones que dan derecho a ser copropietarios de las empresas; participación en fondos de inversión con distintos grados de riesgo.

Con frecuencia la avaricia rompe el saco y aparecen las crisis financieras provocadas: **a)** por el juego azaroso de multitud de individuos en el *Casino* mundial constituido por las distintas bolsas nacionales o geopolíticas; **b)** por la planificación intencionada de la oligarquía plutocrática mundial o de una parte de ella. La audacia en la compra-venta de productos financieros de alto riesgo puede provocar la bancarrota de las entidades financieras.

Cuando quiebran las entidades financieras, muchos pequeños y medianos ahorradores, que habían invertido sus ahorros en productos financieros tóxicos, inducidos por los ejecutivos y empleados de los bancos, quedan arruinados. Para salvarlos, los propietarios y altos ejecutivos de las entidades financieras chantajean a *"Papá-Estado"*, al que han despojado de la soberanía económica, para que rescate a los bancos y evite la ruina de los pequeños y medianos ahorradores. El "*Papá-Estado*", colocado entre la espada y la pared, asume la *deuda privada* de los bancos, fruto de la avaricia y mala gestión de sus propietarios y dirigentes, y la incorpora a la *deuda pública*. Es lo que sucedió con la crisis del 2008. Los propietarios y dirigentes continúan en sus puestos con sus megasueldos o "se van de rositas" con compensaciones millonarias.

La *deuda privada* asumida por el "depotenciado *"Papá-Estado"*, patrimonializado por las oligarquías plutocráticas, se reparte entre todos los ciudadanos de manera desigual, ya que proporcionalmente pagan mucho más los que tienen menos ingresos. Así se da el caso de varios países en los que hay etnias minoritarias cuyos miembros no han pisado nunca un banco o incluso ignoran que existan bancos o "tiendas de dinero" que se han convertido en deudores de la deuda pública de "*Papá-Estado*" "ampliada" por el rescate de los bancos.

La ética de las oligarquías plutocráticas, de sus secuaces y de su *chusma de palmeros neoliberales,* inconscientes o malintencionados, es el siguiente: "Hay que impedir que *"Papá-Estado"* gaste el dinero de todos en servicios públicos y sociales y en sistemas de cuidados que son un agujero negro que succiona la sustancia económica. Ese dinero debe ir a las manos de los "inversores" que son los únicos capaces de corregir las prácticas ingenuas y despilfarradoras de *"Papá-Estado"* que, secuestrado y manipulado por *una ralea de populistas,* pretende que los flujos de capital vayan de los ricos a los pobres. Sólo los "*inversores*" son capaces de *invertir* tamaño desorden para que los flujos de capital continúen yendo, como siempre, de los pobres a los ricos. La tarea más urgente que tenemos consiste en liberar a "*Papá-Estado"* de esa *horda de populistas y comunistas* que lo han secuestrado y lo están manipulando".

Esa cantinela empezó en 1945 con la publicación de la obra *El camino de la servidumbre* de Friedrich Von Hayek; se divulgó durante el *Capitalismo monopolista* administrado por el Estado (1950-1980), es decir, por la socialdemocracia que promovió "el estado de bienestar"; con el *Capitalismo globalizador y financiarizado* (1980-2021) se ha convertido en la cantilena universal de los neoliberales.

Pero la cosa cambia, cuando amenaza la bancarrota. Entonces se recurre a "*Papá-Estado"* para que pague el *rescate* con los impuestos de aquellos a quienes se han recortado los servicios públicos o los sistemas de cuidados o se los han privatizado para convertirlos en *nuevos mercados.*

4. *La acumulación del capital como finalidad central del Modo Capitalista de Producción y Consumo*. La última fase del ciclo metabólico del MCdPC es la ampliación de capital financiero, que es la suma del capital inicial invertido y recuperado y de los beneficios o plusvalías cosechadas en los diferentes mercados.

En el MCdPC la acumulación de capital es lo primero en la intención y lo último en la ejecución. Pero la acumulación de capital es la finalidad central que da sentido a todo el proceso metabólico de extracción y transformación de las materias primas en productos elaborados para venderlos en los mercados, de comercialización o creación de mercados específicos para lograr la acumulación.

La intención de acumular capital nunca fue un proyecto social éticamente correcto orientado a la producción justa y a la distribución equitativa de los bienes materiales producidos con los recursos naturales, que no pueden ser propiedad exclusiva de nadie, porque son propiedad común de la humanidad, y deben satisfacer las necesidades básicas de todos los miembros de cada sociedad humana. Siempre fue un proyecto egocéntrico, individualista y competitivo de acumulación individual ilimitada de bienes, basado en *apropiación individualista* de los recursos naturales en la *expropiación, explotación, dominación y represión* de la mayoría de los miembros de cada sociedad por una minoría. La acumulación individualista, competitiva e ilimitada de bienes es un fin injusto e inmoral y los medios utilizados son moralmente perversos. Ambos implican la expulsión de la ÉTICA del proceso económico y de la configuración del mundo sociocultural.

Los promotores del MCdPC se proclaman *defensores del derecho de propiedad privada.* Pero, en realidad, son los destructores de ese derecho, porque acaparan los recursos naturales y los productos derivados de ellos y excluyen a la mayoría de los seres humanos de él. Un auténtico defensor del derecho de propiedad privada debería promover la difusión equitativa de la propiedad privada de todos los seres humanos y no la acumulación individualista e ilimitada del 1% de la población mundial. Por más que lo publiciten en los medios de comunicación, no es posible practicar al mismo tiempo esa expropiación sistemática y promover la difusión de la propiedad privada como un derecho natural y primario de todos los seres humanos.

Esta contradicción tiene su raíz profunda en el egocentrismo individualista del dogma liberal y neoliberal, que Margaret Thatcher formuló así: "*La sociedad no existe. Sólo existen los individuos*". Si sólo existen los individuos, ninguna sociedad puede establecer una distribución equitativa de los recursos naturales. Pero tampoco el Estado inglés, gobernado por Margaret Thatcher, puede legitimar la explotación del 99% de los individuos en beneficio de la acumulación ilimitada del 1% de la población, que es la praxis habitual consolidada durante los últimos 250 años de la *City financiera londinense.* ¿Acaso la legitimación estatal de la expropiación de la mayoría de los individuos es una praxis correcta y la legitimación estatal de la producción comunitaria para distribuir entre todos los individuos es incorrecta?

El MCdPC como ciclo repetitivo de metabolismo económico orientado a la acumulación individualista ilimitada de capital monetario y otros bienes ha causado, durante los últimos 250 años, grandes estragos y desastres en la Naturaleza y en las sociedades humanas.

El extractivismo masivo y salvaje ha generado un progresivo agotamiento de los recursos naturales no regenerables, que son necesarios para la futura supervivencia de los seres humanos. El metabolismo económico capitalista genera cantidades ingentes de residuos tóxicos, que contaminan la *Ecosfera abiótica* –litosfera, hidrosfera, atmósfera–, la *Biosfera* terrestre y marina y la *Antroposfera*, generando nuevas enfermedades.

El MCdPC con sus métodos de acumulación de capital financiero y bienes materiales ha causado enormes estragos en las poblaciones humanas; la destrucción brusca del sistema feudal de producción y la destrucción simultánea del sistema de gremios y cofradías, sin alternativa razonable, provocaron en la primera etapa del MCdPC (1775-1865) la destrucción del sistema tradicional de reproducción social y el sistema de cuidados. En la segunda mitad del siglo XIX y primera mitad del siglo XX, bajo la presión del Movimiento Obrero y la presión religioso-moral de las clases medias, se llevó a cabo una cierta regulación de ambos sistemas, siempre a costa de las mujeres expropiadas de sus derechos como personas y como ciudadanas sometidas al patriarcado, al machismo y al trabajo gratuito del hogar.

Un análisis crítico del MCdPC como ciclo repetitivo de metabolismo económico, de sus métodos de producción y acumulación de capital monetario y bienes materiales y de sus consecuencias desastrosas para la Naturaleza y para las sociedades humanas nos lleva a la siguiente conclusión: el MCdPC es *ecocida*, porque destruye la Ecosfera abiótica, es *biocida*, porque destruye la Biosfera y es *antropocida* porque destruye la Antroposfera. Por todo esto, podemos afirmar con contundencia que el MCdPC ha eliminado la ÉTICA del proceso económico y de la configuración de las sociedades humanas. El análisis que realizo a continuación del Estado capitalista clasista y de la sociedad subordinada a él, configurados por los promotores del liberalismo económico y político refuerza esta conclusión.

El nacimiento del Estado capitalista clasista

Las dos grandes creaciones del *Capitalismo individualista competitivo* o *Capitalismo liberal del "laisser-faire"* son la configuración del MCdPC como un ciclo repetitivo del metabolismo económico, cuyo núcleo central son los *mercados autorregulados* por las leyes naturales de la oferta y la demanda y la configuración del Estado capitalista clasista, patrimonializado por la oligarquía financiera, industrial y mercantil, que ha despojado a la mayoría de los componentes de la sociedad de la soberanía económica y política.

La defensa de la autonomía de la praxis económica para liberarla de la praxis normativa de la ÉTICA y de la praxis intervencionista de la política, promovida por los economistas liberales con su teoría de los *mercados autorregulados* exclusivamente por las leyes de la *oferta* y la *demanda*, que ni son leyes ni son naturales, porque son puramente especulaciones ideológicas arbitrarias, implicaba la subordinación de la sociedad y del Estado a los mercados, exigiéndoles que se comportaran como complementos de los mercados.

El proyecto de independizar la praxis económica de la praxis ética y política, que Karl Polanyi considera como un intento fallido "de desincrustar la economía de la sociedad", otorgó a la praxis económica la primacía absoluta sobre la praxis ética y la praxis política. Karl Polanyi afirma:

> "Nuestra tesis es que la idea de un mercado autorregulado implicaba una utopía absoluta. Semejante institución no podría haber existido en ninguna época sin aniquilar la sustancia humana y natural de la sociedad; habría destruido físicamente al hombre y transformando su ambiente natural en un páramo. Inevitablemente la sociedad adoptó providencias para protegerse, pero cualquiera de esas medidas dañaba el mercado autorregulado, desorganizaba la vida industrial y, así, ponía en peligro la sociedad en otro sentido". (2017, p. 65)

Para salvar el sentido positivo del venerable término UTOPÍA –palabra y concepto–, yo sustituiría la expresión *"utopía absoluta"* de Karl Polanyi por la expresión *"quimera absoluta"* (*ibíd.*).

La *"quimera absoluta del mercado autorregulado"* tuvo tres consecuencias relevantes:

a) Generó una contradicción y una interacción dialógica permanente entre el *MCdPC y el Estado*; el MCdPC defendía un mercado libre, independiente y autónomo del Estado; pero, al mismo tiempo, quería convertir al Estado en un instrumento subordinado al mercado autorregulado para garantizar las precondiciones necesarias para la eficacia y la eficiencia del mismo; el resultado fue la configuración de un *Estado clasista,* subordinado al "mercado autorregulado" y a los intereses de la alta burguesía financiera, industrial y mercantil, que lo había patrimonializado desde el principio.
b) Al mismo tiempo, generó una contradicción y una interacción dialógica permanente entre el *Estado clasista* y la *sociedad;* para garantizar las

precondiciones del "*libre mercado*", el Estado clasista tenía que eliminar la soberanía económica y la soberanía política de la sociedad sobre el "*mercado libre*" y sobre el "*Estado clasista*", respectivamente; la sociedad reaccionó defendiendo la soberanía política sobre el Estado, para defender mediante el Estado la soberanía económica sobre el mercado; desde el principio, la sociedad aspira a la democracia económica y a la democracia política a través de un gobierno del pueblo, por el pueblo y para el pueblo, que ponga al Estado y al Mercado al servicio de todos los miembros "*démos-pueblo*".

c) La tercera consecuencia de la "*quimera absoluta del mercado autorregulado*" fue la transformación de la *Política económica* del Absolutismo Real en la *Economía Política* de la alta burguesía, que se ha convertido en un conjunto de oligarquías plutocráticas nacionales dependientes de la oligarquía plutocrática mundialista.

La configuración del Estado burgués, clasista y liberal, es fruto de la combinación del *liberalismo político* de John Locke y del liberalismo económico de los "*fisiócratas*" franceses y de los economistas ingleses.

John Locke puso las bases para la configuración del Estado burgués, clasista y liberal, con su concepción del Estado burgués, alternativo al Estado del Absolutismo Real. John Locke no era un "*igualitarista*". Era un "*clasista*". Creía que la división de la sociedad en *clases sociales desiguales,* económica, social, política y culturalmente era un hecho completamente natural y, consecuentemente, era inevitable. John Locke era un intelectual orgánico de la burguesía inglesa ascendente que, durante el siglo XVII, realizó dos revoluciones contra la monarquía absoluta y la aristocracia: la *Revolución de Cromwell* de 1648 y la *Revolución Gloriosa* de 1688. La concepción del Estado burgués, clasista y liberal de Locke surgió de la teorización de estas dos revoluciones. Conviene recordar que su padre fue un protagonista importante de la primera y John Locke un asesor importante de la segunda.

Desde la perspectiva de la burguesía inglesa triunfante en las dos revoluciones, John Locke asignó dos funciones fundamentales al Estado burgués, que propuso como alternativa al Estado del Absolutismo Real: **a)** el Estado debe garantizar las "propiedades legítimas" de los ciudadanos; en las "propiedades legítimas" estaban incluidas las "*enclosures*" o "*cercamientos*" de los bienes comunales practicadas desde finales del siglo XIV; **b)** el Estado debe garantizar las libertades y derechos de los ciudadanos derivados de los tres derechos naturales básicos: *el derecho a la vida; el derecho de propiedad privada; el derecho a la libertad.*

Correlativamente, asignó dos funciones básicas a los ciudadanos: **a)** *vigilar y controlar* los poderes otorgados al Estado –legislativo, judicial y *ejecutivo*– para que garantice las "propiedades legítimas" de los ciudadanos; **b)** *vigilar* y *controlar* los poderes otorgados al Estado para que garantice los derechos y libertades de los ciudadanos.

El problema más importante del Estado capitalista burgués, liberal y clasista consistió en que dividió la sociedad en dos bloques: **a)** una minoría de la etnia mayoritaria tenía el *estatus de ciudadanos* con pleno derecho a vigilar y controlar los poderes públicos otorgados al Estado; **b)** una mayoría que seguían siendo *súbditos,* carentes del derecho de vigilar y controlar los poderes del Estado: las mujeres y los niños, (incluidos los de la etnia mayoritaria), los extranjeros, los pobres carentes de propiedades, los emigrantes y los indigentes en general carecían de la ración mínima de ciudadanía y soberanía, que era el voto electoral. Basta recordar las luchas de las *sufragistas* y del Movimiento Obrero para lograr el derecho de voto.

Al comienzo, sólo los propietarios, que podían contribuir con sus impuestos al Estado, tenían derecho al voto. Es lo que se conocía como "voto censitario". En algunos países, el analfabetismo también privaba de derecho al voto. Un caso paradigmático fue Brasil. A mitad del siglo XX, Paulo Freire inventó su *Método de alfabetización* y desarrolló su *Pedagogía de liberación* para lograr que millones de brasileños pudieran ejercer su derecho al voto y convertirse en ciudadanos.

En Europa y América, los trabajadores de la etnia mayoritaria lograron el derecho de voto y la ciudadanía política, durante la segunda mitad del siglo XIX y la primera mitad del siglo XX. Como contrapartida tuvieron que reconocer y aceptar el derecho de la burguesía media y alta a dominar el lugar de trabajo como propietarios de fábricas y tierras, renunciar al derecho de participar en las decisiones empresariales y aceptar la condición de meros vendedores de fuerza de trabajo por un salario sometido a las leyes de la oferta y la demanda.

En la periferia de las potencias coloniales europeas no se intentó este compromiso. Las potencias coloniales europeas utilizaron el poder militar para aplastar las rebeliones e imponer el saqueo de los territorios colonizados y de las poblaciones subyugadas. Además, siguieron comerciando con los esclavos. Así consolidaron su dominio colonial basado en el "imperialismo del libre comercio" bajo la hegemonía del "financiarismo" del Imperio británico con sede en la "City londinense".

Los promotores del MCdPC y del Estado capitalista burgués, liberal y clasista, desde el siglo XVIII, eran seguidores del *liberalismo económico* iniciado por los *"fisiócratas"* franceses con su doctrina del *"laissez-faire"* –François Quesnay, Honoré Gabriel, Conde de Mirabeau, Jacques Turgot y Mercier de la Rivière– y del *liberalismo económico* de los economistas ingleses: Adam Smith, David Ricardo, Arthur Young, Robert Thomas Malthus, Jeremy Beatham y James Mill. Todos estos autores, sus continuadores y sus seguidores defendían que la *praxis económica* debía ser independiente de la *praxis política* del Estado, y los más radicales, como David Ricardo, que también debía ser independiente de la *praxis ética,* ya que la *praxis económica* debía ser dirigida exclusivamente por los mercados autorregulados por las leyes naturales de la oferta y la demanda.

Pero resulta que los promotores del MCdPC, los *"fisiócratas"* franceses y los economistas ingleses mencionados y sus continuadores, eran también seguidores del *liberalismo político* iniciado por John Locke, reelaborado y difundido en Francia por *Voltaire,* y por Montesquieu y otros enciclopedistas liberales. Los promotores del MCdPC intentaron integrar el liberalismo económico y el liberalismo político en un solo sistema económico-político.

La combinación o conjunción de ambos liberalismos configuró el Estado capitalista burgués como un *Estado liberal clasista,* patrimonializado por la alta burguesía financiera, industrial y mercantil que, en los últimos 250 años, se ha configurado como un conjunto de oligarquías plutocráticas nacionales vinculadas o dependientes de la oligarquía plutocrática mundialista.

El Estado burgués siempre intentó presentarse y maquillarse como un *Estado interclasista* y *democrático.* Durante los 30 años (1950-1980) del llamado "*Estado del bienestar*" estuvo a punto de convertirse realmente en un Estado interclasista y democrático. Pero la reacción del *Neoliberalismo económico y político* de Von Misses, de Friedrich Von Hayek y de Milton Friedman, que llegó a su apogeo en la década de 1980 con la colonización del BM y del FMI por los "Chicago Boys y el triunfo de Margaret Thatcher y de Ronald Reagan, frustró esa oportunidad.

La burguesía en general y, especialmente, los miembros de la alta burguesía asimilaron el mensaje de Locke y de sus continuadores a los ciudadanos sobre sus funciones básicas de vigilar y controlar los poderes otorgados al Estado e inmediatamente pusieron manos a la obra. Como terratenientes y propietarios de las empresas financieras, industriales y mercantiles empezaron a crear un complejo entramado de sociedades, clubes y fundaciones y a desarrollar un complejo de estrategias y mecanismos para realizar eficazmente las funciones de vigilar y controlar los poderes públicos otorgados al Estado.

Desde el siglo XVIII al siglo XXI, lograron configurar las *Naciones-Estado* cono *Estados clasistas* patrimonializados por las oligarquías plutocráticas, es decir, puestos al servicio de los intereses de las clases dominantes. Así despojaron a las clases dominadas de la *soberanía económica* sobre los mercados y de la *soberanía política* sobre los Estados. Dicho de otra manera: han expropiado al pueblo su soberanía, se la han apropiado y la han patrimonializado.

Las dictaduras personales y militares, incluidas las dictaduras fascistas, nazis y proletarias y el llamado "*gobierno económico mundial en la sombra*", mencionado eufemísticamente como *"globalización económica neoliberal"* son derivaciones del Estado capitalista, liberal y clasista. Son modos extremos de *garant*izar los intereses de las oligarquías plutocráticas. Incluyo aquí las *dictaduras del proletariado* instauradas por el *Socialismo Real* como un *capitalismo de Estado* patrimonializado por los burócratas del partido único.

Durante el siglo XIX, el Movimiento Obrero se esforzó por dotar a las clases dominadas y trabajadoras de instrumentos similares a los de la burguesía para obligar al Estado burgués clasista a garantizarles sus derechos económicos, sociales, políticos, educativos y culturales. Entre ellos destacan: la creación de sindicatos, de partidos políticos y de instituciones educativas para la formación profesional y ético-política; la creación de cooperativas y cajas de solidaridad y resistencia para aguantar y sobrevivir en tiempos de huelga, de despidos, de deportaciones, de desempleo y de cárcel.

Pero la burguesía capitalista, que se iba configurando como oligarquía plutocrática, presionaba a sus Estados clasistas para que reprimieran las protestas y actividades reivindicativas de los obreros e impidiera la consolidación de las instituciones mencionadas. Sólo prosperaron los sindicatos y partidos a partir de su legalización. Pero las oligarquías plutocráticas siguieron intentando domesticarlos y, en parte, lo lograron durante el régimen de *Capitalismo monopolista gestionado por el Estado* (1945-1980), convirtiéndolos en funciones estructurales de los Estados capitalistas clasistas que, a su vez, quedaban maquillados como Estados interclasistas y democráticos.

Durante los últimos cuarenta años de *Capitalismo globalizador y financiarizado* (1980-2021), las oligarquías plutocráticas capitaneadas por el BM y el FMI, están intentando convertir en mercancías muchos de los derechos económicos y sociales reconocidos en la *Declaración Universal* de 1948 y en los *Pactos* de 1966, para crear nuevos mercados. Entre ellos destacan: la vivienda, el agua potable, la alimentación, la sanidad, los transportes, las energías, la educación y los cuidados. Aquí no puedo presentar todos estos nuevos mercados. Pero no puedo pasar de largo sin hacer un comentario al *mercado de la educación* y al *mercado de los cuidados*.

El mercado de la Educación

A los nuevos mercados mencionados, habría que presentarlos en el contexto del Capitalismo total que los ha creado. Pero he decidido adelantar su presentación a este momento para manifestar diáfanamente el ciclo metabólico completo del MC d PC en su apogeo actual.

Katarina Tomasevski en su obra *El asalto a la educación* explica que el Banco Mundial fue el responsable principal de la conversión del" derecho *a la educación"* en una *"mercancía"* y de su entrega al mercado cuando los "Chicago Boys" ya tenían en sus manos las riendas del BM y del FMI. El siguiente texto sintetiza el comportamiento del BM:

> "La lógica del Banco Mundial para las cuotas escolares en Malaui entre 1982-1983 se hizo conocida como regla Thobani. Ésta postula que las familias y particulares deben pagar los servicios públicos, de otra manera estos servicios no estarían disponibles o su calidad se tornaría inaceptable. La importancia que los padres le daban a la educación se evaluó según su disposición a pagar por la educación de sus hijos. Determinada de esta manera, esa disposición se traducía en demanda de educación que debía corresponderse con una oferta adecuada. La educación fue dejada en manos del libre mercado. Sin embargo, pese a la disposición de los padres, su falta de poder adquisitivo no podía crear una demanda. Este exceso de demanda, proveniente de aquellos que tenían voluntad, pero no podían pagar, no llegaba a satisfacerse. De esta manera, la educación se convirtió de un derecho en una mercancía [el subrayado es mío] y el imperio de la ley se reemplazó por el poder de compra". (Tomasevski, 2004, p. 106)

Después de las reformas educativas promovidas por Margaret Thatcher en el Reino Unido y por Ronald Reagan en Estados Unidos, su portazo a la UNESCO y su promoción de la OCDE como alternativa a la UNESCO durante la década de 1980, la educación estaba plenamente integrada en el mercado. En la década de 1990, esa integración llegó a su apogeo y actualmente, la OCDE ejerce su liderazgo educativo frente a la UNESCO. Esta defiende el derecho a una educación crítica como puerta de entrada a los demás derechos humanos y como capacidad para impulsar una *metamorfosis* justa e igualitaria del mundo escandalosamente injusto y desigual en el que vivimos. Mientras tanto la OCDE está empeñada en promover una instrucción y una socialización adecuada para que pueda funcionar el Modo Capitalista de Producción y Consumo, mediante la *ideología de las competencias básicas,* y la falsa promesa de lograr un puesto de trabajo.

La ideología de las competencias básicas unida al concepto de formación profesional que propone la OCDE, equivale a lo que Jean Claude Michéa denomina *La Escuela de la ignorancia.* El tipo de educación que promueve la OCDE implica la castración de la conciencia ético-crítica de los educandos, y frena la búsqueda de un mundo alternativo.

Jean Claude Michéa en su libro *La escuela de la ignorancia y sus condiciones modernas* nos informa de que unos 600 líderes mundiales relacionados con la oligarquía plutocrática mundial, participantes a título personal en la Conferencia Internacional de San Francisco (1995), propusieron un *sistema educativo tripartito* como paradigma ideal de sistema educativo. Ese sistema tripartito se compondría de:

a) Un *polo educativo de excelencia* para la formación de los altos ejecutivos y tecnócratas del sistema económico-productivo, que representan aproximadamente el 5% de la población activa mundial.
b) Un *segundo polo educativo de excelencia* para la formación de tecnólogos y técnicos, que representan el 15% de la población activa mundial y que deben estar capacitados para un continuo autorreciclaje, ya que las tecnologías y las técnicas se quedan obsoletas rápidamente.
c) Una *escuela de la ignorancia* para el 80% de la población activa mundial, consistente en un barniz instructivo: iniciación a la lectura, la escritura, las matemáticas, la informática y un desarrollo de unas competencias básicas necesarias para el funcionamiento del MCdPC y para tener una formación profesional adecuada para las actividades menos rentables o no susceptibles de tecnificación a bajo coste. Esta educación debe combinarse con entretenimientos y consumos baratos –"*el pan y circo*" de los romanos– adecuados para resignarse con empleos temporales y salarios precarios en las actividades menos rentables.

Jean Claude Michéa analiza la Conferencia de San Francisco (1995) en el capítulo dedicado a "la escuela del capitalismo total". La Conferencia fue auspiciada por la *Fundación Gorbachov*. Entre los 600 participantes a título personal había líderes mundiales económicos y políticos, sociólogos, especialistas en ciencias de la educación, economistas, politólogos y otros especialistas, todos ellos de reconocido prestigio mundial. Todos estaban de acuerdo con la siguiente premisa: el sistema económico-productivo mundial puede funcionar perfectamente con el 20% de la población activa mundial. Entonces se preguntaron, *¿Qué hacemos con el 80% de la población activa sobrante?* Sbigniew Brzezinski fue quién sugirió la propuesta que Michea califica como "escuela de la ignorancia". Los demás mostraron acuerdo con ella.

Poco después de la Conferencia de San Francisco (1995), Susan George preparaba la publicación del *Informe Lugano* (1997-1999) en el que relacionaba *el mercado de trabajo infantil con el mercado de la educación*. Planteaba la siguiente pregunta: ¿Se aceptarían el trabajo infantil, jornadas de doce horas, salarios de miseria, condiciones laborales peligrosas y la prohibición de sindicatos en el propio país? (oc., 230).

Entre el 24 y el 27 de mayo del año 2000 se celebró en Vancouver (Canadá) la primera reunión del *Mercado Mundial de la Educación* organizado por *Reed Midem*. En él participaron 3.000 profesionales procedentes de 56 países que representaban a 458 organismos públicos y privados. Entre los participantes destacaban los editores de productos multimedia, los operadores de telecomunicaciones, empresas audiovisuales, creadores de cursos por Internet, empresas de informática, universidades y ministerios de educación. El tema estrella fue la *Enseñanza a distancia*. Desde entonces el *Mercado Mundial de la Educación* se ha consolidado y se ha extendido por todo el mundo. La participación de las entidades financieras y de los fondos de inversión cada vez es mayor.

Como botón de muestra de la expansión el Mercado Mundial de la Educación nos puede servir el artículo publicado en EL PAÍS el 18 de septiembre del 2021 titulado: "Los fondos de inversión buscan negocio en la FP ante la escalada de demanda y la escasez de plazas". El artículo, firmado por J. A. Aunión y Javier Martín Arroyo, informa de que el fondo estadounidense KKR compra por 200 millones una red de centros de FP y muestra que la educación privada se abre un gran hueco allí donde no llega la pública.

El mercado de los cuidados

Este mercado es una creación reciente del *Capitalismo globalizador y financiarizado,* que intenta convertir los cuidados en "mercancías", de cuya compra/venta puede obtener beneficios: la crianza y la educación de los niños, la atención a los que tienen alguna discapacidad, la atención a los enfermos, el cuidado de las personas mayores, las tareas del hogar, etc.

Desde su origen, el capitalismo liberal individualista y competitivo practicó dos usos parasitarios: **a)** el uso parasitario de la Naturaleza-Ecosfera abiótica y Biosfera –como "fuente gratuita" de "*insumos productivos*"– materias primas y energías –y como "sumidero gratuito" de los residuos de la producción–; **b)** uso parasitario del sistema de cuidados como sistema reproductivo gratuito de mano de obra abundante, barata y cualificada y como sistema gestor gratuito de las necesidades, atenciones y cuidados de todos los dependientes.

El sistema de cuidados es un subsistema fundamental o imprescindible de todos los sistemas socioculturales. Comprende numerosas actividades afectivas y materiales, que son indispensables para toda la sociedad. Sin ellos no puede haber cultura, ni economía, ni organización política. El sistema de cuidados es indispensable para la reproducción social –generación y crianza de los niños–, para el mantenimiento de los hogares y familias y para la creación de comunidades primarias de base.

Las principales funciones del sistema de cuidados son las siguientes: la generación, crianza y educación de las niñas y niños hasta que alcanzan la autonomía de los adultos; el cuidado de los afectados por alguna discapacidad; el cuidado de los enfermos temporales y de los enfermos crónicos; el cuidado de los trabajadores que sufren accidentes laborales o contraen enfermedades profesionales que les incapacitan; el cuidado mutuo de las personas sanas que conviven –matrimonios, padres e hijos, hermanos– para que se sientan felices, con ganas de vivir y trabajar; el cuidado, restauración y mantenimiento diario de los miembros de la familia que trabajan fuera del hogar; el cuidado de las personas mayores para proporcionarles una vejez tranquila y agradable.

Para realizar todas estas funciones son muchas las horas de trabajo empleadas en actividades afectivas, como la conversación y el juego; y materiales como las tareas del hogar: limpiar, lavar, fregar, cocinar, planchar, hacer la compra. El trabajo de los cuidados es un trabajo duro, que no tiene fin ni horario fijo, que apenas distingue los días festivos de los días laborables.

En las sociedades agrarias tradicionales, anteriores a la industrialización capitalista, o coexistentes con ella, el sistema productivo y el sistema de cuidados estaban y siguen estando integrados. Todos los miembros de la familia colaboran en las faenas del campo, según su edad y capacidad, y en las tareas del hogar. El sistema de cuidados se realiza en el seno de cada familia. Pero cuenta con la ayuda y colaboración de otras familias ligadas por el parentesco, la amistad o la simple vecindad. El sistema de cuidados familiar se encuadra en el marco más general de las comunidades primarias de base, constituidas por un conjunto de familias que habitan, conviven y trabajan en el mismo territorio. Son aldeas que comparten algunos bienes comunales como los bosques, las fuentes, los canales de riego, los caminos; practican la ayuda mutua, colaborando en las tareas de labranza, siembra y recolección; celebran fiestas, en las que organizan espectáculos con música, canciones, bailes, juegos y comidas; celebran rituales de solidaridad relacionados con los nacimientos, la promoción de los adolescentes al estatus de adultos, los matrimonios, las defunciones.

El sistema de cuidados ha sufrido una profunda transformación en las sociedades sometidas a un desarrollo intensivo y extensivo del *Modo Capitalista de Producción y Consumo* (MCdPC). Ha pasado por tres formas socioculturales distintas correspondientes a los tres regímenes capitalistas que ha generado el MCdPC en su desarrollo histórico: *Capitalismo liberal individualista y competitivo* (1775-1945), *Capitalismo monopolista gestionado por el Estado* (1945-1980) y *Capitalismo globalizador y financiarizado* (1980-2021).

El capitalismo liberal, después de destruir en su primera etapa el sistema de cuidados tradicional (aproximadamente entre 1775 y 1865), en la segunda etapa (1865-1945) configuró el sistema productivo y el sistema de cuidados, que incluía el sistema reproductivo, en *dos esferas separadas e independientes.*

El Capitalismo liberal individualista y competitivo en la primera mitad del siglo XIX, además de destruir el sistema feudal de producción y el sistema de gremios y cofradías, destruyó el sistema de cuidados en los países europeos y en sus colonias: incorporó a las mujeres y a los niños al sistema productivo con jornadas de más de 15 horas y salarios de miseria; provocó el hacinamiento en suburbios contaminados e insalubres, en chabolas y viviendas carentes de todo tipo de servicios elementales, que impedían toda posibilidad de intimidad y creaban un ambiente de promiscuidad absoluta.

El Capitalismo liberal competitivo configuró un estado clasista que, durante la primera mitad del siglo XIX, siguió a rajatabla el principio del "laisser faire", miraba para otra parte y no intervenía para corregir las injusticias que provocaba el Modo Capitalista de producción y de acumulación.

En la segunda mitad del siglo XIX y primera mitad del siglo XX, el Capitalismo liberal y su Estado clasista estuvieron sometidos a dos presiones convergentes en algunos puntos: la presión constante y creciente del Movimiento Obrero y la presión de las clases medias mayoritariamente religiosas y defensoras de la moralidad victoriana. El Movimiento Obrero luchaba contra la explotación salvaje de los trabajadores, especialmente de los niños y de las mujeres, y reclamaba los derechos a condiciones sociales, laborales, económicas y políticas justas. Por su parte, las clases medias, desde su moral religiosa y su concepción tradicional de la familia, consideraban las condiciones sociales y laborales de los niños y de las mujeres como una degradación moral y una destrucción de la familia tradicional con la explotación en los centros de trabajo y la promiscuidad en los barrios obreros y presionaban al Estado clasista para que frenara la degradación moral y la destrucción de la familia.

El resultado de ambas presiones sobre el Estado Clasista burgués fue la configuración legal y la imposición de un modelo de familia que expropiaba a las mujeres de sus derechos sociales, laborales, económicos y políticos, las sometía a la autoridad del marido, las vinculaba al hogar y las obligaba a realizar gratuitamente el trabajo duro e interminable del hogar y las tareas del sistema de cuidados. La ideología legitimadora de este modelo familiar presentaba a la mujer sin derechos, sometida al marido y "esclava" de las tareas del hogar y de los cuidados como la "reina del hogar". Entre nosotros, en las hojas oficiales de empadronamiento la rúbrica "profesión" referida a las mujeres se cumplimentaba con la frase hecha *"sus labores"*, que dio origen a una interpretación despectiva equivalente a "sus entretenimientos", "sus naderías", "sus aficiones y caprichos".

El proteccionismo de la familia desembocó en la separación del sistema productivo y del sistema de cuidados, que incluía el sistema de reproducción social y de mantenimiento de la mano de obra, en dos *esferas* separadas: la *esfera* de la producción pagada con salarios bajos y la *esfera* gratuita de los cuidados y de la reproducción subordinada al "uso parasitario" y "vampirizada" por el Modo Capitalista de producción.

[...]

— NOTA FINAL ACLARATORIA —

Las personas que hemos preparado la edición de este tomo consideramos que Pepe tenía la intención de finalizar este capítulo. Sabemos que quería referenciar (e incluso en el manuscrito original se incluyó como anexo) el *Juicio del tribunal internacional de los pueblos sobre la deuda de los países del tercer mundo* como una conclusión final.[1]

1 Juicio del tribunal internacional de los pueblos sobre la deuda de los países del tercer mundo, Forum Social Mundial de Porto Alegre 2002: <https://www.cadtm.org/El-Tribunal-Internacional-de-los>.

Referencias bibliográficas

ACEBAL MONFORT, Luis (2014). *Derechos Humanos en España hoy. ¿Retórica Futuro?*. Madrid: Ed. ACCI.

AGUADO HERNÁNDEZ, F. (2016). *Utopía y Educación. Introducción al libro de Tomás Moro: UTOPÍA*. Madrid: Nueva Utopía.

—— (2017). *MAYO 68: Las nuevas formas de revolución*. Madrid: Editorial Popular.

APPLE, M. (1986). *Ideología y Currículo*. Madrid: Morata.

—— (1996). *Cultura, política y educación*. Madrid: Morata.

—— (2002). *Educar como Dios manda. Mercados, niveles, religión y desigualdad*. Barcelona: Paidós.

ALTHUSSER, L. (1988). *Ideología y aparatos ideológicos del Estado*. Buenos Aires: Nueva Visión.

ÁLVAREZ CANTALAPIEDA, S. (2019). *La gran encrucijada. Crisis ecosocial y cambio de paradigma*. Madrid: Editorial HOAC.

ARISTÓTELES (1983). *Política*. Edición Bilingüe y traducción de Julián Marías y María Araujo. Madrid: Centro de Estudios Constitucionales.

—— (1981). *Ética a Nicómaco*. Edición Bilingüe. Estudio preliminar, notas y traducción de Julián Marías. Madrid: Centro de Estudios Constitucionales.

BALL, S. J. (1993). *Foucault y la educación*. Disciplinas y Saber. Madrid: Morata.

BALLESTER BRAGE, L. y COLOM CAÑELLAS, A. J. (2017). *Epistemologías de la complejidad y de la educación*. Barcelona: Octaedro.

BARREIRO BARREIRO, C. (1986). *Derechos humanos. Declaraciones solemnes, continuas violaciones*. Bareclona: Salvat.

BAUDELOT, C. y ESTARLET, R. (1976). *La escuela capitalista en Francia*. México: Siglo XXI.

BAYNAC, J. (1978 y 2016). *Mayo del 68: La Revolución de la Revolución*. Madrid: Acuarela y A. Machado.

BEAUVOIR, S. (1970). *El segundo sexo*. Buenos Aires: Siglo XX.

BECK, U. (2006). *La sociedad del riesgo global*. Madrid: Siglo XXI.

BEER, M. (1966). *Historia general del socialismo y de las luchas sociales*. Montevideo: Ediciones Nuestro Tiempo.

BELL, D. (1964). *El final de la ideología*. Madrid: Editorial Tecnos.

BIGÓ, P. (1968). *La propiedad*. Madrid: Editorial ZYX.

BLAUG, M. (1972). *Economía de la educación*. Madrid: Tecnos.

BOBITT, F. (1918). *The currículum*. Cambridge, MA: The Riverside Press.

—— (1924). "The new technique of curriculum making", *The School Review*, vol. 75, nº1, pp. 29-47.

BOURDIEU, P. (1966). "L´École conservatrice", *Revue Française de Sociologie*, VII (1966), pp. 225 y ss.

BORDIEU, P. y PASERON, J. C. (1977). *La reproducción. Elementos para una teoría del sistema de Enseñanza*. Barcelona: LAIA.

BOWEN, J. (1992). *Historia de la Educación Occidental*, t. III. Barcelona: Herder.

BRANSFORD, V. y GEDDES, P. (1919). *The Coming Polity*. Londres: Williams and Norgate.

BRUNER, J. (1963-1975). Coordinador del Proyecto Curricular Man: *A course of Study (MACOS) en Globalización e interdisciplinariedad: el currículum integrado* (1998) de Jurjo Torres, pp. 213-220.

BRZEZINSKI, Z. (1979). *La era tecnotrónica*. Buenos Aires: Paidós.

BURNHAM, J. (1941). *The Managerial Revolution*. Nueva York (trad. fr. *L'Ere des organisateurs*. París: Calmann-Lévy, 1947; trad. esp. *La revolución de los directores*. Buenos Aires: Huemul, 1962).

BURY, J. (2009). *La idea del progreso*. Madrid: Alianza.

CABAL, E. (2012). *Gobierno mundial*. Madrid: Mandala Ediciones.

CARSON, R. (1962). *Silent Spring*. Boston: Houghton Mifflin (Trad. cast.: *Primavera silenciosa*, Luis Caralt, editor, 1964).

CARRERA SANTAFÉ, P. y LUQUE GUERRERO, E. (2016). *Nos quieren más tontos. La Escuela según la economía global*. Barcelona: El Viejo Topo.

CARRIERI, M. (1997). *No hay democracia sin democracia económica.* Madrid: Ediciones HOAC.

COLECTIVO *REVISTA SILENCE* (2006). *Objetivo Decrecimiento.* Barcelona: El Lector Universal.

COLEMAN, J. S. y otros (1967). *Equality of Educational Opportunity.* Washington: Oficina de Imprenta del Gobierno norteamericano.

COOMBS, P. (1971). *La crisis mundial de la educación.* Barcelona: Península.

CORTÁZAR, J. (1975). *Fantomas contra los vampiros multinacionales.* México: Excelsior.

Declaración Universal de los Derechos del Hombre. Nacimiento y significación (1969). Bilbao: Ed. El Mensajero. Traducción castellana de Javier Arzalluz

DECUGIS, H. (1894). De l'influence du progrès des communications sur l'évolution des sociétés. *Revue internationale de sociologie*, 2, 508-509.

DEWEY, J. (2002). *Democracia y Educación.* Madrid: Morata.

DESTUTT DE TRACY, A. L. C. (1754-1836). *Eléments d'Ideologie: Ideologie: (1802); Grammaire Générale (1803); Logique (1805); Traité sur la volonté (1815); Commentaire sur l'Esprit des Lois (1819).* Edición de las obras completas en 4 vols. (1924-1925). (Ferrater Mora, J. (1982) *Diccionario de Fiolosofía*, tom. I. pp. 773- 774 y tom. II pp. 1610-1615).

DÍAZ-SALAZAR, R. (2002). *Justicia global. Las alternativas de los movimientos del Foro de Porto Alegre.* Barcelona: Icaria/Intermón Oxfam.

—— (2016). *Educación y cambio ecosocial. Del yo interior al activismo ciudadano.* Madrid: PPC.

DOMÍNGUEZ RODRIGUEZ, J. (2011). "Un paradigma curricular interdisciplinar". En Juárez del Canto H. Mª (Coord.), *El currículo escolar. Una renovación necesaria.* Madrid: Biblioteca Nueva/Escuela Julián Besteiro.

—— (2005). *Un currículo democrático para una escuela democrática.* Madrid: Cuadernos de debate educativo, Federación de MRP de Madrid.

—— (2006). *Eliminar el fracaso escolar. Garantizar a todos el éxito educativo.* Madrid: Cuaderno de de debate educativo, nº5, Federación de MRP de Madrid.

—— (2015). "Una investigación histórica sobre las causas estructurales de la crisis identitaria de la educación básica (desde 1945 a 1990)" (Artículo aceptado por la Revista *Educatio Siglo XXI.* En José Domínguez Tesis Doctoral, pp. 575-589 Universidad de Granada).

—— (2015). "La crisis identitaria de la Educación Básica y de sus etapas" (Artículo aceptado por la Revista Profesorado: *Revista de Currículum y Formación del Profesorado*, Facultad de Ciencias de Educación, Universidad de Granada. En José Domínguez *Tesis doctoral* pp. 590-607).

—— (2016). "La renovación pedagógica: del instruccionismo intelectualista al holismo educativo". Artículo publicado en la Revista *Tendencias Pedagógicas*, nº 27, (2016), pp. 43-76.

—— (2016). Discurso De defensa de la tesis doctoral: *La formación inicial de un cuerpo único de educadoras y educadores para la educación básica unitaria, holística, universal y emancipadora.* (9-IX-2016), Cuadernos de debate educativo, nº 6. Se puede escuchar o bajar el vídeo de la exposición oral de este Discurso en https://colectivoeducadores.wordpress.com.

—— (9-IX-2016). *La formación inicial de un cuerpo único de educadores para la educación básica unitaria, holística, universal y emancipadora: un grado común y másteres especializados.* Tesis doctoral. Granada: Universidad de Granada. Entre los aspectos relacionados con este trabajo se pueden destacar las siguientes páginas de la tesis: información sobre paideia *política y politeía educativa* (pp. 38-46); sobre instruccionismo y holismo educativo (427-431); sobre paradigmas educativos y didácticos sectoriales del holismo educativo (pp. 433-440) sobre una propuesta de formación inicial de educadoras y educadores para la educación básica (pp. 493-502).

—— (2017). *La república democrática de convivencia y autoaprendizaje colectivo.* Enlace: https://colectivoeducadores.wordpress.com.

—— (2018). ¿Primacía de la ética o primacía de la economía? Enlace: https://colectivoeducadores.wordpress.com.

—— (2019). "La educación ante la crisis sistémica del mundo sociocultural". Ponencia dada en la XXXI Encuentro Estatal de MRP. Disponible en: https://colectivoeducadores.files.wordpress.com/2019/09/la-educacic393n-ante-la-crisis-sistc389mica-del-mundo-sociocultural.pdf.

—— (2019). *Un paradigma curricular basado en la distinción de cuatro sectores en nuestro ecosistema planetario.* Publicado en el Grupo de Aprendizaje Colectivo de Escuela Abierta. Disponible en: https://colectivoeducadores.wordpress.com/2018/10/22/documentos-base/.

—— (2020). "La educación es una actividad esencialmente ética". Publicado en el *Diario de la Educación* y en la *Revista CREPITAR* del CREP de Parla. Disponible en: https://eldiariodelaeducacion.com/2021/02/24/la-educacion-es-una-actitud-esencialmente-etica.

DRUKER, P. (1968). *The age of discontinuity*. Nueva York: Harper and Row.

—— (1993). *La sociedad postcapitalista*. Barcelona: Apóstrofe.

ERASMO DE ROTERDAM, D. (2011). *Elogio de la estupidez*. Madrid: AKAL/ Diario Público.

FALK, R. (1994). *La globalización depredadora. Una crítica*. Madrid: Siglo XXI.

FAIRFIELD OSBORN, H. (1948). *Our Plundered Planet*. Boston: Brown.

FERNÁNDEZ BUEY, F. (2012). "A modo de prefacio: sobre ecosocialismo en la crisis de civilización: ecología política de la pobreza y decrecimiento" en Jorge Riechmann *El socialismo puede llegar sólo en bicicleta* (pp. 11-25). Madrid: Catarata.

FOUCAULT, M. (1990). *Vigilar y castigar: nacimiento de la prisión*. Madrid: Siglo XXI.

—— (1991). *Microfísica del poder*. Madrid: La Piqueta.

FRASER, N. (2000). *Los talleres ocultos del capital*. Un mapa para la izquierda. Madrid: Traficantes de Sueños.

GEORGESCU-ROEGEN, N. (1971 y 1996). *La ley de la entropía y el proceso económico*. Madrid: Argentaria, Visor.

GOMBIN, R. (1971). *Les origines du Gauchisme*. París: Editions du Seuil. (Versión castellana: *Los orígenes del izquierdismo* (1973). Bilbao y Madrid: Editorial Zero/ZYX).

GRAMSCI, A. (1974). *Antología* (Coord. Sacristán, M.). Madrid: Siglo XXI.

GRINEVALD, J. y RENS, I. (2011). *La Décroissance. Entropie-Écologie-Économie de N. Georgescu*. París: Song de la Terre.

GRISSONI, D. y MAGGIORI, R. (1974). *Leer a Gramsci*. Madrid: Zero/ZYX.

HARNECKER, M. (1973). *Los conceptos elementales del materialismo histórico*. Madrid: Siglo XXI.

HARRIS, M. (1992). *Nuestra especie*. Madrid: Alianza.

HARVEY, D. (2013). *Breve historia del neoliberalismo*. Madrid: Akal.

—— (2013). *El enigma del capital y las crisis del capitalismo*. Madrid: Akal

HERMANN, K. (1968). *Los estudiantes en rebeldía*. Madrid: Rialp.

HERNANDEZ, F. y VENTURA, M. (2000). *La organización del currículo por proyectos de trabajo. El conocimiento es un caleidoscopio*. Barcelona: Graó.

ILLICH, I. (2006). *Una sociedad desescolarizada*. Obras reunidas, vol. 1 (pp. 189-323). México: FCE.

JULIÁ, S. (2005). *Historias de las dos Españas*. Madrid: Taurus.

KILPATRICK, W. H. (1918). *"The Projets Method", Teachers College Methods*, vol. 19, nº 4, pp. 320-335.

—— (1926). *Foundations of Method*. Nueva York: Macmillan.

KLEIN, N. (2012). *La doctrina del shock. El auge del capitalismo del desastre*. Barcelona: Paidós.

—— (2016). *Esto lo cambia todo. El capitalismo contra el clima*. Barcelona: Paidós.

KRAMER, S. N. (1962). *La historia empieza en Sumer*. Barcelona: Aymá editora.

KROPOTKIN, P. (1910). *La grande Revolution 1789-1793*. París: Stock.

—— (1978). *Campos, fábricas y talleres*. Madrid: Júcar.

—— (1989). *El apoyo mutuo: un factor de evolución*. Madrid: Madre Tierra.

LE GAL, J. (2005). *Los derechos del niño en la escuela*. Barcelona: Graó.

LEOPOLD, A. (1949). *A Sand County Almanac*. Nueva York: Oxford University Press.

LIPSET, S.M. (1960). *Hombre político*. Nueva York: Doubleday et Com.

LOCKE, J. (1689). *Cartas sobre la tolerancia*.

—— (1690). *Dos tratados sobre el gobierno civil*.

—— (1695). *Pensamientos sobre la educación*.

LOVELOCK, J. (2000). *Las edades de Gaia. Una biografía de nuestro planeta vivo*. Barcelona: Tusquets Editores.

LÖWY, M. (2012). *Ecosocialismo. La alternativa radical a la catástrofe ecológica capitalista*. Madrid: Biblioteca Nueva.

LUZURIAGA, L. (1966). *Diccionario de Pedagogía*. Buenos Aires: Losada.

MACEK, J. (1975). *La revolución husita*. Madrid: Siglo XXI.

MACPHERSON, C. B. (2005). *Teoría política del individualismo posesivo. De Hoobes a Locke*. Madrid: Trotta.

MAHEU, R. (1966). *La Civilisation de l'universel, inventaire de l'avenir*. París: Laffont/Gonthieer. (Trad. cast.: *La civilización de lo universal*, Madrid, Revista de Occidente, 1969).

MAO TSE-TUNG (1976). *El libro Rojo*. Madrid: Fundamentos.

MARCUSE, H. (1968). *El hombre unidimensional.* Barcelona: Seix Barral.

—— (1968). *El final de la Utopía.* Barcelona: Ariel.

MARSH, G. P. (1864). *Man and Nature.* Cambridge: Harvard University Press.

MARTÍNEZ ALIER, J. y OLIVERES, A. (2010). *¿Quién debe a quién? Deuda ecológica y deuda externa.* Barcelona: Icaria/Más Madera.

MATTELART, A. (2000). *Historia de la utopía planetaria. De la ciudad profética a la sociedad global.* Barcelona: Paidós.

McLUHAN, M. (1971). *Guerra y Paz en la aldea global.* Barcelona: Martínez Roca.

—— (1967 y 1998). *La galaxia Gutemberg: génesis del "Homo Tipographicus".* Barcelona: Galaxia Gutemberg.

—— (1996). *Comprender los medios de comunicación: las extensiones del ser humano.* Barcelona: Paidós.

MEADOWS, D. H. (Coord.) *et al.* (1972). *Los límites del crecimiento. Informe al Club de Roma.* México: FCE.

MOLLAT, M. y WOLFF, P. (1979). *Uñas azules, Jacques y Ciompi. Las revoluciones populares en Europa en los siglos XIV y XV.* Madrid: Siglo XXI.

MONOD, J. (1977). *El azar y la necesidad.* Barcelona: Barral.

MORIN, E. (2005). *Introducción al Pensamiento Complejo.* Barcelona: Gedisa.

—— (1982-2006). *El Método* (1, 2, 3, 4, 5, 6). Madrid: Cátedra.

MORIN, E.; LEFORT, C. y CASTRORIADIS. C. (2009). *Mayo del 68: la brecha. Veinte años después.* Buenos Aires: Nueva Visión.

MORO, T. (2016). *Utopía.* Madrid: Ed. Nueva Utopía. Introducción y traducción de Felipe Aguado Hernández en Felipe Aguado Hernández *Utopía y Educación.*

MUMFORD, L. (1901). *The city in history: Its origin, its transformation and its prospects.* Londres: Secker and Warburg. (Trad. cast.: *La ciudad en la historia: sus orígenes, transformaciones y perspectivas,* Buenos Aires: Infinito, 1966).

—— (1974). *Técnica y civilización.* Madrid: Alianza Editorial.

NAREDO, J. M. (1997). *Raíces económicas del deterioro ecológico y social. Más allá de los dogmas.* Madrid: Siglo XXI.

NIETO, A. (1977). *La ideología revolucionaria de los estudiantes europeos.* Barcelona: Ariel.

ODUM, E. P. (1992). *Ecología: bases científicas para un nuevo paradigma.* Barcelona: Ediciones Vedrá.

ODUM, H. (1971). *Enviroment, Power and Society*. John Wiley & Sons Inc.

PAGÈS, M.; BONETTI, M.; GAULEJAC, V. y DESCENDRE, D. (1979). *L'Emprise de l'organisation*. París: PUF.

PEDRÓ. F. y PUIG, I. (1998). *Las reformas educativas. Una perspectiva política y comparada*. Barcelona: Paidós.

PIKETTY, T. (2014). *El capital en el siglo XXI*. México: FCE.

—— (2019). *Capital e ideología*. Madrid: Ediciones Deusto.

POLANYI, K. (2017). *La gran transformación. Los orígenes económicos y políticos de nuestro tiempo*. México: FCE.

POULANTZAS, N. (1977). *Las clases sociales y el capitalismo actual*. Madrid: Siglo XXI.

RECLUS, E. (1890). *Nueva Geografía Universal: la Tierra y los hombres*. Madrid. El Progreso Editorial.

REDMAN, C. L. (1990). *Los orígenes de la civilización. Desde los primeros agricultores hasta la sociedad urbana en el Próximo Oriente*. Barcelona: Crítica.

REICH, W. (1970). *La revolución sexual*. París: Ruedo Ibérico.

REIMER, E. (1973). *La escuela ha muerto. Alternativas en materia de educación*. Barcelona: Barral.

RICHMOND, W. K. (1971). *La revolución de la enseñanza*. Barcelona: Herder.

RIECHMANN, J. (2012). *El socialismo puede llegar solo en bicicleta*. Madrid: Catarata.

RODGERS, W. H. (1969). *Think. A biography of the Watsons and IBM*. Nueva York: Steen and Day. (Trad. fr. *L'Empire IBM*, París: Laffont, 1971).

ROGERO, J. (2017). "Los dos paradigmas de la educación básica". *Cuadernos de Pedagogía*, nº 477, Abril, pp. 45-53.

ROSTOW, W. (1993). *Las etapas del crecimiento económico: un manifiesto no comunista*. Madrid: Ministerio de Trabajo y Seguridad Social.

ROVIROSA, G. (1964). *¿De quién es la empresa?* Madrid: Editorial ZYX.

SALVAT/EL PAÍS: *Historia Universal*. Tomos 16, 17, 18, 19 y 20.

SEDLÁCEK, T. (2014). *Economía del bien y del mal. La búsqueda del significado económico desde Gilgamesh hasta Wall Street*. México: FCE.

SEN, A. (2010). *La idea de justicia*. Madrid: Taurus.

SERVAN-SCHCREIBER, J. J. (1982). *El desafío mundial*. Esplugues de Llobregat: Plaza y Janés.

SILVA, T. TADEU da (2001). *Espacios de identidad. Nuevas versiones sobre el currículum*. Barcelona: Octaedro.

SKINNER, F.B. (1970). *Tecnología de la enseñanza*. Barcelona: Labor.

SOMBART, W. (1932). *L'Apogée du capitalisme*. Paris: Payot. (Trad. cast.: *El apogeo del capitalismo,* México, FCE, 1984).

STENHOUSE (2003). *Investigación y desarrollo del currículum*. Madrid: Morata.

——— (1967-1920). Coordinador del *Humanities Currículum Project*. En Globalización e Interdisciplinariedad de Jurjo Torres, pp. 207-212.

STIGLITZ, J. (2002). *Globalization and Its Discontents*. (Trad. cast.: *El malestar en la globalización*. Madrid: Taurus, 2002).

——— (2014). *El precio de la desigualdad. El 1% de la población tiene lo que el 99% necesita*. Madrid: Santillana.

TAYLOR, F. W. (1970). *Management científico*. Barcelona: OIKOS-TAU.

TOFFLER, A. (1995). *La tercera ola*. Barcelona: Plaza y Janés.

TOLEDO, V. y GONZÁLEZ DE MOLINA, M. (2007). El metabolismo social: las relaciones entre la sociedad y la naturaleza. En Francisco Garrido Peña *et al.* (Coords.), *El paradigma ecológico en las Ciencias Sociales*. Barcelona: Icaria.

TOMASEVSKI, K. (2004). *El asalto a la educación*. Barcelona: Oxfam-Intermón.

TORRES SANTOMÉ, J. (1994). *Globalización e interdisciplinariedad: el currículum integrado*. Madrid: Morata.

VERDOOT, A. (1969). *Declaración Universal de los Derechos del Hombre. Nacimiento y significación*. (Traducción de Arzallus). Bilbao: Mensajero.

VIDAL BENEYTO, J. (Coord.) (2003). *Hacía una sociedad civil global*. Madrid: Taurus.

VILAR, S. (1997). *La nueva racionalidad. Comprender la realidad con métodos transdisciplinarios*. Barcelona: Kairós.

VOGT, W. (1948). *Road to Survival*. Nueva York: William Sloane.

WÜLDENMAR ORTIZ, G. (2009). *Crisis económica y apocalipsis*. Benalmádena Costa: Editorial Corona Borealis.

YUS RAMOS, R. (2001). *Educación integral. Una educación holística para el siglo XXI*. Bilbao: Descée De Brouwer.

ZABALA VIDIELLA, A. (1999). *Enfoque y pensamiento complejo. Una respuesta para la comprensión y la intervención en la realidad*. Barcelona: Graó.

www.ingramcontent.com/pod-product-compliance
Lightning Source LLC
LaVergne TN
LVHW091140150826
845672LV00005B/996

* 9 7 8 8 4 1 9 8 3 0 8 9 0 *